지구사의 도전
어떻게 유럽중심주의를 넘어설 것인가

지구사 연구소 총서 03

지구사의 도전_ 어떻게 유럽중심주의를 넘어설 것인가

초판1쇄 인쇄 2010년 9월 20일
초판1쇄 발행 2010년 9월 25일

엮은이 조지형 김용우
펴낸이 이영선
펴낸곳 서해문집
이 사 강영선
주 간 김선정
편집장 김문정
편 집 송수남 임경훈 김종훈 김경란 정지원
디자인 오성희 당승근 김아영
마케팅 김일신 이호석 이주리
관 리 박정래 손미경

출판등록 1989년 3월 16일 (제406-2005-000047호)
주 소 경기도 파주시 교하읍 문발리 파주출판도시 498-7
전 화 (031)955-7470 | **팩스** (031)955-7469
홈페이지 www.booksea.co.kr | **이메일** shmj21@hanmail.net

ISBN 978-89-7483-443-2 93900

* 본 연구는 이화여자대학교를 통한 교육과학기술부/한국과학재단 세계적 연구중심대학 연구과제(WCU)지원으로 수행되었습니다.(No. R33-2008-000-10146-0, 2008)

이 도서의 국립중앙도서관 출판시도서목록(CIP)은 e-CIP 홈페이지(http://www.nl.go.kr/ecip)에서 이용하실 수 있습니다.(CIP제어번호: CIP 2010003389)

03
지구사
연구소
총서

GL🌐BAL
HISTORY

지구사의 도전

어떻게 유럽중심주의를 넘어설 것인가

조 지 형
김 용 우
엮 음

서해문집

감사의 글

이 책은 유럽중심주의에 경도된 역사의식과 세계현실을 교정하고 우리와 인류에게 보다 올바른 역사의 발견과 역사서술을 목표로 삼고 있다. 유럽중심주의를 극복하고자 하는 기획은 오래전부터 구상되어 왔지만, 그 실현은 최근에 이르러서야 이루어졌다. 그것은 무엇보다도 지구사global history 혹은 새로운 세계사new world history를 통해서 가능하다는 확고한 신념이 최근에서야 자리를 잡기 시작했기 때문이다. 인류를 하나의 역사단위로 바라보면서 인류의 역사를 상호교류와 상호의존의 역사로 파악하는 지구사야말로 우리의 유일한 희망으로 보이기 시작했다.

　유럽중심주의의 극복이라는 테제에 깊은 관심을 가지고 각고刻 苦의 학문적 노력을 다하고 있는 여러 학자들의 진심어린 참여와 따뜻한 격려 덕분에, 이 책이 비로소 빛을 볼 수 있게 되었다. 지난 4월 23일과 24일에 이화여자대학교 지구사연구소Institute of World and Global History는 "유럽중심주의를 넘어서 지구사로"라는 주제로 국제학술대회를 개최했는데, 그 계기가 이 책을 구성하는 데 가장 중요한 근간이 되었다. 국제학술대회는 지구사연구소와 더불어 문화사학회와 역사교육연구회가 공동주최했으며, 성공적인 학술대회 개최와 수준 높은 학술활동을 가능하도록 해주신 동 학회 및 곽차섭 문화사학회장(부산대)과 송상헌 역사교육회장(공주교대)께 깊은 감사의 뜻을 표한다.

국제학술대회에서 영감에 가득찬 논문을 발표해준 데이비드 크리스천David Christian 교수(맥콰리대 및 이화여대), 외른 뤼젠Jörn Rüsen 교수(에센대), 강정인 교수(서강대), 김용우 교수(이화여대), 제리 벤틀리Jerry H. Bentley 교수(하와이대), 아리프 딜릭Arif Dirlik 교수(오레곤대), 백옥경 교수(이화여대)에게 감사를 드린다. 특별히, 여러 이유로 이 책에는 함께 싣지 못했지만, 정치학의 입장에서 유럽중심주의를 극복하기 위한 담론전략과 다중심적 문화주의에 대해 글을 발표해주신 강정인 교수에게 심심한 감사의 뜻을 전한다. 또한 국제학술대회에 적극적으로 참여해 좋은 토론을 개진해주신 임상우 교수(서강대), 김기봉 교수(경기대), 강선주 교수(경인교대), 이영석 교수(광주대), 김동택 교수(성균관대), 마이클 김 교수(연세대)에게 감사를 드린다. 이들의 정열적인 토론과 따뜻한 격려는 글의 수준을 한 단계 격상시키고 글을 다듬고 논리를 정연하게 하는데 큰 도움이 되었다. 그리고 국제학술대회가 성공적으로 개최될 수 있도록 지원해 준 한국연구재단(WCU)과 동북아역사재단, 이화여자대학교에 감사의 뜻을 표하고자 한다.

또한 국제학술대회에서 직접 논문을 발표하지는 않았지만 여러 학자들이 이 책의 취지에 공감하고 글을 함께 싣는 데 기꺼이 허락해주었다. 디페시 차크라바르티Dipesh Chakrabarty 교수(시카고 대학)는 〈역사의 기후〉(2009)를 내놓았고, 위르겐 오스터함멜Jürgen Osterhammel 교수(콘스탄츠 대학)는 〈지구사 접근방법과 '문명화 사명' 문제〉(2006)를 함께 나누기로 했다. 특히, 오스터함멜 교수의 글은 일본의 '지구사와 아시아 해양사Global History and Maritime Asia' 연구단이 주최한 국제학술대회에서 발표한 것인데, 이 논문을 이 책에 포함할 수 있도록 흔쾌히 승낙해준 아키타 시게루秋田茂 교수(오사카 대학)에게도 감사를 드린다. 국내에서는 임상우 교수와 조승래 교수(청주대)가 흔쾌히 자신의 글을 내놓고 유럽중심주의의 극복이라는 대의에 참여해 주었다. 이 자리를 빌려 이들에게 깊은 감사의 뜻을 전한다.

이 책에 실린 글을 위하여 바쁜 일정에도 불구하고 꼼꼼하게 번역을 담당해준 지구사연구소 연구원과 동료들에게도 감사를 드린다. 크리스천 교수와 뤼젠 교수의 논문은 염운옥 연구교수, 딜릭 교수의 논문은 정지민 선생, 벤틀리 교수의 논문은 고가영 연구교수, 차크라바르티의 논문은 김용우 연구교수, 그리고 오스터함멜의 논문은 오승은 박사가 번역에 아낌없는 노력을 다해 주었다. 이들의 헌신적인 수고가 없었더라면, 이 책은 빛을 보지 못했을 것이다. 특히, 유럽중심주의의 극복이라는 기획에 철저한 비판과 성찰의 관점을 견지하고 글들이 한 권의 책으로 묶일 수 있도록 힘써준 김용우 연구교수께 무한한 감사와 존경의 마음을 표한다. 그리고 이 책이 출판될 수 있도록 정성과 시간을 아끼지 않은 서해문집 편집부에게도 심심한 감사의 뜻을 표한다. 글을 교정하는 마지막 순간까지 꼼꼼하게 글을 살펴준 이화여대 사학과 박사과정 김서형 선생에게도 감사의 뜻을 전한다.

2010년 9월
저자들을 대표하여
조 지 형

차례 C O N T E N T S

2 새로운 역사서술과 **가능성**

유럽중심주의를 넘어 지구사로

조지형

지구사와 미래의 역사학

인류의 미래를 진심으로 걱정하는 지성인이라면, 유럽중심주의를 어떻게 극복할 것인가라는 문제를 백안시할 수 없다. 유럽중심주의Eurocentrism는 인류의 현재에 대해 설명하는 것인 동시에 이 설명을 과거에 투사透寫하는 것이기 때문이다. 또 유럽중심주의는 인류역사의 보편적 지배를 의미하기 때문에, 인류의 미래 역시 유럽의 보편적 우월성 속에 진행될 것이라는 배타적 기획을 의미한다. 그렇다면, 인류의 미래는 유럽의 보편적 전범典範에 따라 형성되고 유럽의 역사경로를 따라 발전할 것인가?

지구사의 최근 성과에 따르면, 1800년 이후, 좀 더 정확하게 말하자면 1840년대 이후에, 유럽은 여러 면에서 아시아를 추월했다.[1] 단적인 예로, 국내총생산GDP에서 유럽은 인도와 중국을 추월하고 세계경제질서의 강자로 등장했다. 1820년에 서유럽은 1,601억 달러(1990년 국제 달러 기준)지만 중국은 2,286억 달러였다. 1820년만 해도 여전히 중국이 우월했던 것이다. 추월은 그 이후에 발생했다. 물론 서유럽에 비해 중국에는 인구가 훨씬 많았다. 따라서 지역(혹은 국가)이 아니라 1인당 국내총생산에서는 중국이 600달러였지만 서유럽은 1,204달러로 2배나 많았다.[2] 서유럽의 경제력을 우호적으로 평가한 이 연구에 따르면, 1인당 국내총생산에서 서유럽은 이미 1400년대에 중국을 추월한다.

그러나 일단, 필자의 관심사는 과거보다는 미래에 있다. 세계은행World Bank의 조사연구에 따르면, 1980년에 미국 국내총생산은 중국과 인도의 5배 이상이었으나 2000년에는 2배 정도에 지나지 않았다. 중국과 인도의 생산력은 매우 빠른 속도로 급증하여 2030년에 이르면 미국 국내총생산은 중국과 인도의 절반 정도에 지나지 않을 것으로 예상된다.[3] 아시아는 유럽(미국과 서유럽)을 추월하게 되고 중국은 세계 경제에서 최강자로 재등장하게 될 것이다. 이런 예상은 유럽을 우호적으로 연구해 결과를 도출한 경제학자 매디슨 Angus Maddison도 공유하고 있는 바다.

이런 예상이 대체로 적중한다면 앞으로 40년 후인 2050년에는 오늘의 세계와 매우 다른 양상으로 세계질서가 재편될 것이 분명하다. 2050년은 오늘날 우려와 경의의 어조로 언론에서 언급하고 있는 G2(미국과 중국)의 세계질서도 붕괴된 후일지 모른다. 2050년에는 유럽중심주의가 아니라 중국중심주의Sinocentrism가 화두로 떠오를 것이다.

그렇게 되면, 2050년에는 19세기와 20세기 미국에서 이뤄진 지독한 인종차별주의적 변명이 서유럽에서 횡행할지도 모른다. 미국에서는, 흑인의 피가 16분의 1이라도 섞였다면 그는 흑인이며 마땅

유럽중심주의를 넘어 지구사로

히 백인과 다른 차별대우를 받아야 한다며 이를 법제화하기도 했다. 그런데도 흑인노예의 자손으로 사리 밝고 영특한 흑인이 나타나면, 그가 똑똑한 이유는 다름 아닌 흑인노예 주인인 백인의 피가 조금이라도 섞였기 때문이라고 변명을 늘어놓곤 했다. 사실 이런 변명은 시기를 막론하고 백인 중심인 미국사회에 널리 퍼져 있었다. 마찬가지로 2050년에 중국이 세계질서에서 패권을 장악하게 되면, 모든 공덕이 다름 아닌 유럽인의 "문명"과 근대성이 중국과 아시아에 전해졌기 때문이라는 강변이 횡행할지도 모른다.

반면에 중국인들은 인류 역사의 전범典範으로 중국사를 내세우고 중국적 가치를 인류의 보편적 가치로 주장하게 될지도 모른다. 그러면 우리나라를 '소중국'으로 간주하는 소중화주의자들은 기꺼이 중국중심주의의 부산물로 나타난 특수特需를 중국과 함께 누려야 한다고 주장을 펼칠지도 모른다. 이미 오늘날에도 신유교주의 Neo-Confucianism를 인류의 보편적 가치로 더 존중해야 한다는 주장이 터져 나오고 있지 않은가. 그렇기 때문에 오늘에도 몇몇 지구사 연구자가 중국중심주의를 경계하는 글을 이미 쏟아내고 있다.

이런 가상을 더욱 복잡하게 만드는 것은 유럽중심주의가 단순히 유럽인들만의 역사사유방식이 아니라는 점이다. 유럽중심주의는 근대세계를 구축한 시각인 동시에 담론이며, 자본주의 체제와 밀접한 관계를 가지면서 식민지와 전 세계에 구조적으로 강요된 출세와 부국강병의 담론이자 지식체계였다. 그러한 까닭에 동아시아에서 사회경제적으로나 정치경제적으로 입신출세와 성공의 사다리로서 유럽중심주의를 의식적으로 수용하고 내재화했던 것이다.[4] 달리 말하자면, 2050년에 출현할 중국중심주의는 실제로는 유럽중심주의적 개념과 논리로 재구축된 중국판 유럽중심주의일 수도 있다.

사실, 오늘날 중국중심주의적 주장뿐 아니라 현재 활발히 전개되고 있는 반유럽중심주의Anti-Eurocentrism도 유럽중심주의의 언어와 논리를 그대로 추종하고 있다는 자성적 비판이 심심치 않게 들리곤 한다.[5] 예를 들면, 18세기 세계경제의 중심이 유럽이 아니라 중국이며 당시 중국은 놀라운 상업발전으로 막대한 부와 권력을 소유하고 있었다고 주장한다거나 19세기 이전 중국경제를 원시자본주의proto-capitalism로 설명한다 하더라도, 이런 주장들은 여전히 자본주의의 상업화 모델과 자본의 원시적 축적에 근거하고 있다는 점에서 자본주의의 세계적 팽창과 발전을 거부하는 것은 아니기 때문이다.

그렇다면 2050년에 이르러, 유럽-미국이 압도적으로 우월한 19세기와 20세기는 어떻게 묘사하고 평가해야 하는가? 유럽-미국이 우월한 양상이어야 하는가 아니면 전 지구적 헤게모니를 중국이 제패해 나가는 과정으로 그려야 하나? 아니면, 두 설명 모두 옳은가? 특정한 관점 없이 중심 없이 서술하는 세계사는 어떻게 가능한가? 탈유럽중심적 언어로 서술한 중국중심주의적 세계사는 우리가 수용할 만한 가치와 정당성이 있는가?

유럽중심주의에 대한 비판과 극복은 세계질서의 중심이 변하는 것만으로 또는 역사가의 역사인식이 변하는 것만으로 해결되지 않는다. 근대성과 식민성으로 왜곡된 세계현실과 역사인식이 모두 변해야 한다. 그리고 유럽중심주의를 대체할 새로운 언어와 논리구조, 역사관을 개발해야 한다. 이런 혁명적 역할을 담당할 수 있는 것은 무엇보다도 새로운 세계사 혹은 지구사global history 분야일 것이다.

유럽중심주의에 대한 비판적 성찰: 지구사

일반적으로 "서유럽과 거기서 파생된 문명(미국, 오세아니아 등)"[6]을 중심으로 하는 유럽중심주의는 유럽의 보편적 우월성 담론과 헤게모니를 근간으로 하여 근대성과 식민성을 통해 시간(역사)과 공간(세계)을 영속적으로 지배하고자 한다. 특히, 유럽중심주의적 세계사는 서유럽의 역사(와 그 역사에서 발현된 가치와 제도)를 모든 인류가 따라야 할 보편적 역사경로를 보여주는 "보편사Universal History"로 정당화한다. 따라서 유럽중심주의의 위계적 지식체계와 권력구조 속에서, 비유럽역사는 "역사 없는 사람들"의 역사 혹은 야만의 역사로 평가절하되고 철저히 무시된다. 유럽역사는 모든 역사의 '프로크루스테스의 침대'가 된다. 즉, 절대주체로서 유럽은 역사와 세계에서 보편적 중심으로 작용한다.

따라서 절대타자로서 비유럽은 보편적 중심인 유럽이 해체될 때 비로소 진정한 존재의미를 성취할 수 있다. 비록 짧은 기간이지만 19세기와 20세기에, 정치경제뿐 아니라 사회문화적으로도 유럽의 우월성은 전 지구적 역사현상으로 확대되었을 뿐 아니라 이데올로기와 담론으로서 유럽중심주의가 역사학뿐 아니라 모든 인문학과 사회과학 분야에서, 심지어는 자연과학 분야에서 확고하게 자리를 잡은 상황 아래서, 절대주체인 유럽을 해체한다는 것은 그리 쉬운 일이 아니다. 그러나 불가능한 일도 아니다.

유럽중심주의를 극복하는 첫 걸음은 무엇보다도 사회적 구성물이자 역사적 구성물로서의 "유럽"(과 그 타자)을 해체하는 것이다. 즉, 유럽을 역사화하는 것이다. 유럽이라는 지리적·문화적·역사적 개념의 역사적 변화, 유럽중심적 지식체계에 따른 유럽의 절대화와 보편화 과정 그리고 세계체제화 과정, 세계 자본주의와 식민체제 구축과정에서 유럽의 역할 등을 비판적으로 검토해야 한다. 아이러니하게도, 이런 검토는 유럽중심주의를 해체하는 동시에 또 다른 형태의 유럽중심주의를 강화시키는 결과를 낳을 수도 있다. 비판적 성찰과정이 다분히 동조의 지향성을 낳기도 하고 부분적으로는 거부하지만 요체는 그대로 수용하는 형태로 진행될 수 있기 때문이다.

사실 이런 아이러니한 현상이 지구사 연구에서도 종종 목도되기도 한다. 특히, 노골적으로 백인 중심 혹은 유럽 중심의 세계사를 강화하는 내용과 사실들만으로 역사를 왜곡하거나 자국의 가치와 업적을 배타적으로 강조하는 세계사 저술들이 쉽게 발견된다. 이런 세계사 저술들은 역사의 유용성이라는 이름 아래 다른 지역이나 다른 인종 혹은 종족의 가치와 경험을 평가절하하고 역사의 배경으로만 소략하여 다루거나 심지어는 회피해야 할 경계대상으로 타자화시킨다. 이런 "애국적 세계사patriotic world history"는 자신의 '국가'에 봉사하는, 진정한 가치를 상실한 또 다른 형태의 유럽중심주의적 세계사라 할 수 있다.[7]

애국적 세계사보다 노골적이지 않지만 더 신중하게 비판적으로 성찰해야 할 세계사는 "문명civilizations의 세계사"다. 문명의 세계사가 문제가 되는 이유는 문명이라는 언어가 "유럽"의 "예외성"을 보여주는 유럽중심주의의 핵심적 요소로 작용하는 개념이기 때문이다. 유럽중심주의에 따르면, 유럽은 살기 좋은 기후, 기름진 땅으로 지리적 예외성을 가지고 있어 각별히 농경과 안락한 삶에 유리하고 자연재해와 질병으로부터 고통을 비교적 덜 받아 유럽에 사는 사람은 다른 사람보다 혁신적이며 진보적일 뿐 아니라 생태적으로 하나의 제국 대신에 적당한 크기의 많은 나라들을 건설하여 인구과잉과 맬서스적 재앙을 회피할 수 있고 역사적 역동성을 갖고 윤리적이며 민주적 가치를 발전시킬 수 있다는 것이다.[8] 따라서 유럽에서 발생한 "문명"은 고유한 유럽적 역사현상이라는 것이다. 여기에서 문명은 자율적이며 독립적인 역사실체로서 간주된다. 또 문명은 자율 의지를 가지고 권역의 정체성을 형성하며 나름대로 독특한 내재적 특성을 가지고 역사를 이끌어가는 일종의 역사주체로 간주된다.

그러나 문명이라는 개념과 언어는 더 이상 적절하지도 유효하지도 않다. 역사학자 매즐리쉬Bruce Mazlish가 명료하게 밝혔듯이, 문명은 사회적 구성물로서 "정신세계에서 아련히 나타나는 스톤헨

지의 거대한 석상 중 하나"로 "'해체'시켜야 할 뿐만 아니라 파괴해야 할" 개념이다.[9] 문명은 자민족과 주변 민족을 문명과 야만으로 이분하던 개념에서 연원한 것으로, 이데올로기적·정치적 목적 아래 지속적으로 이용되어온 자기통제적이며 자기지속적 개념이다. 그러나 18세기 후기에 들어와 계몽사상들이 문명을 구체화된 개념으로 처음 사용했으며, 특히 구체제에 결여되어 있다고 생각하는 모든 가치와 보편적 이상, 즉 진보, 자유, 풍요, 과학 등을 문명이라는 언어에 부여했다. 따라서 문명은 고대 그리스에도 적합하지 않을 뿐더러 지구화된 오늘날 세계에도 적절하지도 않다.

그런데도 심지어 새로운 세계사를 추구하는 역사학자조차도 이해의 편의성과 가독성의 제고라는 명분 때문에 문명이라는 용어를 남발하기도 한다. 지구사를 표방하는 세계사 교과서나 학술대회에서도 이런 용례가 어렵지 않게 발견된다. 예를 들면, 2007년 10월 대한민국학술원에서 개최한 국제학술대회 주제는 '문명의 전환과 세계화'였다. 학술대회에 초대된 지구사학자 던Ross E. Dunn은 문명에 대한 매즐리쉬의 개념 비판을 소개하면서 문명의 사용에 대해 비판적 자세를 견지해줄 것을 요청한 바 있다.[10]

문명에 대한 매즐리쉬나 던의 비판에는 역사현상이나 발전 혹은 지역을 '자율적 실체'로 파악하지 않는 지구사적 관점이 배후에 깔려있다. 달리 말하면, 이들은 고대 그리스든 중국이든 간에 역사발전은 끊임없이 상호교류와 상호의존의 역사 속에서 전개되어 왔다는 사실을 강조한다. 설령 고대 그리스와 로마가 자율적이며 독립적 실체일 수 있을지라도, 역사적으로 다른 지역과의 교류와 의존 없이 역사가 전개된 적은 전혀 없었다. 더욱이 단순히 지중해 세계 안에서만 그랬다는 것이 아니라, 크게는 아프로–유라시아Afro-Eurasia 세계의 한 부분으로 상호연관성과 상호의존성을 가지면서 전개되었다.

유럽중심주의 옹호자는 유럽의 내적 요인을 주장하는 반면, 유럽주의 비판자들은 유럽 역사발전의 외적 요인을 강조한다. 이런 맥락에서 말하자면, '문명'은 유럽의 내적 요인(자율성과 독립성 그리고 예외성)을 극단적으로 설명하고 재생산하는 이데올로기·담론적 개념이다. 이미 우리의 개념구조에 깊이 뿌리박힌 문명이라는 언어를 회피하기 위해서는 문명의 배후에 있는 이데올로기와 지식 권력을 거부하고 개념으로서 문명의 효용성을 폐기해야 한다. 이런 의미에서, "문명"을 통해 바라보는 세계사는 마땅히 거부해야 할 유럽중심주의의 한 형태라 할 수 있다.[11]

그러나 세계 모든 지역에서 문명화 정도가 동일했다고 말하는 것은 아니다. 인류역사에는 복수의 지역들과 그 지역의 중심들cores 이 존재했다. 새로운 세계사의 선구자인 맥닐William McNeill 역시 다중심적 지역과 중심들의 존재를 바탕으로 하는 다중심주의 polycentrism를 주장한다.[12] 그는 매즐리쉬나 던과 마찬가지로 한 지역 을 인접 지역으로부터 독립적이며 자기충족적 실체로 파악하지 않고 인접 지역과 끊임없이 중첩되고 교차하는 방식을 통해 역사가 전개되고 발전했다고 주장한다. 그리고 여러 형태의 웹 혹은 네트워크

가 시간적으로 중첩되면서 인류역사가 발전한 것으로 이해한다.[13]

여기에서 다중심주의의 역사이든 웹 혹은 네트워크의 역사이든 간에 새로운 세계사 혹은 지구사를 중심들 간의 역사로만 파악한다면, 매즐리쉬나 던, 맥닐을 충실히 이해하지 못한 것이다. 중심과 주변 그리고 다양하게 중첩되는 인접지역과 권역들. 이런 복합적이고 복잡한 형태의 역사상에 대한 이해를 전제하지 않는 한, 유럽중심주의를 극복할 수 있는 지구사를 추구할 수는 없다. 현재에 대한 몰입과 실증주의적 한계에 갇혀 인류를 하나의 역사단위로 상정할 수 있는 지적 상상력을 가지고 있지 않다면, 유럽중심주의의 소용돌이에 좌초되고 말 것이기 때문이다.

이와 동시에, 공간 문제와 관련해 주의해야 할 점은 아프로–유라시아 중심주의에 매몰되지 말아야 한다. 유럽을 자연물에 의해 자율적이며 자족적 형태를 갖는 하나의 대륙으로 인정하지 말아야 함[14]은 물론이고, 유럽을 아프로–유라시아 속에 위치시킴으로써 아메리카와 오스트레일리아, 태평양 지역에 비해 아프로–유라시아에 보편적이며 우월적인 지위를 부여하는 것 역시 경계해야 한다. 비옥한 초승달 지역에선 기원전 8500년경에 작물화와 가축화가 이뤄졌으며 중국에선 기원전 7000년경 이뤄진 것으로 추정하지만, 뉴기니에선 중국보다 앞선 기원전 7500년경에 이뤄졌다. 환경결정론에 빠지지 않고 뉴기니의 역사경로를 추적하는 것[15] 역시 인류 역사의 한 단면을 이해하는 것임을 기억해야 한다.

공간 문제와 더불어, 유럽중심주의를 극복하기 위해서 또 한

층위로서 비판적으로 검토해야 할 것은 시간 문제다. 공간 문제처럼, 시간 문제도 다양성과 중첩성 그리고 복잡성을 통해 유럽중심주의를 비판적으로 성찰해야 한다. 이 책에 포함된 크리스천David Christian의 글과 차크라바르티Dipesh Chakrabarty의 글을 설명하면서 시간의 문제를 간단히 다룰 것이므로, 여기서는 시대구분 문제만 언급한다.

흔히 1500년을 유럽이 세계로 팽창하며 우월한 지위를 갖는 전환점으로 간주한다. 이런 역사인식에는 여러 역사적 근거가 있다. 1492년 콜럼버스는 아메리카를 "발견"했고 1498년에 바스코 다가마Vasco da Gama는 인도항로를 "개척"하는 등 "지리상의 대발견the Great Discovery"이 이루어졌다. 당연히, 콜럼버스는 아메리카 대륙을 몰랐으며 바스코 다가마는 이슬람의 수로水路 안내인 이븐 마지드Ibn Majid의 도움으로 인도양을 횡단했을 뿐이다. 유럽의 관점에서 볼 때만, "대발견"이다.[16] 좀 더 큰 시각에서 바라보면, "대발견"은 유럽의 '해상팽창'과 중국의 '해상후퇴'로 이어진다. 이 사건은 이른바 '서양의 등장Rise of the West' 테제를 설명하는 주요한 역사적 전환을 보여주는 것으로 간주된다. 중국은 정화鄭和의 원정 (1405~1433)에도 불구하고 해상진출을 포기하고 후퇴했지만, 유럽은 전 지구적으로 해상탐험을 나섰다.

1500년은 단순히 "지리상의 대발견"의 논리에 따라서만 강조되고 있는 것이 아니다. 새로운 세계사를 주창하는 한 국내 원로학자는 맥닐의 주장을 간접적으로 인용하며 1500년이 갖는 역사적 의미를 다음과 같이 설명한다. "르네상스 시대까지 유럽은 문화 수입국 입장이었으나 1500년을 전후해서 상황이 역전되었다. 근대 유럽 역사는 전 세계로 문화를 확산시키는 전파자 입장으로 인류 역사의 주류를 형성하는 단계에 들어섰다. 1500년을 전후하여 ― 적어도 기술·지식·사회조직의 진보를 척도로 하는 경우―근대적 유럽 지배 단계가 분명해졌다. 서양의 종교와 가치관이 보편적으로 접근 가능한 것이 되었다. 서양과학은 지구 어디서든지 무지·미신·편견을 극복하는 방법으로 보편화되고 서양의 권리의무 관념은 정부형태와 정치체제를 초월하여 모든 인류에게 통한다는 생각이 널리 퍼졌다. 그리하여 (⋯⋯) 유럽의 세계지배가 지난 500년간의 역사 드라마에서 중심을 이뤘다는 말은 상당한 설득력을 갖고 있다."[17]

　유럽인에게 1500년 이후 역사 전개는 역사 드라마처럼 보일지도 모른다. 아시아인에게도 그렇게 보일까? 또 1500년을 전후하여 유럽 지배가 분명해진 것도 아니다. 예를 들면, 중국의 도자기 제조기술과 문화는 18세기 초까지 유럽을 휩쓸었고,[18] "대항해시대"를 개창한 유럽의 조선기술도 당시 중국에 현저히 미치지 못했다. 중국과학사가 니덤Joseph Needham은 오래 전에 "사실은 유럽 르네상스에 뿌리를 둔 근대 과학과 기술이 보편적인 것이며 따라서 모든 유럽적인 것은 보편적인 것이라는 무언의 가정은 (⋯⋯) 유럽중심주의의 근본적인 오류"[19]라고 지적했다. 또 아프로-유라시아에서 일어난 인구이동과 대양大洋 항해라는 관점에서 보면, 1500년보다

1400년이 더욱 설득력이 있다. 중국이라는 국가적 관점에서 보면, 정화의 원정은 해상 후퇴로 종결되었지만, 인류의 관점에서 보면 대양 항해를 연 전환기로 파악할 수 있기 때문이다.[20]

문화교차적 상호작용cross-cultural interaction을 강조하는 벤틀리 Jerry H. Bentley는 1492년을 강조한다. 콜럼버스의 신대륙 "발견"으로 세계 각 지역이 상호간에 영구적인 접촉과 발전을 이룩할 수 있었고, "문화교차적 상호작용이 지구상 모든 사람의 경험에 깊이 영향을 미칠 수 있게 되었다."[21] 그러나 벤틀리의 주장은 아프로–유라시아 중심주의에 경도된 것이다. 뉴질랜드에 사람이 이주한 것은 기원후 1200년경이며, 쿡 선장Captain James Cook이 오스트레일리아와 태평양 지역을 탐험한 것은 18세기 중반이기 때문이다. 물론 이 경우에도, 태평양 지역과 오스트레일리아 원주민의 인구이동과 교역관계가 면밀히 검토되어야 한다.

유럽중심주의를 극복하기 위한 한 방법으로서 지구사를 성찰하는 것 역시 쉽지 않다. 다양한 역사지식과 언어능력을 필요로 할 뿐만 아니라 연구자 개인과 지구사 학계 전체의 미천한 지식축적으로 고통을 받아야 하기 때문이다. 더구나 지구사를 연구하면서 더욱 분명하게 나타나는 여러 중심주의와 그 폐해를 비판적으로 성찰해야 한다. 자민족중심주의와 단일국가중심주의뿐만 아니라 1500년 이후 역사에 연구가 편향적으로 집중된 근대중심주의 modernocentrism,[22] 세계지도 등에서 쉽게 관측되는 북반구중심주의, 인간과 이성을 중심으로 인류와 지구사를 파악하는 인간중심주의 등이 그렇다.

더구나 유럽중심주의에는 현재주의presentism가 짙게 깔려 있다. 물론 역사에 대한 관심은 과거 자체에 대한 관심보다는 현재의 관심사로부터 시작되곤 한다. '모든 역사는 현재사contemporary history'라고 말한 크로체Benedetto Croce의 언명처럼, 역사는 현재로부터 벗어날 수 없다. 또한 역사가 객관적인 과거사실을 지향하는 한, 과거도 버릴 수는 없다. 2010년 유럽중심주의에 대해 비판적으로 경계하며, 2050년 중국중심주의 그리고 온갖 중심주의들centrims에 대하여 항상 경계를 늦출 수 없는 이유는 과거사실이 어느 역사 해석보다도 우월하기 때문이다.

미래의 역사학을 생각한다는 것은 현재를 비판적으로 성찰하고 과거를 냉철하게 바라보는 것이다. 현재의 정치경제적 이해관계나 사회문화적 편견을 가능하면 최대한 철폐하고 역사를 살피고 해석해야 한다. 담론과 이데올로기 그리고 세계관에 뿌리깊이 박혀있는 온갖 중심주의를 거부하고 가능한 한 역사 자체를 이해하기 위해 노력하는 것이다. 그리고 오늘날 가장 견고하면서도 전체를 헤아릴 수 없이 도처에 도사리고 있는 유럽중심주의를 극복하기 위해 통렬한 자기비판을 통해 인식의 개방성과 학문의 객관성을 확대하는 것이다. 지난 오랜 세월 배우고 연구하며 가르쳐온 역사사실이 정말 과거사실과 다르다고 인정될 때에는 자신의 해석과 인식을 과감하고 철저하게 바꿔야 한다.

지구사의 당면과제와 가능성

그렇다면 지구사는 어떻게 유럽중심주의를 넘어설 것인가? 이 책은 다양한 방식으로 이 질문을 제기하고 해답을 구하고자 한다.

제1부는 사학사적 관점에서 연구경향과 성과를 검토함으로써 유럽중심주의에 대한 도전과 이를 통한 극복 가능성 문제를 검토한다. 임상우가 유럽중심주의를 정의하면서 동아시아 역사학계의 수용과 내재화 문제를 중심으로 성찰한다면, 조지형은 새로운 세계사 혹은 지구사 분야의 제도적 발전과 연구방법을 중심으로 유럽중심주의를 비판한다. 또 벤틀리Bentley는 최근의 지역연구와 지구사 연구성과를 긍정적으로 평가하는 반면, 딜릭Arif Dirlik은 지구사 연구성과로 두드러진 쟁점이 무엇인가를 설명한다. 또 뤼젠Jörn Rüsen은 유럽중심주의를 더 넓은 중심주의, 집단중심주의ethnocentrism라는 맥락 안에 놓고 성찰한다.

"동아시아의 유럽중심적 역사관의 극복"(제1장)에서, 임상우는 지난 100년간 이뤄진 근대역사학의 발전에 대한 사학사적 비판을 전개한다. 그는 '유럽'을 단순히 지리학적 개념이 아닌 문화적 개념, 즉 "서유럽과 거기서 파생된 문명(미국, 오세아니아 등)"을 지칭하는 개념으로 파악하고, 서유럽의 역사가 그레코-로만적 전통과 게르만적 전통을 중심으로 역사발전의 "보편적" 방향을 표현하고 있는 것으로 '유럽중심적 역사관'을 정의한다. 이 역사관에서는 유럽사가 인류 문명의 궁극적 완성을 향해 나아가는 진보의 과정으로서 세계사 모델을 제공하며 비유럽은 이를 따라가는 방식으로 구성된다. 따라서 근대화와 단선적 진보사관을 유럽중심적 역사관이 가진 가장 중요하면서도 논란이 되는 기본개념으로 파악한다.

그는 한국을 포함한 동아시아 3국이 유럽중심적 역사관을 서구의 강요보다는 일종의 합의를 통해 시민종교 형태로 자발적으로 수용했다고 주장한다. 일본은 자신의 우월성을 증명하며 나머지 아시아 국가를 정복하기 위한 정당화를 위한 방식으로 유럽중심적 역사관을 수용했던 반면, 한국은 일본의 식민지 침탈에 대한 대응방식으로 자발적으로 내면화했다는 주장이다.

그리고 임상우는 유럽중심적 역사관이 포스트담론의 대두로 비판을 받고 있다고 지적하면서, 대안적 세계사의 조건을 설명하고 있다. 근대사에서 유럽의 우월성을 인정하되 보편성 주장을 거부하고, 아시아 지상주의의 위험성을 내포한 아시아중심적 세계사도 전도된 헤게모니 담론이기 때문에 비판되어야 한다고 주장한다. 따라서 그는 다양한 문화적 맥락에서 역사서술에 대한 비교사적 연구를 권한다. 이를 위해 전 지구적 의식의 고취, 근대화 과정에 대한 비교사 연구, 문명교류사의 부단한 교류와 창의성에 대한 깊은 관심이 이뤄져야 한다고 주장한다.

"유럽중심주의의 극복과 역사의 재개념화"(제2장)에서, 조지형은 지구사 분야의 국제적 학술조직의 발전을 검토하면서 역사를 재개념화하여 재구성하자고 주장한다. 그는 세계사world history, 초국사transnational history그리고 지구사global history가 언어적 각축을 벌이는 이유와 콘텍스트에 관해 언어의 정치성과 정체성을 중심으로 설명하고 있다. 초국사는 국가 중심으로 이뤄진 기존 역사학에 대한 좋은 전략적 대응방식일 수 있으나 미래지향성을 충실하게 포함하고 있지 않으며, 세계사는 일반 대중에게도 익숙한 개념이어서 활용하기에는 편리하지만 기존 세계사의 유럽중심주의적 인식 틀과 내용에 여전히 얽힌다는 한계가 있다. 지구사는 현재 익숙하지 않고 자연과학적 뉘앙스를 갖고 있지만 현재의 글로벌화된 지구사회를 잘 대변할 수 있고 인간중심주의을 극복하고 기후와 생태계 등 자연에까지 역사범주를 확대한다는 점에서 긍정성이 있다고 주장한다. 조지형은 학술 조직의 설립과 발전과정에서 나타난 역사적 흐름에도 이 같은 정치성과 정체성이 보인다고 설명한다.

또 조지형은 시간·공간·주제라는 세 차원에서 지구사의 정의와 범주를 설명하면서 그 가운데 공간 문제에 초점을 맞춘다. 그는 지구사에서 전 지구적 차원이 중요하지만 그 차원만 몰두하지 않는다는 점에서 '전全 지구사'라는 표현을 거부하고, 지구성 globality을 중시하여 연구범주에 개인과 도시, 지방, 대륙, 반구 hemispheric 등 다양한 연구층위를 포함시키고 연구층위 상호간 혹은 내부의 상호연결성과 상호의존성을 강조한다. 그리고 그는 지구사의 연구방법으로 공시적 연구방법과 통시적 연구방법을 제시한다. 전자가 교류와 비교를 중심으로 연구를 하는 것이라면, 후자는 수렴convergence과 분기分岐, divergence를 통해 연구를 하는 것이다.

그리고 조지형은 유럽중심주의를 지탱하거나 강화하고 있는 역사용어(언어), 발전모델, 역사서사 등을 언어적 전환을 통해 재개념화할 것을 주장한다. 그는 "민주주의"나 "근대성" 등의 언어를 근본적으로 해체하여 대안적 개념(혹은 언어의 범주적 의미)을 창출해야 하며, 역삼각형 구조보다는 직사각형 혹은 항아리 등 다른 형태의 역사발전모델을 적극적으로 검토할 것을 요구한다. 또 다양성과 상호의존성이 존중되는 다중심적 시각이 더 유효하다고 주장한다. 그는 최근 급속도로 발전하고 있는 환경생태사에도 유럽중심주의가 전제되어 있음을 경고한다..

"다양한 유럽중심의 역사와 해결책들"(제3장)에서, 벤틀리는 유럽중심주의라는 용어 남용을 지적하면서 역사학에서 세 유형의 유럽중심주의와 이에 대한 극복방법을 제시한다. 벤틀리가 지적하는 첫째 유형은 단순한 유럽중심주의로, 비유럽에 대한 적극적인 무관심과 보다 넓은 세계에 대한 거부에 따른 의도적 무지와 역사왜곡이다. 극복방법은 당연히 비유럽에 대한 적극적 지식 축적이다. 벤틀리에 따르면, 최근 지역학 연구성과로 이런 유럽중심주의는 거의 사라졌다.

둘째는 이데올로기적 유럽중심주의로, 헤겔보다는 베버Max Weber나 마르크스Karl Marx에게서 영향을 받은 유럽중심주의다. 서유럽은 독특한 문화적 경향과 특성을 발전시켰으며, 그 결과 근대 발전을 독자적으로 이룩했다는 것이다. 예를 들면, 효율적 정부, 법치 존중, 절제를 통한 최대 이익 추구, 뛰어난 조직력과 규모 확대, 만혼과 높은 독신율 문화 등이 유럽의 특성으로 간주된다. 그러나

자기축적적이며 자기강화적인 이데올로기적 유럽중심주의는 조만
간 사라질 것으로 기대된다. 최근 지역학 연구성과의 축적, 포스트
모던과 포스트식민주의 등 포스트 담론의 등장에 따른 인식론적 개
념의 해체 그리고 유럽중심주의적 역사에 대한 대안으로서 새로운
세계사의 등장 때문이다.

셋째는 구조적 유럽중심주의로, 위 두 유형보다 극복방법이 더
복잡하고 심각하다. 역사가와 학자들로 하여금 근대적 · 자본주의
적 · 산업주의적 · 제국주의적 유럽으로부터 연원하는 특정한 관점
에서 세계를 바라보도록 강제하는 구조적 유럽중심주의는 유럽 근
대성의 표현으로, 근대 자체가 총체적으로 해결되지 않는다면 극복
하기 매우 어려운, 혹은 심지어는 불가능할 수밖에 없다. 이런 맥락
에서, 차크라바르티와 딜릭이 각각 문화적 층위와 경제적 층위에서
유럽중심주의 문제를 심층적으로 논의하고 있다.

이에 대해 벤틀리가 강조하는 극복방법은 최근에 부상하고 있
는 경향으로, 유럽보다 더 넓은 사회집단의 한 구성원으로서 유럽
을 파악하면서 초지역적transregional 문제와 전 지구적 문제를 살펴
보는 것이다. 예를 들면, 포스트식민주의 관점에서 엘리트뿐 아니
라 노동자, 여성, 난민 문제를 살펴보거나, 센Amartya Sen이 연구한
것[23]처럼 새로운 방식으로 개념(예를 들면, 민주주의)을 정의하고 여
러 지역의 발전과정을 살펴보거나 혹은 역사의 기존 개념들의 범주
와 경계를 벗어나 새로운 대안적 개념을 제시하는 것이다. 벤틀리
는 역사지식이 항상 일종의 불확실성 원칙에 가려져 있지만, 상상

력을 잘 발휘하면 구조적 유럽중심주의도 효과적으로 극복할 수 있다고 강조한다.

'탈중심화하기: 세계들과 역사들'(제4장)에서, 딜릭은 새로운 세계사가 제기하는 다섯 쟁점과 관련해서 기존의 시공간 인식을 어떻게 해체하고 어떤 방식으로 과거를 재현가능한지를 검토한다. 첫째 쟁점은 세계사와 지구사를 구분하는 기준에 관한 것으로, 지구사는 지구 밖에서 마치 우주선을 타고 지구를 바라보는 전체론적 방식으로 지구상 관계들의 패턴과 구조를 이해하는 데 필수적인 관점일 뿐만 아니라 인간사회와 비인간사회, 나아가 생태계와 자연까지 파악할 수 있는 관점이다. 그러나 지구사도 하나의 단일한 내러티브 안으로 모든 것을 포섭하는 역사이며, 여전히 유럽-미국의 윤리의식이 깔려 있고 '전 지구적 근대성global modernity'을 보여준다는 점 등도 성찰의 대상이 되어야 한다. 둘째 쟁점은 유럽중심주의 이후에 중심을 설정하지 않고 혹은 여러 복합적 중심을 설정하면서 어떻게 세계사를 서술할 수 있는가 하는 것이다. 유럽의 우월성을 1800년 이후로 한정하는 최근 세계사 연구성과는 유럽의 현재와 과거를 단절시키고 유럽의 단일성을 부정하는 것일 뿐 아니라 다른 중심주의로 단순히 옮겨가는 것으로, 이는 여전히 집단 내부에서 역사추동력을 발견하는 것으로 유럽중심주의 논리를 반복하는 것과 다름없다. 이를 극복하기 위해서는 복수의 세계사밖에는 대안이 없다.

셋째 쟁점이 세계사 서술에서 서술 기준과 범주에 관한 것이라면, 넷째 쟁점은 세계사의 '세계'와 행성으로서 지구 사이 개념적

간극에 관한 것이다. 세계사 서술은 결국 기획인 까닭에, 사실의 포함여부를 결정하는 서술 기준은 이데올로기적 의미와 윤리성을 포함할 뿐 아니라 역사는 우리에게 총체적 형태로 주어지지 않는다. 따라서 세계사는 구조 자체에서 세계에 대한 다양한 인식과 역사적 결과를 고려하는 것이어야 한다.

마지막 쟁점은 근대성에 관한 것으로, 다른 쟁점의 근원이 되기도 하다. 딜릭은 근대성 형성의 콘텍스트라고 할 수 있는 아프로–유라시아의 상호관계와 형성에 주목하는 한편, 근대성 형성과정에서 유럽–미국이 가진 중심적 역할을 인정하면서 정치적인 것뿐 아니라 일상적 사회적 관계들로 이뤄진 근대성을 깊이 통찰해야 한다고 주장한다. 여기에서, 딜릭은 근대성의 세계사를 비유럽인들이 근대성을 수용하여 동화하는 과정이 아니라 많은 이들이 참여하는 실천이 나타나는 과정으로 이해한다. 따라서 그는 세계사가 역사 연구주제이자 방법이어야 하고 탈중심화 관점을 지녀야 한다고 주장한다. 여러 사회를 '세계화worlding'하는 것, 즉 사회를 세계화하고 이 사회 속에 세계를 끌어들이는 것이 필요하다. 세계를 단일화하지 않는 동시에, 사회 내부 요소와 추동력이 어떻게 '세계들'과 관계를 맺고 있는지를 살펴야 한다는 주장이다. 또 세계사는 다양한 개념을 통해 다양한 관점에서 바라보는, 그래서 수많은 세계의 발전과정과 패턴을 인정하는 것이어야 한다.

"집단중심주의를 넘어 보편사로: 문제와 도전"(제5장)에서, 뤼젠은 유럽중심주의를 극복하면서도 다른 한편으로 더욱 은밀한 형태의 비유럽 중심주의로 빠져 들어가면 안 된다고 경고한다. 모든 집단은 문화적 지향성, 특히 정체성 형성에 맞추어 과거를 재배열하는데, 이 과정에서 자신과 타자, 현재와 과거의 적절한 관계에 대한 관념을 정립하고 자민족의 긍정적 자기 이미지를 확인하는 역사 사건을 특권화하는 경향이 있다. 특히, 특정한 역사적 사건에 보편적 중요성을 부여함으로써 극단적 배타성을 노출하기도 한다. 뤼젠은 유럽중심주의를 진정으로 극복하려면 자민족과 타자에 대한 비대칭적 평가, 단일한 연속성에 근거한 기원에 대한 집착 그리고 세계 속 단일중심적 공간에 대한 집착을 버려야 한다고 지적한다.

집단중심주의 논리를 극복하기 위해서 뤼젠은 다음과 같은 전략을 제시한다. 우선, 불공정한 비대칭적 평가에 대하여 자기비판과 상호비판을 포함한 상호인정을 근간으로 하는 평등 원칙에 입각하여 각 집단이 갖는 삶의 형태를 인류의 삶으로 보편화하고, 역사와 문화 영역에서 부정적 요소와 오점을 자민족 역사로 통합하는 관용의 역사를 창출해야 한다. 또 과거의 기원에 매몰되지 말고 미래지향적 재구성 원리에 입각하여 역사를 구성해야 하며, 타자화하는 단일중심적 공간의 시각은 전통과 발전을 다원적으로 파악하는 다중심주의로 대치되어야 한다. 뤼젠은 유럽중심주의 극복문제를 메타역사적 관점에서 성찰하고, 미래지향적 관점에서 모든 다른 집단중심주의적 역사를 넘어서야 한다고 주장한다.

제2부에서는 구체적 연구사례를 통해 지구사가 유럽중심주의를 어떻게 극복하고 있는지를 보여준다. 김용우가 '보편이라는 것

의 역사로서의 보편사'에서 극복 가능성을 검토한다면, 조승래는 퍼시피시즘Pacificism을 극복한 문화인류학자 드닝Greg Dening의 연구에서 가능성을 높이 평가하고 있으며, 오스터함멜Jürgen Osterhammel은 전 지구적 지성사에서 가능성을 타신한다. 또한 백옥경은 19세기-20세기의 전환기에 구성하기 시작한 한국의 세계사 인식을 살펴봄으로써 유럽중심주의를 극복할 수 있는 대안적 세계사 인식의 가능성을 도출하고자 한다. 이들은 새로운 접근방법, 새로운 연구주제, 새로운 역사서술방식 등에서 유럽중심주의를 극복할 가능성이 있다고 판단하는 것이다.

"지구사를 위한 '보편'의 모색"(제6장)에서, 김용우는 유럽중심주의를 포함한 모든 중심주의를 넘어설 수 있는 보편사를 찾을 가능성을 '보편적인 것'의 지구사에서 찾는다. 김용우는 유럽중심주의의 극복을 지구사에서 찾고 있음에도 신중한 자세를 유지한다. 그는 새로운 세계사 혹은 지구사가 지구화된 유럽중심주의의 또 다른 표현으로 최악의 경우 '문화적 제노사이드'일 수 있다고 경고하는 한편, 매즐리쉬의 '새로운 지구사new global history' 프로젝트에는 어떤 무엇보다 더 높은 도덕성을 인류에 부여함으로써 발전론적/목적론적인 잠재적 경향이 있다고 지적한다. 이와 동시에, 크리스천의 '거대사big history'와 윌슨의 '깊은 역사deep history'를 통해 인류사와 자연사의 이분법적 구분을 문제시하고 역사인식론의 범주를 확대하는 한편, 아도르노Theodor W. Adorno를 통해 보편사의 위험성을 회피하면서도 그 필요성을 인징하고 가능성을 타진한다.

또 김용우는 차크라바르티처럼 포스트식민주의 역사와 호모 사피엔스 역사의 결합을 추구하는 한편, 구체적 사례를 아이티 혁명과 헤겔의 관계에서 찾는다. 그는 아이티혁명이 프랑스혁명에 의해 촉발되었지만 이념과 실천에서 논리적 귀결까지 밀고 나감으로써 보편적 해방을 이룩한 것은 아이티가 '지구적 인간 담론 공동체 global human discursive communities'에 참여하고 있었기 때문이라고 강조한다. 즉, 담론 공동체 속에서 인간적 권리 담론이 상호 교류하고 상이한 환경 속에서 다양하게 해석되고 실천됨으로써 더 보편성을 획득하게 되었다. 특히, 김용우는 헤겔도 이 공동체에 깊숙이 속해 있음을 지적하고 철학 논의 자체에 아이티 혁명의 인간적 권리 담론을 직접적으로 반영했다는 사실을 강조한다. 그런데도 유럽중심주의 때문에 지금껏 헤겔과 아이티혁명의 담론적 영향관계가 무시되어 왔다고 비판한다.

여기서 김용우는 세 가지 새로운 관점을 제시한다. 첫째, '지구적 인간 담론 공동체'가 존재하고 있으나 유럽중심주의의 편협성 때문에 그동안 무시되고 주목받지 못했다. 둘째, 자유와 평등과 같은 이념이 국가, 지역, 이념, 문화 경계를 넘나들며 상호작용을 통해 점차 보편적인 것으로 인지되고 공유되며 발전해나가는 역사과정이 있다. 이 점에서, 그는 '보편의 네트워크에 대한 비판적 역사'와 더불어, '보편적인 것의 역사'로서 보편사를 추구한다. 마지막으로, 유럽중심주의를 구성하는 보편 담론조차 배타적인 유럽의 지적 소산이 아니라 지구적 공동체 공동의 소산이라는 점을 역설적으로 보여준다. 유럽중심주의는 배척의 논리이면서도 동시에 포섭의 논리라는 사실을 다시금 보여주는 것으로, 김용우는 그 내부에서부터 유럽중심주의를 해체하고 있다.

"유럽중심주의 논쟁과 세계화 시대의 새로운 역사인식"(제7장)에서, 조승래는 유럽중심주의를 진정으로 극복할 수 있는 역사인식이 무엇인지를 성찰한다. 그는 특정 지역의 세계사를 해체하고 서구 근대역사학의 은폐된 본질을 폭로하며 세계의 다양한 지역과 문화가 끊임없이 상호 영향을 주고받으면서 역사를 전개시켜왔다는 사실을 밝히는 것이 중요하다고 주장한다. 역사학의 아버지라고 불리는 헤로도토스와 투키디데스부터 이미 유럽중심주의 역사학 형성에 기여했음을 강조하고, 세계가 유럽을 만들었는데 마치 유럽이 세계를 만든 것처럼 역사사실을 은폐하면서 유럽중심 역사학이 발전해왔음을 강조한다.

그러나 조승래는 유럽중심주의 사관에 대한 비판적 해석도 또 다른 중심주의, 특히 중국중심주의를 조장해왔다고 비판한다. 이미 청동기 시대 이래 유라시아에서 상업적 도시문명이 발전해 왔으며, 이것이 자본주의의 공통 뿌리가 되었다는 사실, 산업화와 노동 분화, 대규모 공장제, 전문적 금융 그리고 교역 확장이 유럽뿐 아니라 중국과 인도에서도 나타난다는 사실, 자연에 대한 관심과 세련된 정원문화, 요리지식의 체계화와 음식문화의 정교화, 시민사회의 등장 등도 유럽 이전에 중국에서 출현하고 있다는 사실 등을 지적한다. 그러나 조승래는 유럽중심주의 해체가 유럽의 독특성에 대한 부정으로 이어져서는 안 된다고 경고하고, 유럽 근대성이 세계-체제의 중심성을 구성한다는 사실을 부정해서는 안 된다고 주장한다.

따라서 조승래는 유럽중심주의를 비판하면서도 또 다른 중심주의에 매몰되지 않고 서구 근대역사학의 과학성과 객관성 추구의 허구성을 폭로하면서도 전혀 다른 형태의 역사서술을 시도한 오스트레일리아 민속지학 역사가인 드닝Greg Dening의 연구[24]를 높이 평가한다. 동양의 오리엔탈리즘처럼, 태평양의 역사에도 역시 유럽중심적 시각으로 왜곡된 '퍼시피시즘Pacificisim'이 존재하는데, 드닝의 연구는 퍼시피시즘을 뛰어넘는 것으로 평가된다. 드닝은 서구인과 비서구인의 만남을 비서구인에 대한 문화인류학적 접근을 통해 살펴봄으로써 어떻게 불행한 과거가 도출되었는지를 밝히고 있다. 드닝의 포스트모던 역사방법론을 통해, 조승래는 역사가 문화적 코드를 읽어내는 해석 작업이면서 문화적 기술이 되어야 한다는 점에 동의하고 있다.

"지구사 접근방법과 '문명화 사명' 문제"(제8장)에서, 오스터함멜은 독일에서 전개되고 있는 지구사의 연구경향을 검토하고 전 지구적 지성사global intellectual history의 가능성을 보여준다. 오스터함멜은 세계사의 발전에 대한 고전 독일의 공헌을 검토한다. 그는 랑케Leopold von Ranke와 동시대 역사가들이 헤겔보다 더 유럽중심주의적이었다고 평가하지만 리터Carl Ritter와 훔볼트Alexander von Humboldt로 대표되는 독일 역사지리학은 상당히 문화적 다양성과 삶의 다양성을 수용했다고 지적하는 한편, 세계사에 대한 마르크스의 공헌도 무시할 수 없다고 평가한다.

또 오스터함멜은 지구화와 그에 따른 직접적 영향으로 지구사와 "초국적" 관점에 대한 입에 발린 찬사에도 불구하고 현재 독일의 지구사 연구는 그다지 확고하지 않다고 평가한다. 이는 대체로 지구사가 주로 경제사에 집중하고 있고, 지구사의 한 근간으로 작용하는 '제국주의 역사' 혹은 '포스트식민주의 연구'가 독일에서는 발달해 있지 않으며, 동독 붕괴 이후 마르크스주의의 영향도 극도로 축소되었기 때문이다. 뿐만 아니라 지구사 연구가를 자처하는 학자들은 주로 비유럽 역사를 전공하는데, 대체로 규모가 큰 독일 대학에만 비유럽 역사학자, 즉 지구사 연구자들이 자리하고 있기 때문이다. 그러나 오스터함멜은 지구사 연구를 위한 대화가 진행 중이며 유럽학자에 의한 유럽 연구, 즉 역사의 '유럽화'가 진행되고 있다고 희망을 내비치고 있다.

그리고 오스터함멜은 '전 지구적 지성사'의 한 사례로 '문명화사명'의 지구사를 시론적으로 검토한다. 그는 역사의 다양한 시기에 유럽의 상대적 중요성을 강조하는 유럽중심주의(분석적 유럽중심주의)와 정의와 복지처럼 보편적 기준의 발신자로서 유럽을 인식하는 유럽중심주의(도덕적 혹은 규범적 유럽중심주의)를 구분한다. 전자는 19세기와 20세기에 한정하여 연구한다면, 후자는 그 기준이 보편적인 까닭에 서양에 대해서도 비판적일 수 있다는 사실을 강조하고 한 연구사례로 '문명화 사명'의 역사를 설명한다. 이에 덧붙여, 오스터함멜은 전 지구적 지성사의 연구방법론으로 백과사전식 접근방법, 공동주제별 접근방법 그리고 문화와 개념 전이轉移 방법론을 거론한다.

"한말 세계사 저·역술서에 나타난 세계 인식"(제9장)에서, 백옥경은 전통적 중국 중심의 질서에서 벗어나고 있던 한국이 유럽 중심의 세계인식을 수용하는 과정을 살펴보면서 푸코가 말했던 지식의 고고학적 관점에서 우리의 전통적인 세계사인식을 발굴하고자 한다. 백옥경은 우리나라의 첫 세계사 저술서이자 교과서인《만국약사萬國略史》(1896)는 중국 중심의 세계관에서 벗어나려고 했지만 일본의 제국주의적 의도를 가지고 있었다고 평가한다. 학부(교육담당관서)의 고문관이었던 노노무라 킨고로野村金五郎가 저술한《만국약사》는 중국 역시 하나의 국가일 뿐으로 한국을 중국과 대등한 관계로 설정하고자 하는 일본의 정치적 의도가 깔려 있었다. 이 책은 개화, 반개, 미개, 야만의 4단계로 세계를 구분하여 시공간으로 세계와 세계역사를 질서화하는 한편, 일본을 문명개화의 단계로 설정함으로써 동아시아의 국제질서를 재구성하였다.

1905년~1907년 사이에 출간된 역술서는 문명을 기준으로 서양과 동양으로 세계를 구분하되, 동양을 '반개·미개·야만의 지역'으로 범주화하였다. 특히, 이들 역술서는 한국이 생존경쟁에서 어떻게 약자가 되었고 어떻게 강자가 될 수 있는지를 진단함으로써 구국강병책이 논의되었다. 동시에 동양평화의 정당성과 가능성이 논의되기 시작하기도 했다. 그러나 백옥경은 이들 역술서들이 일본의 동양평화 원칙에 의문을 제기하거나 일본의 각성을 촉구하는 수준에 머물렀다는 사실을 지적한다.

1909년 장지연이 저술한《만국사물기원역사萬國事物起源歷史》
는 역사서를 표방하고 있지만, 서술방식은 28개 항목으로 구분하
여 서술하고 있어 박물학 서석에 가깝고 일종의 백과사전의 서술이
라 할 수 있다. 백옥경은 이 책의 서술방식이 유교적 세계관에서 중
시하는 천지인天地人과 일치되어 있는 것은 장지연이 문명의 기초
를 동양의 전통학문에서 찾았기 때문이라고 설명한다. 물론 이러한
서술방식에도 불구하고, 책의 전체 구성이 동과 서를 이분법으로
구분 짓고 있어 유럽중심적 사고의 유입도 관찰될 수 있다. 그러나
백옥경은 유럽중심주의가 아니었다면 우리가 가지고 있을 세계사,
즉 유럽중심주의 때문에 가지 못했던 지식의 경로를 더듬어보고 이
를 통해 새로운 세계사가 어떠해야 하는가에 대한 중요한 시사점과
영감을 살펴보고 있다.

제3부에서는 시간적으로 보다 긴 안목으로, 공간적으로 보다
넓은 시각으로 역사를 성찰하여 유럽중심주의의 극복 문제를 다루
어야 한다는 주장을 살펴보고 있다. 크리스천은 역사시간을 근대뿐
아니라 천 년, 만 년으로까지 연구대상 시간을 확장하면서 성찰하
는 데 반해, 차크라바르티는 인류가 지질적 행위자로서 인류세를
만들어나갔다는 사실에 초점을 두고 기후와 자연을 역사범주에 포
함시키고자 한다. 이들은 유럽인을 인간의 전형典型으로 상정하는
유럽중심주의와 전통적인 역사학의 공범관계를 문제시하고 자연
과 인간, 무생물과 생물, 우주와 인간 등의 상호의존관계에 대한 심

층적인 연구가 필요하다는 문제의식에서 출발하고 있다.

"새로운 상상의 공동체: 종족사에서 인류사로"(제10장)에서 크리스천은 민족뿐 아니라 유럽도 상상의 공동체였음을 강조하고 새로운 상상의 공동체로서 인류를 중심으로 지구사를 추구해야 한다고 주장한다. 크리스천은 유럽중심주의를 근대사, 세계사, 지난 천년 그리고 만 년과 그 이상 등 세 층위에서 검토한다. 차크라바르티가 보여주었듯이 근대사에서 유럽중심주의를 극복하기란 매우 어렵지만, 세계사 관점에서 보면 근대성 요소들은 단순히 유럽만의 것이 아니라 전 세계에 걸쳐 축적된 것이며 상업국가 형성도 17세기와 18세기 유라시아에서도 발견할 수 있다. 더구나 유럽 헤게모니는 기껏해야 1800년 이후 일로서 유럽의 능력과 특이성을 과장했다. 또한 천 년이라는 관점에서 보면, 유럽중심주의는 세계 전체를 통합하고자 한 최초의 중심주의로 세계사에서 익숙한 현상의 전형이라고 할 수 있지만 결국 하나의 중심주의 현상에 지나지 않는다. 그리고 만 년이라는 관점에서 보면, 우리는 더 수많은 중심주의를 찾아볼 수 있고 중심주의라는 개념조차 일관성을 잃게 된다.

또 크리스천은 유럽중심주의를 앤더슨Benedict Anderson이 사용한 두 상상의 공동체imagined communities,[25] 즉 정치 공동체와 지식 공동체의 기묘한 혼합산물이라고 정의한다. 정치 공동체는 개인이 인식하는 지방적 혹은 지역적 집단으로 종족적 정체성을 형성하는 데 반해, 지식 공동체는 재화와 인간뿐 아니라 정보와 지식을 교환하는 보다 넓은 집단으로 보다 포괄적인 상상의 정체성을 형성한다. 따라서 교환 네트워크가 확대되어 규모와 복잡성이 감당할 수 없을 만큼 증대되면, 새로운 정보를 통합하고 내부적으로 일관성을 유지하기 위해 기존 지식체계와 공동체 의식을 재조정하게 된다. 유럽중심주의는 16세기 교환 네트워크의 급속한 팽창[26]으로 유럽과 인류 공동체 의식이 동시에 새롭게 재조정된 결과다. 그러나 크리스천은 유럽중심주의를 유럽(지역적 공동체)과 인류공동체의 정체성 사이 긴장을 해결하는 데 실패한 시도로 평가한다.

따라서 크리스천은 세계 다양한 지역의 종족 정체성과 인류 정체성 사이 긴장을 해결하는 방법으로서 인류사를 권한다. 최근 고고학, 인류학, 자연과학 등의 발전으로 인류사 서술은 더 실현가능해졌고 전 지구적 공동체의 중요성도 더 높아졌다. 크리스천은 인류사를 인류 공동체의 강력한 윤리적 도구로 파악하고 인류사 서술을 단순히 선택 문제가 아니라 의무 문제라고 평가한다.

"역사의 기후: 네 가지 테제"(제11장)에서, 차크라바르티는 기후변화 혹은 지구온난화에 따른 전 지구적 재앙과 인류의 멸종에 대한 경각심으로 호모 사피엔스의 역사를 주장한다. 그는 기후변화를 인간 자신이 초래했다는 점에서 인간을 생물적 행위자biological agent를 넘어 지질적地質的 행위자geological agent로 파악하고, 새로운 정의는 전통적 역사학의 이분법, 즉 자연사와 인간사의 구분을 무의미하게 만들었다고 주장한다. 차크라바르티는 인류가 홍적세Pleistocene와 완신세Holocene를 거쳐 새로운 지질학적 시대, 즉 인류세Anthropocene에 들어가고 있다고 지적한다. 홍적세와 완신세 전환기에 있던 다양한 거대 포유류의 멸종을 시사하면서, 인류세에 인간은 자신의 의지와 결정을 통해 지구환경의 주요한 결정요인으로 역할을 한다는 사실을 강조한다. 따라서 계몽 혹은 이성이 인류에게 과거 어느 때보다도 절실하며, 최악의 상황에 대비해야 한다. 그런데도 차크라바르티는 역사학계가 지구화, 자본주의, 서발턴subaltern, 포스트식민주의 등을 연구해왔지만 인류가 직면한 전 지구적 위기에 대해서는 준비조차 하지 않고 있다고 경종을 울린다.

따라서 차크라바르티는 인류멸종 위기에 대처하기 위해 한 종으로서 인류의 역사를 강조한다. 지구온난화는 궁극적으로 지구 자체를 파괴하는 것이 아니라 인간의 생존여부를 결정짓는 지구상 생물적·지질적 조건을 위협하기 때문에, 지구상 삶의 역사를 고려하지 않을 수 없다. 이런 맥락에서, 우리는 길게는 농업혁명 이후 만년 혹은 짧게는 문자가 출현한 이후 4000년 동안 이뤄진 기록의 역사뿐 아니라, 진화생물학자 윌슨Edward Wilson이 주장한 '깊은 역사deep history', 즉 유전과 문화에 의해 이뤄진 변화에 따른 수십만 년에 해당하는 역사도 신중하게 고찰해야 한다.[27] 말하자면, 우리는 지구상에 존재하는 하나의 삶의 형태일 뿐이며 인류역사는 지구상 존재하는 삶의 역사의 한 부분일 뿐으로, 이제 하나의 종species으로서 인류의 역사를 연구해야 한다는 것이다.

하나의 종으로서 인류의 생존은 다른 종들의 삶에 의존하고 있을 뿐 아니라 지구상 삶의 조건에 달려 있다. 또한 인류세에서, 인류는 적어도 오늘날에 자신의 삶을 위한 자연조건이 되었다. 이런 상황을 근거로, 차크라바르티는 학문 간 대화뿐 아니라 역사학에서 기록의 역사와 깊은 역사 간 대화를 요청한다. 동시에, 자본의 지구사를 포함한 포스트식민주의적 시각의 역사도 인류역사와 함께 연구할 것을 강조한다. 과도한 화석연료 사용을 초래한 산업혁명과 자본주의가 없었다면 인류세도 나타나지 않았을 것이기 때문이다. 전 지구적 위기에 직면한 인류역사는 하나의 정체성을 강화하는 유럽중심주의의 보편성 신화를 거부하고 인류세의 "새로운 보편사"가 될 것이다.

자기성찰의 지구사를 위하여

유럽중심주의의 극복하는 것은 과거의 진위성과 타당성뿐 아니라 과거와 현재 관계에 대한 적절성에도 관심을 기울이는 것이며, 미래의 정체성을 형성하고 역사의 경로의존성을 비판적으로 성찰하는 것이다. 이런 이유로, 유럽중심주의는 역사학뿐 아니라 일반 정치경제와 사회문화 그리고 일상적 실천과도 깊게 관련된다. 단순히 민족국가 중심은 물론 유럽 중심의 사유 체계를 뛰어넘는 것만으로는 부족하다. 동아시아, 아시아, 아프로-유라시아, 지구사회와 같이 보다 넓은 지역의 다양한 층위를 잠정적인 틀로 인간 사회의 상호연관성과 상호의존성을 탐구할 수 있어야 하며, 다양한 기준에 의거한 잠정적인 시대구분으로 중장기적인 흐름과 역사적 의미를 살펴볼 수 있어야 한다.

사실, 이 책은 이런 난해한 모험을 시도한다. 물론 이 책에 실린 글이 모든 면에서 유럽중심주의를 넘어선 것이라고 단호하게 자신할 수는 없다. 개념이나 사유방식, 연구방법론 등이 여전히 유럽중심주의 영향 아래 있거나 유럽중심주의에 뒷문을 열어주는 실수를 범하고 있는 부분도 분명히 있을 것이다. 예를 들면, 중요성이나 역학 혹은 영향에 있어서 모든 중심주의를 동일하게 취급하게 되면, 유럽중심주의의 실체와 파괴·왜곡 효과의 정도를 외면하는 결과를 초래할 수도 있다. 또한 저자의 시각에서 보면 별로 중요하지 않다고 여기고 무시한 것이 독자의 다른 시각에서 보면 엄청나게 심각한 오류와 편견으로 지적될 수도 있다. 예를 들면, 당시에는 그나마 그 정도로도 비유럽 세계에 대해 엄청나게 많은 관심을 기울인 것이었으며 그것이 오늘날 지구사의 초석이 되었다고 항변하는 주장이 우리 눈에는 어설픈 변명으로 들릴 수도 있다. 특히, 오늘날 상황(예를 들면, 유럽-미국의 전 지구적 우월성)을 과거에 투사하는 방식의 논리와 설명이 결과에 대한 원인을 찾아나가야 할 역사학의 의무와 충돌할 수도 있다.

오히려 바로 이런 까닭으로 이 책이 가진 의미는 뜻깊다. 유럽중심주의가 하루 만에 건설되지 않은 것처럼, 해체하고 축출하는 작업도 물론 하루 만에 되지 않는다. 역사에 대한 총체적 비판적 재평가 작업은 당연히 오랜 세월이 소요될 것이며, 우리는 단지 그 과정 속에서 역사의 실증주의적 한계와 상상력의 한계를 뛰어넘으며[28] 나름대로 우리에게 주어진 공헌의 의무를 충실히 수행하면 되는 것이다. 지구사를 통해 바라본 인류역사에 대한 성찰이 의무 가운데 가장 중요한 실천중 하나임에는 틀림없다. 불행히도 우리에게 내재화된 유럽중심주의 때문에, 자신을 망각한 채 우리 스스로 유럽중심주의의 십자군이 되어 인류역사의 지구적 맥락을 거부하며 유럽의 보편적 우월성을 확대재생산하는 경우도 자주 발견된다. 유럽인보다 더 유럽중심적인 주장과 논리를 세우는 경우도 심심치 않게 있다. 현재의 글로벌 헤게모니와 지식권력에 굴하거나 타협하지 않고 우리가 먼저 스스로 지치지 않는 자기성찰을 계속 경주해야 한다.

1

사학사적 검토,
비판 그리고 쟁점

동아시아의 유럽중심적 역사관의 극복

임상우

서강대학교 사학과 교수. 현 서강대 국제지역문화원 원장 및 한국사학사회장. 대표적인 연구로는
≪막스베버 연구: 역사와 정치≫, ≪21세기 역사학 길잡이≫ 등이 있다.

동아시아에서의
유럽중심적 역사관

이 글은 동아시아 지성계에 아직도 식민성coloniality이 문제되고 있
다는 일반적 관찰과 관련된다. 특히 동아시아(일본, 중국, 한국)에 서
구 근대역사학이 도입된 지 한 세기 이상 흘러 포스트식민주의시대
라 불리는 시대에 아직도 이 지역에서 역사학과 그에 따른 '세계
사' 관념은 한마디로 유럽중심적eurocentric 역사관에 지대한 영향을
받고 있다는 문제의식을 제기하고자 하는 것이 이 글의 목적이다.

이를 위해 먼저 유럽중심적 역사관이 형성된 과정을 살펴보고,
동아시아 역사학에 수용되는 과정에서 가장 논란이 되는 두 기본개
념이 '근대화modernization'와 '단선적 진보사관'이라는 것을 밝힌다.
이어 유럽중심적 역사관의 핵심적 내용은 근대화 패러다임이며, 이
를 통해 세계역사를 일관된 이야기로 구성하게끔 만든 점을 살핀다.

다음으로 서구로부터 수입된 유럽중심적 역사관을 제국주의적 팽창을 주도한 유럽 국가들이 강요했다기보다는, 동아시아 3국이 모두 자발적으로 수용하고 나아가서는 내면화한 점을 강조한다. 그리고 유럽중심적 역사관에 대한 비판이 서구지성 사이에서 먼저 제기되었으며, 특히 20세기 말에 들어 대두하기 시작한 여러 '포스트담론 post-structualism, post-colonialism, post-modernism'과 깊은 관련을 맺는다는 점을 지적한다. 마지막으로 유럽중심주의를 극복한 또 하나의 보편적 세계사를 제시하기에는 아직 어려움이 많다는 점과, 대안적 세계사(또는 지구사)를 위한 전제조건이 다양한 문화적 맥락에서 벌어지는 역사서술에 대한 비교사적 연구라고 주장한다.

결국 서구의 자기중심적 역사관을 극복하기 위해서는 동아시아에서 유럽중심 역사관의 수용과 변용과 지난 100년간의 근대역사학 발전에 대한 사학사적 검토와 철저한 비판이 필요하다고 제언 한다.

18세기 이전 세계역사를 보면 이미 서구 식민주의colonialism가 발현한 이후 경제에서는 동서 간에 교류가 많았지만, 사학사는 동서가 고립되어 발전되어 왔다. 이후 무슬림지역과 일본, 동아시아가 서구에 알려지기는 했지만 양쪽 역사학은 거의 고립되어 따로따로 발전했다. 그러나 19세기 이후부터 엄청난 서구적 영향력이 동아시아와 아랍권에 미치게 되었다. 이는 하나의 문화적 전이라 할 수 있는데, 여기서 문화적 전이가 모두 일방적이었다는 점은 주의해야 한다. 다시 말하면 서구에서 비서구로 일방적으로 전이된 상황을 염두에 두어야 한다.

먼저 유럽중심적 역사관을 극복해야 하는 이유를 생각해볼 필요가 있다. 무엇보다도 현대는 세계화 시대라 일컬어진다. 이 시대에 가장 요구되는 역사관은 문화적 상대주의에 입각한 각 지역 역사의 특수성에 대한 인정이다. 유럽의 역사발전이 세계의 역사발전을 대표한다는 선입견이 세계의 다른 지역 역사는 마치 존재하지 않거나 있다 해도 미미한 영향밖에 남지 않았다는 역사인식을 조장해온 것은 사실이다. 그러나 현재 문제되는 세계화globalization는 지역의 특수성을 전제한 전 지구적 통합glocalization이다. 따라서 19세기와 20세기 대부분에 걸쳐 서구 국가들이 주도한 제국주의적이고 헤게모니적인 세계관은 이제 더 이상 설 자리가 없는 시대착오적 태도라고 볼 수밖에 없다. 헤게모니적 세계관은 인간평등의 실현이라는 인류의 이상에도 어긋나기 때문이며, 또 다른 종족이나 민족 또는 종교 집단에 대한 무지나 혐오는 두말할 것도 없이 치명적인 "문명충돌"로 이어질 수밖에 없기 때문이다.[1]

한편 고도로 발달한 과학기술 사회에서 그동안 인간을 이롭게 한 문명의 이기들이 이제 인류 자체의 생존을 위협하는 지경에 이르렀다. 핵무기와 환경 재앙으로 대변되는 과학기술의 부작용은 인류 전체의 완전한 멸절까지도 예측 가능케 한다. 이런 과학 문명을 주도해 온 서구의 진보적 역사라는 담론체계는 다른 문명의 독특성과 자기정화 기능을 애초에 배제시킨다. 따라서 서구 중심의 헤게모니적 세계지배를 지양하고 인간집단 간 상호이해를 인류 공통의 과제로 추구해야 한다. 더욱이 유럽 연합에서처럼 국가와 민족 간 통합을 추구하고, 동아시아에서처럼 상호공존과 공영을 모색하는 현대에 어느 한 집단의 헤게모니적 역사관은 더 이상 용납할 수도 유지될 수도 없다.

유럽중심주의적 역사학과
근대화 패러다임

우선 '유럽중심적 역사관'이라는 용어에서 '유럽'이란 말은 대체적으로 서유럽과 거기서 파생된 문명(미국, 오세아니아 등)을 말한다. 그렇다면 유럽중심적 역사관이란 무엇인가? 한마디로 말해서 '유럽의 역사'가 세계역사발전의 보편적 방향을 표현한다는 사고다. 여기서 유럽 역사 또는 유럽 문명이라 하면 특히 그레코-로만적 전통과 게르만적 전통이 주가 된다. 19세기와 20세기 초반에 유럽의 대사상가들(Hegel, Ranke, Marx, Meinecke)은 역사의 보편적 발전방향을 한결같이 위와 같은 사고로 보았다.[2] 그들은 세계사를 인류문명이 궁극적인 완성을 향해 나아가는 진보의 과정으로 이해했다. 이들에 앞서 계몽주의 전통을 숭상하는 유럽 지성들은 거의 모두 이런 보편사적 진보사관에 젖어 있었고, 보편사는 두말할 것 없이 유럽 역사로 대표되었다.

이런 세계역사에 대한 진보 관념은 세 기본 개념으로 구성된다. 그건 국민국가nation state, 자유liberty, 문명civilization이다. 즉, 세계사 발전에서 일반 주체는 국민국가고, 그 국가는 인민의 자유를 실현하는 주체이며, 이 과정이 곧 문명이라는 생각이다. 비근한 예로, 정치학자 후쿠야마Francis Fukuyama는 그렇게 규정된 자유가 실현된 현대를 "역사의 종말"로 선언했다.[3] 한편 문명은 정신적 측면에서 유럽을 형성한 종교적 기반인 크리스트교로 종종 표현된다. 예를 들면, 미국 부시 대통령은 이라크전에 임하여 "악의 축에 대항하는 문명의 십자군"으로서 전쟁에 파견된 미국 군대를 "자유를 위한 투사들"로 표현했다.

이처럼 유럽인들이 형성한 유럽 중심적 세계관이 동아시아를 포함한 전 세계의 약소국에서 자발적으로 기꺼이 받아들여졌다는 점은 대단히 심각한 아이러니다. 비유럽 국가들은 이른바 '근대화'를 수행하는 과정에서 근대의 모델을 유럽에서 찾았고 근대의 미래를 진보를 향해 나아가는 유럽 역사에 투영했다. 서구 제국주의의 침략에 직면하여 국민국가의 수립과 국민의 자유 실현, 문명의 진보라는 관념들이 아시아 국가들의 지상과제로 떠오르는 가운데, 역설적으로 그들을 침략하고 그들의 존재를 전유appropriation하려는 유럽 중심적 역사관이 부정할 수 없는 역사 교사가 되고 말았다. 한편, 이런 유럽 중심적 세계관과 진보의 관념은 역사 연구와 서술에도 영향을 미쳤는데, 동아시아에서 이 시기에 새롭게 시작된 역사학 연구와 제도는 유럽 역사학 연구방법론을 부동의 학문적 진리로 수용했다.

동아시아 역사학에 수용된 기본 개념 중 가장 논란이 되는 두 개념은 이른바 '근대화modernization'와 '단선적 진보사관'이다. 근대화 개념은 최근 많은 비판을 받고 있는데, 200년을 거슬러 올라가 보면 이 개념은 계몽사상에서 시작하는 진보사관의 귀결로서 이른 바 세계가 하나의 균일한 역사발전 법칙에 따라 발전해 간다는 생각이다. 과학기술의 진보와 사회조직의 진보, 즉 인류문명의 보편주의를 말한 계몽사상가 콩도르세Condorcet 이래 마르크스까지, 즉 좌우익을 넘어 서구의 19세기 거의 모든 사상가가 이런 보편적 역사발전에 동의했다. 심지어 마르크스는 "선진 산업국가인 영국은 앞으로 모든 후진국의 미래가 될 것이다"라는 극언을 하기도 했다. 단일한 역사과정을 전 세계가 보편적으로 밟게 된다는 것이었다.

보편적 진보사관은 19세기 사회학이 성립돼 20세기 사회과학이 성립되는 과정에서 채택되었고, 1960년대에 경제학자 로스토Rostow의 저작4에서 시장경제와 자유민주주의에 대한 흔들리지 않는 확신으로 표현되었으며, 심지어는 후쿠야마Francis Fukuyama의 《역사의 종말》에서도 이런 사고가 반영되었다. 한마디로 말하자면 계몽사상 이후 지난 200년 동안 역사란 단일한 진보적 발전과정이라는 생각이 흔들림 없이 유지되었다. 이런 사고의 극단적인 예가 스탈리니즘, 나치즘, 마오이즘인데, 이들 역시 근대화 역사관의 한 범주에 포함될 수 있다. 한편, 역사상 근대화 과정은 단일하지만은 않다는 점도 지적해야 할 것이다. 예를 들면 서구에서 독일 근대화는 영국과 미국 근대화에 비해 상당히 다른 불완전한 근대화의 양상을 띠고, 동양에서는 일본이 독일과 유사하다.

이런 경향을 세계사적 관점에서 재론하자면, 계몽사상 이래 직선적 발전사관이 형성되기 이전, 즉 18세기 중엽에 이르기까지 서구에서나 동아시아에서 이른바 '하나의 역사'라는 개념이 그렇게 많이 있지 않았다. 단일한 역사와 보편적 역사 대신 여러 역사 즉 복수의 역사가 존재했다. 17세기 역사가들이 저술한 '보편사 universal history'는 나중의 보편사가들로부터 여러 이야기의 집적일 뿐이지 통일된 하나의 보편적 역사가 되지 못한다고 비판받기도 했다. 사하라 이남의 흑인들 역사를 관찰하면서 야만적이라 보지 않고 하나의 문화로서 보는 비판적 시각이 18세기 중엽까지 나타났다. 그러나 18세기 이후 계몽사상이 출현한 이후에는 단일한 보편사관이 지배적으로 형성되었다.

근대화와 단선적 진보사관이라는 개념에 대해 결론짓는다면, 근대화 개념은 자본주의의 발전과 자본의 세계지배 과정과 아주 긴밀하게 연결됨으로써 결국 서구 역사서술에도 반영될 수밖에 없었다. 그래서 계몽사상 이래 19세기와 20세기 서구의 역사학은 하나의 역사 즉 세계사를 말하기 시작했다. 물론 그 세계는 바로 서구였다.

유럽중심적 역사관의 핵심적 내용은 근대화 패러다임이라 할 수 있다. 그러나 이는 영국과 미국처럼, 경제, 사회, 정치의 근대성 모델을 뚜렷이 적용할 수 있는 국가들에서 처음으로 나타나지는 않았다. 오히려 19세기 초에 일어난 개혁에도 불구하고 여전히 근대적 여건에서 상대적으로 뒤처져 있던 프로이센에서 이 패러다임이 나타났다. 이는 새로운 역사학의 모델 형성에 수반하여 나타났다. 새로운 역사학은 역사자료에 대한 비평방법의 정밀함과 역사 연구의 전문화를 요구하는 것과 관련 있다. 전문화와 관련된 요구란 역사가에게 도덕적 판단을 억제하도록 요청한 과학적 객관성이라는 이상이었다.

이론적으로 이는 역사와 문학 사이 그리고 전문 역사가와 아마추어 역사가 사이 뚜렷한 구분을 만들어냈다. 그때까지도 역사 서술가의 활동은 이런 모든 규범을 어기고 있었다. 역사는 이제 형이상학적 추측에서 자유로워졌으며, 역사가 자신을 사료 속에 실제로 빠져들게 하라는 랑케의 요청은 역사의 위대한 힘을 직관적으로 드러내게 했다.

역사의 위대한 힘이란 결국 역사를 일관된 이야기로 구성하게끔 만들었다. 그런데 이런 역사학의 이상 안에서 도덕적 판단의 보증인은 다름 아닌 국가라는 실체였다. 새롭게 시작된 전문적 역사 편찬은 국가의 실체를 궁극적으로 정당화하는 고도로 이데올로기적인 작업이었다. 이런 관행은 독일에서뿐만 아니라, 세계 모든 곳에서 독일식 모델이 적용되게 했다. 이와 같이 근대의 전문화된 역사학은 출범부터 민족주의적 열망과 밀접하게 얽혀 있었다.[5]

역사 발전의 형이상학적 거대 이론들을 거부하고 정치 발전과 같이 반복 교차되어 나타나는 현상에 관심을 둔 전문적 역사학, 즉 독일식 모델에 일치하는 역사학과 유사한 경향들이 19세기 동안 문화와 사회 진화에 대한 관심과 더불어 역사학계 밖에서 나타났다. 첫째, 역사를 진보의 법칙에 따라 단선적 과정으로 바라본 사회학자 콩트Auguste Comte, 역사학자 버클Henry Thomas Buckle 그리고 텐느Hyppolite Taine가 가진 실증주의 역사관이다. 둘째, 19세기 후반 이런 법칙들의 생물학적 해석을 이루어낸 인종주의의 함축성을 지닌 사회진화론이다. 셋째, 마르크스주의의 혁명적 열망을 담고 있는 마르크스의 사적 유물론이다.

세 입장은 모두 비평된 원전에 거의 의존하지 않고, 오히려 '세계역사'라는 불확실한 관념에 근거하고 있다. 세 관점은 독일 역사주의 학파와 세계역사에 대한 같은 견해를 가졌다. 즉 그들이 세계역사에서 중요하다고 생각한 과거의 요소들과 그렇지 않다고 판단한 요소를 구분짓는 단선적이며, 방향성을 지닌 하나의 보편적 과정으로서 역사를 봤다는 점에서 유럽중심적 역사관의 기본 가정을 제시한다고 할 수 있다.

20세기에 이르면, 국가에 초점을 맞추고 역사사료를 구성하는

랑케Leopold von Ranke, 1795~1886.
독일 역사가로 '근대 역사학의 아버지'라 불린다.

것이 무엇인지에 대한 편협한 관념을 보인 전통적 독일식 패러다임에 반대하는 광범위한 반작용이 서구 전역에 나타났다. 유럽과 미국 역사가들이 이제 확실한 경험 연구에 근거한 사회과학적 역사학으로 전환하기 위한 시도를 보여줬다. 오직 국가주의적 이상과 결합하고 있던 근대화 패러다임은 이제 사회과학적 일반화를 통해 역사 발전의 실체를 규명함으로써 세계역사의 유일하고도 보편적인 발전 모델로 자리 잡게 되었다.

　20세기 초에 들어서 독일에서는 베버Max Weber 그리고 프랑스에서는 뒤르켐Emil Durkheim의 역사연구 원칙이 역사사회학을 창출해냈다. 역사사회학은 역사학을 광범위한 사회학적 분석 맥락에 위치하게 했다. 이런 사상가들은 일반적으로 사회적 근대화의 개념을 긍정적으로 공유했다. 그러나 베버와 뒤르켐에게선 부정적으로 여겨진 사회적 근대화 개념이 나타나기 시작했다. 일본에서 마르크스는 너무 일찍 정치적으로 그리고 방법론적으로 심각하게 받아들여졌다. 중국에서는 미국의 영향력이 더 컸고, 특히 철학자 듀이John Dewey의 철학과 미국의 "신 사학New History"이 미친 영향력은 더욱 커졌다. 그리하여 동아시아에서 근대사회로의 이행은 돌이킬 수 없는 역사 발전 방향으로 치부되기에 이르렀다.

　2차 세계대전이 끝난 후 30여 년은 역사연구를 조직적인 사회과학으로 전환하려는 접근들이 역사학계를 풍미하던 시기다. 역사연구를 수학적 모델과 19세기 실증주의에 가장 가깝게 연구가 이뤄진 이 분야에서 가장 급진적인 형태는 미국에서 발견된다. 그러나 또 다른 곳에서도 유사하게 급진적 형태가 나타났다. 새로운 수학적 사회 과학은 양적인 사실들(숫자로 표현할 수 있는 요소들)을 더 넓은 사회, 문화의 실재와 유리시켰다는 데 근본적 문제점이 있다. 베버에게 영향을 깊이 받은 독일의 역사적 사회과학 학계는 더 주도면밀하게, 이후 나치즘의 흥기에 기여하게 될 사회 권력과 정치권력을 분석하는 과정을 시대에 앞서 진행했다. 요약하자면 20세기에 미국과 독일에서 나타난 역사적 사회과학이라는 형식을 빌려 서구와 비서구 역사를 이어주는 것이 근대화 이론이었다. 근대화 이론은 역사학이 과학적으로 근대의 기원을 알려주고 있으며, 의회제, 민주제도를 지닌 과학기술과 경제가 고도로 발전된 사회를 이끌어낸다고 믿는 신념이었다. 그리하여 서구에서 뿐 아니라 그들의 사회발전 모델을 지향한 동아시아에서도 역사학 연구는 단선적 세계사 법칙을 확인하는 최선의 수단으로 간주되기에 이르렀다.

동아시아에서 유럽중심적
역사관의 내면화Internalization _____

동아시아 3국에서 서구로부터 유입된 유럽중심적 역사관은 제국주의적 팽창을 주도한 유럽 국가들이 강요했다기보다는, 동아시아 3국이 모두 자발적으로 이를 수용하고 나아가서는 이를 내면화했다는 것을 앞에서 강조했다. 한걸음 더 나아가, 국민국가의 지도세력과 피지배자인 국민들 사이에 계급적 갈등이 증폭되는 가운데서도, 국가와 국민은 일종의 '합의consensus'로써 국가발전과 문명의 진보를 '시민종교civil religion' 형태로 숭배하기에까지 이르렀다는 관찰까지도 가능하다.

동아시아 여러 나라가 서양 제국주의적 세계질서에 편입되면서 이에 대한 대항적 노력으로서 그동안 이뤄진 왕조 중심의 역사서술은 '국가사' 중심으로 재편되었다. 외세의 침탈로 독립과 자주권을 상실한 위기 상황 아래서, 서양 근대국민국가를 모델로 한 근대국가체제가 최선의 대안으로 떠올랐기 때문이다. 그러나 그런 노력은 동아시아 3국에서 각기 다른 형태를 취했다.

19세기 중반 미국과 조약을 필두로 해 서양열강에게 문호를 개방한 일본은 메이지유신으로 근대국가 수립에 성공하고, 19세기 말에는 근대국민국가 체제를 갖추게 되었다. 중국은 서구 열강의 침략을 받으면서 근대국가 수립에 성공하지 못했고, 1911년 신해혁명으로 청 왕조가 붕괴된 후에도 계속된 혼란을 겪었다. 한국은 19세기 말 이미 근대국가체제를 완성하여 제국주의국가의 길을 걷게 된 일본에 식민지화되었다. 이와 같이 일본과 달리 한국과 중국은 근대국민국가 건설을 위해 계속 시련을 겪어야 했다.

이들 국가에서 정치체제로서 근대국민국가 수립은 쉽게 현실화되지 못했지만, 이를 위한 대중적 기반인 민족주의는 20세기 초 공통적으로 성장했다. 근대국민국가를 정치적 이상으로 한 민족주의가 성장하면서, 역사서술에서도 국가 또는 민족을 중심으로 하는

'국가사'적 방식이 일반적 형태로 등장했다.

사실 역사서술에서 가장 직접적인 서구적 영향은 영국에 점령된 인도에서 먼저 나타났다. 영국은 인도에서 1830년대까지 학술용어로 쓰이던 파르시Farsi어를 영어로 대체하기 시작했으며, 영국의 고등교육 체계를 인도에 도입했다. 중간계급 지식인들은 영국의 역사서술 방식을, 인도 전통에 입각해 민족 독립을 요구하는 형태로 모방했다.

19세기 중반 무렵 중국, 일본, 한국은 서구의 사회사와 문화사, 특히 프랑스 역사학자 기조Francois Guizot와 영국 역사학자 버클이 성립한 역사서술에 상당한 관심을 쏟았다. 특히 중국에서는 그 이론들을 다음과 같이 이해했다. 즉 사회진화라는 서구적 관념이 중국 자신과 문화를 지킬 수 있게끔 하는 데 적용할 수 있다고 이해했다. 일본에서 랑케의 방법론을 가르친 리스Ludwig Riess라는 젊은 독일 역사가는 독일식 모델에 따라 역사 연구를 동경제국대학에 도입했다.[6]

일본은 1853년 페리 제독에 의해 개방될 때까지 서구와 고립되어 있었다. 그러나 일본은 아시아에서 누구보다 앞서 근대국가 건설을 지향했고 그 모델을 유럽 제국주의 국가들에서 찾았다. 일본 국민의 읽기, 쓰기 능력은 1850년 무렵에 이르러서는 영국보다 더 높아졌다. 이런 배경에는 17세기 초에 도쿠가와 쇼군들이 시작한 경제, 사회변혁 과정이 있다. 도쿠가와 쇼군들은 고도로 발전된 시장경제를 이끌었으며 도시화를 증가시켰다. 구식 사회, 정치 제도와 봉건제의 잔재에도 불구하고, 도쿠가와 막부는 그들이 낮은 수준에

서 변혁을 실행할지라도, 유럽대륙의 특성을 따르기를 고집했다.[7]

천왕중심적 국가관을 확립한 메이지유신 이후 1870년대에 들어서부터는 유럽에서 비롯한 보편적 세계사 개념을 적극적으로 학습하고 수용한다. 이 시기에 발간된 '만국사bankokushi, history of all nations'는 바로 이런 관념에서 기획하고 저술된 역사서다. 이 역사관의 골조는 세계사적 보편사는 유럽인Aryans에 의해 선도되고 이어서 아시아인Mongolians이 뒤를 따르는 것이었다. 이는 아시아에서 선구적으로 근대화된, 즉 서구화된 일본의 우월성을 증명하고, 궁극적으로는 일본 제국주의가 나머지 아시아 국가를 정복하고 지배하는 것을 정당화하는 역사관이다. 따라서 일본은 유럽중심의 보편사적 세계사 관념을 자발적이고 적극적으로 수용하고 이를 내면화해야 할 충분하고도 자연스러운 이유가 있었다.

일본의 예에 뒤이어 동아시아에서는 물론 동아시아의 식민지 국가에서 공통적으로 수용된 한 역사적 관념이 있는데, 바로 '근대화modernization'다. 근대화는 간단히 말해 산업화고 도시화며 그리고 '서구화Westernization'였다. 그들에게 근대화는 미래의 역사적 단계에 실현되어야 할 목표였고, 일본은 이를 선도적으로 밟아 나갔다.

한국 근대역사학은 일본의 식민지 침탈이라고 하는 민족적 위기에 대한 대응으로서 시작되었다. 일본은 한국을 정치적으로 식민지화했을 뿐 아니라 정신적으로도 예속시키고자 했다. 그 노력의 일환으로 일본 관변학자들은 이른바 '식민사관'을 내세웠다. 그들이 저술한 《조선사》와 《조선근세사》는 한국역사의 특징을 사대주의에서 찾으면서 일본의 한국지배를 강변했다. 따라서 한국의 자주성을 확립하기 위해서 당시 근대역사학을 소개받은 한국 역사가들은 국가로서 독립성과 자주성을 강조해야 했다. 이런 시대적 요청에 따라 한국 근대역사학은 민족주의 사학 형태를 띠고 출발할 수밖에 없었고, 서술 단위는 자연스럽게 국가가 되었다.

식민지화에 저항하고자 한 초기의 민족주의 사학을 대표하는 역사가로는 신채호, 박은식, 정인보를 들 수 있다. 박은식은《한국통사》에서 한국의 민족정신을 '혼'이라고 규정하고, 민족혼을 지키는 것이 독립에 이르는 길이라고 설파했다. 신채호는《조선상고사》에서 조선민족의 일본민족에 대한 대항을 강조하기 위해 역사란 '아'와 '비아'간 투쟁이라고 주장했다. 정인보는《조선사연구》에서 민족의 보존을 위한 길로 조선의 '얼'을 강조했다. 민족주의사학의 전통은 1945년 일본으로부터 해방한 이후 안재홍과 손진태 등이 신민족주의 사학으로 계승했다. 안재홍은 국수적 민족주의를 극복해야 할 필요성을 인식하고 인류의 폭 넓은 공존을 위해 '만민공생'의 원칙에 입각한 새로운 민족주의를 주장했다. 손진태는 이를 계승하여 역사학 연구에 적용해 민족 전체의 균등한 행복과 민족 간 친선을 이룩하는 것이 '신민족주의'의 과제라고 규정했다.

한국이 일본 지배를 벗어나 독립 정부를 갖게 되면서 민족정신을 강조하는 민족주의 사관은 유럽중심적 세계사 체제를 의심의 여지없이 수용하는 밑바탕이 되었다. 식민사관 극복을 위해 한국사의 독자성을 연구하는 가운데, 한국사 서술이 국가사의 체계를 완비해

가면서 자연스레 국가사를 세계사의 보편적 발전법칙에 부합하는 것으로 간주했다. 즉 식민지로부터 해방되어 독립 국가를 갖게 되면서 '국가' 관점에서 역사를 서술하는 관행이 자리 잡았다. 이에 따라 새로운 국가 역사를 연구하고 교육했다. 국가는 국정교과서라는 방식으로 '국사' 교육을 주도했고 '국사편찬위원회'를 설립해 국가의 공식적 역사를 편찬했다.

이와 같이 동아시아 역사가들이 비의도적 또는 의도적으로 전유한 유럽중심적 보편사관은 세 가지의 기본적 역사 관념으로 이뤄진다. 첫째는, 역사발전의 주체는 국가이며 국가는 군왕이나 군사 지도자들이 이끌며, 일반 인민은 역사의 무대에 조역으로나 등장한다. 둘째는, 역사적 발전의 동기와 원동력은 바로 '자유의 발전'이며 '문명의 진보'다. 마지막으로 이런 역사적 발전의 패턴은 과학적으로 증명할 수 있는 역사적 '법칙들'로 표현된다. 그 법칙으로서 실증주의적positivistic 과학 법칙이나 마르크스주의적 역사관 법칙이 널리 영향력을 발휘했다.

과학법칙을 숭상한 이 시기 역사가들은, 독일에서 성공한 랑케적 역사학 방법론을 객관적 과학으로서 역사학이라는 이상 아래서 적극 받아들였고, "있었던 사실 그대로"라는 랑케의 격언은 역사가들에게 금과옥조로 숭상되었다. 다시 말하면, 법칙적으로 발전하는 역사라는 실증주의적 역사관과 병존하기 힘든 랑케의 사실주의적 역사관이 동시에 받아들여졌다. 한국 역사학계에서는 오랫동안 랑케류의 사실주의적 역사학을 실증주의적 역사학이라 잘못 부르고 있는데, 아마도 서구 역사학 모델을 절대시하는 데서 비롯한 혼동이리라 생각한다. 또 이 시기에 태동한 민족주의적 역사학은 과학이라기보다는 대중적 정서에 근거했는데, 이것이 한국에서 과학적 역사학 개념과 병존할 수 있던 것도 당시 유럽에서 나타난 역사학에 대한 여러 태도를 무비판적으로 뭉뚱그려 수용한 결과다.

한편 마르크스주의적 사적 유물론에 입각한 역사관도 유럽중심적 역사관을 전폭적으로 수용하는 데 큰 기여를 했다. 마르크스의 3부작 같은 역사발전법칙(노예제 사회, 봉건제 사회, 자본주의 사회)은 아시아 각국에서도 순차적으로 밟아나가야 할 역사발전 단계로 이해되었다. 또 일본과 서구 침략에 직면한 한국과 중국에서는 많은 역사가가 민족적 독립과 노농계급의 해방을 동일시하는 가운데 마르크스주의적 역사발전 법칙을 적극 수용하게 된다. 반면에 부르주아 역사가들은 하층계급의 불온한 혁명사상은 싫어하면서도 마르크스주의적 발전사관을 과학적 역사학이라는 범주로 부지불식간에 수용했다. 그 결과 한국사의 발전은 서구역사의 발전모델과 동일시되었고, 이런 담론적 범주화를 이론적으로 검토하지 못한 역사학자들의 연구는 발전모델에 상응하는 세부영역에 집중되었다.

이 시기에 동아시아 역사가들이 세계역사의 시기적 발전모델로서 받아들인 유럽사에서 사용한 시대구분도 역시 3부작으로 이루어진 세계사 발전 과정이었다. 즉 고대, 중세, 근대라는 세 단위로 이뤄진 단계가 세계사의 보편적 발전을 나타내고, 동아시아 역사도 자기만이 갖는 독특한 역사적 고유성은 무시한 채 유럽역사와 같이 3부작의 구도로 발전단계를 밟아야만 한다고 생각했다. 따라서 동아시아 근대역사학에서 시대 구분이나 역사용어는 전적으로 유럽역사의 테두리 속에서 이해되고 사용되었다(르네상스, 지리상의 발견, 과학혁명, 프랑스혁명, 나폴레옹 시대 등). 특히 그중에서도 유럽에서 나타난 근대라는 과거는 동아시아에서는 미래에 실현되어야 할 근대화 과정이었다.

요컨대, 동아시아 역사가들이 내면화한 보편사적 세계사는 유럽 역사로서 대표되었고, '사건으로서 역사'와 '학문으로서 역사'를 모두 포괄했다. 따라서 서구의 역사방법론으로 연구한 동아시아 역사는 유럽역사 발전모델 즉 세계사 발전법칙에 일치하는 역사라는 낙관적 인식을 동아시아 역사가들은 오랫동안 견지했다. 이런 태도야말로 유럽중심적 보편사관을 스스로 내면화한 것이고, 이러한 무비판적 내면화는 비단 역사연구에만 그치지 않고 문학이나 철학 등 여타 인문학과 사회과학 분야에까지도 확산되었다.

유럽중심적
역사관에 대한 비판

유럽중심적 역사관에 대한 비판은 먼저 서구지성들 사이에서 제기되었다. 특히 20세기 말에 들어와 대두하기 시작한 여러 '포스트 담론(post-structualism, post-colonialism, post-modernism)'과 깊은 관련을 맺는다.

1960년대는 서구 역사발전 과정 중에 형성된 서구에 대한 자신감, 즉 서구 역사의 과학적 합리성 전통과 제도에 대한 긍정적 평가에서 전환점을 맞이한 시기다. 역사서술에서 사회과학적 연구방식은 2차 세계대전 직후 수십 년 동안 자본주의와 서구 사회, 정치 규범에 대한 긍정적 평가와 밀접하게 관련되었다. 미국에서 발생한 시민권 운동, 가장 극적으로는 베트남에서 발생한 마지막 식민 전쟁과 탈식민 전쟁, 생태학적 위기 인식, 페미니즘 출현 등은 모두 이미 확립된 역사연구 방식에 대한 전면적 재고찰을 초래했다. 근대화 이론이라는 거대서사 구조는 역사적 객관성에 대한 회의와 함께 신뢰를 잃었다. 그 결과 무미건조한 거대서사 구조와 개별적 사건의 경과에 대한 관심에서 벗어나 양적인 용어로는 이해할 수 없던 문화라는 영역에 더 많은 관심을 갖게 되었다. 거시 역사학 macro-history은 평범한 사람들이 누리는 삶의 경험에 초점을 맞춘 미시 역사학micro-history으로 대체되었다.

이런 역사적 배경에서 제기된 유럽중심주의 역사관에 대한 비판 가운데 몇 가지 주요한 예를 들자면, 팔레스타인 출신 문명비판론자 사이드E. Said가 제시한 '오리엔탈리즘'은 유럽인에게 전유된 오리엔트를 해부했고, 사회학자 월러스틴I. Wallerstein은 '세계체제' 아래서 주변부로만 기능하는 제3세계를 지적했으며, 역사학자이자 철학자인 푸코M. Focault는 '미시적' 차원의 헤게모니 권력을 경고했고, 이에 앞서 정치가 그람시A. Gramsci는 '문화적 헤게모니'에 대항한 계급투쟁을 주장했으며, 철학자 데리다J. Derrida는 '중심들의 해체'를 모색했다. 서구지성들의 비판은 각각이 갖는 동기와 주안점은 서로 다르지만 모두 서구중심적 역사관을 해체하는 것과 깊은 관련을 갖는다는 데서 공통점을 발견할 수 있다.[8]

한편, 인종과 젠더에 따른 차별을 극복하려는 운동 역시 유럽 중심적 세계관에 대한 도전과 연결된다. 페미니즘은 백인(서구인) 부르주아 남성이 가진 여성에 대한 우월적 지배구조를 타파하려는 가운데, 백인 남성들이 구축construction한 역사관 자체를 부정하고 해체destruction하기에 이르렀다. 또 미국에서 '흑인Blacks' 역사가들은 피부색에 따른 백인들의 인종차별을 극복하려는 가운데 유럽중심적 미국사의 발전사관에 대항하여 '아프리카계 미국인들African American'이 주도하는 역사서술을 고취하고 있다. 그런가 하면 최근에 들어와서는 유럽연합의 통합과정과 맥을 같이 하여 국가 경계를 넘어선 역사trans-national history가 모색되고 있어서 주목받고 있다. 최근에 양국에서 동시에 발간한 독일과 프랑스 공동 역사교과서가 좋은 예다.[9]

아시아에서도 부분적이나마 유럽 중심적 역사관을 넘어선 역사를 서술하려는 시도가 이루어지고 있다. 1980년대 인도에서 시작된 서발턴 연구Subaltern Studies는 민족국가에 대한 인도 중간 계급의 임무에 집중하는 인도 역사학이 서구식 모델을 모방한다는 점에 관심을 가졌다. 이런 연구는 식민지 시대에 유럽의 헤게모니적 지배에 저항하려는 민족주의적 역사가들이 실은 인도 내부에서 헤게모니를 확보하기 위해 민족주의를 전유했다는 점을 폭로했다.

대신에 그들은 아래로부터라는 역사가 갖는 필요성을 역설했다. 그러나 인도인들은 "그들 자신을 규정짓는 신화, 전설 그리고 서사시"에 의존한 문화를 계몽주의Enlightenment 이후의 "세속적 세계관, 과학적 합리성의 귀납 개념"[10]이 대체했다면서 서구의 지적 유산을 총체적 비난하는 탈식민 이론가 난디Ashis Nandy의 주장에 아직 폭넓게 동조하지 못하고 있다. 그의 주장에 동조 하는 인도의 역사가들은 '트랜스토리아transtoria' 라는 학술지를 중심으로 유럽인에게 전유된 인도의 역사상이 인도인에게조차 내면화되게 만든 장본인으로 유럽중심적 역사관을 지목하는 한편 다층적 계급 구조의 경계를 넘어서려는 학문적 표아래 노력을 기울이고 있다.

이런 비판들에서 핵심적으로 논의되는 사항은 국가nation state라는 관념과 합리화 과정rationalization에 대한 관념이다. 근대화modernization와 근대적 합리화과정은 동전의 양면관계다. 역사학의 학문분과로서 전문화는 독일식 표현으로 과학Wissenschaft으로서 전문화다. 랑케 이래 학문분과로서 정립된 학문연구에서 근대화 경향을 말한다. 학문분과에 전문화 과정이 진행되는 데 학문분과는 과학이라는 것을 전제로 하고 있다.

그런데 독일적 맥락 또는 서구적 맥락에서 볼 때 크게 다른 두 과학개념이 있다. 하나는 랑케에서 비롯된 과학이라는 역사 개념인데, 이는 역사를 자연과학으로 보기보다 사회적, 문화적 접근으로서 역사를 연구하는 학문분과를 말한다. 다른 하나는 마르크스 과학개념으로서 마르크스의 과학적 역사인식을 말한다.

과학적 전문화는 서구에서 이뤄졌고 18세기까지는 동양에 그 영향이 전혀 없었다고 해도 과언이 아니다. 그런데 앞서 말한 근대화라는 과정과 더불어 근대화는 서구 제국주의를 수반했다. 서구의 팽창과 함께 동양의 과학적 전문화에서 많은 변화가 일었다. 예를 들어, 인도, 일본, 중국, 한국에서 서구 과학은 랑케주의 과학개념이든, 마르크스의 과학적 전문화든, 지난 두 세기 동안 동양의 과학개념에 엄청난 변화를 초래했다.

두 과학개념에 따라 역사연구에서 두 상이한 경향이 초래했다. 동아시아에서는 국가주의적 지향점을 향해 하나의 민족국가를 창출해가는 과정에서 랑케의 객관주의적 과학적 역사관이 원용되었다. 또 하나는, 국가건설이라는 지향점과는 상치되는 모델로서 마르크스주의적 과학관에서 비롯한다. 일본이나 한국에서 그리고 가장 강하게는 라틴아메리카에서 나타난 현상으로 역사해석과 연구에 마르크스주의 과학개념이 채택되었다. 즉 제국주의의 충격에 대한 민족의 대응이라는 차원에서 마르크스 역사관을 원용했다.

랑케가 확립한 근대역사학은 근대국민국가 역사로 귀착되었다. 그 결과 역사학의 주류는 보편적 진리 탐구에서 멀어지면서 국가 단위의 개별적 경험에 천착하게 되었다. 그러나 랑케도 역사연구가 갖는 궁극적 목표를 인류 전체를 다루는 세계사 서술에 두었다는 데서 알 수 있듯이 국가사를 넘어선 세계사에 대한 지향성도 항상 존재해왔다.

한국에서 일상적으로 사용하는 '세계사'란 용어는 흔히 세계 각국, 각 지역 역사를 종합적으로 망라한다는 의미에서 일종의 '제본 세계사'라는 의미를 갖는다. 중고등학교 교과과정에서 세계사 과목이 한국사를 제외한 여타의 역사를 다루고 있기 때문이다. 이처럼 과거에 벌어진 사실 자체를 알고 이해하는 것도 나름대로 가치가 있다. 그러나 인류역사 전체를 재구성하는 것이 어떻게 가능한가라는 데 문제가 있다. 근대역사학이 성립된 이래 학문적 성취와 축적이 엄청나게 증대했지만, 그렇다고 해서 인류의 과거 전체를 하나의 통일된 모습으로 복원하는 것이 가능하진 않다. 랑케는 막연히 개별 사안에 대한 연구가 축적되면 종국에 가서 세계사 서술이 실현 가능하리라 얘기했지만, 그의 제자들은 랑케가 얘기한 희망에 반하여 구체적 사실을 축적하는 데 집중해왔다.

　　더구나 우리가 익숙하게 배워온 세계사는 결코 인류 전체의 경험을 담고 있지 않다. 우리가 가진 세계사 지식은 고대 그리스와 로마에서 시작된 유럽 문명의 발자취를 중심으로, 즉 유럽중심주의적 시각에서 구성되었다. 물론 유럽 밖에서 발생한 고대문명과 중국, 인도, 이슬람 세계의 역사도 다루지만, 이는 유럽 내부 역사에 비해 보완적이거나 주변적이다. 유럽중심적 세계사는 유럽에서 근대문명이 발달하게 된 역사적 맥락을 제시함으로써 서구사회가 지배하는 19세기 이후 현재에 이르는 세계의 현실을 뒷받침하는 역할을 한다고 해도 과언이 아니다. 오늘날까지 세계사 서술은 유럽의 근대문명 발전과정을 인류 발전의 최고 단계로 인식케 하고 아시아와 같은 비서구 사회가 가진 역사의 상대적 낙후성을 암시하고 있기 때문이다.

한편, 세계사의 또 다른 흐름은 개별 국가·사회를 넘어선 인류 보편의 역사적 원리를 찾는다는 데 있다. 랑케는 역사 속 개별성을 중시했지만 역사학이 학문으로서 존재하는 한 보편적 진리 탐구는 결코 소홀히 할 수 없는 요소다. 이는 서양 근대학문들이 자연과학의 성공에 절대적으로 영향을 받은 점을 고려할 때 한층 분명해진다. 랑케가 사료 비판이라는 객관적 방법론을 강조한 것도 자연과학의 객관적 연구방법에 대한 존중과 결코 무관하지 않다. 역사에 대한 접근에서도 랑케와 같이 개별성을 중시하는 입장과는 별개로 보편적 원리를 추구하는 흐름이 존재하며 근대역사학 발전에 큰 영향을 미쳐왔다.

마르크스가 주장한 유물사관은 역사를 보편적 법칙성을 통해 접근한 대표적 이론이다. 마르크스는 인류의 역사발전을 규정하는 가장 중요한 요인을 물질적 생산력 발전에서 찾았다. 그는 역사가 발전하는 원동력은 정신적 관념이 아니라 물질적 생산력이라고 보았다. 마르크스 역사관은 인류에게 보편적 원리에 따라 역사가 진행된다는 믿음에 기반한다. 그는 물질적 생산력의 발전이라는 요소가 특정 사회나 국가에만 적용되지 않으며 모든 사회 모든 역사 속에 보편적으로 작동한다고 주장했다. 따라서 그가 내세운 역사발전 단계론은 세계사를 규정하는 보편적 법칙에 해당한다. 그리하여 마르크스를 따르는 사상가나 혁명운동가들은 자기 사회가 놓인 역사발전 단계를 설정하고 그에 들어맞는 혁명 전략을 수립하고자 했다.

그러나 마르크스 역사관 역시 보편적 세계사라 하기엔 중대한 결함을 지닌다. 마르크스는 고대 그리스에서 근대 유럽으로 이어지는 유럽사회의 역사적 경험을 통해 역사를 바라보았다. 그는 유럽의 역사경험이 인류 전체 역사를 대표한다고 간주했다. 그에 따라 유럽 외 지역의 역사적 발전을 경시했다. 결국 마르크스 유물사관은 유럽중심주의를 탈피하지 못한 유럽사지, 결코 세계사가 아니었다.

한편, 역사학의 과학적 전문화 과정을 단일한 하나의 과정으로만 보는 것도 문제가 있다. 서구에서나 또는 비서구에서도 언제나 단일한 전체적 개념은 없기 때문이다. 어쨌든 전문화라는 개념에 입각해 볼 때, 19세기와 20세기에 벌어진 동서 간 교류는 서구의 비서구에 대한 일방적 교류라 할 수 있으며, 이런 입장에서 동서 역사학에서 과학적 전문화 과정을 다루는 시도가 필요하다.

요컨대, 앞서 얘기한 근대화와 학문의 전문화 과정에서 서구는 최근까지 대단한 낙관주의를 지니고 있고, 극단적인 예 가운데 하나가 후쿠야마가 펴낸 《역사의 종말》이라는 저서다. 그는 자유민주주의와 시장경제 그리고 보편적 문명이라는 역사 발전방향에 대해 대단한 낙관을 표현한다. 그러나 서구에서는 1960년대부터 포스트모더니즘이 대두하면서 낙관주의적 진보관에 대한 저항이 이미 일어났고, 동아시아에서도 20세기 말에 근대세계가 갖는 과학적, 합리적 이상에 대한 의문이 제기되기 시작했다. 서구의 합리주의 이상에 대한 회의, 이른바 포스트식민주의로 대변될 수 있는 근대성에 대한 총체적 문제 제기는 유럽중심적 세계사 서술에서도 문제를 제기할 수밖에 없다.

19세기 이전에는 세계 문명은 다양했지만 우연의 일치에 따른 비슷한 점도 나타난다. 대표적 예가 철학에서 문헌학으로 변하는 서구의 19세기 학문경향인데 추상적이고 사변적인 신학과 철학에서 나타난 경향에서 구체적인 과학적 문헌학으로의 전환이다. 이와 유사하게 17~18세기 중국에서 나타난 학문경향은 주자학이 보인 철학적 경향에서 고증학에서 나온 문헌학적 경향으로 전환되었다. 이처럼 서구와 동양에서 우연의 일치를 제외하고는 전 세계가 커다란 역사적, 문화적 다양성을 1800년대까지 보여줬다.

그런데 1800년대 이후, 이른바 자본주의적 세계화와 제국주의가 미친 영향으로 비서구는 서구로부터 큰 영향을 받았고, 최근에 와서는 서구에서 이미 근대화 위기가 도래한 것처럼 비서구에서도 이런 관념에 대한 근본적 위기가 형성되었다는 시각에서 세계사가 쓰여야 한다는 필요성이 제기되고 있다.[11]

대안적 세계사
(또는 지구사)의 모색

사회과학적 역사학자들이 실시한 근대화 논의에 대한 문화적 비평은 위와 같은 연구방법의 변두리에서 귀중한 개선책으로 작용했다.

그러나 그들이 이제 문화적 다양성의 강도를 적극적으로 고려해야 한다고 주장할지라도, 냉전 종결 이후 세계적 규모로 발생한 대변화 때문에 사회과학이 가진 분석도구가 불필요해지진 않는다는 인식도 커지고 있다. 현재 다양한 방향으로 진행되고 있는 역사연구를 위한 명확한 패러다임은 존재하지 않는다.

그러나 역사서술 방식의 다양성은 서양의 역사 서술 전통을 강화해온 힘 가운데 하나다. 동아시아 3국에서도 유럽중심적 역사관을 극복하려는 시도가 산발적이나마 이뤄지고 있다. 유럽중심주의를 극복한 또 하나의 보편적 세계사를 제시하기에는 아직 많이 어려워 보인다.

포스트모더니즘의 영향력이 확대되면서 근대역사학에 대한 비판이 고조되는 가운데 국가 중심 역사서술은 가장 큰 문제점으로 지적된다. 국가를 역사서술 단위로 삼는 국가사의 문제점은 어느 곳에서보다도 동아시아 지역에서 첨예하게 드러난다. 한국, 중국, 일본 등 동아시아 3국이 치열한 교과서 분쟁과 역사 분쟁을 겪고 있는 것은 주지의 사실이다. 이 지역에서 국가사는 서구에서 근대 역사학을 도입할 때부터 자국 중심으로 역사를 서술해 왔기 때문에 어찌 보면 이런 분쟁은 당연한 귀결인지도 모른다.

그런데 이들이 속한 동아시아의 역사, 특히 근대 이후 역사는 결코 국가라는 한계 안에 머물러 있지 않다. 동아시아에서 각국 역사는 인접국 역사와 긴밀하게 연결된다. 서로 공유한 역사 경험이 많은 동아시아에서, 공통된 경험을 어느 한 국가의 역사서술 기준과 시각 한계 내에서 이해하기에는 국경을 넘어선 교류와 소통이 더욱 확대되는 21세기에 더 이상 적합하지 않다.

유럽중심적 보편사를 지양하고 대안적 세계사를 서술하려는 시도에는 조심해야 할 점도 많다. 무엇보다도 유럽이 선도한 세계사적 발전모델이 아직까지 전 세계를 주도한다는 점을 애써 부인할 필요는 없다. '근대화의 보편적 행로'에 부분적으로 시인할 측면이 있다고 해서 필연적인 역사적 법칙으로 받아들여서는 안 될 것이다. 반면에 인종 편견의 위험성은 언제나 조심해야겠지만, 여러 문명의 불균등한 발전을 인정해야 할 것이고 유럽사의 발전모델을 나름대로 인정해야할 필요성도 있다.

유럽이 근대 세계사 발전을 주도했다는 엄연한 역사적 사실이 죄가 될 수는 없다. 다만 발전이 인류역사의 보편적 행로로 인식되고 계속 강요되는 것이 문제다. 유럽역사가 세계사에서 하나의 독특한 지역 역사라는 점은 부인할 수 없으며, 고유성은 나름대로 충분히 인식되고 연구되어야만 한다. 따라서 이제부터 유럽사를 인류사를 선도하는 역사로 인식하기보다는 진정으로 통합지향적인 세계사 맥락 속에서 작동하는 한 실체로서 유럽사라는 시각으로 접근해야 한다.

최근에 대두한 포스트모던적 역사서술은 문화적 상대주의에 입각하여 민족과 인종, 양성, 계급에 따른 차별을 극복할 수 있는 시도라는 점에서 헤게모니적 유럽중심사관의 대안으로 환영받을 만하다. 그러나 과도하게 세분화되고 파편화된 대상에 대한 서술로 이뤄진 역사는 '미니어쳐 공원miniature garden'으로 전락하는 위험성을 경계해야만 한다.

'아시아 지상주의'의 위험성을 내포한 '아시아로부터 세계사'라는 개념 역시 득보다는 실이 많다. 이야말로 전도된 헤게모니 담론으로 전락할 위험을 갖고 있다. 예를 들면, 몽골이나 중앙아시아가 세계 경제의 중심적 역동성을 가지고 있었다는 이론으로 최근 경제사 분야에서 주목받는 프랑크A. G. Frank의 '리오리엔트Re-orient'에 대한 논의는 자칫하면 또 다른 하나의 중심담론을 모색한다는 오해를 불러일으킬 수 있다.[12]

현재로서는 유럽주도적 보편사가 가진 발전패턴을 뼈대로 하는 세계사 서술을 대체할 대안적 세계사 서술을 쉽게 기대하기는 해결해야 할 과제가 많고, 어떻게 보면 궁극적으로 그런 세계사 서술이 가능할지에 대한 회의까지도 들 수 있다. 그렇다고 해서 대안을 위한 진지한 모색을 포기할 수는 없다. 이 글에서는 다만 몇몇 주안점을 제시함으로써 대안적 세계사 서술을 향해 역사가들이 기울이는 노력의 방향만을 가늠해보고자 한다.

첫째, 헤게모니적 유럽중심사관을 극복하기 위해서는 '전 지구적 의식global consciousness'이 고취될 필요가 있다. 이런 시각에서 쓰인 역사는 하나의 보편사가 아니라 차이와 혼종hybridity을 묘사하는 다수의 '역사들histories'이다.

둘째, 비교사적 관점과 연구는 계속 권장되어야 한다. 근대화의 다양한 경로를 밝히는 데 세계 여러 지역의 근대화 과정을 비교할 필요가 있다. 비교사 연구가 특정 목적과 개념을 가지고 이뤄져야 하는 것은 물론이다.

셋째, 문화적 수용과 변용에 대한 보다 폭넓은 관심이 제고되어야 한다. 이제까지 지역사에서 문명교류사는 마치 두절된 섬과 섬 사이 간헐적으로 이뤄진 교통처럼 서술하곤 했다. 앞으로 문명교류사는 이질적 문화 사이 끊임없는 교통을 주목해야 하며, 외래 문화가 수용자의 필요에 따라 변용되어 제3의 새로운 문화를 창출하는 과정 또한 주목해야 한다.

요약하자면, 대안적 세계사를 위한 전제조건은 다양한 문화적 맥락에서 역사서술에 대한 비교사적 연구다. 일례를 들자면, 차크라바르티Dipesh Chakrabarty는 근대성을 추구하는 여러 단계의 용어 가운데서 역사발전에 대한 서구적 관점이 지닌 지방성을 설명하고자 했다.[13] 여기서 근대성이란 붕괴하도록 운명 지어진 낡아빠진 근대 이전의 형식을 대변하던 식민문화를 위한 것이다. 그는 동시에 서구과학과 사회과학적 합리성이 일반적으로 식민화된 세계, 특히 남아시아에서 채택되었음을 인정했다. 새로운 세계사를 위한 작업은 서구화의 전 세계적인 단일한 통로를 추적하는 것이 아니라, 서로 다른 문화적 맥락에서 이뤄진 근대화의 다양한 형태를 검토하는 작업이다.

이상의 모든 노력은 이제껏 친숙한 역사인식의 근본적 수정을 통해서만 가능하다. 무엇보다도 먼저 서구의 자기중심적 역사관을 극복해야 하는 것은 물론이다. 동시에 동아시아에서도 유럽중심 역사관을 수용하고 변용한 지난 100년간 이뤄진 근대역사학의 발전에 대한 사학사적 검토와 철저한 비판을 통해서만 인류의 공영이라는 비전을 가진 대안적 세계사가 창출될 기반을 마련할 수 있다.

지구사의 미래와 역사의 재개념화

조지형

이화여자대학교 사학과 교수. 한국미국사학회 총무이사 역임. 현 이화여대 지구사연구소장, 아시아
세계사학회(AAWH) 사무총장. 대표적인 연구로는 ≪지구화 시대의 새로운 세계사≫, ≪랑케&카:
역사의 진실을 찾아서≫ 등이 있다.

지구사global history의
고귀한 꿈

오늘날, 인류역사에 지구적 차원이 존재한다는 사실과 인류역사를 성찰하기 위해 지구적 관점이 필요하다는 사실을 부인하는 사람은 없다.[1] 지구상 모든 지역과 생태계가 지구온난화 현상의 영향을 받고 있으며 이에 대한 총체적인 대책이 모색되고 추진되고 있다. 비단 자연현상뿐만 아니다. 2008년 미국의 서브프라임 모기지subprime mortgage 사태는 전 지구사회를 금융경색으로 몰아넣었으며, 달러를 기축통화로 채택한 브레턴우즈 체제의 개편이 심각하게 거론되고 G7은 G20으로 확대 개편되었다. 전 지구적 의제에 대한 인류의 대응과 대책의 필요성은 비단 지구온난화와 금융경색에만 국한되지 않는다. 지구적 차원에는 환경·생태적 층위뿐만 아니라 정치, 경제, 사회, 문화 등 다양한 층위가 중첩적이고 복합적으로 얽혀있

지구사의 미래와 역사의 재개념화

다. 이런 층위들의 맥락 속에서, 인류는 어떤 존재며 어떻게 살아왔는가에 대한 지구사적 성찰은 현재를 살아가는 인류에게 절실히 필요한 과업임에 틀림없다.

하나의 종種으로서 인류 혹은 지구를 하나의 역사 단위로 파악하고 연구하려는 노력은 1960년대 이후 지속적으로 확대되어 왔다. 1962년 역사가 스타브리아노스Leften S. Stavrianos가 간명하게 선언했듯이, 지구사는 "달에서 조망"하는 전 지구적 관점을 가지고 연구하는 것이다.[2] 사실, 세계사를 단순히 국가들의 단순 집합체가 아니라 인류의 공동운명을 서술해야 하는 역사로 파악하는 역사인식은 이미 액튼 경Lord Acton을 비롯한 19세기 후반 일부 역사가들도 공유한 인식이다.[3] 세계사에 대한 이들의 열망은 20세기 초 스펭글러Oswald Spengler, 토인비Arnold Toynbee 등의 문명사가들에 의해서 지속되었다. 그러나 세계사에 대한 열망과 노력에도 불구하고, 세계사가 진정한 세계사가 되지 못한 것은 무엇보다도 이들에게 역사담론의 코드로 작동한 유럽중심주의와 경직된 모더니즘적 역사인식 때문이었다.[4] 달리 말하자면, 문제의 핵심은 세계사의 모토가아니라 세계사의 실질적 구성 방식에 있다.

따라서 새로운 세계사를 추구하는 역사학자들은 기존 세계사와 단절을 선언하고 유럽중심주의를 거부하는 한편 역사 담론의 재구축을 시도했다. 미국역사학회American Historical Association를 위한 '지구사·비교사 에세이 시리즈'의 편집자인 에이더스Michael Adas는 "새로운 지구사 혹은 세계사는 기존의 연구와 근본적으로 다르다"[5]고 차별화했다. 이들은 기존의 세계사가 "근본적으로 유럽사"와 다름없다[6]고 비판하고 유럽중심주의를 넘어서는 새로운 세계사new world history"를 주장한다. 세계사학회(WHA) World History Association의 공식 학회지인 《세계사저널Journal of World History》의 편집장인 벤틀리Jerrey Bentley는 새로운 세계사는 "세계의 공동 역사에 대한 모든 사람의 공헌을 인정하는 적절한 수단"[7]이어야 한다고 주장하고, 모든 사람이 세계사의 진지한 관심대상이어야 한다는 점을 강조했다. 지금까지 세계사에서 배제된 "'역사 없는 사람들people without history'의 경험을 [새로운 세계사의] 교육과 연구의 주요 흐름 속으로" 가져와야 한다는 것이다.[8]

　그렇다면, 새로운 세계사의 고귀한 꿈과 이상은 성공적으로 실현되고 있는가? 물론 이 질문에 대한 답변은 시기상조다. "새로운 세계사는 세계사의 진정성과 지구화 시대의 진정성을 담은 역사분야라고 할 수 있다. 새로운 세계사는 각종 네트워크로 연결되어 있는 세계 현실과 하나의 운명공동체로서 지구 현실을 바탕으로"[9] 유럽중심주의와 인간 중심 세계관을 극복하고자 한다. 특히, 유럽중심주의를 넘어서 이런 꿈과 이상을 실현하기 위해 새롭게 강조되고 개발되고 있는 역사연구방법은 오늘날 주목할 만한 것임에는 틀림없다. 특히, 민족국가를 중심으로 삼던 시대에 유럽에서 태동한 유럽중심주의적 역사학의 개념과 분석틀이 오늘날과 같은 지구화 시대에 적절한가라는 의구심이 끝없이 제기되고 있기 때문이다.

지구사의 정의定義와
정체성의 정치

2008년 7월 2일, 지구사 연구에 매우 중요한 신선이 이루어졌다. 미국 중심의 세계사학회(WHA), 유럽이 중심인 보편사·지구사 유럽 네트워크(ENIUGH)European Network in Universal and Global History 그리고 아시아가 중심인 아시아세계사학회(AAWH)Asian Association of World Historians의 대표들과 아프리카의 개별 대표들이 모여 전 지구적 세계사 연구 단체를 결성했다. NOGWHISTO로 약칭되는 지구사·세계사 학회 네트워크Network of Global and World History Organizations는 전 지구적 차원에서 지구사 연구자들을 결속시키는 것뿐만 아니라 지구사를 정치사, 경제사, 사회사, 문화사 등과 더불어 하나의 역사학 세부분야로서 확립하는 데 목적이 있다. 지구사는 2010년 8월 말에 네덜란드 암스테르담에서 개최되는 국제역사학위원회(CISH)Comité International Des Sciences Historiques의 국제학술대회에서 역사학의 한 분과로서 등록되고 공식 프로그램의 일환으로 학회 발표가 이루어졌다. 이에 따라, 지구사는 국제역사학위원회에서 자신의 목소리를 내게 될 수 있게 되었고 각종 연구 및 학회 프로그램에 참여하고 지원과 협력을 받을 수 있게 되었다.

그렇다면, 왜 아시아와 미국에서는 '세계사'라는 용어를 선택했고 유럽에서는 '보편사'와 '지구사'를 선택했으며, 지구사·세계사 학회 네트워크의 창설자들은 '세계사'와 '지구사'를 선호하게 되었을까? 흔히, 새로운 세계사는 학자의 주장과 접근방법에 따라 지구사global history, 보편사universal history, 통합사ecumenical history, 거시사macrohistory, 초국사transnational history, 거대사big history, 세계 체제사world-system history, 간지역사interreginal history, 새로운 지구사 new global history 그리고 세계사world history로 불리기도 하고, 때로는 등치 개념으로 호환되어 사용된다. 이 용어들은 공통적으로 유럽중 심주의, 중화주의, 자민족중심주의, 국가(일국)중심주의, 인간중심 주의 등의 거부를 표방하고 있다.

그런데도 이와 같은 용어들은 함축적 의미가 다르고 나름대로 지향성을 가지고 있다. 세계사의 '세계'는 오늘날 현재 관점에서 볼 때 "지구상 모든 나라 혹은 인류 사회 전체"[10]를 의미하지만, 헤 로도토스Herodotos나 사마천司馬遷이 살던 시대적 관점에서 보면 그 자신에게 "알려진 혹은 의미 있는"[11] 모든 나라(지역)와 인류 사회 로 국한된다. 그들이 지구 전체를 인지하지 못했기 때문에 이는 당 연한 결과다. 이런 의미에서 그들의 역사는 동시대적 개념으로 세 계사일 수는 있어도 지구사는 될 수 없으며, 오늘날 관점에서 보면 기껏해야 지역사local history일 뿐이다. 또 세계사는 '역사 없는 사람 들'의 세계사적 공헌을 정당하게 포함하지 못했다는 점에서 진정 한 세계사라고 할 수 없다. 따라서 세계사보다는 새로운 세계사가 더 적절하며 적합한 용어가 될 수 있다.

그러나 새로운 세계사는 용어의 대중성에 있어 논란의 대상이 되었다. 새로운 세계사의 생존과 발전을 위해서는 학회를 구성하고 가능한 한 많은 회원을 확보하고 지지 세력을 확대하는 것은 필수적이다. '새로운' 이라는 형용사는 기존의 세계사와 학문적 단절을 표명하는데 도움이 되었지만, 이전 세계사 연구자들을 자연스럽게 포섭하는 데는 많은 어려움이 예상되었다. 이런 상황에서, 1982년에 창립된 세계사학회(WHA)는 세계사의 정의와 범주를 의도적으로 모호하게 했고 "회원모집Invitation to Membership"에서 "전 세계의 전체 역사whole history"를 가르치는 사람들에게 문호를 개방했다.[12]

참신성이라는 면에서 지구사global history는 세계사보다 좋은 용어였다. 특히, 지구사는 20세기 후반 지구화globalization와 직접적으로 연관되어 있기 때문에 선호도가 높았다. 매즐리쉬Bruce Mazlish는 지구사를 두 가지의 의미로 정의했다. 하나는 지구화 과정에 대한 역사적 성찰이고 다른 하나는 지역이나 국가의 층위가 아니라 지구적 층위에서의 연구였다.[13] 매즐리쉬는 전자를 고유한 지구사 영역이라고 주장했고 후자는 세계사와 범주적으로 중첩될 수 있는 부차적인 것으로 파악했다. 그러나 다양한 연구 결과와 주장으로 지구화 시점이 20세기 후반에서부터 산업혁명, 프랑스혁명 그리고 '1500년'의 "대항해시대"나 아메리카 대륙의 "발견", 심지어는 농경문화의 전파 혹은 최초 인류의 전 지구적 이동시기까지 거슬러 올라가게 되면서 지구사 범주는 모호해졌다. 더욱이 매즐리쉬 자신이 "자본이 주도하는 지구화의 역사적 정당화라는 위험성을 지적하고 이에 대해 비판적 대항적 지구화를 지향한다는 의미에서"[14] 새로운 지구사new global history라는 용어를 제시하기도 했다.

또 지구사는 전 지구적 차원에서 발생하는 환경·생태 역사를 포괄할 수 있다는 점에서 세계사보다 상대적으로 유용한 용어였다. 비록 환경과 생태 문제가 국지적으로 발생할지라도 종국에는 전 지구적 영향력을 미칠 수 있다는 인식 때문에, 새로운 역사학 분야로 등장한 환경·생태 역사는 지구 전체를 아우르는 거시적 관점을 필요로 했다. 그러나 역사 추동력으로서 행위자가 인간이라는 인간중심주의적 관점을 포기하기 전까지, 환경사와 생태사는 새로운 세계사에서 주요 부분으로 자리매김하는 데 어려움을 겪어야 했다. 더욱이 다이아몬드Jared Diamond의 《총·균·쇠Guns, Germs and Steels》와 같은 환경결정론적 연구는 많은 지구사 연구자들의 비판을 불러일으켰다.[15] 그런데도 이런 과정 속에서 환경과 인류의 상호관련성과 상호의존성 연구가 문화적 차원으로까지 확대되어 지구사 연구를 자극했다.

그러나 지구사는 세계사라는 용어를 대체하기에 아직 역부족이었다. 많은 연구자들이 전 지구적 맥락과 관점을 차용했다는 점을 강조하기 위해 "지구적 관점global perspective"이라는 문구를 애용했지만, 1980년대까지도 지구사는 여전히 생소한 용어였다. 매즐리쉬가 지적했듯이 지구사는 무엇보다도 지구적 차원의 역사 연구라는 인상이 강했기 때문에 특히 분량이 제한적일 수밖에 없는 논문 저술에서 많은 연구자들에게 실질적 부담을 안겨줬다.

이에 비해, 2002년에 창립된 보편사·지구사 유럽 네트워크(ENIUGH)는 적극적으로 지구사라는 용어를 채택했다. 이는 유럽

연구자들이 미국 연구자들에 비해 1500년 이후 지구화 과정에 대한 각별한 관심을 가지고 있었기 때문에 가능했다. 또 미국 연구자들보다 사회과학이나 문화학cultural studies, 지구학global studies 등의 학제적 관점이나 공동연구의 가능성에 더 주목한 결과이기도 했다. 또 이런 경향은 지구사가 발전해온 과정, 즉 인접학문과의 적극적 교류와 학제적 연구 성과의 축적을 반영하는 것이기도 했다.

유럽의 학회 명칭에서 특히 눈에 띄는 용어는 다름 아닌 '보편사'다. 보편사가 유럽중심주의를 상징적으로 보여줄 수 있는데도 이를 채택하게 된 이유는 무엇보다도 역사가 람프레히트Karl Lamprecht가 남긴 유산 때문이다. 20세기 전환기, 라이프치히 대학University of Leipzig 교수이던 람프레히트는 과거 역사에 대한 초국적이며 세계사적 관점을 강조했고, 1909년에는 문화사·보편사 연구소Institut für Kultur- und Universalgeschichte를 설립했다. 그는 세계사를 "최근 유럽 팽창에 야기한 새로운 환경으로서, 그래서 당연히 새로운 개념과 새로운 전문용어를 필요로 하는 환경, 즉 유럽 팽창의 역사와 유럽 팽창이 역사적으로 근거하고 있는 서아시아와 지중해 문화의 역사"로 규정하는 한편, 보편사를 "하나의 전체로서 인류의 역사"로 정의함으로써 세계사와 보편사를 구분했다.[16] 이와 같은 람프레히트의 구분이 역사학계에서 수용되지 않았는데도 그의 유럽 헤게모니 역사에 대한 거부는 라이프치히 대학의 전통으로 계속 잔존했다. 뿐만 아니라 코작Manfred Kossak은 보편사와 지구사를 개념적으로 등치시키면서 람프레히트식 보편사 부활을 시도하기도

했다.[17] 그러므로 람프레히트가 남긴 공헌을 다룬 코작의 논문 발표
는 유럽, 특히 독일 "라이프치히에서 지적 발전의 절정이면서 동시
에 새로운 시대의 시작을 보여주는 것이었다."[18]

유럽에는 미국과 또 다른 특징이 있는데, 그건 초국사
transnational history와 연계되면서 지구사가 발전하고 있다는 점이다.
특히, 라이프치히 대학의 고등교육센터(CAS)Center for Advanced
Study에서는 초국사 분야로 국제적 박사과정을 개설하고 전 세계적
으로 많은 학자를 양성했다.[19] 이 과정에서, 지구사에 대한 연구방
법론과 더불어 지구화 과정 속에서 세계 각 지역의 경험이 연구되
었다. 특히, 공간을 "지리학적 풍경의 끊임없는 형성과 재형성"이
이뤄지는 과정으로 파악하고 국가나 제국을 불변하는 존재로 파악
하기보다는 이를 역사 행위자의 구성물이자 산물로서 파악하는
"공간적 전환spacial turn" 연구에서 괄목할 만한 성과들이 이뤄졌
다.[20] 물론 초국사 연구가 독일에만 한정된 현상은 아니다. 프랑스,
오스트리아, 폴란드 등을 비롯한 여러 EU 국가에서도 독일과 함께
연구소와 연구자들과 국제적 협력을 통한 초국사 연구가 활발하게
이뤄지고 있다. 이런 맥락에서, 2004년 이후 보편사·지구사 유럽
네트워크에서 "역사·초국가geschichte·transnational"라는 온라인 포
럼을 운영하고 있다는 것은 그리 놀라운 일이 아니다.

2008년 5월 중국 텐진에서 창립된 아시아세계사학회(AAWH)
가 학회 명칭을 채택할 때 무엇보다도 세계사의 활성화가 강조되었
다.[21] 따라서 미국에서처럼 처음부터 지구사보다는 세계사가 바람

직한 용어로 간주되었다. 한국과 일본에서 초국사에 대한 연구가 상당히 진행되고 있지만 결코 유럽처럼 널리 확산되었다고는 할 수 없고 유럽과 같은 초국적 경험이 상대적으로 적었기 때문에, 초국사는 처음부터 학회명칭에서 제외되었다. 그런데도 학회 회칙에서는 세계사가 개념적으로 우월하다기보다는 편의적이며 지구사, 초국사, 초지역사transregional history, 국제사international history, 거대사 big history 등의 용어들과 상호치환될 수 있다는 점을 선언했다.[22]

　미국이나 유럽과 달리, 아시아세계사학회 창립과정에서 특이한 점은 각국의 개별적 상황이 고려되었다는 점이다. 세계사학회와 마찬가지로 아시아세계사학회 역시 기존 세계사 연구자들과 협력관계를 고려해 세계사라는 용어를 채택했지만, 이와 더불어 각국 학계의 상황에 따라 학회 명칭을 번역할 수 있도록 했다. 중국 역사학계에서는 중국사를 제외한 역사라는 의미로 세계사가 널리 사용되고 있으며 지구사를 중국어로 옮긴 전구사全球史가 상당히 일반화되어 있다는 점을 고려하여, 전구사라는 용어를 채택했다. 그러나 사실상 (주요) 국가의 총체적 집합의 역사라는 의미로서 세계사를 사용하고 있는 일본이나 한국에서는 지구사라는 용어가 일반화되지 않거나 글로벌 히스토리라는 음을 그대로 차용하고 있기 때문에, 세계사라는 용어가 권장되었다. 더구나 전全 지구사라는 용어는 전체 지구적 역사현상만을 다루는 것으로 쉽게 오해될 수 있어서, 일본이나 한국에서 적합하지 않다고 간주되었다.

　2개월 뒤 독일 드레스덴Dresden에서 세계사학회 3곳을 중심으로 지구사 · 세계사 학회 네트워크(NOGWHISTO)가 결성되었다. 현재 유럽의 지구사 연구자 현황과 적극적 참여 가능성을 고려해 학회 명칭 가운데 일부로서 초국사가 신중하게 검토되기도 했다. 그러나 지구 전체를 망라하는 차원과 규모로 인류역사를 연구해야 한다는 새로운 세계사의 이상을 무시할 수는 없었다. 한때 유럽중심주의를 상징하기도 한 보편사는 오해의 소지가 있다는 이유로 고려대상에서 제외되었다. 남은 대안은 세계사와 지구사 가운데 한 용어를 채택하거나 이 두 용어를 병기하는 것이었다. 각 지역 상황을 최대한 고려하면서 공약수를 찾으려는 노력은 결국 택일보다는 두 용어를 병기하는 것으로 합의되었다.

지구사의 범주와
연구방법

인류의 존재 층위가 그러하듯 지구사에도 여러 층위가 존재하며 이 층위들은 서로 중첩되거나 복잡하게 얽혀 있다. 더구나 연구방법론 혹은 관점으로서 지구사가 연구자 사이에서 일반화되고 수많은 연구업적이 축적되었으며,[23] 지구사의 범주가 확대되고 심화됨에 따라 지구사는 더욱 자주 사용되었고 지금까지 상호치환적 용어들(초국사, 간지역사 등)을 포괄하는 개념으로 발전하고 있다. 이제 지구사를 지구화 과정의 역사와 지구적 규모의 역사로만 파악하는 것은

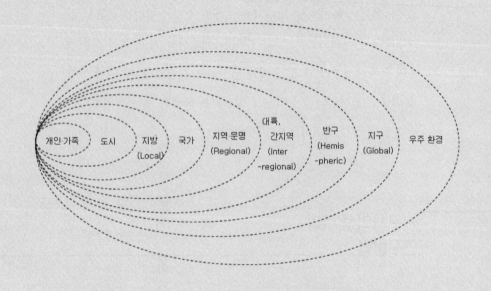

지구사의 범주

지구사의 도전

지나치게 단순하게 파악하는 것이다. 이제, 지구사는 "주로 (1) 인류의 존재조건으로서 지구성globality (2) 하나의 역사단위로서 지구 (3) 지구적 · 지역적 상호연관성과 상호의존성 (4) 역사행위자의 지구적 · 지역적 층위 혹은 의미를 연구하는 것이며 (5) 서유럽 중심주의와 모더니티를 뛰어넘기 위한 방법론을 제공하는 것"이라 할 수 있다.[24]

지구사의 범주는 시간 · 공간 · 주제라는 세 차원에서 확대되고 있지만,[25] 그 가운데 가장 중요한 차원은 공간이다. 이를 도식적으로 표현하면 아래와 같다.

지구사 범주의 기준점은 물론 지구다. 그러나 크리스천David Christian이 주장하듯이 거대사big history는 137억 년 전 빅뱅Big Bang 부터 오늘날에 이르는 역사를 모두 포괄하기 때문에 지구사의 공간 범주는 우주까지 확대된다.[26] 또한 지구성을 보여주는 것이라면 그것이 한 개인이나 가족, 가문 혹은 이념일지라도 연구대상이 될 수 있다. 콜럼버스Christopher Columbus나 이븐 바투타Ibn Battuta, 마르코 폴로Marco Polo, 혜초[27] 등에 대한 연구는 이런 종류의 지구사로 볼 수 있다. 동일한 맥락에서, 비록 도시가 국가라는 범주 안에 위치해 있을지라도 지구성을 지닌 도시들이 명백히 존재했다. 현대 뉴욕이나 런던, 파리, 상하이, 서울뿐만 아니라 고대 바빌론, 로마, 바그다드, 경주 역시 지구사의 좋은 연구대상이다.

반구hemisphere는 이미 1950년대부터 크로버A. L. Kroeber, 호지슨Marshall G. S. Hodgson[28], 스타브리아노스[29] 등이 지구사 연구대상

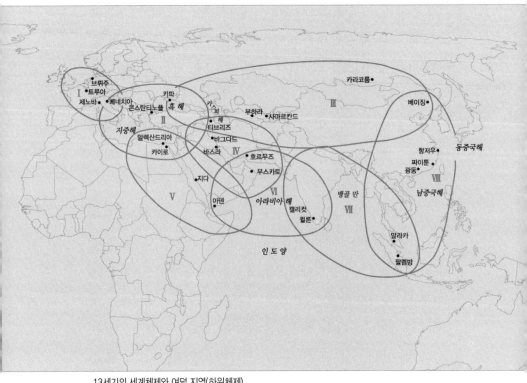

13세기의 세계체제와 여덟 지역(하위체제)

으로 제시했다. 반구 관점에서 보면, 세계는 유럽, 아시아, 아프리카를 포함하는 아프로–유라시아Afro-Eurasia의 동반구, 남북 아메리카의 서반구, 호주와 뉴질랜드 등을 포함하는 오세아니아라는 세 반구로 구분된다. 경제, 사회, 문화, 정치, 생태적으로 지속적으로 접촉하고 교류하면서 상호연결성과 상호의존성을 가지고 있는 각 반구는 지구사의 개별 연구대상이 된다.

그러나 반구를 근거로 한 지구사는 "대륙의 신화myth of continents "[30]에 기초한 기존 세계사 인식을 거부할 때 비로소 가능하다. 세계가 아시아, 아프리카, 유럽, 북아메리카, 남아메리카, 오세아니아, 남극 대륙 등 7대륙으로 구성되었다고 주장하는 "대륙의 신화"는 20세기에 형성된 지리담론일 뿐이다. 내해內海의 존재에도 불구하고 지속적으로 교류가 있던 유럽을 아프로–유라시아로부터 분리시키고, 북아메리카와 남아메리카를 분리시켜 독립 대륙으로 승격시킨 것은 무엇보다도 유럽중심주의와 미국 예외주의의 소산이었다.

반구보다도 더 유용한 분석틀로는 지역과 간지역interreginonal을 들 수 있다. 몽골제국의 등장 이전, 아프로–유라시아에서 나타난 상호연결성과 상호의존성은 하나의 체제에 따라 유지되기보다는 오히려 부분적으로 중첩되는 여러 지역regions으로 구성되었다. 예를 들어, 아부–루고드Janet L. Abu-Lughod의 주장에 따라 13세기 아프로–유라시아에 존재하던 지역을 그림으로 표현하면 위와 같다.[31]

그림은 비록 13세기에 아프로–유라시아 전체를 포괄하는 하나의 지역 혹은 세계체제는 없지만, 여러 지역의 연관관계를 통해 아프로-유라시아 전체가 상호 연결되었음을 보여준다. 13세기 아프로-유라시아는 단수의 패권국이 지배하는 지역이 아니라 다수의 지역이 공존하던 지역이었으며, 당시 세계구조 역시 하나의 위계질서를 가지고 있지 않았다. 물론 각 지역 내부에는 중심부-반주변부-주변부라는 위계질서가 존재했을 것이며, 각 지역 도시들은 네트워크의 결절점node으로서 중심부 역할을 담당했다. 이와 같은 지역 혹은 중심부 간 접촉은 교류, 갈등, 협력 등을 야기했으며, 역사를 이끄는 주요 추동력 가운데 하나로 작용했다.[32]

두말할 나위 없이, 지역 간 경계는 분명하지 않고 모호했다. 또한 시간이 흐르면서 지역들이 서서히 등장했으며 때로 기존 지역들은 상대적으로 쇠퇴하거나 강력해지기도 했다. 그리고 지역은 시대에 따라 그림 2의 지역 크기보다 크거나 작을 수도 있을 것이고, 그 수도 다를 것이다.[33] "기원전 3000년보다 훨씬 이전부터 메소포타미아인들은 장거리 대상단을 조직하기 시작했고, 기원전 2000년대에는 근동과 이집트, 페르시아, 인도 북서부까지 상업 네트워크로 연결되었다."[34]

각 지역들이 발전하면서 인접한 지역 혹은 원거리 지역들과 접촉, 교류, 충돌이 발생했으며, 이에 대한 지구사 연구는 간지역사interregional history로 불린다. 또 각 지역은 나름대로 독특한 문화나 문명을 발전시켰기 때문에, 이에 대한 지구사 연구는 상호문화의 역사cross-cultural history 혹은 초문화사transcultural history로 불리기도 한다. 또 지역 간 교류는 육상로뿐 아니라 해상로를 통해서도 확대되었으므로, 실크로드 역사뿐 아니라 해양사maritime history 역시 지구사에서 매우 중요한 의미를 갖는다. 어떻게 불리든 간에, 이런 역사연구는 기본적으로 지역을 근간으로 하고 있으며, 그런 점에서 시기별로 지역의 출현과 발전, 쇠퇴를 연구하는 것은 지구사의 중요한 작업이 될 것이다.

이런 지구사의 연구대상은 공시적 연구방법과 통시적 연구방법에 따라 연구된다. 공시적 연구방법은 교류와 비교를 통해 이뤄진다.[35] 교류에 따른 지구사 연구는 개인, 지역 등 지구사 연구대상 사이 접촉, (전쟁을 포함한) 갈등, 교환, 저항, 혼합, 변형, 차용, 혁신 등 다양한 형태의 역사적 메커니즘을 검토하는 것이다.[36] 교류대상은 커피, 비단, 향료, 도자기 등의 상품이나 물질로부터 언어, 이념, 가치, 신념, 종교, 문화까지 포함하며 인간(집단), 동식물, 병균 역시 포함한다. 또 교류 네트워크의 형성과 발전, 교류 양상, 교류에 참여한 집단 사이의 권력관계나 교류를 통해 자극받은 결과로서 발생한 파생효과 또는 영향 역시 연구대상이 된다. 이런 교류 연구에서 가장 중요한 관점 혹은 구성원리는 바로 상호의존성과 상호관련성이다. 전파주의적 관점에서 원산지의 독창성을 강조하거나 결과론적 시각에서 최종 물질이나 이념이 보다 세련되었다고 주장하는 우월주의는 지구사적 교류연구에서 가장 경계해야 할 담론이다.

또 비교에 따른 지구사 연구는 특정 주제와 관련해 개인이나 지역과 같은 연구 차원에서 비교하고, 역사적 성격과 특징을 검토하는 것이다. 비교 연구에서는 시·공간적 기준을 통한 비교 여부와 비교할 만한 가치 여부 등이 검토되어야 할 뿐만 아니라 "관찰자의 위치, 비교의 척도, 공시성共時性과 통시성通時性의 상충, 비교 대상 간 상호작용"[37] 등도 엄격하게 검토해야 한다. 그런 연후에, 도시나 지역, 문화뿐 아니라 문화적 인공물, 제도, 조직, 사회적 관습, 신념, 정치·사회·경제적 특징 등 지구사 연구대상을 서로 비교할 수 있을 것이다. 그러나 이는 유럽역사를 보편적 기준으로 설정하고, 나머지 비유럽역사를 특수한 현상으로 배치하는 위계질서적 비교가 아니라, 상대성과 다양성을 인정하는 상호적 비교이어야 한다. 이 같은 비교 방법은 혼란스럽고 복잡한 다양성의 역사적 맥락과 역사과정을 대비시킴으로써 효과적인 역사이해에 도달하려는 것을 목적으로 한다.[38]

통시적 연구방법으로는 수렴convergence과 분기分岐, divergence를 들 수 있다. 이는 지역, 반구, 지구적 차원에서 수렴되거나 분기되는 현상의 메커니즘을 탐구하는 것이다. 벤틀리에 따르면, 지구사에서 모두 4번에 걸쳐 수렴과정이 존재했다.[39] 제1차 수렴시기는 고대 실크로드 시대로서 대략 기원전 200년부터 기원후 400년까지 진행되었으며, 제2차 수렴시기는 당과 압바스왕조, 카롤링거왕조에 의해서 수렴된 기간으로 대략 6세기경부터 1000년경까지 이르는 시기이다. 제3차 수렴시기는 투르크족과 몽골족이 제국을 건설함에 따라 새로운 역사 추동력의 조합과 새로운 형태의 수렴이 이뤄진 시기로서 대략 1000년에서 1350년까지의 시기이며, 마지막 수렴시기는 1500년에서 1900년까지의 시기이다. 여기에 매즐리쉬가 "새로운 지구사" 시기[40]로 간주한 냉전 이후 지구화 과정 시기를 마지막 수렴시기로 규정할 수 있을 것이다.

수렴시기를 살펴보면, 지역 간 공통성이 증가한 반면, 분기시기에는 오히려 다양성이 지속적으로 증가했음을 알 수 있다.[41] 한 지역을 장악한 제국, 세계 종교, 원거리 교역, 기술 등은 수렴의 추동력이 된 반면, 14세기에 발병한 흑사병처럼 주로 아프로-유라시아 대륙에 전파된 질병에 따라 분기가 이루어졌다. 수렴은 지역을 경제적으로, 문화적으로 그리고 정치적으로 더욱 가깝게 해준 반면, 분기는 각 지역별로 독특한 경제, 문화 그리고 정치구조를 발전시키도록 했다.

그러나 수렴과 분기에 따른 편입, 결합, 혹은 분리는 동일한 시기에 모든 지역과 지방에서 동시에 발생하지 않았다. 또 1500년 이후 등장한 전반적인 수렴현상에도 불구하고 크고 작은 분기현상이 발생하기도 했다.[42] 그리고 벤틀리의 주장처럼 14세기 흑사병에 따라 분기시기로 접어들었다가 1500년 이후 수렴시기로 접어들었을지도 모르지만, 노스럽David Northrup의 주장처럼 1000년 이후 지속적으로 "대수렴"the Great Convergence이 발생했을지도 모른다.[43] 이런 거대 서사 혹은 거대 서사의 패러다임에는 면밀하게 검토해야 할 부분이 많다. 더욱이 거대 서사가 지구사 연구에서 유용한 도구임에는 틀림없지만, 그 자체가 과거경험은 아니기 때문에 연구자들은 항상 신중해야 한다.

유럽중심주의의
극복과 역사의 재개념화

1960년대 이후 시구사의 범주가 명확해지면서, 지구사는 매우 빠른 속도로 대중화되었다. 단적으로, 미국에서는 대학기초교양과목 수준인(AP) Advanced Program 과목으로 세계사를 선택해 AP 대학입학시험을 치르는 학생 수가 2007년에 유럽사 수험생수를 초과했으며 2008년에는 12만 명을 넘어섰다. 그런데도 벤틀리조차 "지구사의 개념, 방법론, 범주, 증거, 논리 문제는 국가사, 정치사, 사회사, 경제사 혹은 문화사에 대한 전통적 접근방법보다도 지구적 역사분석의 목적을 실현하는 데 제대로 검증되지 못했고 아마도 훨씬 신뢰할 수 없을 것이다"라고 토로하고 있다.[44] 역설적으로 벤틀리의 고백은 지구사가 그만큼 해야 할 일이 많은 역사 분야라는 것을 반증한다.

　지구사가 직면하고 있는 가장 근원적 문제는 역사 용어와 개념의 탈유럽화다. 언어는 담론을 구성하는 주된 도구이기 때문에, 역사인식과 재현에 직·간접적으로 개입하고 사물과 이념, 주의를 구성한다. 역사분석과 이해를 위해 사용되는 용어는 대부분 유럽중심주의를 바탕으로 사물과 인식을 구성하며 기존 담론의 재생산을 강제한다. 지구사 연구에서 재개념화가 필요한 대표 용어들로는 "문명" "근대성" "민주주의", "봉건주의" "산업화" "국가" "서양" "아시아" "이성" "발전", "진보" "지배" "정복" 등이 있다. 예컨대, '문명'의 정의와 범주를 구성하고 있는 많은 콘텍스트적 소개념들과 담론

은 유럽중심주의 혹은 식민주의를 지향하고 있기 때문에 해체가 필요하다.[45]

이와 관련해 재개념화가 필요한 다른 부분은 지구사의 전개와 관련된 역사발전모델이다. 일반적으로 유럽중심주의적 세계사의 발전모델은 시간과 다양성에 관하여 역삼각형의 발전모델을 전제한다. 이 모델은 비록 초기 인류가 문화적 다양성을 구가했을지라도, 시간이 지나면서 여러 형태로 접촉과 교류가 이뤄져 다양성이 감소했다고 주장한다. 그리고 1500년 이후 세계가 유럽에 의해 일체화되었다고 주장한다. 그러나 다양성의 감소와 접촉(교류)의 증가가 항상 비례하지는 않는다. 더욱이 초기 인류문화가 그렇게 다양한 것도 아니었으며, 1500년 이후 다양한 지역·국가·지방의 문화가 사라진 것도 아니다. 그러므로 인류문화의 다양성에 관한 지구사적 발전에는 역삼각형 모델보다는 오히려 "축구장이나 항아리 혹은 바이올린 같은"[46] 모델이 더 적합해 보인다.

이는 앞서 그림과 관련해 설명한 것처럼, 인류역사에는 복수 지역과 그 지역의 중심들cores이 존재했기 때문이다. 맥닐 역시 다중심적 지역과 중심들의 존재를 바탕으로 하는 "문명의 다양성 multiplicity"[47]을 주장하고 있다. 또 한 지역은 인접 지역과 독립적이고 자기충족적으로 존재한 것이 아니라 인접 지역과 중첩 혹은 교차하는 방식을 통해 전개되고 발전했다. 맥닐 부자가 지적한 바와 같이, 여러 형태의 웹 혹은 네트워크가 시간적으로 중첩되면서 인류역사가 발전한 것이다.[48]

이와 관련해, 근대 세계 형성에 관한 역사서사narrative 역시 재개념화를 통해 재검토되어야 한다. 그동안, 일반적으로 1500년 이후 근대 세계 형성과 발전은 유럽을 중심축으로 하여 설명되고 분석되었다. 특히 이 과정에서 유럽의 우월성은 너무나 당연한 것으로 간주되어 왔다. 예를 들면, 국내 어느 서양사학자는 "중세 말부터 혹은 16세기부터 유럽은 세계-경제를 형성하여 발전하기 시작했으며, 아메리카에서 유입된 은을 무기로 삼아 드디어 19세기 초에는 중국 중심 세계경제를 무너뜨리고 중국을 유럽 중심 세계경제의 주변부로 편입시키는 데 성공했다"고 파악하고, "유럽의 내재적 발전을 외면"하지 말아야 한다고 강조하기도 한다.[49] 또 다른 국내 역사학자는 한편으로 유럽중심주의의 허구성을 신랄하게 비판하면서도 다른 한편으로 "1500년대 이래로 유럽이 세계사의 주도권을 잡았다는 것은 엄연한 역사적 사실"[50]이라고 옹호하기도 한다. 그러나 많은 지구사가들이 밝혔듯이 유럽이 세계패권을 장악한 것은 기껏해야 1800년 이후, 좀 더 정확하게 말해서 1840년 이후의 일이다. 이런 유럽중심주의적 역사 서사가 현재 지구사회의 (지식생산을 포함한) 권력 구조와 분배방식을 정당화하고 있다는 사실은 새삼 거론할 필요조차 없다.

인류역사를 보다 공정하고 심층적으로 이해하기 위해서는, 역사발전의 유럽중심주의적인 단선적, 직선적 시각보다는 상호의존성과 다양성을 강조하는 다중심적 시각과 역사담론이 보다 유효하고 적합하다. 그림 2에 나타난 지역과 중심들은 일시에 출현했다가

일시에 소멸하지 않았다. 비록 유럽이 기존에 존재한 지역 내부와 지역 간 존재한 네트워크를 통해 점진적으로 세계로 진출했을지라도, 여전히 지역 내부와 지역 간 네트워크 그리고 "세계체제의 하위체계"는 잔존하거나 더욱 강화되는 형태로 전개되었다. 아부-루고드의 주장을 빌리자면, "13세기까지 발전한 통로들과 정기 노선들은 나중에 일련의 유럽 세력들에 '정복'되고 이용되었다. 유럽은 그 체제를 새로 고안할 필요가 없었다. 그 이유는 유럽이 단지 하나의 주변적인 후발 참여자에 불과하던 13세기에 이미 그 곳에는 기본 토대가 놓여 있었기 때문이다." 그런데도 유럽이 융성할 수 있던 것은 "약탈을 동반한 교역trade-cum-plunder이라는 유럽인의 새로운 접근방식" 때문이다.[51] 이 과정에서 "유럽인"들이 질적으로 새로운 세계체제를 창출했을지라도, 이 과정은 유럽인의 배타적인 공헌이라기보다는 접촉과 교류를 통한 공헌이라는 점이 분명히 강조되어야 한다.

이를 위해서는 앞서 언급한 역사용어의 재검토와 더불어 아무런 비판 없이 사용하고 있는 이분법적 사고와 비유, 언어에 대해서도 언어적 전환linguistic turn을 통한 재검토가 필요하다. 1500년 이후에는 유럽이 우월했지만 이전에는 중국이 우월했다거나 혹은 19세기 초까지도 여전히 중국이 우월했다는 식의 우월주의 혹은 승리주의triumphalism를 버려야 한다. 더욱이 "인종"과 "서양" "동양"은 사회적 실재라기보다는 사회문화적 구성물이기 때문에, 이런 개념들의 해체가 수반되지 않는 한, 유럽의 우월주의는 계속 재생산될 것이다.

우월주의가 정치·경제적 차원 역사에만 존재하는 것은 아니다. 질병의 역사 혹은 생태·환경사에도 존재한다. 15세기 말 콜럼버스를 비롯한 유럽인들이 아메리카 대륙에 도착한 후, 아메리카 원주민 수는 전쟁보다 전염병 창궐로 급격히 감소했고, 결국 유럽의 패권을 수용할 수밖에 없었다. 이와 동시에, 아메리카의 매독이 유럽으로 전파되었지만, 막대한 피해를 끼치거나 심각한 정치사회적 변화를 불러일으키지는 않았다. 이와 같은 "콜럼버스의 교환 Columbian Exchange"[52]을 근거로 해, 국내 어느 역사학자는 아메리카 원주민은 거의 멸종 위기에 직면했고 유럽인은 오히려 아메리카를 "정복"했기 때문에, 혹은 병균의 교환이 비대칭적이었으며 유럽인들이 더 진화된 면역체계를 가지고 있었기 때문에, "유럽우위론은 질병의 역사를 통해서도 증명됐다"[53]라고 해석하기도 한다.

그렇다면 정말 유럽우위론이 증명된 것일까? 이와 비교할 만한 한 예를 들어보자. 6~7세기 페스트가 지중해 지역을 강타했는데, 그 파괴력은 마치 14세기 흑사병과 견줄 만했다. 한 증언에 따르면, 542년에 발병한 페스트는 콘스탄티노플에서 4개월 동안이나 기승을 부렸으며 절정기에는 하루에 1만 명의 목숨을 빼앗아가기도 했다. "그 후, 서기 634년 로마와 페르시아가 아라비아 반도에서 쳐들어온 이슬람 군대에 이렇다 할 만한 저항을 하지 못한 것도 서기 542년 이후 줄기차게 지중해 연안에 나타난 전염병 때문에 인구가 급격히 감소했다는 사실을 고려하면 쉽게 이해할 수 있다. 이슬람 제국이 세력을 확대하던 초창기 중대한 고비마다 적국 인구가 급감하는 현상이"[54] 일어났다. 그렇다면, 이런 역사적 사건을 근거로 이슬람우위론이 질병의 역사를 통해서 입증되었다고 말할 수 있을까? 그렇지 않다. 이 시기 발생한 페스트는 "인도와 아프리카에서 인명을 위협하긴 했으나 만성화된 질병"[55]일 뿐이었다. 그렇다면 이런 사실을 근거로, 인도우위론 혹은 아프리카우위론이 증명되었다고 주장할 수 있을까?

우월주의를 극복하기 위해서는 지속적인 상호 교류와 접촉을 통해 상호연관성과 상호의존성을 지니는 인류 전체를 역사단위로 보는 인류중심적humanocentric 관점[56]을 적극적으로 탐색하고 구체화할 필요가 있다. 페스트, 천연두, 홍역, 인플루엔자 등은 인간의 면역력 때문에 사라지는 것이 아니다. 인류역사를 보면 간헐적이기는 하지만 계속 인류와 함께 존재해왔다. 시간이 지나면서 숙주와 기생생물이 서로 적응하여 만성적이고 안정적인 공존 관계가 형성되었을 때 비로소 병균의 유독성이 감소하는 것이다. 변이를 일으키지 않는다면, 질병은 단지 소아병으로서 우리와 함께 공존하게 된다. 질병의 역사를 살펴보더라도, 인간의 관점에서 질병의 사회사만을 살펴봐서는 안 된다. 인간중심주의로부터 벗어나 자연(생태·환경·우주)과 공존하는 지혜를 얻고자 할 때, 인류의 상호의존성과 상호연관성을 바탕으로 하나의 종으로서 인류를 하나의 역사단위로 인식할 때, 인류역사도 비로소 균형 잡힌 시각에서 살펴볼 수 있게 된다.

만약 이런 균형 잡힌 시각과 노력이 결여되어 있다면, 새로운 세계사 혹은 지구사 역시 국가나 특정 집단에 봉사하는 이데올로기적 도구로 전락하게 될 것이다. 지구사가 지역이나 지구적 차원에서 역사를 맥락화하는 역할을 수행하는 것임에는 의심의 여지가 없다. 이런 의미에서, 지구사는 국가사(일국사)를 대치하기보다는 오히려 국가사와 상호보완 관계에 있으며, 전문분야의 역사와도 상치되지 않는다. "전체를 파악하는 거시적 고찰은 많은 세부적 부분을 보완해야 하며 이는 전문가들의 도움을 받아야 하고, 전문가들은 거꾸로 전체를 보는 거시적 관찰에 따라 수정하고 재구성해야 한다."[57] 그러나 실제로는 그 이해관계와 지향점 때문에 국가사와 지구사가 상호 협력적이고 상호보완적 관계를 형성하는 것은 그다지 쉽지 않다. 그러므로 "유럽사 혹은 동아시아사와 같은 지역 단위에 기초한 '초국가적 역사'가 실상은 일국사의 패러다임을 지역 차원으로 넓힌 데 불과한 것은 아닌가 하는 의문"[58]이 제기될 수밖에 없다.

결국 가장 중요한 것은 누구의 지구사이며 누구를 위한 지구사인가라는 점이다. 특히, 국가(혹은 특정 지역이나 인종)의 이익과 인류의 이익이 상충된다면, 지구사는 결국 누구를 위해 봉사할 것인지를 신중하게 성찰해야 한다. 극단적인 보수주의 연구단체는 유럽-미국인의 경험을 우월하다고 묘사하면서 미국적 가치를 찬양하고 그 외의 역사는 회피해야 할 역사과정으로 폄하하는 "애국적 세계사patriotic world history"를 제시했다.[59] 물론 새로운 형태의 중화주의에 입각한 세계사 연구 역시 이런 애국적 세계사의 일종이다.

"애국적 세계사" 연구자들은 반유럽중심주의라는 이름하에 지구사 연구자들에게 비판을 가하기도 한다.[60] 그러나 역사는 사실을 위한 해석 문제이다. 다양한 역사학 쟁점과 층위에서 발생하는 대립과 갈등은 피할 수 없으며, 오히려 이와 같은 과정을 통해 역사는 끊임없이 새롭게 재개념화되어야 한다.

어떤 지구사를 추구할 것인가

지구사와 세계사는 서로 경쟁하며 보완하는 관계를 통해 발전하고 있다. 세계사가 역사가에게 알려진 혹은 의미 있는 공간이거나 인간이 사는 공간의 역사라면, 지구사는 지구적 차원 혹은 지구화 과정의 역사이다. 21세기에 사는 우리는 두 용어를 거의 동일한 의미로 사용하고 거의 대부분 용례에서 상호치환적으로 사용한다. 그러나 시간을 거슬러 올라가면 지구사와 세계사의 개념적·지리적 범주는 현저한 차이를 가질 수밖에 없다.[61] "대항해시대"의 마지막을 장식한 쿡James Coke의 오세아니아 탐험은 18세기 후반에 일어난 일이기 때문이다.

　세계사가 그러하듯이, 지구사 역시 공간적 범주에서 여러 층위를 가지며, 그 층위들은 상호 중첩적으로 얽혀 있다. 지역region 층위에 존재하는 지역들도 완전히 독립되고 자기충족적 실체라기보다는 인접 지역과 부분적으로 중첩되어 연결되거나 관련되어 있는 실체이자 문화적 구성물이다. 그러므로 비단, 커피, 향료, 면직물 등과 같은 구체적 교역물이나 자유, 권위, 평화 등의 철학적 이념이나 사상 그리고 개인이나 집단 혹은 조직을 연구하더라도, 지구사의 얽혀 있는 층위들을 단순히 지방적 차원 혹은 전 지구적 차원으로만 환원시킬 수 없다. 또 지구사의 층위는 시간적으로도 다양하고 상호 중첩될 수밖에 없다. 거대사에서 주장하는 빅뱅 이후, 초기 인류의 전 지구적 확산, 신석기 문화의 발전, 아프로–유라시아의 여러 네트워크의 중첩적 발달 등과 이들의 지속적 영향이 고려되어야 한다. 이런 맥락에서, 지구사는 서로 "얽혀 있는 역사histoire croisée"[62]다.

이렇게 복잡한 관계 속에 놓여 있는 지구사와 세계사는 학문적 이상과 현실적 필요에 따라 학회, 학회지, 잡지의 이름으로서, 혹은 여러 다른 명칭으로 호명되면서 연구분야를 확보하고 확대해왔다. 지구사에 대한 평가 역시 다양해졌다. "점차 인기를 잃어가고 있는 이른바 제3세계 역사 연구자들과 경제사가들의 생존전략"[63]이라는 부정적 평가부터 "모든 전문 분야의 역사가가 동참하는 공동의 광장"[64]이라는 평가까지, 또는 유럽중심주의 때문에 왜곡된 사실을 수정하는 교정적 역사라는 긍정적 평가에서부터 "비주류 역사학자나 이론가들의 상호인용과 동종교배"[65]에 따른 연구라는 혹독한 평가까지 나타나고 있다.

물론 모든 형태의 지구사가 모두 다 바람직한 것은 아니다. 표면적으로는 인류, 교류 등을 거창하게 내세우고 있지만, 실질적으로는 여전히 유럽중심주의에 입각한 세계사, 유럽 중심-중국 부중심 형태의 세계사, '애국적 세계사', 비유럽 지역 역사의 양적 확대에만 관심을 가지는 세계사, 국가사 패러다임을 확대한 지역사 등은 하나의 역사단위로서 인류를 연구하기보다는 오히려 지역 간·국가 간 갈등을 조장하고 초국가적 자본이나 신자유주의적 지구화에 봉사하는 경향이 매우 농후하다. 더욱 바람직하고 적절한 지구사 연구는 무엇보다도 지금까지 역사담론을 주도하고 오랜 기간 동안 거의 모든 인문사회 담론을 구성해 온 여러 중심주의(유럽중심주의, 중화주의, 인도중심주의, 국가중심주의, 인간중심주의)을 해체하고 인류와 자연을 포함하는, 그야말로 지구적 관점에서 역사를 재구성할 때 가능하다.

그러나 구체적인 역사연구와 서술을 추상적이며 이념적인 '지구'에만 맡겨놓을 수 없는 것 또한 현실이다. 지구사는 국가사 혹은 지역사(예를 들면 동아시아사와 한반도 주변 초국사[66])와의 갈등을 피해갈 수 없다. 현재의 지구사 연구는 "우리에게 최종 답을 주기보다는 오히려 해결해야 할 많은 문제를 제기하고 있다."[67] 그렇기 때문에, 지구사회를 구성하고 있는 다양한 이해관계를 가진 역사가가 나름대로 지구사를 내놓고 동일한 주제 연구를 함께 고민하고 의견을 나누는 소통 네트워크가 있어야 한다.

소통에는 여러 방법이 있을 수 있다. 여기서는 간단히 두 예만 살펴보자. 한 방법은 예수의 탄생을 기준으로 하는 BC/AD(Before Christ/Anno Domini) 표기방식을 포기하고 BCE/CE(Before Common

Era/Common Era)라는 새로운 연대표기방식을 사용하는 것이다. 그리고 연대표기방식을 서기西紀 혹은 서력이라 부르기보다는 모든 인류 사회가 함께 쓰는 연대표기방식이라는 의미에서 '공기共紀'라 호칭하고 '기원전'과 '기원후'라는 용어는 계속 사용하는 것이다. 동시에, 필요하다면 그 지역의 고유한 연대표기방식을 병행하도록 하는 것이다. 예를 들면, 이슬람 지역 지구사 연구자들은 '헤지라 이후'라는 뜻의 'AH' 기호를 병기하는데, "1983CE/1404AH" 식으로 표기한다. 다행스럽게도 국립중앙박물관은 이미 BCE/CE 표기 방식으로 전환했지만, 비유럽권, 특히 이슬람 세계 역사를 연구하는 국내 학자들조차 BC, AD, 서력과 같은 용어를 여전히 사용해 매우 개탄스럽다.

또 다른 방법은 항상 "주변" 시각으로 바라보고 역사를 비판적으로 성찰하는 것이다. 본질주의essentialism에 근거하지 않고 국가, 제국과 같은 개념을 사회문화적 구성물로서 파악하고 이를 해체하면서 "주변"에서 전체를 바라보는 것이다.[68] 물론, 여기에서 그치지 않고 동아시아라는 지역과 다른 지역 간 관계성을 다루는 간지역적 역사interregional history와 지구사를 함께 고려해야 한다. 이런 의미에서, 미국과 유럽뿐 아니라 아시아, 아프리카, 남아메리카에서도 지구사를 연구하는 단체가 설립되었다는 것은 역시 매우 의미 깊다. 앞으로 아프리카와 남아메리카에서도 지구사 연구자가 늘어나고 지역 층위 학회가 만들어진다면, 보다 다양한 관점에서 균형 잡힌 지구사를 연구하고 도출하게 될 것이다. "주변"은 지역적 개념이기도 하지만 무엇보다도 비판적 자기성찰의 자리기 때문이다.

인류역사는 그 누구의 것도 아니다. 유럽인의 것도, 중국인의 것도 그리고 한국인의 것도 아니다. 너무나도 자명한 이야기지만, 그것은 인류가 함께 공유하는 것이기 때문이다. 유럽중심주의에 따른 세계사는 자체로 내적 모순이며, 현재 극복되어야 할 하나의 역사적 단계일 뿐이다. 따라서 유럽중심주의의 극복은 어떤 누구의 사명이 아니라 우리 모두의 의무다.

다양한 유럽중심의 역사와 해결책들

제리 벤틀리 Jerry H. Bentley

미국 하와이대학교 사학과 교수. 현 세계사저널Journal of World History 편집위원장. 대표적인
연구로는 ≪전통과 만남*Traditions and Encounters*≫, ≪고대 세계의 만남: 교류사로 읽는 문명
이야기*Old World Encounters*≫ 등이 있다.

고가영 옮김 · 이화여자대학교 지구사연구소 연구교수

다양한 유럽중심주의
개념들 _____

다양한 사람이 유럽중심주의라는 용어를 다양한 의미로 사용하고 있다. 랜즈David S. Landes는 이 용어를 일종의 "신념" 형태라기보다는 "진실"을 표현하는 것으로 보았다.[1] 그러나 이집트의 지성이라 불리는 아민Samir Amin은 유럽과 세계 역사를 최근에 신화학적으로 구성한 것이 유럽중심주의라고 보았다. 그에 따르면 유럽중심주의는 근대 자본주의와 함께 발전해 왔고, 자본주의를 정당화하는 데 필수불가결한 이데올로기 구성요소로서 역할을 해왔다.[2] 블로트 James M. Blaut는 유럽중심주의를 자본주의의 표출이 아닌 "비유럽인(그리고 비유럽인 혈통의 소수자들)보다 유럽인이 과거나 현재에 우월하다는 것을 당연하게 여기는 모든 신념에 붙이는 일종의 이름표"와 같은 것으로서, 제국주의와 식민주의를 정당화시키는 이데올로기로 보았다.[3] 멕시코의 경제학자인 두셀Enrique Dussel은 유럽중심주의를 보다 일반화해 적극적으로 보편화하려는 성향 즉 유럽적 근대성과 결부시켰다.[4] 딜릭Arif Dirlik은 몇몇 학술 논문에서 유럽중심주의가 사본, 권력, 근대성을 정당화시키는 것이라고 비판했다.[5] 칸스Rajani Kannepalli Kanth는 다음과 같이 좀 더 강하게 비판했다.

> 따라서 유럽중심주의는 바로 유럽식 자본주의라는 패러다임그 이상 그 이하도 아니다. 이 패러다임 속에는 자본주의, 가부장제(즉 여성혐오), 인간 혐오, 인종주의, 식민주의, 인간중심주의,그리고 재무장한 기독교 이데올로기 등이 서로 엮이고 부딪히면서 군집해 있다. 즉 한마디로 말하자면 모더니즘이다.[6]

유럽중심주의를 신념의 표현이 아닌 일종의 진실이라고 여기는 소수의 사람들을 제외하고, 대다수는 유럽중심주의가 명확하게 여러 잘못을 감추고 있다고 생각한다. 얼마나 많은 잘못을 감추고 있는가? 블로트는 근대 유럽의 발전을 설명하기 위한 유럽중심주의 이론에 네 종류가 있다고 본다.[7] 정치학자인 마즈루이Ali A. Mazrui는 이보다 더 많은 일곱 종류를 제시한다.[8] 그랜Peter Gran은 "유럽중심주의에는 최소한 아홉 가지 특성이 있다"고 하지만 많은 사회사가는 이를 받아들이지 않는다.[9] 이외에도 많은 학자들이 유럽중심주의라는 용어를 직접 사용하지는 않지만, 다른 형태로 유럽중심주의를 비판하고 있다. 몇몇 저명한 사람만 언급해도 사이드

Edward W. Said, 버넬Martin Bernal, 두아라Prasenjit Duara 그리고 차크라바르티Dipesh Chakrabarty 등이 있다.[10]

유럽중심주의라는 개념은 다루기 힘들 정도로 확산되어 있다. 심지어는 통제가 불가능한 정도로 나아갈 위험도 있다. 몇몇 분야에서 이루어지고 있는 학술적 논의나 대다수를 설득할 수 있는 수많은 분야의 비판에서 다루어지는 것을 제외하고, 유럽중심주의는 구체적으로 아무 의미도 없이 남용되는 다목적어가 되었다. 어쩌면 유럽중심주의로 과거를 구성하는 것은 현재 발생하는 문제를 이해하고 정책을 발전시키는 데 거대하면서도 때로는 무시무시한 힘을 갖기 때문에 무척이나 위험하다. 루이스Bernard Lewis와 헌팅턴Samuel P. Huntington이 제시한 개념인 "문명의 충돌"이 아주 적합한 예다.[11] 유럽중심주의는 진지하게 고민해야 할 문제다.

이 글에서 나는 유럽중심주의를 특정한 이데올로기적 입장과 연결시켜 위에 언급한 비평과 이론가와는 다소 다른 접근 방식을 취하고자 한다. 각 분과학문별로 과거를 이해하는 데 유럽중심주의가 어떤 효과를 가져왔는지 집중적으로 조명하기 위해서, 역사학 연구에 영향을 끼친 세 종류의 유럽중심주의를 고찰해 보고자 한다. 바로 단순한 유럽중심주의, 이데올로기적 유럽중심주의 그리고 구조적 유럽중심주의다. 그런 다음 그 결과로 발생한 문제를 해결할 방안도 제시해 보고자 한다.

세 가지 유럽중심주의의
문제점과 해결 방안_____

단순한 유럽중심주의

　　　　　　　일찍이 역사학 연구에서는 다양한 종류의 단순한 유럽중심주의가 보편인 때가 있었다. 한 예를 들자면, 코넬 대학과 안티옥 대학에서 역사학 교수를 지낸 반 룬Hendrik van Loon은 어린이를 위한 세계사 책으로 《인류의 역사The Story of Mankind》를 저술했다. 비록 반 룬이 평화적이고 보편적인 성향을 가진 진보적 사상가였지만, 그는 거의 배타적일 정도로 유럽사를 위주로 서술했다. 이집트, 메소포타미아, 히브리인을 짧게 언급한 후, 더 친숙한 그리스, 로마, 중세유럽 그리고 근대성을 서술했다. 그 다음에 모하메드와 부처, 공자에게는 각각 다섯 쪽씩 할당했다.[12]

　　세계사에 대한 이런 접근은 1950년대 이전에 더 넓은 세계를 다루는 전문역사 지식이 어떠했는지 어느 정도 반영했다. 하지만 유럽을 넘어선 세계에 관한 정보가 없다는 이유로 이런 유럽중심주의 역사를 용납하는 것은 너무 관대해 보인다. 결국 1736년에서 1765년 사이, 영어로 된 보편사Universal History 전집 제작에 참여한 사람들은 전 세계 주요 지역을 다룬 역사서 65권을 편찬했다. 반면 독일 괴팅겐 출신 역사가 가터러Johann Christoph Gatterer와 폰 슐뢰저August Ludwig von Schlözer는 17세기 후반에 수십 년 동안 전문적으로 신뢰할 만한 접근법으로 과거를 다룬 보편사Universalgeschichte를 쓰고자 노력했다. 더 나아가 휴-워링턴Marnie Hughes-Warrington이 보여준 것처럼, 아마추어 역사가는 여성이나 아프리카처럼 전문 역사가가 무시해온 주제와 지역 관련 정보를 개발하여 세계사를 쓸 수 있었다.[13]

분명한 사실은 전문 역사가는 유럽을 넘어선 세계에는 단지 관심을 가지지 않았다는 것이다. 즉, 그들은 유럽과 국민국가가 얻을 이익을 위해 더 넓은 세계의 역사를 의도적으로 무시했으며 헤겔 Georg Wilhelm Friedrich Hegel 이후에는 유럽이야말로 진정으로 역사가 발전한 곳이며, 다른 지역 국가에는 역사가 없다고 여겼다. 이런 유럽중심주의 개념은 의도적 무지 즉, 적극적 무관심과 더 넓은 세계와는 상대하지 않는 것을 근간으로 하고 있으므로 해결책은 간단하다. 유럽 너머 세상을 진지하게 바라보고 그들의 과거에 대한 믿을 만한 지식을 형성해 나가는 것이다. 지역학 연구 학자들이 문제를 명백하게 드러내기는 했지만, 지난 반세기 동안 지역학이 유럽중심주의라는 특별한 표현을 전적으로 인정하지 못하도록 지식을 축적해 왔다는 것은 의심할 여지가 없다. 문제가 무엇인지 밝히고 해결책을 제시하는 것은 간단하다 할지라도 이런 형태의 유럽중심주의는 이미 거의 사라졌기 때문에 세심하게 주목할 만하다. 유럽중심주의는 숙명적인 것이 아니다. 일단 학자들이 유럽중심주의를 문제라고 인정했기에, 공격할 수 있었고 지구의 과거를 대하는 더 나은 접근 방식을 만들 수 있었다.

이데올로기적인 유럽중심주의

헤겔보다 베버나 마르크스에게 더 영향을 받은 유럽중심주의 역사 형태는 문제를 논의하기에 좀 더 복잡하고 어렵다. 나는 이를 이데올로기적 유럽중심주의라고 부른다. 경험적 기초는 빈약하지만, 역사가가 자기 앞에 놓인 세상을 설명하는 데 아주 설득력 있는 설명 틀로서 유럽중심주의를 진지하게 받아들이기 때문이다. 이런 유럽중심주의 역사는 유럽인, 특히 북서 유럽에 있는 사람들이 특별한 문화적 성향cultural preferences을 발전시켜 왔고, 근대에 유럽의 발전을 촉진시킨 특정한 문화적 특성 cultural traits을 보여줬다는 가정에 기반을 둔다. 베버식 역사사회학과 마르크스의 정치경제학 전통 속에서 쓰인 연구 업적에 의하면, 이런 문화적 선호와 특성은 먼 과거에 기원을 둔다. 초기든 후기든 어떤 식으로 출현했든지 간에 유럽의 문화적 경향과 특성은 유럽사회에 엄청난 정치·사회·경제적 이점을 부여했고, 그리하여 유럽 사람들은(북아메리카와 다른 식민지에 있는 후손들) 어느 누구도 따라잡을 수 없을 정도로 부와 영향력을 향유할 수 있게 되었다.

정치·사회적 그리고 경제적 이득을 부여하는 문화적 경향과 특성을 나열해 보면 아주 길고도 인상적이다. 그 가운데 가장 중요한 것들은 다음과 같다.

(1) 제한되고 효과적인 정부: 아시아의 거대한 농업 제국처럼 군주가 자기 마음대로 할 수 있는 오리엔트 전제국가보다는 주로

서로마제국이 붕괴한 이후 등장한 중간 규모의 국가들에 초점을 맞춘다.

(2) 계약과 법치 존중: 경제 투자를 좀 더 안전하고 예측 가능하게 해줬고 전제 군주의 이해관계에 맞춰야 했던 변덕스럽고 자의적인 접근 방식과는 다르다.

(3) 경제적 보상을 받을 수 있다는 희망을 가지고 위험을 감수하고자 하는 호기심과 의지: 이로 인해 투자, 발명, 혁신이 촉진됐고, 오리엔트 전제 국가에서 널리 확산된 임대차 사고방식과는 다르다.

(4) 열심히 일을 하면서 보상은 나중에 받으려는 절제력과 의지: 이는 유럽 이외 지역에서 즉각적인 소비를 통해 만족감을 얻고자 하는 성향과는 다른 것으로서, 생산성을 향상시켰고, 부의 축적을 촉진시켰다.

(5) 뛰어난 조직력: 이는 대규모 무역회사, 합작 투자회사, 법인체 등을 설립할 수 있게 해줬고 유럽 이외 지역에서 두드러지게 나타나는 소규모 가족 회사와는 다르다.

(6) 추상적으로 사고할 수 있는 능력: 이는 다른 국가에서 자연계를 실용적으로 접근하는 방식과는 대비되는 것으로서, 인과관계를 이해하고 근대과학을 창조할 수 있게 해줬다.

(7) 만혼과 높은 독신율: 이는 유럽 이외 국가들에서 발견된 보편화된 조혼과 결혼과는 다르며, 인구 통제, 핵가족 그리고 일인당 부의 양을 증가시켰다.

(8) 머나먼 땅을 정복하고 고도로 조직된 국가와 혹은 비국가적 역사행위자를 통해 자원을 지배하고자 하는 공격성과 의지: 이는 다른 지역 사람들이 보이는 조직력 부족, 약탈적인 접근과는 다르다.

(9) 끊임없는 축적 시스템으로서 자본주의: 이는 유럽에서 처음 등장했고 유럽의 침략에 적응할 수밖에 없었던 다른 사람을 착취할 도구를 유럽 사람들에게 제공했다.

여기에 제시된 목록에 동의할 학자는 거의 없겠지만 이들 문화적 경향과 특성 그리고 유럽 외의 사회에 나타났던 반대 상황에 대한 주장은 이데올로기적 유럽중심주의 역사학자들이 쓴 글에서 빈번하게 나타난다.[14]

위에서 언급한 단순한 유럽중심주의와는 달리 좀 더 복잡한 이데올로기적 유럽중심주의는 유럽 밖 세상에 대한 지식을 기반으로 한다. 베버와 그를 지지하는 사람들은 분명히 유럽과 다른 사회와의 비교연구를 통해 분석을 했으며, 마르크스주의 전통이 깃든 글은 더 넓은 세계를 다루는 학문을 바탕으로 작성되었다. 물론 좀 더 복잡하고 이데올로기적인 유럽중심주의를 반박하기 힘든 이유 가운데 하나는 그것이 믿을 만한 지식을 기반으로 하고 있기 때문으로 보인다. 다양한 유럽중심주의적 사고는 유럽과 유럽 지배지역에 살고 있는 사람들에게 역사를 편안하게 바라볼 수 있는 관점을 제공한다는 이점을 가진다. 이 관점은 자기만족과 자기 강화를 하는 효과가 있다. 일반 대중에게도 인기가 있지만 특히 유럽식 자본주의 근대성을 정당화하고자 하는 정치·경제 엘리트에게 더욱 인기가 있기 때문이다. 마르크스와 베버가 개인적으로 활동한 1840년에서 1914년까지 75년 동안, 좀 더 복잡한 유럽중심주의적 사고가 유럽과 유럽 밖 더 넓은 세상을 정확하게 해석하는 것으로 보인 것은 당연하다. 이 기간 동안 유럽은 놀라운 경제 발전과 제국주의 팽창을 이룩했으며 그 결과 유럽 역사가와 사회과학자는 힘과 번영에 이르는 왕도를 찾은 것으로 확신했다. 유럽이 왜 그렇게 운이 좋은가를 이해하고 설명하기 위해서 학자들은 위에 언급한 문화적 선호와 특성을 찾아냈고 현명하지 못해서 유사한 사회를 조직하지 못했던 유럽 밖 더 넓은 세상의 사람들을 체계적으로 조롱했다.[15]

다양한 이데올로기적 유럽중심주의가 유럽과 북미에서 더 영향을 끼치고 매력적이기는 했지만 지난 25년간 불신당해 왔다. 여전히 일반 대중이 세계사를 이해하는 데 영향력을 행사하지만, 오늘날 진지한 학자라면 이런 유럽중심주의를 존중할 만한 역사나 사회과학으로 간주하기보다는 자기 희망사항을 표현하는 이데올로기로 보고 있다. 좀 더 비판적인 의견들이 학교 교과과정에도 반영되기 시작했고, 그렇기 때문에 이 특별한 유럽중심주의는 곧 사라질 것으로 보인다.

이데올로기적 유럽중심주의를 비판하고 해체하는 데 세 요인이 작용했다. 가장 중요한 요인으로 2차 세계대전 이후 지역학을 연구해온 학자들이 유럽 밖 세상에 관한 믿을 만한 지식을 축적한

다양한 유럽중심의 역사와 해결책들

것을 꼽을 수 있다. 그중에는 별 가치가 없는 것도 있지만, 대부분은 유럽과 유럽 밖 세상에 관한 이론을 시험할 수 있게끔 구축한 방대한 경험적 데이터다. 그 결과 역사가와 학자들은 베버나 그 제자들이 한 것보다는 좀 더 깊고 넓으며 건전한 바탕 위에서 유럽과 다른 나라를 비교할 수 있게 되었다. 지역학이 유용한 지식을 생산하고 있는 동안 포스트모던, 포스트식민주의 연구자들은 유럽중심주의 학자를 얽매어 왔던 인식론적·개념적 문제를 약화시키는 데 관심을 기울여 왔다. 유럽중심주의적 가정을 반영하고 있는 기존 연구에서 발견되는 심각한 결함이 무엇인지 인정하기 위해서 때로는 극단적이고 근시안적인, 도움이 안 되는 포스트모던과 포스트식민주의 연구에서 이룬 모든 성과를 받아들일 필요는 없다. 마지막으로 지역학 연구가 건설적 비판을 가능하게 했고 포스트모던, 포스트식민주의 연구가 강력하게 해체주의적 비판을 하고 있는 동안 세계사는 유럽중심주의적 역사의 대안으로 부상하기 시작했다. 19세기 유산을 물려받은 기존의 전문 역사학 연구는 민족국가, 민족공동체에만 관심을 가져서 이들 간 상호작용, 교환, 네트워크 분석을 효율적으로 하지는 못했다. 그렇지만 세계사 연구자들은 유럽이 발전하고 서구가 부상한 것은 한 민족국가나 지역단위에서 일어난 것이 아니라 대륙, 반구, 대양, 전 지구적 맥락에서 발생했음을 명확히 했다. 때로는 중첩되고 서로 충돌하는 지적 프로젝트로부터 나오는 세 연구경향이 미친 영향을 종합해 보면, 이데올로기적 유럽중심주의 역사를 대체할 좀 더 세련되고 믿을 만한 대안을 그려볼 수 있을 것이다.

이런 영향을 토대로 학자 두 명이 유럽과 더 넓은 세상 사이 관계를 분석할 수 있는 다소 구체적인 방법을 제시했다. 미국의 경제사학자인 웡R. Bin Wong은 둘(유럽과 비유럽 세계) 사이 호혜적인 비교를 촉구했고, 영국의 인류학자인 구디Jack Goody는 비교 분석틀을 제시했다. 다른 많은 사람처럼 웡도 중국을 유럽중심주의적 기준에 비추어 비교하는 것에 반대한다. 그리고 반대로 이루어지는 비교도 행해져야 한다고 주장한다. 중국이 왜 근대과학을 발전시킬 수 없었는지 물으려면 그에 상응해서 유럽은 왜 훨씬 더 보편적인 곡창지대를 발전시키지 못했는지 물어야 한다는 것이다.[16] 구디는 더 나아가 특정 기준(유럽 사람에게 독특한 문화적 성향과 특색처럼 특정한 기준)에 맞춰 여러 사회 문화를 상호 교차 비교하게 해주는 분석틀을 채택할 것을 제시했다. 구디는 분명하고 체계적인 방식을 제시하는 것이 아니라 조직이 갖는 특정 형태나 특성과 관련하여 개개의 사회를 배치하고 다양하게 비교할 수 있는 맥락을 만들어야 한다고 제안하는 것이다.[17]

내가 보기에 새로운 접근 방식이 맺은 최고의 열매는 서구가 부상한 것을 이해할 수 있는 새로운 맥락을 만든 미국 역사학자 포메란츠Kenneth Pomeranz다. 포메란츠는 포스트모던과 포스트식민주의 연구로부터 많은 영향을 받지는 않았지만 중국 지역 연구를 유럽 역사연구와 좀 더 생산적으로 비교연구할 수 있도록 위치시켰다. 또한 포메란츠는 비교 분석을 통해 유럽의 발전이라는 우연한 사건을 전 지구 역사라는 맥락에서 부각시킬 수 있는 방법을 찾았다.[18] 이를 통해 유럽이 다른 지역에 비해 어떤 면에서는 불이익을 겪으면서도 조직력에서는 이점을 가졌기에 아메리카대륙에 엄청나게 비축된 손쉽게 구할 수 있으면서도 저렴한 천연자원으로, 즉 뜻밖의 횡재로 이익을 얻었다는 것을 보여준다. 식민지를 정복해 석탄을 캐고 자원을 이용하기 위해 유럽 사람이 가진 근면한 노동과 투자가 필요한 것은 사실이다. 그러나 유럽을 더 고도한 발전으로 이끌고 유럽 사람들에게 분명한 물질적 이득을 안겨준 것은 풍부한 에너지와 천연자원이었다.[19] 유럽중심적인 역사를 대신할 대안은 이제 시작되었기 때문에 앞으로 더 진전시키는 작업이 남아 있다. 새로운 전 세계적 접근 방식을 좀 더 탐구해 보는 경험을 통한 연구 과정에서 놀라운 발견과 수정이 이루어질 것이다.[20] 한편 처음에 언급했던 좀 더 단순한 유럽중심주의의 관점에서와 마찬가지로 역사가는 베버와 마르크스 연구로부터 시작하는 이데올로기적 유럽중심주의와 관련된 문제가 무엇인지 인식할 수 있게 되었고 좀 더 나은 대안적 관점을 개발하는 데도 도움을 얻을 수 있게 되었다.

　이데올로기적 유럽 중심주의에 대해서 마지막으로 한 가지 밝힐 사안은 역사가도 잘 알다시피 유럽이 향유한 이점들은 일시적이라는 것이다. 이데올로기적 유럽중심주의 창시자들은 유럽을 우월한 세상으로 보았고, 유럽의 산업화가 역사의 종말을 가져올 것이라고 가정했다. 유럽과 유럽 식민지를 포함한 전 세계 지배 특히 북아메리카에서 지배는 두 세기 정도 지속되었지만 결코 역사의 종말을 의미하지는 않는다. 유럽중심주의적인 관점을 가능하게 했던 조건은 현재 아주 유동적이다. 중국, 한국, 베트남, 인도, 러시아 그리고 남반구 일부 지역은 현재 급속한 발전을 겪고 있다. 그러므로 새로운 발전 모델이 부상하기 시작했다는 것은 결코 놀라운 일이 아니다. 그리고 앞으로 베버와 마르크스 전통에서 나타난 이데올로기적 유럽중심주의의 근간을 이루는 가정들이 더욱 약화되리라는 것은 쉽게 예상할 수 있다.[21]

구조적 유럽중심주의

내가 단순한 유럽중심주의와 이데올로기적 유럽중심주의라고 불렀던 것과 비교했을 때 구조적 유럽중심주의는 훨씬 깊고 좀 더 미묘한 문제다. 그렇기에 치료책을 찾기도 더 어려울 수밖에 없다. 구조적 유럽중심주의는 근대적, 자본주의적, 산업적, 제국주의적 유럽에서 나온 모든 생각 구조와 분석 범주를 의미하는 것으로서 역사가와 다른 학자들이 특정한 관점에서 세상을 이해하도록 만든다. 구조적 유럽중심주의가 역사학자에게 문제가 된다고 가장 두드러지고 설득력 있게 주장을 해온 학자는 차크라바르티 Dipesh Chakrabarty와 딜릭Arif Dirlik이다. 각기 다른 방식으로 그러나 상호보완적 방식으로 두 사람은 유럽중심주의가 단순히 문화적 성향이나 단순한 지적 실수가 아니라고 주장해 왔다. 만약 그렇다면, 일단 문제가 분명해지면 쉽게 치유할 수도 있을 것이다. 구조적 유럽중심주의는 유럽 근대성의 표현으로서 근대를 총체적으로 해체하지 않는다면 해결책을 찾기 어려울 수도 있다는 말도 된다. 차크라바르티가 문화적, 인식론적 문제에 초점을 맞추어 비판하는 반면, 딜릭은 주로 경제와 권력관계에 관심을 갖고 있다. 두 사람은 유럽 근대성을 특징짓는 일련의 문제를 모두 다루고 있다. 그 문제란 국민국가, 기계산업, 자본주의, 전 지구적 제국, 그리고 근대적 주체의 문제다.

차크라바르티와 딜릭은 유럽중심주의를 아주 명백하고 특별히 전문 역사연구 — 유럽 근대성이 부상하는 것과 함께 19세기에 등장해서 그 이후 전 세계적으로 영향력을 확장시킨 특정한 역사연구 — 와 연관 짓는다. 두 사람 모두 유럽중심주의의 종말은 전문 역사연구의 해체를 가져올 것이라는 생각을 갖고 있다. 그러나 두 학자는 역사연구에 남아 있으며, 심지어는 되찾아야만 하는 가치가 있음을 또한 인정한다. 두 사람은 강력하게 주장하고 심각하게 문제를 진단한다. 그러나 두 사람 모두 전문 역사연구 분야에서 개선이 이루어질 수 있다는 가능성을 너무 빨리 닫아버린 것으로 보인다.[22]

유럽중심주의와 역사연구를 다룬 차크라바르티의 분석은 1992년에 출간한 유명한 논문 〈포스트식민성과 역사의 기법: 누가 인도 역사를 대변할 것인가?*Postcoloniality and the Artifice of History: Who Speaks for Indian Pasts*〉에서 출발한다. 이 논문에서 차크라바르티는 강단 역사연구와 유럽 밖 세상을 다룰 수 있는 역사학자가 가진 잠재력을 뚜렷하게 비관적으로 보고 있다. 차크라바르티에 따르면 모든 강단 역사연구와 전문 역사연구는 근본적으로 유럽 역사를 다루고 있으며 유럽 역사를 피할 수 없다. 차크라바르티는 유럽 역사를 전문 역사연구의 준거점으로 보았다. 특히 역사연구가 국민국가에 초점을 맞췄기 때문에 더욱 그러하다. 차크라바르티는 "다른 나라 역사는 '유럽의 역사'라고 불리는 지배 서사의 변주곡이 되는 경향이 있다"라고 말한다. 그 결과, "대학이라는 제도권 내에서 생산되는 '역사' 담론 범주 내에서 연구가 이루어지는 한, '역사'와 시민권, 부르주아 공공 영역과 사적 영역, 그리고 국민국가 사이 깊은 밀착관계를 단순히 벗어날 수는 없다." 그래서 지적 프로젝트로서 역사는 불가피하게도 유럽 근대성이라는 궤도 안에 떨어질 수밖에 없는 것이다.

이 문제에 차크라바르티가 제안한 해결책은 "유럽을 변방화"하는 것이다. 원래 논문에서 차크라바르티는 이 프로젝트가 어떤 형태를 취하는지는 정확히 밝히지 않고 단지 몇 가지 일반적 지침만 제시했다. 그러나 이 프로젝트가 "근대성 역사의 모호함, 모순, 무력과 비극, 아이러니를 써 넣게 될 것"이라고 주장했다. 그는 "근대국가의 프로젝트에서 모든 인간 연대의 가능성을 몰아넣는 역사연구의 억압적 전략과 관행, 특히 시민권 내러티브와 공모해 역사학이 한 역할을 의도적, 가시적으로 만드는 역사"를 요구했다. 그러나 그는 역사 주체에 대한 유럽중심주의적 가정, 역사분석 방법, 분석에 의미를 부여하는 지식 프로토콜 등으로 인해 유럽을 변방화하려는 어떤 노력도 약화되는 대학 캠퍼스 안에서 유럽을 변방화시키는 것은 불가능하다고 주장했다. 차크라바르티는 이 프로젝트를 우리가 알고 있는 역사를 해체한다는 점에서 불가피한 "절망의 정치"로부터 생성되는 프로젝트라고 규정했다. 차크라바르티가 1992년에 본 것처럼 역사학계가 스스로 개혁하여 유럽을 변방화하리라는 어떤 현실적 희망은 없었다.[23]

대략적으로 유추해서, 관찰자 스스로가 기본 입자의 운동에 간섭을 하기 때문에 물리학 지식에 한계가 있음을 공표하여 하이젠베르크가 내세운 불확실성의 원리와 유사한 문제의 윤곽을 차크라바르티가 보여주었다고 해보자. 1927년 하이젠베르크가 원공식을 발표한 이래로 물리학자들은 이를 보편적으로 받아들였고 이 원리가 갖는 범위를 확장시켜왔다. 물리학자들이 지식은 불완전하다는 자각 때문에 망연자실하여 절망에 빠지지 않았고 오히려 불확실성을 완화시켰고, 불완전하다 할지라도 없는 것보다 훨씬 나은 유용한 지식을 생산해내는 도구를 고안했다.

심사숙고 끝에, 차크라바르티는 결국 절망의 정치를 부인하고, 불확실성의 원리를 완화하기 위해 노력한 물리학자들처럼 유용한 지식을 얻기 위한 탐구를 시작했다. 차크라바르티는 이전에 가망이 없다고 여긴 유럽을 변방화하는 계획을 신중하게 착수해 나아갔다. 유럽을 변방화하려는 그의 방식은 유럽과는 다른 경험을 보여주는 대안적 벵골의 근대성을 탐구하는 것이었고, 유럽의 경험을 포괄하는 유럽적 범주에 들어가려는 노력에 저항했다.

근대의 주체, 문학적 상상력, 사회 관습, 가족의 이상 등을 논의함으로써 차크라바르티는 자유주의적이고 이성적인 유럽 방식은 삶을 조직하는 여러 방법 가운데 하나(변방적인)에 불과하다고 강력하게 주장할 수 있게 해 준다. 이성에는 여러 형태가 있으며 하나의 이성을 인간이 겪는 모든 다양한 삶을 비판하고 판단하는 기준으로 삼기보다는 여러 형태로 각기 다르게 이야기할 필요가 있다. 차크라바르티가 제시한 대안적 벵골 근대성은 대안적 근대성을 상세히 설명하여 유럽을 변방화할 수 있는 가능성을 제시해 준다.[24]

차크라바르티가 접근하는 방식은 구조적 유럽중심주의를 완전히 청산하려는 것은 아니지만, 확실히 유럽을 중심부 밖에 놓고 유럽의 근대성을 맥락화함으로써 구조적 유럽중심주의를 희석시켰다. 하지만 대안적인 벵골 근대성은 적어도 중대한 두 가지 문제점을 보여준다. 자세히 검토해보면 차크라바르티의 대안적 벵골 근대성은 더 정확하게 남성적, 도시적, 중산계급적, 힌두 벵골적 근대화다. 거기에 여성, 농민, 혹은 무슬림을 위한 자리는 거의 없거나 아예 없다. 이는 대안적 근대성을 보여주는 사례와 실례로서 자격이 있는 사회를 확인하고 특징짓는 방법에 대하여 더 심각한 문제를 일으킨다.

두 번째 문제는 차크라바르티가 다양한 근대성 전부를 자치적이고 독립적 동인으로 다뤘다는 것이다. 사실 그것들은 서로 스며들어 상호 영향을 주었다. 그는 "보여줄 수 있고, 문서로 입증할 수 있는 문화와 언어의 침투성"을 명쾌하게 인식하고 있지만, 다문화적 상호 작용을 대하는 신중하고 일관된 분석으로 나아가지는 못한다.[25] 유럽과 벵골이 겪은 경험 차이를 보는 그의 관점은 충분히 설득력이 있지만, 벵골 정체성이 가진 특징을 기술하면서 그는 다음과 같은 문제를 간과했다. 어떻게 유럽과 벵골의 역사적 활동가들이 서로 영향을 주었는가? 이를테면, "문화와 종교의 친투성"을 연결하는 연결점은 무엇이고, 어떻게 모든 사람이 연루된 삶과 경험을 형성하기 위해 쌍방 아니 오히려 보다 정확하게 전 방향으로 영향력이 행사되는 것을 도왔는가? 이런 문제가 등장할 때, 다른 사회에서 있던 영향력을 조사하고 개별 역사적 동인이 갖는 영향력보다 더 넓고 분석적인 범주와 연대기적 구조를 고안하는 것이 필요하다.

유럽중심주의 극복 방안: 코즈모폴리터니즘

차크라바르티가 주장한 유럽 변방화 프로젝트를 보완하는 두 접근방법이 있다. 바로 체계적 성찰과 새로운 코즈모폴리터니즘이다. 역사학 분야에서 성찰은 다른 분야에서와 마찬가지로 별로 두드러지지 않는다. 하지만 성찰이야말로 지난 한 세대를 넘는 기간 동안 인류학을 변형시켜온 요인이다. 자신이 역사에서 차지하는 위치를 고려하고 더 넓은 세상 사람들과 맺는 관계를 염두에 둠으로써 역사학자와 다른 분야 학자는 자기 사회 밖에 있는 세상을 연구해야 한다. 그래야만 유산으로 물려받은 가정과 익숙한 이론 그리고 선입관을 완전히 제거하지는 못한다 할지라도 최소화할 수는 있을 것이다.

한편 내가 새로운 코즈모폴리터니즘이라고 부르는 것은 좀 더 익숙하게 성찰이라는 작업을 통해 새로운 역사 분석으로 범주를 확대하고 개방함으로써 건설적으로 등장하고 있다. 차크라바르티가 지역에 초점을 맞추면서 유럽중심주의에 도전한다면, 새로운 코즈모폴리터니즘은 유럽이 더 크고 다른 사회 집단의 한 구성원에 지나지 않는다는 것을 보여주는 방식으로 지역을 넘어선 문제와 전지구적인 문제에 초점을 맞추는 것으로서 유럽중심주의를 공략한다. 새로운 코즈모폴리터니즘은 디오게네스, 스토아학파, 임마누엘 칸트 그리고 계몽주의의 코즈모폴리턴 구상에만 국한되지 않는다. 사전에 결정된 차원을 인정하지 않음으로써, 어떤 가능한 새로운 사고방식을 배제하는 것도 거부한다. 그리고 새로운 코즈모폴리터니즘은 히틀러, 스탈린의 예처럼 권력추구에서 희생양이 된 "뿌리 없는 코즈모폴리턴들"을 왜곡된 형태로 특성화하는 것도 명백하게 거부한다. 이렇게 함으로써 전 지구적 관점은 물론 지역적인 관점에서 유럽을 변방화하고자 하는 것이다.

새로운 코즈모폴리터니즘이 가진 정신 혹은 감수성은 세 방식을 통해 반영되고 있다. 그것은 비판적 포스트식민주의 방식, 철학-윤리적 방식 그리고 새로운 역사접근 방식이다. 포스트식민주의 학자들이 전개한 대로 새로운 코즈모폴리터니즘은 아무리 재미있고 호소력이 있다 하더라도 유럽의 일반적 코즈모폴리턴 사상가들을 이해하는 것에만 국한되지 않는다. 새로운 코즈모폴리터니즘은 전 세계 사람이 자기 지역 경계를 벗어나 삶을 이해하고 조직하는 데 여러 방법이 있음을 인정한다. 이는 비판적 코즈모폴리터니즘이 성립할 수 있게 해준다. 더 나아가 코즈모폴리터니즘은 전 세계 자본가나 권력 브로커나 문화엘리트뿐만 아니라 이주노동자, 난민, 여성들이 자기가 속한 사회의 경계를 넘어왔기 때문에 가능해졌음도 인정한다.[26] 철학자 아피아Kwame Anthony Appiah가 새롭게 발전시킨 새로운 코즈모폴리터니즘은 자기와는 다른 것을 거부하거나 강압적 방식으로 억압하려고 하기보다는 건설적으로 소통하고자 한다.[27] 새로운 코즈모폴리터니즘의 포스트식민주의적 철학 표현은 여태까지와는 매우 다른 지적 프로젝트이다. 그러나 포스트 유럽중심주의 역사연구를 구성하는 데 양쪽 모두 시사하는 바가 있다.

코즈모폴리턴적 사고방식은 보편적 기준에 대한 주장과 지엽적 특수성 주장 사이에서 존재한다. 그럼으로써 기존의 익숙한 생각을 새로운 관점에서 바라보게 하는 잠재력을 갖고 있다. 새로운 코즈모폴리터니즘의 영향을 받은 역사학 연구는 어떤 형태를 취하게 될 것인가? 경제학자 센Amartya Sen은 민주주의를 명백하게 코즈모폴리터니즘적으로 분석하는 데 굳이 코즈모폴리터니즘이라는 용어를 사용하지 않아도 그 정신을 잘 반영했다. 민주주의는 유럽과 미국의 정치전통에 깊이 뿌리내린 전통이어서 더 넓은 관점에서 논의를 하는 것에 반발을 불러올 것으로 보일 수 있다. 그러나 센은

민주주의를 특정한 제도나 정기 선거와 같은 특정 관행으로 보지 않고 공공 토론과 영향력 행사 결정과정에 참여할 수 있는 기회로 본다. 이렇게 본다면, 이런 종류의 민주주의는 남아시아 공공 영역에서 2000년 이상 자리를 차지해 왔다.[28] 마찬가지로 하말라이넨 Pekka Hämäläinen은 제국의 범주를 기존 경계를 벗어난 어떤 대안 개념으로 보고 있다. 때로는 좀 더 익숙한 다른 개념과 공명하기도 하고 때로는 그런 개념으로부터 벗어나는 대안 개념이 되었다. 코만치Comanche 제국 내에서 이 개념은 좀 더 관습적 정치, 사회, 경제 문제만 아니라, 지리적, 환경적, 생물학적 분석도 가능하게 한다. 그 결과 미국 남서부를 보는 현저하게 다른 관점을 제시한다.[29] 앞으로 발간될 《세계사저널Journal of World History》에서 역사가들은 "세계사 속 코즈모폴리터니즘"과 관련된 문제를 고찰하는 특집호를 낼 예정이다. 특별호 기고자들은 코즈모폴리터니즘을 역사적 상황에 접목시켜, 문화 엘리트는 물론 이주자, 난민, 서발턴 디아스포라 연구에 새로운 방식으로 코즈모폴리터니즘을 이용한다.[30]

혹자는 구조적 유럽중심주의를 피해갈 수 있는 방법은 없다고 주장한다. 국민국가와 전문 역사연구가 뒤엉켜, 혹은 전 지구적 자본주의 분위기에 물들었기 때문에 유럽중심주의를 대신할 대안을 제시하는 프로젝트는 실패로 끝날 수밖에 없다는 것이다. 의심할 바 없이 대부분의 역사가들은 역사연구에서 유럽중심주의적 가정을 재고해낼 수 있는 단순한 방법이나 방식이 없다는 것에는 동의한다. 역사가가 과거를 탐험할 수 있는 학문적 포인트는 없다. 역사

지식은 항상 불확실성의 원칙에 가려져 있다.

　그렇지만 내 견해는 역사가가 자기 연구를 발전시킬 수 있는 능력이 있다는 것이다. 유럽중심주의가 영원히 역사연구를 속박할 것이라는 예언은 상상력이 없음을 보여준다. 물리학자가 하이젠버그의 불확실성 원리의 존재나 그 위력을 부정하지 않고도 피해갈 수 있는 실질적 방법을 찾아냈듯이 역사가도 적어도 구조적 유럽중심주의에 의해 만들어진 최악의 문제를 피할 수 있는 연구를 할 수 있을 것이다. 역사가는 단순한 유럽중심주의나 이데올로기적 유럽중심주의가 가진 한계를 성공적으로 극복할 수 있었다. 그러므로 앞에서 논의한 방식을 통해 구조적 유럽중심주의도 효과적으로 극복할 수 있으리라는 점을 의심할 이유는 없다. 비록 단순한 유럽중심주의나 이데올로기적 유럽중심주의보다 구조적 유럽중심주의가 훨씬 더 도전적 문제이기는 하지만 말이다.

　자연 세계를 다루는 물리학 지식처럼, 역사학 지식은 항상 불완전할 것이다. 하지만 몇몇 전문가라도 관심을 갖고 노력한다면, 확실히 역사학 지식은 더 향상되고 수준 높은 전 지구적 과거로의 안내자가 될 수 있을 것이다.

다양한 유럽중심의
역사와 해결책들

탈중심화하기 : 세계들과 역사들

아리프 딜릭 Arif Dirlik

역사저술가. 미국 듀크대학교 사학과 교수, 오레곤대학교 사학과 및 인류학 나이트 석좌교수 Knight Professor 역임. 대표적인 연구로는 ≪전지구적 자본주의에 눈뜨기After the Revolution≫, ≪포스트모더니티의 역사들*Postmodernity's Histories: The Past As Legacy and Project*≫ 등이 있다.

정지민 옮김 · 이화여자대학교 사학과 대학원 졸

방법론으로서의
세계사

나는 비판적 세계사 서술에서 절대적으로 중요하다고 여겨지는 몇몇 쟁점을 이 글에서 다룰 것이다. 이런 쟁점이 비록 이론과 실천으로서 세계사가 제기하는 유일한 것은 아니지만, 세계사 속 시간과 공간에 직결되어 있기 때문에 세계사 서술의 기본 측면을 고민해볼 수 있게 해주며, 나아가 세계사를 역사 일반의 문제로 연결해준다. 이런 쟁점을 다루는 것은 세계사 서술이 가진 몇몇 가능성을 고민하고 평가하는 데 도움이 될 수 있다.

내 목표는 해체적인 동시에 재구성적이다. ― 이것은 세계사가 던져주는 쟁점이 어떻게 역사 서술이 상정하는 시간과 공간을 해체하는 동시에 과거에 대한 대안적 인식을 제시해줄 수 있을지에 관한 것이다. 이런 쟁점, 즉 역사에서 이와 같은 근본적 문제는 해결

탈중심화하기: 세계들과 역사들

되지 않는다. 세계사는 다른 모든 역사와 마찬가지로 열려 있는 기획이어야 한다. 세계사는 모든 역사가 거기에 귀속되는 궁극적인 공간 또는 시간 대상으로서가 아니라, 하나의 방법론으로서 가장 중요한 가치를 지닌다. 이상적으로 말하면, 방법론으로서 세계사는 다음에 관심을 기울여야 한다. 우선 지역local에서부터 전 지구global에 이르기까지 모든 영역(특히 국가) 사이의 상호작용에 주목해야 한다. 또 안정적 구조를 창조해 낸 움직임motion에 주목해야 하는데, 이 구조야말로 움직임들motions을 주도하고 제한하며 새로운 움직임들을 생성하는 기능을 한다. 또 "세계"를 구성하고 재구성하는 데 기능하는 인간의 상호작용에 주목해야 하는데, 이는 다양한 공간적, 시간적 지평과 경험으로부터 다양한 역사를 창출한다.

내가 제기하는 첫번째 쟁점은 최근 몇 년간 이루어진 세계사와 지구사 사이의 구분과 관련된다. 이런 구분이 상당히 실질적일지는 모르지만, 계몽시대 보편주의에서 찾아볼 수 있는 세계사와 지구사(적어도 일반적으로 실천되는 세계사와 지구사)의 공통된 뿌리를 은폐하기도 한다. 이는 두 번째 쟁점으로 이어지는데, 세계사를 다양한 역사 경험에 열어두고자 하는 시도에도 불구하고 계속 남아 있는 세계사 서술의 유럽중심주의에 관한 것이다. 유럽중심주의를 몰아내는 것과 연관된, 역사를 탈중심화하는 작업이 가장 근본적으로 제기하는 것은 중심을 설정하지 않고서 어떻게 세계를 서사화할 것인가, 또는 반대로 여러 복합적 중심을 어떻게 인정할 것인가에 관한 의문이다. 이 문제는 역사 속 헤게모니 문제 역시 강조하는데, 이는 유럽중심주의에만 있는 특징이라기보다는 모든 중심주의가 갖는 특징이며, 유럽중심주의를 비판하는 비판론에서조차 대부분 간과하는 것이다. 세 번째로 세계사 서술의 범위 문제가 있다. 세계사 서술이 포함해야 할 것, 배제해야 할 것 그리고 이와 같은 선택의 기준이 되는 조직적 원칙의 문제다. 이는 세계사의 쟁점들이 모든 역사가 갖는 문제라는 것을 가장 잘 보여준다. 이에 연관된 네 번째 쟁점은 "세계사"에서 다루는 "세계"와, 실질적 삶에서 그 용어가 지칭하는 대상 즉 행성 개체 간 개념의 간격에 기인한다. 세계사에서 "세계"라는 용어는 추상적인 관념에 지나지 않는가? 비록 "세계"라는 용어가 필요할지라도 그것은 보다 협소한 수많은 지역 공간과 그 공간 속에서 형성된 세계에 대한 인식을 설명해주지 못한다. (용어와 실질 지시대상 사이의) 이런 관계는 지구와 세계화에서 다루는 실질 공간 간 차이와도 비교 가능하다. 이 용어를 사용하면 지워진 것 또는 주변화된 것을 덮어버리는데, 세계관에서뿐만 아니라 현재적 관점에서 생각하고 글을 쓰는 역사가가 세계화에 관해 갖는 인식과는 구분되는, 대안이 될 수 있는 다른 인식을 지워버리기도 한다. 역사가가 과거를 보는 관점은 상당히 유리할 수도 있지만 역사가가 경험하는 것과는 다른 과거와 현재의 복수적 현실로 쉽게 대체되기도 한다. 마지막이면서 가장 중요한 쟁점은 근대성에 관한 것으로서 많은 점에서 다른 쟁점들의 근원이기도 하다. 인류가 거주한 세계들 그리고 그들이 창조한 사회 형태를 이해하려고 노력해왔다는 점에서 세계사 서술은 인류사만큼이나 오래된 것일지 모른다. 그러나 동시대가 지니는 관심사와 직결되는 세계사의 쟁점은 과거의(그리고 현재의) 수많은 세계를 압축하여 하나의 세계로 만드는 것에서부터, 그리고 세계사를 창조하고 지속적으로 그와 같은 움직임이 역동성을 지니도록 주도하는 행위자들agencies과 구조적 상호작용으로부터 출발한다. 쟁점은 이런 현대의 조건, 즉 과거의 산물인 동시에 그 근원이기도 한 조건을 과거와 연결시키는 것이다.

세계사와 지구사, 차이는 무엇인가?

사회학자 로버트슨Roland Robertson은 20여 년 전, 1980년대 미국에서 일어난 세계사에 관한 관심은 보다 강화되는 지구화globalization 의식을 보여준다고 했다.[1] 여러 증거자료가 이를 뒷받침하는데, 그 중에는 세계사 서술에 영감을 주려거나 세계사 자체를 목표로 한다고 주장하는 저서의 제목에 "전 지구적", "지구화"라는 용어가 더 자주 포함된다는 사실도 있다. 지구화라는 용어가 1990년대 미국 학자들의 의식에 박혀 있었기 때문에 세계사와는 구분되는 지구사가 필요해진 건 어쩌면 불가피했는지도 모른다. 지구사가 필요하다고 역설한 한 학자의 탁월한 표현을 빌리자면, 지구사는 새로운 "전 지구적 시대"의 계보를 과거 속에서 찾아내는 것이다.[2] 적어도 실제로 그렇게 연구가 이루어졌다. 그리고 지난 10, 20년 동안 지구화라는 것을 대하는 의식 자체가 세계화되면서, 세계 전역에서 지구사 옹호론자들이 나타났다.

용어가 갖는 혼란은 어느 정도 불가피할 수밖에 없다. 아래에서 논의하겠지만, 지구상에 국한된earth-bound 시야와 전 지구적 관점을 구분하는 것은 지구사 옹호론자가 단언하는 것보다 의미가 더크다. 지상 한 지점에서 멀리 수평선을 바라보면 "우주선 지구 Spaceship Earth"에서 바라보는 광경에 훨씬 못 미치는 시야밖에 얻을 수 없다.[3] 지구를 바라보는 전체론적 관점은 지구상에서 다양한 관계들이 갖는 패턴과 구조를 이해하기 위해서 필수적인데, 이러한 것들은 일상 경험과 지구에 국한된 시야를 초월하는 분석이 없다면 볼 수 없다. 또 이런 분석은 유한한 행성에 공존하고 있는 인간 사회와 비인간 사회 사이에 나타나는 공통점과 차이점을 전부 보여주는 생태계를 이해하기 위해서도, 보다 큰 자연이라는 캔버스 위에서 드러나는 인류의 미미함을 인식하는 겸허한 태도를 위해서도 필요하다. 이런 문제가 갖는 중요성은 전 지구적 문제 때문에 자연재해가 일어날 가능성이 높아지고, 인류의 활동 가운데 어떤 역할이 우리를 현 지점으로 이끌어왔는지에 대한 자각이 더욱 강화되는 시점에서 결코 작지 않다. 또 다른 문제는 아직 상당부분 지구상에 국한된 움직임에 지나지 않는 자료를 찾는 과정을 통해 지구 외부 우주로부터 본 관점을 실증해야 하는 상황에서, 위에 언급한 (지구상에 국한된 것과 전 지구적인 것 간의) 구분이 역사적 실천에 어떤 의미를 가질 수 있느냐는 것이다. 만일 지구사가가 (지구사가가 되기 위해 우주인의 자격을 먼저 갖춰야 한다는 법이 없다는 전제하에) 우주에서 바라본 세계 전체를 상상할 수 있다면, 세계사가 역시 그러지 못하리라는, 선뜻 다가오는 이유는 없다. 또한 지구사가는 세계사가와 마찬가지로 인류활동에 기초를 둔 역사에서 전제기 되는 어떤 현실기반성groundedness을 감안해야 한다. 인류활동이란 추상적 집합개체들(문명, 국가, 인종, 계급, 젠더)만이 아니라 일상 속에서 삶을 추구하는 모든 활동을 의미한다. 세계사 학술지(가령《세계사저널 *The Journal of World History*》,《지구사저널 *The Journal of Global History*》)에서 세계사와 지구사 두 용어를 찾아보면, 특별히 둘 가운데 하나를 연구한다고 주장하는 사람 사이에서 큰 차이를 찾아볼 수 없다. 뿐만 아니라 심지어는 비교사comparative history, 특히 인류활동의 네트워크에 따라 결정되는 구조의 요소를 포착해 구조를 비교하는 구조주의적 비교역사 연구와 어떻게 다른지도 알 수 없다.[4]

역사가(또는 그 누구라도)가 하는 일과 자기가 속한 지적 맥락에서 우세한 패러다임과의 관계를 감안하지 않는다면 상당히 반계몽적 일이 될 것이다. 패러다임(한 시대의 자기 이미지)이라는 것이 이데올로기의 작동과 얽혀 있는 것은 불가피하기 때문에, 역사를 시대가 갖는 문제점에 연계시키는 것 또한 이데올로기라는 쟁점을 부각시킨다. 이 경우에 세계사 또는 지구사에 새로 생겨난 관심과 둘 사이에 나타나는 차이에 대한 주장 모두를 감안해야 할 것이다. 세계화가 그저 세계를 묘사하는 데 그치지 않고 새로운 패러다임 속에서 정치적, 이데올로기적 관계를 재배치하는 것이라면, 역사의 패러다임을 선택하는 데 따르는 위험을 염두에 두어야 할 필요가 있다. 이는 세계사나 지구사의 필요성뿐만 아니라 어떻게 하는 것이 가장 좋은 방법인지 논하는 논쟁에서도 뚜렷이 드러난다. 세계화를 새롭게 보는 의식은 지구사를 옹호하는 옹호론뿐 아니라 스스로 세계사라 부르는 역사가의 서술 속에서 "전 지구적"이란 용어가 등장하는 데서도 드러난다.[5] 다른 한편으로, 지구사의 필요성을 함께 의식하고 있다고 해서 과거를 재해석하는 가운데 발생하는 경험적, 이데올로기적 차이가 사라지지는 않는다. 오히려 자칫하면 심각한 비판적 분석보다는 새로운 것을 우선시하는 이데올로기나 정치, 지적 유행에 빠지게 하는 원천이 되기도 한다. 비판적 관점에서 보면, 미세한 정의나 구분에 매달리는 대신 세계화 의식이 지역적인(특히 국가적인) 것을 뛰어넘는 역사적 실천을 다루는 연구나 근대성의 세계화에 따라 제기된 윤리적, 인식론적 문제를 다루는 역사 즉 "경우에 따라 세계사, 보편사 또는 지구사라고 불리는" 것에 박차를 가하는 것이 합리적이다.[6] 서로 경쟁관계에 있는 세계사와 지구사를 가장 잘 이해하기 위해서는, 개별적으로 주장하는 차이점보다는 훨씬 더 많은 공통점을 갖고 있는 단일한 기획 속의 변형들을 봐야 한다.

또한 "세계사"와 "지구사"가 갖는 차이에 집착하는 것은 둘 사이에 나타나는 보다 근본적인 공통점을 흐릿하게 만들 수 있다. 공통점이란 모든 것을 단일한 서사 안으로 포섭할 수 있는 역사인데, 비록 굉장히 복잡한 내용일지라도, 가시적 목적론이 없는 것이 바람직할 것이다. 서술이 범람하고 논쟁이 일어나는 것에서도 보듯, 세계사나 지구사에서 표준이 되는 서사는 존재하지 않는다. 다른 한편으로, 각 서술자는 자기가 일종의 역사적 진실에 가장 가깝게 서사를 생성했다고 믿는데 이런 믿음을 공유하는 것이 중요하다. 세계사 또는 지구사는 근대화의 목적론에 영향을 받은 유럽중심주의적 역사의 목적론에서부터 점점 더 멀어지고는 있다. 하지만 대부분의 서술은 여전히 시간적(진보) 그리고 공간적(세계화) 발전의 목적론에 영향을 받고 있으며, 전적은 아닐지 모르지만 분명히 유럽/미국적 윤리적 의무감 역시 존재한다.[7] 물론 세계사와 지구사 서술 시도 간에 연계성이 없다고 생각할 수는 없으며, 여기에 더해 유럽의 계몽주의, 심지어는 그 이전 시대에 뿌리를 둔 보편사 옹호론자도 있다. 이런 장르의 역사를 서술하는 이들은 전례로서 유럽 계몽주의의 보편사를 언급하곤 한다. 유럽중심주의적이지 않은 세계사가 필요하다는 인식과 보편사의 기원인 유럽중심주의 사이에서 나타나는 모순은 (관련 논의 가운데) 개념적, 방법론적 논의를 요하는 주제가 된다.

실제로 현재 세계사와 지구사는 유럽-근대적Euromodern 보편사 추구, 즉 15, 16세기부터 탈식민화, 세계화된 현대에 이르기까지를 다루는 보편사를 대신할 대안적인 표현방식일 뿐이다. 새로 습득한 지식을 기독교적 서사 안에 가두려는 초기 시도는 결국 세속적이고 국제적인 역사를 추구하기 시작한 계몽주의 사상가들로부터 도전을 받았고, (비록 종교적인 버전이 사라진 것은 결코 아니지만) 그들의 업적은 오늘날까지도 유산으로 내려오고 있다. 세계사의 주제가 되는 "세계"는 유럽/미국이라는 의식 속에서 계속 팽창한 세계가 유럽/미국인이 갖는 의식 속으로 포섭되면서 함께 변화했고, 궁극적으로는 이를 수용한 이들을 거쳐 오늘날 세계화에 이르렀다.[8]

최근까지도 인류가 가진 숙명으로서 유럽적 근대성은 인류 발전에 관한 서사에 일종의 일관성을 부여하는 구성 원칙을 마련해왔다. 역설적이게도 바로 그 근대성의 세계화는 전 지구적으로 공통된 구조를 여럿 창출하는 동시에, 유럽적 근대성 체제 아래에서 주변화한 과거에 기초한 새롭고 이질적 개체들 역시 창출했고 이 때문에 근대성은 점차 많은 의문에 휩싸이게 되었다. 자국의 역사가 다시 대두하면서 유럽-근대성의 헤게모니에서부터 구출된 목소리가 나오게 되었지만, 그런데도 이들은 매우 근대적인 — 이것이 바로 내가 전 지구적 근대성Global Modernity이라고 부른 것의 정의적인 특징이다 — 도전, 즉 유럽-근대의 과거 재현을 역사적이고 윤리적인 토대에서 비판하는 근대적인 도전인 것이다. 이러한 상황에 우리는 현 시점에서 지구의 관점에서든 외부 우주의 관점에서든, 과거를 단일한 서사 안에 포용하는 것이 성과가 없을 수도 있다는 것을 비판적으로 고려해봐야 할 것이다. 이는 유럽-근대 특유의, 팽창하는 세계를 기독교의 역사 구조 안에 포섭하려던 초기 시도와 별로 다르지 않을지도 모른다.

유럽중심주의,
그후

역사학에 유럽중심주의가 나타난 지 반세기가 흐른 지금 유럽중심주의를 비판하는 일은 너무나 흔하게 이루어져 왔고, 상투적이고 지루한 것이 되고 말았다. 역사에서 유럽중심주의를 배제하는 것은 당연히 오늘날 모든 세계사 서술이 갖는 일차 목표다. 그러나 이 목표는 제기될 때마다 많은 고민을 안겨주고, 해답을 찾기 어렵게 만드는데 곤경을 야기하는데, 이는 바로 "중심 없이 어떻게 역사를 쓸 것인가?"라는 문제다. 여기에 답을 줄 만한 쟁점을 살펴보겠다.

계몽주의 시대 이후 보편주의적 역사는 단순히 유럽중심적이지만은 않았다. 이런 역사는 특정한 사회가 각각 "현재"를 목적론적 중심으로 삼는 방식으로 전개됐다. 가령 볼테르 글 속에 나타난 프랑스라든가, 헤겔주의적 역사서술 속 독일이 있다. 세계사는 그 자체가 문자 그대로, 유럽이 팽창하면서 역사의식 속으로 들어온 유럽 외 개체를 역사 속으로 편입시키는, 따라서 유럽을 중심으로 삼는(심지어는 유럽을 만들어내는) 작업에서 나온 결과물이었다.[9] 보편주의가 낳은 유산은 20세기 세계사, 즉 이전에 중심이었던 유럽 근대성을 대체하여 제2차 세계대전 직후부터 미국을 중심으로 하는 세계사에서 뚜렷하게 드러났다. 유럽중심주의의 다양한 변형과 장르로서 세계사가 역사적으로 가까운 관계를 맺고 있기 때문에,

세계사가 유럽중심주의를 배척한 후에도 살아남을 수 있을까라는 문제에 세계사 서술의 가장 근본적이고 개념적, 방법론적 쟁점들이 뿌리를 두고 있다는 점은 그리 놀랍지 않다. 선한 의도에도 불구하고, 세계사는 아직도 유럽중심주의라는 부정적 유산을 극복해야만 하는 실정이다. 이런 문제점은 지구사를 옹호하는 옹호론자에게서 더욱 뚜렷이 드러나는데, 그들은 전 지구적 시각에 맞는 역사를 구성하는 것이 어렵다는 것을 쉽게 시인한다.

내가 이해하는 유럽중심주의는 두 가지 독립적인 의미를 지닌다. 첫째 의미는 근대성에 관련된 것인데, 근대성을 만든 후 유럽인은 세계 전역에 있는 사회를 근대성의 궤도 안으로 끌어들여왔다. 근대성과 함께 역사는 진정한 세계사가 될 수 있었다. 지구성 Globality은 유럽의 행위자가 중심 역할을 하는 과정에서 나온 논리적이고도 역사적인 결과다.

두 번째 의미는 첫 번째 의미로부터 출발하는데, 근대성이 궁극적으로는 유럽 내부로부터 생긴 결과물이었다는 것으로, 여기서 유럽은 협소한 지리적 개념이 아니라 문화적 개념이다. 그리스와 로마 문명과 더불어 기독교적 전통을 포함하는 보다 큰 유럽이라는 것인데 이는 역설적이게도 오랫동안 유럽에서 '동양'으로 인식되어 지역들에 기원을 두고 있다.[10]

비록 주류 학자들이 한때 너무나 당연하다고 생각했던 것만큼 유럽의 근대성이 야기한 효과가 강력하지 않았을 수도 있지만, 식민화를 통해 유럽이 팽창하는 과정 속에서 그 영향은 일상을 포함한 모든 측면을 재구성했다는 사실을 부인할 수 있는 사람은 거의 없다. 유럽-근대적인 물질적 삶의 세계화는 역사를 포함한 지적 활동 방식에서 급진적 이념 변화를 수반했다. 대부분의 세계사 서술은 1800년도 이후에 대해서는 이러한 이념 변화를 수용하여, 권력을 쟁취하기 위한 여러 경쟁세력이 있었고 그중 유럽이 가장 우세했다는 점을 부정한다. 이는 유럽-근대성과 과거 사이 관계를 암묵적으로나마 부정하는 것을 정당화한다. 예외적인 것은 "근대 초기"를 부분적으로 인정하는 것인데 그나마 이런 개념마저도 모든 사람에게 적용할 수 있도록 하기 위해 세계화된 개념이다. 유럽의 현재를 과거로부터 분리시켜서 유럽의 단일성을 부정하는 시도는 현재를 이해하기 위해 과거를 들여다볼 필요를 없애버리는 것으로, 아마도 유럽중심주의로 되돌아가는 것에 대한 불안 때문이기도 하지만, 유럽중심주의적 역사서술에서 삭제되거나 주변화됐던 유럽 이외 강대국들이 과거에 차지한 위치와 그 후 역사 전개에 기여한 바를 인정할 필요 때문일 것이다. 이런 문제의식은 중국이나 인도처럼 유럽에 선행했던 강대국들이 현재 새삼 힘을 얻게 되면서 더욱 강화됐다. 중요한 것은 이런 국가를 역사적으로 더욱 부각시키기 위해, 유럽이 자본주의, 민족주의와 과학 — 다시 말해 아직도 소위 우리의 탈근대적 현재에도 지속되고 있는 세력들 — 을 이용하여 세계를 재구축한 결과로 갖게 된 어마어마한 역사적 의미를 지워버릴 필요가 있느냐는 것이다.

이런 수정주의는 여러 사회에서 나타난 자본주의적 근대성이 구축되는 과정에 발전주의 궤도를 적용시키는데, 결과적으로 이중 위험이 생겨난다. 첫째는 유럽사의 산물인 "역사적 자본주의"를 인류 전체가 갖는 숙명으로 설정해버리는 것이다. 이는 이미 유럽중심주의에 빠져든 근대성의 기준들을 토대로 발전주의 궤도의 중요성을 평가하는 과정 속에서 더욱 명백하다. 이러한 (비유럽) 사회가 유럽/미국식 세계화에 따라 자본주의적 궤도를 강요당하기 이전까지 그들이 거둔 경제적·정치적 성공은 자본주의와 혼동될 수 없는 대안적 궤도로 인한 것일 수 있는데, 이는 거의 논의 대상이 되지 못하고 있다. 대부분에 적용되는 단순한 풀이는 이러하다. 이 사회들이 1800년 이후로는 "뒤처졌고" 유럽인들이 유일하게 그들이 가진 경제, 정치적 구조의 한계를 뛰어넘을 해결책을 찾았다는 식이다.[11] 이런 난제를 극복하기 위해 제시된 가장 급진적인 방식은 역사에서 아예 "근대성"을 빼버리는 것인데, 내가 위에서 언급한 대로 벤틀리에게 공을 돌려야 하는 반근대중심주의anti-modernocentrism다.

두 번째 문제점은 유럽중심주의를 몰아낸 결과 고작 다른 중심주의(중국중심주의건 이슬람중심주의건)로 흐르는 경우에 발생한다.[12] 이중 어느 국가를 선택하건, 이들은 근대 초기에는 유럽의 지배에 저항했던 독자적인 "세계" 강대국이었다가 유럽/미국이 지배했던 두 세기 동안 사라져버렸고, 이제 다시 회복하여 그들만의 방식으로 근대성에 포함된 국가들로 그려진다. 이런 그림은 자율적 발전에 대한 유럽중심주의적 주장 즉 유럽이 밖에서부터 온 영향을 받아들였지만 최종적으로 분석했을 때는 내부에서부터 발전 동력을 끌어냈다는 식의 그림과 다를 바 없다. 이런 역사적 변화가 갖는 구조는 그 자체로 유럽-근대성의 산물이며, 이러한 특성은 특히 가장 먼 과거에 접목시켜 창조해낸 민족의 기원과 그 기원을 문명권 전체 역사에까지 투사시키는 행태에서 가장 두드러진다. 이런 기획은 마치 국가, 문명권이 근대의 민족국가와 동일한, 엄격한 국경을 지녔고 민족국가 특유의 인위적인 문화 규제를 했던 것처럼 설정하는 것이다. 중심을 어디로 바꾸든 간에, 역사는 아직도 오래된 역사서술의 구성요소를 재배치하는 식으로 서술되는 것이다. 이러한 접근이 희생시키는 것은 과거에 큰 개체를 만들어낸 수많은 지역을 넘나드는 상호작용인데, 심지어 민족국가의 규제가 지배하는 아래에서도 완전히 사라지지 않고 있다.[13] 상호작용에 지나친 관심을 기울이는 해체 작업은 국가와 문명권을 개별적으로 서술하는 역사에서 드러나는데, 주로 해당 국가와 문명권의 목적론에 맞추는 선에서만 그런 작업을 한다. 이런 구성이 제각각 세계사 서술에서 일부를 이룬다는 점에서, 세계사 역시 "비역사적 역사주의ahistorical historicism"의 위험성에 직면하게 된다.

물론 세계사는 다른 가능성으로 가는 길을 열어주기도 한다. 국가와 문명권이 지닌 유산을 해체하여 지역 간 상호작용translocal interactions을 살펴보는 것은 여러 다른 공간에 대한 연구를 가능하게 하는 동시에 유럽중심주의도 피하고 다른 중심주의에 빠지는 것 역시 막을 수 있게 해준다. 또한 각 사회(강대국이건 아니건)의 특징적인 요소를 감안하는 동시에, 특징적 요소의 근원을 각 사회의 고립된 역사적 목적론에서 찾는 대신 복합적으로 결정된 "지역/세계 ecumene"에서 찾을 수 있다. 이런 서술에서 각 사회는 전 지구적, 대륙적, 지역적, (소규모)지역적 상호작용으로 나타난 특정한 산물을 갖는 것으로 그려진다. 그리고 각 단위의 존재가 부정되지 않을 뿐 아니라, (각 사회의) 어떤 측면이 (다른 사회의) 다른 측면보다 나은지에 관한, 이론적이라기보다는 경험적인 전제도 두지 않게 된다.[14] 각 사회가 "역사의 종말"에 서 있는 지점을 설명하기 위한 목적론에 맞추기 위해 각자의 과거를 구성한다는 것을 인정하더라도, 구성작업이 각 사회의식의 내부 요소로서 갖는 이데올로기적 힘을 부정할 수는 없다. 이데올로기적 측면은 이데올로기적이라는 이유로 무시하기보다는 철저히 분석해야 하는 대상이다. 세계사 서술은 여러 중심주의에서 나오는 정체성 주장을 포섭하는 동시에, 그러한 주장들을 역사 자체를 구성하는 원칙으로 만드는 것 역시 지양해야 한다.

이 경우에 역시 관점이 문제시된다. 세계사는 민족/국가와 문명 사이 편견을 극복하는 전체론적 관점을 제시하는 과제를 지닌다. 그러나 세계사 자체가 다양한 관점에 열려 있을 가능성이 있으며, 이는 곧 단일한 세계사가 아닌, 복수의 세계사밖에는 가능하지 않다는 의미다. 내 생각에는 전지적 시점을 주장하는 "지구사"가 지구상에 국한된 시야의 역사, 즉 최소한 이론상으로는 세계 전체를 보는 통일된 시각에도 불구하고 다양성을 수용할 수 있는 역사에 비해 이러한 난제에 더욱 직면하게 될 것이다.

세계사에서
세계란 무엇인가?

세 번째와 네 번째 쟁점은 한 제목 아래에서 논의가 가능하다. 세 번째 쟁점은 — 비록 세계사 자체가 중요한 문제점을 안고 있기는 하지만 — 모든 역사에 의미를 갖는 문제다. 네 번째는 보다 이론적인데, 과거를 개념화하는 데 공간과 시간이 갖는 역학에 관한 문제다.

이중 전자를 장황하게 다루지는 않겠다. 모든 역사는 우리에게 선택이라는 문제를 안겨다 준다. 아무리 작은 지역 역사라도, 모든 것을 포함시키는 것은 이론적으로 불가능하다. 모든 것을 포괄할 수 있다는 환상은 역사를 중심화하고, 이에 관련된 모든 가능한 측면을 다룬 결과, 충분히 중요하지 않은 것만 배제했다고 여겨지게끔 하는 기획에서부터 발생한 것이다. 역사서술의 전통이 바로 국가나 문명권을 역사의 중심에 두고 과거를 이해하는 관점으로 간주하는 것이다. 이런 서술은 세계 또는 전 지구를 다루는 역사관에서 공간적으로 편견에 치우친 것에 그치지 않는다. 그런 역사서술이 지역을 억압하고 주변화한다는 것은 더 특기할 만하다. 그런 역사가 대상으로 삼는 역사적 영역만 고려해도 문제점을 알 수 있는데, 국가나 문명권에 대한 인식, 또는 자기인식이 변화하면서 현재에 맞추기 위해 과거를 재서술할 필요가 생겨나기 때문이다.

역사가는 선택을 하며, 그 선택은 학술적인 것뿐 아니라 이데올로기적 의미를 지니고, 지적, 윤리적 측면까지 모두 포함한다. 역사가가 과거의 모든 것을 다 포섭할 수 없다는 것은 이념적 이유 때문만이 아니라 과거가 총체적 형태로 우리에게 주어져 있지 않기 때문이다. 역사가 일부를 전체처럼 설정하여 과거를 곡해하는 것을 완벽하게 피하는 것은 불가능하다. 세계사에서도 마찬가지다. 그러나 역사가의 경험적, 이념적 우려를 넘어, 세계사에 무엇이 포함되고 무엇이 포함되지 않는지 하는 문제는 교육학적, 윤리적으로 훨씬 큰 의미를 지니며, 이는 "세계"라는 용어가 총체적 인류에 관한 것이라는 약속을 하기 때문이다. 하나의 세계사에서 빠지는 것은 다른 세계사에서도 빠지는 것을 의미할 수 있다.

이는 두 번째 쟁점으로 이어지는데, "세계"라는 용어가 야기하는 역사연구적이고 개념적 문제가 있다. 이를 가장 효과적으로 압축한 질문은 "누구의 세계?"일 것이다. 역사가는 오랫동안 "세계"라는 용어가 지구상에 존재하는 것, 또는 달에서 바라본 지구를 의미하는 것이 아니라, "중국 세계"라든가 "이슬람 세계" "희랍 세계" "나바호 세계" "지중해 세계"와 같은 용어에 연관된 공간과 시간을 형성하는 역사적 경험에서 나온 산물이라는 것에 주목해왔다. 달에서 바라본 지구가 새롭게 세계화된 의식을 제공한다고는 하지만, 심지어 오늘날에도, 수많은 사람이 지나온 수많은 과거를 바라보는 시각은 제쳐놓고서라도, 거의 모든 사람은 소위 일반적으로 말하는 "중요한 세계"로 이해되는 협소한 세계관만을 갖고 살아간다. 세계 전체에 대한 무지는 단순히 알지 못하는 것이 아니라 관심을 가지지 않는 것을 의미한다. "세계"는 신축성을 지닌 것으로서,

삶의 필요에 따라 구성되기도 한다.

세계사가 이념적 한계를 벗어나려면, 구조 자체에서부터 세계에 대한 다양한 인식과 역사적 결과를 감안할 수 있어야 한다. 세계의 다양한 구성요소에 의미를 갖고, 약속을 이행하려면, 세계사는 역사연구로서 세계를 재현하는 자기 기획을 역사화하는 것이어야 한다. 실증주의는 전체를 포용하는 보편주의적 역사에 대한 열망과 결부되어 과거에 그랬듯이 특정요소의 중심주의로 회귀할 가능성이 높다. 세계를 힘이나 문화적 업적으로 재구성하려는 시도 역시, 한 가지 세계관을 다른 대상에 적용시키는 것이기 때문에 마찬가지다. 그러나 상대주의는 한 사회 속에서 나타나는 작용을 다른 사회를 인식하는 틀로서 이해하는 것이 불가능하다는 점을 보여줌으로써 세계사가 가지는 전제 자체를 부정해버릴 수 있다. 여기에서 필수적으로 의문을 하나 갖게 된다. 탈중심화된 세계사는 과연 가능한가? 역사적 중심이 사라지면 서사에서도 중심이 사라진다. 중심이 여럿이 되거나 사라져버린다는 것은 서로 같은 의미일 수 있는데, 만일 세계사가 그 목표에 충실하려면, 특정한 인과론에 영향을 받은 서사로서가 아니라, 하나의 카탈로그 즉 일종의 백과사전으로서 세계를 가장 잘 재현할 수 있다는 의미가 아닐까?

근대성은
어떻게 해야 할까?

자본주의가 전 지구에서 승리(세계화)하면서 문화적 부흥의 여러 물결이 뒤따랐고, "다양한 근대성multiple modernities"이라는 주장이 제기되었다. "다양한 근대성"(상응하는 다른 표현으로 "대안적 근대성")이라는 표현은 현재와 미래를 가리키는 데 주로 사용되지만, 근대성이 갖는 근본적 다양성 개념은 과거에 대한 중요한 쟁점 역시 제기했는데, 가령 근대성이 유럽이 세계를 정복하고 세계를 유럽과 같은 모습으로 재구성하기 위해 유럽에서부터 출발한 유럽적 결과물이라는 시각이 그것이다.

근대성이 복수적 개념이 되면, 이념적으로 의미 있는 두 논점이 생긴다. 첫째는 여러 전통이 다시 의미를 갖게 되는 것이다. 이전 근대화 담론이 가진 후진성 때문에, 사람들은 단일하게 세계화된 근대성을 근대적인 민족정체성의 근원뿐 아니라 "대안적 근대성alternative modernities"의 근원으로 만들었다. 근대성의 세계화는 두 번째로, 개념으로서의 근대성 자체를 의문시하는 효과를 지닌다. 세계화된 근대성이 마련한 장에서 근대성에 도전적인 주장들이 이뤄진다는 사실은 역설적인데, 이것이 가능하다는 사실은 (협소한 기술적 정의를 제외하고는) 과연 무엇이 근대적인 것인지 정의하는 데 가능성 자체를 의문시하는 결과를 가진다. 뿐만 아니라 근대성이라는 것을 역사적으로 특정 장소에 연결시키는 것이 가능한 것인지도 의문이다. 그러나 이런 새로운 상황은 근대성의 역사를 재구성할 필요를 의미하기도 하는데, 비유럽인들이 외부에서부터 근대성을 받아들여서 동화되는 과정으로서가 아니라, 많은 이들의 참여를 토대로 창출된 여러 실천이 대두한 과정으로서 재구성되어야 한다.

비록 그 존재가 보편적인지, 또는 과연 바람직한지 여부가 의문시되기도 하지만, 자본주의의 정치경제로부터 떼어놓을 수 없이 얽힌 유럽/미국의 식민주의적 근대성은 엄연히 현대 세계의 실존 조건을 상당 부분 이루고 있다.[15] 자본의 세계화는 동시에 근대성의 한계를 정의해주기도 했다. 식민주의적 근대성의 모순에서 동력을 얻는 사회주의와 제3세계의 민족해방투쟁은 한동안 자본의 그것과는 구분되는 근대성을 약속해주기도 했으나, 세계를 변화시킨 자본의 힘에 결국 굴복하게 되었다.[16] 결과적으로 모든 세계의 공간이 자본의 활동에 개방되었으며, 세계화라는 용어가 묘사하는 과정이 의미하는 것은 상당 부분 바로 이것, 즉 자본의 활동이다.

근대성을 둘러싼 갈등은 정치경제나 사회적 절차에 관한 중요한 이슈보다는 문화적 정체성에 연관된 주장에 국한되어 점점 발생하는데, 여기에는 생산과 소비라는 일상적 실천이 낳는 존재론적/문화적 의문이 포함된다. 역설적이게도, 유럽/미국의 근대성이 갖는 역사적 복잡성은 현대에 일어나는 대부분의 논의에서 암묵적으로 무시되는데, 특히 중국과 같은 포스트사회주의 사회에서 그러하다. 중국에서는 근대성을 현대의 자본주의 사회와만 연계시키는데, 그나마도 정치적·윤리적 업적보다는 기술적 발달이라는 측면만 부각시킨다. 자본의 팽창에서 필수적인 식민주의 과거와 현재는 세계화의 목적론적 서사 안으로 포섭되면서 변화를 거친다. 이것이 현재 세계가 열망하는 대상으로 나타나는 근대성인 것이다.

그렇다고 해서 이 근대성이 "서양" 역사 내부에서 자동적으로 발달한 것이라는 의미는 아니며, 인지 가능한 역사적 형태가 되자마자 일종의 자석 역할을 담당해 모든 (유럽 외) 사회를 실천 속으로 끌어들인 것 역시 아니다. 유럽/미국의 근대성은 자본주의 정치경제에서 분리가 불가능하게 얽혀 있고, 근대성의 형성조건이기도 했던 16세기 경제적 관계 자체, 또는 관계가 세계화되는 과정 속에서 대두한 것이다. 그 후 근대성은 자본주의와 민족주의라는 두 세력에 힘입어, 필요하다면 무력을 통해 세계에 강요되었다. 역설적이게도 자본주의와 민족주의라는 두 세력이 세계화하면서, 현재 유럽/미국이 보이는 우위와 헤게모니에 도전하는 이들이 주장하는 대안적 근대성 개념이 힘을 얻기도 했다. 그러나 이전 시대와는 달리, 이들이 주장하는 차이들은 결국 유럽/미국이 아직도 중심 역할을 하는 세계 자본주의 경제에 참여하는 과정에서 존재하는 것이다. 그들은 탈민족적, 탈자본주의적이며 많은 부분에서 포스트근대적, 포스트식민적이기도 하다(여기에서 "포스트post"은 무엇 이후에 오는 것을 형성하는 개념이다.)

근대성이 가진 문제점을 해결할 방책 가운데 하나는 벤틀리가 "근대중심주의" 비판에서 제시한 것처럼 근대성을 역사에서 아예 배척하는 것이다. 이것이 하나의 옵션임에는 분명하지만, 자체로 문제점이 없는 것은 아니다. 그럴 경우 우리는 근대성이라는 지표 아래에서 이루어진 수많은 작업을 모두 놓치게 될 것이며, 근대성의 다양한 시간성과 공간성을 유럽으로부터 떼어 재개념화하거나 유럽의 근대성을 여러 근대성 가운데 하나로 만드는 것을 선택해야 할 것이다. 나는 다른 글에서 근대성을 세 단계로 생각할 수 있는 방식을 제시하였는데, 최소한 이 난제를 이해 가능한 방식으로 공식화하는 데 도움이 될 수 있다. 세 단계는 각각 역사적 시대와 권력분배의 양식을 동시에 보여준다.[17] 이 단계를 애당초 정당화해준 근대성의 위치 찾기와 재배치를 보여주기 위해 각 단계를 명명하자면, 다음과 같다. 유라시아적 근대성Eurasian modernities, 유럽이 중심이 된 식민주의적 근대성 또는 유럽-근대성 그리고 현대의 전 지구적 근대성이다.[18] 근대성이 갖는 시간성을 이런 식으로 바라보는 시도는 궁극적으로 근대성의 공간을 재정의하는 것과 연관이 있다. 우선 개별 사회와 지역(가령 중국, 유럽)에서부터 눈을 돌려 그러한 사회와 지역을 구성하는 데 필수적이었던 대륙 사이 상호작용을 보고, 근대성 형성에서 가장 큰 맥락을 제공해준 아프로-유라시아 지역의 형성에도 주목하는 것이다. 두 번째 단계는 유럽/미국식 전지구적 헤게모니 즉 역사적으로 근대적인 것을 개념화하는 데 기준으로 사용된 헤게모니에 관련된 것이다. 근대적 세계의 형성에서 유럽/미국식 근대성이 차지했던 중심 역할을 부정할 수는 없지만, 확실하게 유럽-근대적 근대성으로 명명하여 "근대적인 것" 일반을 유럽적 근대성과 바로 동일시하지 않게 하는 것이 적절하다. 세 번째 단계는 근대성의 지구화와 (첫 번째 단계 이후로 다시금 생겨난) 복합적 중심점을 의미하는데, 첫 번째와 다른 점은 이 복합적 중심이 유럽/미국 식민주의적 근대성에 따라 구성된 정치경제와 근대성의 이데올로기를 토대로 한 변형이라는 것이다.

수정론이 해결하고자 하는 것은 근대성의 역사를 재구성하여, 결과적으로 전 지구적 규모가 된 여러 작용의 산물로서 근대성을 이해하고, 좋든 나쁘든 유럽과 유럽인들이 근대성을 형성하는 작업에서 갖는 중심 역할을 인정하는 것이다. 이렇게 구분하는 것은 근대성에 대한 이중적 이해를 의미한다. 근대성을 관계로 이루어진 것으로 이해하는 것 그리고 실질적으로 일상적 삶의 특정한 가치와 실천, 즉 정치적인 것부터 시작해서 일상적 사회관계로 이뤄진 근대성을 이해하는 것이다. 근대성에 대한 이러한 두 접근은 상충하는 측면이 있지만, 나는 근대성과 그 전개를 이해하기 위해서는 둘 모두 필요하다고 제시한다.

관계로 이루어졌다는 근대성의 정의는 근대성을 전 지구적 현상으로 인식하도록 하는데, 근대성을 형성한 여러 요소뿐 아니라 현상 자체에서 나타나는 폭넓은 결과를 모두 포함하는 것으로, 어떤 종류의 동질화도 전제로 하지 않는다. 이는 동질화가 아니라, (그것과 상호작용하는) 대상을 변형시키는 세력이 전 지구적으로 전파되는 것을 의미한다. 몽골의 정복 이후 여러 사회 사이 강화된 상호작용은 유럽인들이 미 대륙을 정복한 이후로는 전 지구적 규모를 띠게 되었다. 상호작용은 구조가 변하면서 나타난 효과인 동시에 동력이기도 했다.[19] 상호작용에서 유럽인들의 매개적 역할은 근대성을 형성하는 과정에서 갖게 된 힘의 중요한 원천 가운데 하나였다. 또 다른 방식으로 설명하면, 관계로 이루어졌다고 이해되는 근대성은 중심 없이 여러 극을 지닌 근대성이며, 이슬람 역사가 호지슨이 "아프로-유라시아 세계Afro-Eurasian ecumene"라고 명명한 지역 전체에 걸쳐 여러 형태로 나타났고, 16세기쯤에는 바다 건너 미 대륙과 호주로까지 뻗어나갔다.[20] 이와 같이 근대성을 이해하는 방식은 내가 주장하는 근대성을 실질적으로 이해하고, (과학에서부터 자본주의에 이르기까지) 특정한 가치와 실천으로 이루어진 근대성의 정의를 강조하게 된다. 이 가치와 실천은 우리가 통상적으로 근대적인 것 자체로 이해해온 유럽/미국 근대성의 특정한 산물이다. (유럽적 근대성을 근대적인 것 자체로 이해하는) 그런 생각은 유럽인들이 만든 것으로, 자신들의 가치와 실천을 근대성의 보편적 특징으로 정의하고, 세계를 노예화, 식민화하면서 입증하고자 했다. 팽창과 정복, 식민주의를 통해 이 특정한 근대성은 18세기부터 세계화되기 시작했고, 유럽 근대성을 창출해낸 바로 그 세력 가운데 일부가 생성한 다른 근대성이 갖는 가능성을 지워버린 것이다.

유럽적 근대성이 갖는 전 지구적 영향의 물리적, 이념적 결과를 지워버리는 것은 비역사적이다. 역사 속 유럽중심주의를 극복하기 위해 그럴 필요는 없다. 유럽/미국의 근대성 담론은 이제 근대성에 관한 전 지구적 담론의 일부가 되었으며 이 담론에는 역설적이게도, 포스트식민주의적 비판과 포스트근대주의라는 맥락의 현대 사상으로 표현되는, 반식민주의와 반근대주의가 정당한 것으로 포함되기도 한다. 만일 세계 전역에서 일어나는 민족주의적 역사서술이 유럽-근대성의 변형적(대상을 변화시키는) 영향력을 부정할 필요가 있다면, 전통적으로 이해된 근대성의 개념 안에 포함되는 식민성을 부정하지 않고서는 그럴 수가 없는데, 문제는 민족주의 자체가 역사적으로 식민주의의 산물이자 그에 대한 반응이었다는 점이다. 오늘날 대안적이고 복수적 근대성을 논하는 것은 그다지 설득력을 갖지 못하며, 그 이유는 제시되는 대안들이 바로 자본의 세계화와 이에 결부된 유럽적 (현재는 보다 미국적) 근대성의 세계화에 따른, 하나의 주제곡이 수반하는 변주곡에 지나지 않기 때문이다.

가능성들

나는 세계사의 불가능성을 입증하기 위해서가 아니라 세계사의 가능성을 생각해볼 공간을 열기 위해 위에서 쟁점을 제시했다. 결론을 위해 나는 이 글에서 제기한 논의에서 불거진 두 주제를 강조하고자 한다. 첫째로 대상이자 방법론으로서 세계사 문제 그리고 역사의 탈중심화에 반드시 수반되는 관점이 갖는 문제가 그것이다.

방법론으로서 세계사는 여러 사회를 "세계로 만드는 것worlding"을 요구하는데, 그 사회를 세계로 들여오고 세계를 그 사회로 들여가는 것을 의미한다. 또 국가와 문명권을 변화하는 역사적 맥락(국가와 문명을 만들어내는 것이자, 반대로 국가와 문명이 창조하는 맥락) 속에 설정하여 각 국가와 문명의 고유한 목적의식을 극복하는 것을 요한다. 지역 사이 상호작용을 관찰하는 것은 여러 사회의 구성요소, 내부적 동력 그리고 개별적으로 속한 변화하는 "세계들"과 맺고 있는 관계를 이해하기 위해 필수다. 방법론으로서 세계사는 세계를 연구하는 데만 중요한 것이 아니라 세계의 모든 측면을 이해하는 데도 중요한데, 이런 측면에는 (공간적이라는 의미에서든 아니든) 지역적인 것까지 포함된다. 이 지역적 측면은 자체로 다양한 공간에 따라 다양한 결과물을 낳는 수많은 상호작용에서 결정된 복합물이다.

관점의 문제는 헤게모니적이지 않은 세계사 연구에서 다양성이 갖는 중요성을 강조하는 데 매우 중요하다. 세계를 지구 전체로 개념화하더라도, 다양한 관점에 따라 전체는 다른 모습을 띠게 된다. 단일한 지구사를 옹호하는 논의를 내가 비판해온 이유는 지구사의 전지적 관점에 대한 주장이 일상 속 견고한 환경에 뿌리내린 다양한 관점으로 본 세계의 다양한 개념을 연구할 필요성을 무시하기 때문이다. 나는 사회적인 것으로부터 구분되는 역사적인 것을 강조하고자 한다. 세계관과 인간관계를 변화시키는 세계화가 가진 부정할 수 없는 힘에도 불구하고, 실제 삶에서 얻은 경험으로 이루어진 수많은 세계를 인정하고, 나아가 수많은 세계가 추상적 과정과 패턴(자연적인 것 포함)에까지 각각 특정한 의미를 부여한다는 사실을 인정하는 것은 여전히 중요하다(심지어 필수다). 국가와 지역에 전 지구적이라는 차원이 추가되었지만, 이것이 곧 전통적 국가와 지역이 (사람들에 의해) 경험하는 세계에서 그 역할을 상실했다는 것을 의미하지는 않는다. 세계에 대한, 세계화된 의식은, 지성과 관련된다는 이유 때문에 그리고 인간관계의 보다 높은 차원을 위해 지역적, 국가적, 대륙적 한계를 극복하는 데 필수적일 수는 있지만, 전통적 기준이 더 이상 의미가 없다거나 곧 사라질 것이라고 전제할 이유는 되지 못한다.

세계를 지리학적으로 표현한 지도와 비교해보면 내 주장이 더 잘 드러날 것이다. 정치적 또는 교육적 목표로 사용하는 세계지도에서 항상(어쩌면 불가피하게) 중심이 되는 것은 지도를 만든 특정 국가다. 세계사 역시 흡사한 목적으로 사용된다. 가령 한국을 어떤 위치에 놓느냐에 따라 한국과 미국에서 사용하는 세계지도가 다를 수 있듯이, 한국에서 세계사는 과거와 현재를 (미국과) 다르게 설정할 수 있을 터인데, 이 차이는 단순히 지역이 갖는 고유한 역사의식에서 나타난 요구에 부합하기 위한 것만이 아니라 실용적 이유 때문일 수 있다. 한국인이 세계에 대해 알 필요가 있는 내용은, 미국인이 알아야 하는 것과 비교할 때 정의 자체부터가 거의 다르다. 국가가 아닌 더 큰 지역 단위로 이 논리를 펴서 일관성을 확인해볼 수 있을 것이다. (그런 다른 세계사가 각각 갖는) 한계는 이론적이지 않으며 실용적이다.[21]

세계사 서술이 갖는 문제는 궁극적으로 세계사를 보편주의적 역사와 동일시하는 것에 기인한다. 물론 보편주의의 전통을 또 하나의 유럽중심적 픽션으로 치부하고 배제해버릴 수도 있다. 그러나 유럽중심적 픽션이 더 이상 그저 유럽적 또는 유럽-미국적이지 않고, 유럽-근대성과의 투쟁 속에서 다시 한 번 부각된 수많은 민족의 과거와 동일하게, 지구적 근대성이 보이는 여러 개념 형태 가운데 중요한 위치를 가진다는 사실을 무시할 수는 없다.

우리는 다른 많은 문제와 더불어 세계 전체에 편협한 문화적 관념을 적용시키는 보편주의를 배척해야 한다. 그러나 보편주의가 이런 (부정적인) 것만을 하지는 않는다. 보편주의는 우리가 가진 공통된 인간성을 상기시키는 데 중요한 역할을 한다. 역설적이게도 보편주의는 세계 역사를 구성하는 다양한 궤도의 산물이기도 한, 인간의 다양한 존재 방식을 허용하는 선에서는 약속을 수행하리라 생각된다. 또한 보편주의는 세계 전역에 걸친 수많은 "이중 의식" 즉 보편주의의 약속을 일종의 승리로 받아들이지 않고, 비록 거부할 수 없을지 모르지만 외부적으로 경험하는 이들을 인정하여 "톤다운"될 필요가 있다. 그런 사람들에게 정복에 대항한 투쟁은 다른 의미도 지닌다. 우세한 단일 세계관은 근대성의 부산물인 반근대성을 이해하지 못한 결과 그런 사람들의 세계에 대한 경험을 지우려고 하고, (그런 사람들의) 투쟁은 바로 이에 대한 것이다. 세계사는 헤게모니적인 단일한 세계관 대신, 일상적인 실존 속에서 그것에 반하는 결과물을 인정하는 것을 통해 보편성에 접근할 수 있을 것이다.

집단중심주의를 넘어 보편사로: 문제와 도전

외른 뤼젠 Jörn Rüsen

독일 에센 문화과학연구소 시니어 펠로우senior fellow. 에센 문화과학연구소 소장 역임. 대표적인
연구로는 ≪문화과정의 역사*Geschichte im Kulturprozeß*≫, ≪역사에서의 의미와 재현
Meaning and Representation in History≫ 등이 있다.

염운옥 옮김 · 이화여자대학교 사학과 연구교수

역사서술은 어려운 작업이다. 도에 지나친 칭찬은 적당치 않고, 다른 한편으로 과도한 비난은 지옥의 분노를 불러일으키지 않겠는가? 진실이 거짓이 된다면, 인간이 만든 파국과 천상의 벌을 피할 수 없을까 두렵다. Da-yi lüe-xu[1]

오늘날의
지구사

이번 학술대회 제목은 오늘날 유행하고 있는 지구사에 유럽중심주의 논리까지는 아닐지라도 유럽중심주의적 사고 틀이 존재한다는 것을 가정하고 있다. 누구도 이를 부정할 수 없을 것이다. 지구사 혹은 보편사의 전통을 조금만 들여다봐도 서구 역사학 담론에서 지구사나 보편사가 갖는 시각은 서구 지식인들이 겪은 특수한 역사적 경험과 이해에서 나온 역사 관념에 따라 형성되어 왔다는 사실을 알 수 있다.

18세기 말, 19세기 초에 시작된 근대 역사 사상은 시공간을 달리하는 문화적 차이에 관한 지식의 엄청난 성장을 반영했다. 19세기에는 철학적 토대[2]에 근거한 담론을 통해 근대적 형식을 갖춘 역사가 등장했고, 뒤이어 역사서술과 역사연구가 번성해 영향력을 떨쳤다. 역사철학이나 역사서술과 역사연구는 모두 인간 삶의 방식이나 지식의 변화와 다양성에 관한 지식에 질서를 부여하는 임무를 맡았다. 지식의 질서에는 인간성이 문화적 성격과 역사적 차원을 갖는다는 기본 가정이 포함되었다. 이런 가정은 당시 서구 지식인들이 보인 자기 이해와 자기 인식에 관련된 인간 활동의 가치관과 규범에 깊은 영향을 받았다.

역사에서 그리고 역사를 위해 무엇이 중요한가에 관한 특정 관념의 영향력은 이후 역사연구와 사회과학의 발전과 함께 전개되었다. 따라서 우리는 이를 유럽중심적 영향력 아래 성립된 특수한 형태의 지구사 혹은 보편사라고 부를 수 있다. 이런 지구사 개념은 여전히 강력하며 널리 퍼져 있다. 오늘날 지구사 분야에서 유럽중심주의 전통의 강력한 힘을 말해주는 일례를 들어보겠다. 2000년 오슬로에서 열린 세계역사학자대회에서 "주요 테마" 가운데 하나는 "지구사를 보는 시각: 개념과 방법론"이었다. 오브라이언Patrick Karl O'Brian은 기조발제에서 지구사의 역사를 개관하고 최근 전개 양상을 상세하게 설명했다. 하지만 그는 유럽인이 아닌 역사가는 단 한 명도 언급하지 않았다. 지구사에 실제로 기여한 유럽인이 아닌 역사가 사마천司馬遷이나 이븐 할둔Ibn Khaldun에 대해서는 한 마디 언급도 없었다. 지난 10여 년 동안 지구사에 관한 학계의 논의를 설명하면서 오브라이언은 주로 서구 학자들을 언급했고 비-서구 학자들에게는 다음과 같이 존경을 표했다. "중국, 일본, 인도, 아프리카 그리고 근동으로부터의 종합은 다원적이지만 여전히 서구적인 시각에 대한 환영할 만하고 유익한 종합이 될 것이다."[3]

이런 방식으로 지구사를 서술하는 것이 서구의 문화적 우위를 유지하는 이데올로기적 수단이거나 지구사 개념과 전통을 억압한다고 비판받아온 이유는 명백하다. 서발턴 역사 연구와 포스트식민주의 운동은 이런 비판의 예이다. 따라서 오늘날 역사학에서뿐만 아니라 인문학과 사회과학에서도 "토착적indigenous" 역사 개념에 관심과 강조가 증가함을 목격할 수 있다.

모든 사람이 현재 이런 시각의 확장에 만족할 수 있을까? 나는 그렇게 생각하지 않는다. 왜냐하면 거기에는 음영이 있기 때문이다. 유럽중심주의는 결국에는 사라질 것이다. 하지만 보다 은밀한 형태의 비유럽적 집단중심주의로 대체될 것이다. 우리는 모든 역사적 서사가 정체성 형성의 문화적 과정에 뿌리내리고 있는 고유한 시각을 가진다는 사실을 망각하거나 간과해서는 안 된다. 예를 들어 우리는 중국의 역사 담론에서 중국중심주의를 발견할 수 있다. 다른 문화적 맥락에서 형성된 역사적 시각을 거부하고 자기 전통에 맞는 시각으로 대체해 자국의 역사적 경험에 역사 담론 상의 특수성을 부여하는 것은 자연스러울지도 모른다. 그러나 어떻게 이것이 유럽중심주의를 대신할 대안으로 간주될 수 있을까? 자신의 문화가 적용된 또 다른 '－중심주의'일 뿐이다.

이번 학술대회의 의도는 무엇인가? 서구적 시각이 갖는 편향을 비서구적 시각이라는 또 다른 편향으로 단순히 대체할 수는 없다고 생각한다. 이는 문제를 해결하는 것이 아니라 확대하고 심화시킨다. 문제는 유럽중심주의 이상의 것이다. 집단중심주의 ethnocentrism라는 보다 잠재적이고 근본적인 문제와 대결해야만 하는 것이다(집단중심주의 사례 연구는 유럽중심주의 분석과 비판을 포함할 수 있고 또 그래야만 한다). 그렇다면 집단중심주의란 무엇인지 생각해 보자.

집단중심주의

집단중심주의[4]는 지향orientation이라는 방식으로 과거 경험을 문화적 지향, 특히 정체성 형성이라는 기본 필요를 만족시키는 시각 아래 배치한다. 이러한 시각에 따라 과거는 특별한 역사적 의미를 갖게 되고 사람들은 자기 이미지를 형성한다. 이미지는 자기나 타자와 타협하기 위해 필요하다. 또한 이미지는 실제 생활에서 시간 변화에 직면할 때 타자의 타자성과 자기에 관해 적절한 관념을 제공하기 때문에 필요하다. 역사는 과거에 의미를 부여하는 특정한 논리를 구사함으로써 정체성을 제시한다. 이 논리는 미래에 대한 전망을 포함해 과거와 현재 사이에 어떤 상호관계를 요구한다. 역사는 과거에서 자민족의 긍정적인 자기 이미지를 지지하고 확인하는 사건을 특권화하고 강조해야 한다. 이런 이미지는 자기를 인정하는 형태로 정신적으로 강력한 주체-관계self-relationship를 창조한다. 주체-관계는 한 민족이 타자나 이방인과 맺는 관계에서 자신의 위치를 지킬 수 있게 하고 활동에 영감을 준다. 또 주체-관계는 소속 공동체의 규칙을 분명하게 드러내 구성원을 격려하고 행위의 타당성을 확인시켜준다. 종종 이러한 특권화된 과거 사건은 공동체의 토대가 된다. 미국인들이 1776년 독립을 선언한 7월 4일을 공휴일로 제정하고, 프랑스인들이 프랑스 혁명의 가장 상징적인 사건으로 1789년 바스티유를 함락한 날인 7월 14일을 기념하는 이유가 여기에 있다.

지구사 혹은 보편사에서는 한 민족이 갖는 자기 이미지를 역사적으로 구성하는 과거에서 특권을 지닌 사건을 주의 깊게 보는 것이 중요하다. 과거 사건이 갖는 역사적 중요성은 한 민족에만 한정되지 않으며, 해당 민족에서 나타나는 특수한 삶의 양식의 한계를 벗어난다. 특정한 역사적 사건은 세계 전체와 관련되는 보편적인 대사건으로 기념되어 왔다. 가장 좋은 예는 근대 민주주의의 기원을 미국과 프랑스혁명에서 찾는 것이다. 미국과 프랑스혁명은 미국과 프랑스의 근대적 민족 정체성을 구성하는 동시에 인류 전체와 관련되는 사건으로 기념되었다. 왜냐하면 역사상 처음으로 인간과 시민의 권리에 기반한 정치적 지배라는 헌정적 형식을 성립시켰기 때문이다. 이런 제도는 인류 전체에 관련되는 보편적 요소를 역사에 기입했다. 우리는 이처럼 특수하게 정치적 지배를 보편화하는 과정이 발생했음을 알고 있다. 그리고 서구적 전통의 지평을 넘어서 인간과 시민의 권리라는 관념이 갖는 보편적 타당성에 가해지는 논란은 현재도 진행 중이다.

자민족 역사에서 특수한 역사적 사건이 갖는 보편적 중요성을 보여주는 또 다른 예는 인류와 자민족에 관련된 업적의 기원이나 출발에 대한 추적이다. 종종 우리는 자민족("우리")이 전 세계로 널리 퍼진 어떤 발명을 했다는 사실을 강조하는 태도를 발견한다. 인류 생활에서 보편적으로 수용된 성취의 기원을 (특정 민족에게서) 찾는 태도는 모든 사람이 오늘날 누리고 있는 문화의 발명을 특정 민족에게 돌리는 태도로까지 나아갈 수 있다. 기원의 귀속을 통해 특정 민족은 인류의 대표가 되고, 따라서 보편사의 중심이 된다.

　　나는 흥미로운 (실례되는 표현일지 모르지만 비유럽적인) 예를 하나 제시하고자 한다. 타이베이 국립고궁박물관의 보편사 전시가 그것이다. 전시장 입구에 들어서면 방문객은 중국사가 보편적 연대기의 맥락 위에 표시된 "시간의 회랑"을 볼 수 있다. 연대기 배열 방

요하네스버그 아파르트헤이트 박물관 입구에 걸린 현판. "인류는 아프리카에서 태어났다" "모든 인간은 궁극적으로 아프리카인이다"

식은 인류가 문화적 진화를 시작한 곳은 중국이고 나머지("세계")는 나중에 생겨났다는 것을 방문객의 눈앞에 분명하게 보여준다. 중동에서 나타난 청동기 이전 시대 문화처럼 더 오래된 문화는 누락되어 있다.

또 다른 예를 남아프리카에서도 찾을 수 있다. 남아프리카 요하네스버그의 아파르트헤이트 박물관 입구에 걸린 현판은 생물 종으로서 인간이 동아프리카에서부터 기원했다는 사실에 근거를 두고 "인류는 아프리카에서 태어났다" 따라서 "모든 인간은 궁극적으로 아프리카인이다"라는 분명한 메시지를 말한다.

위의 두 예는 특수한 역사적 사건이 갖는 보편적 초월성이 서구 역사 사상에서만 나타나는 특수한 성격이 아니라는 사실을 알려준다. 이런 사례는 모든 문명에서는 아니지만 거의 모든 문명에서 찾아볼 수 있다.[5] 자민족의 특수한 문화 요소를 인류사 전체의 관점에서 중요하다고 보는 보편적 평가의 유사한 예는 유교주의에서도 찾을 수 있다. 많은 동아시아 지식인이 동아시아 문화의 유교적 기원이 보편적 중요성을 갖는다고 믿는다.[6] 이런 사고는 유교주의에 새겨진 인본주의적 도덕원리나 인仁 개념의 보편적 요소를 만족시킨다.[7] 그런데도 유교주의는 기독교 보편주의나 다른 사상에 비해 특수하고 독특하다. 만일 이런 보편주의가 민족주의 이데올로기가 된다면 그것은 타자를 강력히 배제하는 힘을 갖게 된다.[8]

집단중심주의 논리로 돌아가 보자. 집단중심주의와 과거의 관계는 자민족이 받아들이는 방식대로의 역사로 귀결된다. 이렇게 과거를 소유하는 것은 특권화된 과거를 공유하지 않은 타민족을 명백하게 차별하는 것을 포함한다. 이런 역사의 중심에는 그 민족 삶의 형태에서 역사적으로 통합되어 있다고 믿는 가치관과 규범이 있다. '에트노스Ethnos'는 이리한 통합의 은유다. 에트노스는 친족관계에 따라 정의된 공동체 — 이것이 '에스닉Ethnic'의 인류학적 의미다 — 지만 동시에 민족, 지역, 종교, 문화, 문명 등 인간이 만드는 여러 다른 형태의 사회 공동체기도 하다. 주체에 비해 타자는 이런 규범과 가치관을 가지지 않는다고 보이는데, 이는 타자에 대해 주체도 마찬가지다. 타자성은 자민족이 이룬 성취라는 빛에 비친 그림자다. 그림자가 주체의 삶에서 긍정 이미지로 통합되지 못한 부분으로부터 기인한다는 점을 인식하는 것은 중요하다. 그것은 일종의 투사다. 따라서 타자성과 부정적 측면은 사실상 주체를 구성하는 일부며, 주체는 이를 억압하거나 제거하려는 노력으로부터 위협을 받게 된다. 주체와 타자 사이에 나타나는 집단중심주의적 차별의 가장 두드러진 예는 문명과 야만의 구분이다. 우리는 이런 구분을 전 세계에서 찾아볼 수 있다.

불공평이라는 규범 형태로 드러나는 불평등은 집단중심주의를 구성하는 필수 요소 가운데 하나다. 나머지 두 필수 요소는 불공평을 (a) 시간적 형태, (b) 공간적 형태로 정의하는 것이다.

(a) 시간적 형태는 비범하고 중요한 기원이나 토대로부터 구성되는 자민족 공동체 삶의 장기적 지속성으로 나타난다. 이상적–유형적 추상이라는 수준에서 우리는 집단중심주의 논리의 역사를 기

원-지향적 목적론이라고 특징지을 수 있다. 서구의 전통적 보편사에서 고대 그리스와 로마, 예수의 생애가 지속적으로 전통의 역할을 해왔고 인간을 이해하는 데 관여해온 이유가 이것이다. 인간성을 합리적 논증능력, 법에 의한 정치의 지배, 세계의 질서와 관계에서 인간의 주체성이라고 이해하는 서구적 인간성 개념을 구성하는 뿌리도 이것이다. 신화적 사고에서부터 오늘날에 이르기까지 유사한 기원에 집착하는 것은 다른 문화에서도 형성될 수 있다.

(b) 공간적 형태는 자민족의 발전을 역사의 경험적 수준에서 중심에 놓는 것이다. 자민족 삶의 형태에서 중심은 동시에 세계에서 중심이 된다. 타자는 주변에 살게 된다. 집단중심주의가 가지는 공간적 논리는 단일중심적이다.

따라서 우리는 집단중심주의에서 삼중 논리를 발견하게 된다. 1) 비대칭적 평가, 2) 단일한 연속성, 3) 세계 속 단일중심적 장소. 이런 논리는 자연스러울지도 모른다. 어쩌면 인간 종의 생물학에 뿌리가 있을 수도 있다. 그러나 이는 철저하게 문화 현상이며 근본적으로 의미를 부여하여 자신과 세계와 타협하려는 인간 노력의 일부다.

왜 이런 집단중심주의적 의식 생성이 준-자연적 전략을 따른다는 것이 문제인가? 집단중심주의적 의식이 전 세계 모든 민족이 누리는 문화생활에서 자연스런 요소처럼 보이는데도 왜 위험한가? 해답은 명료하다. 모든 사회 공동체가 정도 차이는 있지만 이런 논리에 따라 상호관계에 놓이게 되면 긴장과 충돌이 일어나기 때문이다. "문명의 충돌"이라는 용어는 여기서도 적용될 수 있다. 이 용어는 정치적으로 공론의 장에 등장했고 많은 비판을 받았다.[9] 그러나 이 용어가 실제 생활에서 주체와 타자 사이 일어나는 상호관계에서 집단중심주의를 특징짓기 위해 문화적 지향이라는 보다 깊은 수준에서 사용된다면 분석적으로 유용한 의미를 얻으리라 생각한다.

집단중심주의적
문명의 충돌을 넘어서?

역사적 경험은 집단중심주의가 가진 치명적 위험성을 경고한다. 민족 간 갈등은 집단적 정체성의 힘이라는 정신적 힘으로 가열되었다. 정치적 갈등에 단순한 이해관계 갈등을 넘어 살인적 급진성을 부여한 것은 민족 갈등이었다. 예를 들어 제1차 세계대전에서 독일과 프랑스는 인류와 인간성이라는 이름을 걸고 서로 싸웠고 서로를 인류와 인간성의 적이라고 비난했다.

오늘날 피와 공포로 물린 유럽의 오래된 민족 갈등은 통합된 유럽 앞에 종식되었다. 대대로 적이던 독일과 프랑스는 좋은 이웃이 되었다. 그러나 이처럼 순화된 집단중심주의가 있는가 하면, 전 세계에서 민족 갈등이 여전히 일어나는 것도 발견할 수 있다. 따라서 우리는 이를 극복할 기회를 찾아야 하며, 적어도 유럽에서 가능했던 것처럼 순화시킬 기회를 모색해야 할 것이다.

유럽에서 일어난 예를 과대평가하려는 것이 아니라 집단중심주의 논리를 구성하는 요소를 공격하고자 한다.

역사적 경험에 내려진 불공평하고 불공정한 평가라는 문제로부터 시작해 보자. 이를 극복하는 데는 두 가지 가능성이 있다. a) 평등의 원칙과 b) 자민족 역사의 어두운 면을 인식하는 능력에 따르는 것이다. 평등 개념은 인간의 자기이해라는 기본 원칙을 개념화하는 데 근대성이 이룬 성취 가운데 하나다. 역사사상 분야에서 평등은 문화 차이에 대한 해석학적 접근으로 이어진다. 해석학적 접근에 따라 역사사상에는 자기이해에 비추어 시공간을 달리하는 삶을 이해해야 한다는 원칙이 성립되었다. 가장 뚜렷한 예는 헤르더의 역사철학이다.[10] 여기서 모든 문화는 인간성의 유례없는 독특한 표명이며 따라서 그 자체에 존엄성을 가진 것으로 읽힌다. 헤르더에게 인류의 단일성은 문화의 다양성과 그 속에 내재된 역사성을 근본적으로 참조해야만 개념화될 수 있다.

평등에 대한 일반적 개념이라는 전제 아래에서만 문화적 차이에 대한 새로운 접근은 가능하다. 그리고 접근은 차이에 대한 상호인정이다. (나는 평등 개념의 세부에까지 들어갈 수는 없다. 하지만 자기비판뿐만 아니라 상호비판까지 포함한다는 것을 언급해야만 한다.) 역사철학 차원에서 나는 보편사를 다원화하는 두드러진 예를 하나 제시하고자 한다. 그것은 추축기axial time, Achsenzeit라는 패러다임이다. 이 패러다임은 헤겔의 역사철학처럼 우리 삶의 형태를 인류 삶으로 보편화하고 역사화하는 경향을 분명하게 거부한다. 철학자 야스퍼스

Karl Jaspers는 추축기라는 개념을 가지고 보편사에 다원적인 접근을 전개했다.[11] 다원주의 틀에서는 인류의 서로 다른 개념이 상호 연관될 수 있고 인간성이 가진 여러 양상은 문화 간 담론의 수단으로 쓰일 수 있다.

집단중심주의를 극복하는 또 한 전략이 있다. 역사와 문화 영역에서 부정적 요소를 자민족 역사로 통합하는 것은 어려운 일이다. 오류와 오점을 받아들임으로써 자기 이미지를 재구성하는 과정은 고통스럽다. 역사적 정체성 영역에서 모호성과 이질성도 당연히 증가한다. 자민족 역사에 드리워진 회색이나 검은색 그림자는 통합되어야만 한다. 역사의 거울을 들여다볼 때 우리는 또 다른 그림을 볼 수 있다. 이를 통해 일반 대중뿐 아니라 역사가도 잠재적 가능성에 눈뜨게 되고 타자나 낯선 것을 새롭게 의식하게 된다. 이에 따라 차이를 인식하는 지적·감성적 경로가 생긴다.

나는 이런 부정적 역사 경험을 자기 이미지 속으로 통합하려는 노력의 좋은 예를 제시하고자 한다. 제2차 세계대전 이후 독일에서 나타난 역사문화와 홀로코스트에서 맡은 역할이다.[12] 독일인들은 제2차 세계대전과 홀로코스트의 잔혹함에 맞서 싸우고자 했다. 독일은 희생자를 위해 기념비를 세운 유일한 민족이다. 홀로코스트 기념비는 정치의 중심 상징인 베를린 연방의회 바로 옆에 세워졌다.

모호성과 이질성을 정체성의 역사적 이미지에 도입하는 것은 독일적 특수성으로만 남아있는 것이 아니라 유럽적 차원의 문제이기도 했다.[13]

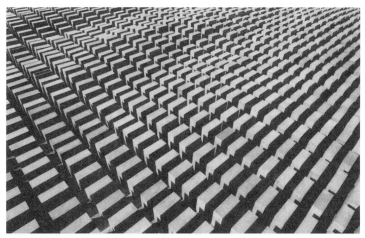
베를린 유태인 절멸 기념비(홀로코스트 기념비)

　기원지향적 목적론에 따라 생성된 역사의식에 깃든 집단중심
주의적 논리는 어떠한가? 나는 이것을 메타역사가 가진 매우 특별
한 문제라고 생각하고 싶다. 여기서 더 상세히 들어가진 않겠지만
삶 형태의 본질이 끊임없이 연속된다는 전통적 관념에서 나타나는
편향성과 폐쇄성을 피해갈 또 다른 논리를 제시하고자 한다. 대안
은 미래지향적 재구성의 논리이다. 이 논리는 역사적 경험이라는
보다 넓은 시각과 전통(물론 집단중심주의적 배타성을 포함한 전통)에
보다 비판적인 평가를 가능하게 한다. 역사적 사고를 자극하는 것
은 서로 다른 삶 형태와 전통 사이 非집단중심적 상호관계라는
관념이 되어야 할 것이다. 이 관념에서 시작하여 과거를 돌아보는
역사는 역사적 경험의 새로운 차원을 열 수 있을 것이다. 새로운 차
원은 미래를 가져오는 기회이자 장애물로 인식할 수 있다.

타자나 이방인을 주변화하는 단일중심적 공간의 시각이 갖는 문제점은 보다 쉽게 해결할 수 있다. 역사에서 다중심적 공간의 조직으로 귀결되는 것은 인류를 역사적 범주로 개념화하면서 전통과 발전을 다원적으로 보는 시각이다. 그런데 다중심주의는 상대주의와 같은 새로운 문제를 낳을 수 있다. 그러나 역사적 공간의 다양성이 역사화된 인류라는 관념에 통합된다면 진리 주장의 상실이라는 위험은 피해갈 수 있다. 역사화된 인류라는 관념에 따르면 인류가 가진 보편성이나 전 지구성globality은 문화와 발전에서 나타나는 다양성 속에서 이미 표명된다고 이해할 수 있다. 여기서 우리는 다시 헤르더를 참조할 수 있다. 헤르더는 18세기 말 19세기 초에 이미 역사에 대한 철학적 담론에서 이런 관념을 인식했다. 근대적 역사 사고는 여기서 출발한다.

위의 논의는 지구사를 이해하는 데 어떤 의미를 가지는가? 나는 여섯 가지 결론을 끌어내고자 한다.

우선, 지구사나 보편사를 개념화하는 데 잠재된 논리를 메타역사적으로 성찰할 필요가 있다 집단중심주의적 보편사 구성이 여전히 남아 있거나 무의식중에 만연해 있다. 특히 유럽중심주의 경향이 비판받을 때 은연중에 유럽중심주의는 다른 집단중심주의로 대체되고 있다.

둘째, 인류의 단일성이라는 개념에 따라 이루어진 역사적 경험과 해석에서 지구 보편적 차원이 구성되어야만 한다. 이는 문화의 다양성과 시간에 따른 변화에 따라서만 충분히 인식하고 이해할 수 있다.

셋째, 역사적 경험에 접근할 때, 과거 사건을 자민족뿐 아니라 타민족 모두에게 관련되는 것으로 인식해야만 한다. 이는 오늘날 문화적 지향의 기본 요소로서 인류를 보는 메타역사적 관념을 요구한다. 문화횡단적으로transculturally 타당한 관점이 필요한 지점이다.

넷째, 문화적 차이에 대해서는 어떠한가? 인간 삶의 특수한 형태를 지구 보편적 차원으로 통합하기 위해서는 다양한 삶의 형태 가운데 문화적 보편성을 찾아야만 한다. 차이, 타자성, 이방성을 인식하고 과거에 대한 문화적 지향의 다양성 속에서 인간성이라는 관념이 하고 있는 역할이 중요하다.

다섯째, 그렇다고 해서 기존 전통적 인간성 관념이 유지되거나 발전되어야 한다는 것을 의미하지는 않는다. 오히려 반대로 전통적 인간성 관념 속에 내재한 종족적 배타성을 비판적으로 해석해야 한다. 그리고 이런 해석 자체는 인간성에 관한 다른 관념의 안내를 받아야 할 것이다. 전통적인 배타적 보편주의는 포함적이며 보편적 인간성이라는 미래지향적 관념으로 변환되어야 한다.

여섯째,.. 이런 개념적 방법론 전략을 통해 역사 연구는 유럽중심주의만을 비판적으로 넘어설 수 있는 것이 아니라, 유럽중심주의의 대안이라고 주장하는 모든 다른 집단중심주의 역시 넘어서야만 한다.

우리가 보편사를 다루는 이런 새로운 접근법을 인식한다면 역사문화와 문화 간 차원에서 한 단계 진일보한 인식에 도달할 수 있다.

2

새로운 역사서술과
가능성

지구사를 위한 '보편'의 모색

김용우

이화여자대학교 지구사연구소 연구교수. 현 문화사학회 편집위원 및 이민인종연구회 운영위원. 대표적인 연구로는 ≪호모 파시스투스: 프랑스 파시즘과 반혁명의 문화혁명≫, ≪대중독재≫ 등이 있다.

지구사의
도전

만약 지구사 혹은 새로운 세계사에 많은 사람들이 주목하고 있다면 지구사가 일국사의 자기 완결적이고 편협한 틀에서 벗어나려는 유력한 시도이기 때문일 것이다.[1] 단절과 경계와 폐쇄성보다는 연결과 얽힘, 지배와 종속을 양 극단으로 그 안에서 벌어지는 다양한 상호 작용에 주목하는 지구사는 자연스럽게 기존 세계사의 인식론적 토대인 유럽중심주의를 극복하는 것을 가장 중요한 지향점 가운데 하나로 내세운다. 그러나 한국 역사학계를 비롯해 세계의 많은 역사가들은 역사서술에서 유럽중심주의를 극복하는 것이 시급한 과제임에는 동의하면서도 이러한 지구사의 정당성에는 여전히 의심 어린 시선을 거두지 않는 것이 사실이다.[2]

이러한 의심의 스펙트럼은 매우 현실적인 부분에서부터 대단히 이론적이고 추상적인 차원에 이르기까지 넓다. 예컨대 한 극단에는 역사가가 가진 현실적 능력의 한계를 지적하면서 진지한 연구 분야로서 지구사가 보이는 가능성을 부인하는 태도가 있다.[3] 이러한 관점에서 제기되는 의문은 이렇다. 전 세계를 연구 영역으로 할 수 있는 역사가가 실제 존재할 수 있겠는가? 존재한다면 그는 얼마나 많은 언어와 자료 해독/해석 능력을 가져야 할 것인가? 스펙트럼의 반대 편 극단에는 근대 유럽 역사학에 나타난 인식론에 대한 짙은 회의가 깔려 있다.[4] 오늘날 세계 도처에서 제도화된 역사학은 사실상 19세기라는 특정 시점에, 유럽이라는 특정 지역(변방)에서 출현한 과거-현재-미래를 이해하는 하나의 방식에 지나지 않는다는 비판이 그것이다. 이러한 시각에서 보면 유럽 역사학을 보편화하는 것은 제국주의 헤게모니가 발산하는 강력한 자장 속에서 벌어진 지식의 식민화에 지나지 않으며, 현재 절실한 과제는 다양한 과거-현재-미래를 이해하는 방식을 복원함으로써 유럽중심적 역사인식론을 와해하는 데 있다. 사정이 이러한데도 유럽 역사학 자체를 역사화하고 변방화하려는 근본적인 노력 없이 연구 대상을 전 지구 차원으로 확대하는 지구사는 지구화된 유럽중심주의의 또 다른 표현에 지나지 않으며 최악의 경우 그것은 "문화적 제노사이드"[5]를 초래할 수 있는 "21세기 가장 두드러진 식민주의적 지식의 유형"이라는 주장이다.[6]

　　그러나 입장과 시각을 달리하면 유럽의 역사학과 지구사에 대한 이러한 극단적 반응은 역설적이게도 지구사의 중요성을 반증하는 조짐일 수도 있다. 예컨대 인도 사상가 난디Ashis Nandy는 인도 인을 비롯해 많은 사람이 유럽의 "역사가들과 역사의식으로 구성 되는 과거와는 다른 과거를 인식하고 직면하며 또 함께 살아간다" 고 주장한다. 그러나 이런 유럽과는 다른 과거 인식·이해 방식, 혹 은 난디의 표현을 빌리면, "비역사성"이 뚜렷이 부각될 수 있는 것 도 유럽뿐 아니라 다른 지역의 과거 인식과 이해의 다양한 방식들 과 비교해보고 또 전 지구적 맥락화 작업을 통할 때 비로소 가능하 다.[7] 세상에 존재했거나 존재하는, 저마다 다른 과거 이해 방식들이 제각기 합당한 위상으로 인정받기를 요구하고 많은 사람이 귀를 기 울이게 됐다는 상황이 우리 삶이 전 지구 차원에서 점점 더 긴밀하 게 연결되고 있다는 사실을 입증한다. 지구사가 갖는 정당성 역시 이러한 상황에 뿌리를 두고 있다. 철학자 발리바르Eitenne Balibar의 표현을 빌리면 우리가 살고 있는 세상이 이미 "현실적 보편성real universality"을 획득했기 때문에, 문제는 더 이상 "세계의 통일"이 아 니라 어떻게 통일된 세계를 "그 안에서부터 바꿀" 것인가에 있다.[8] 그러므로 흔히 지구화라는 개념으로 더 잘 알려진 "현실적 보편성" 앞에서 역사가에게 주어진 과제는 더 이상 지구사의 정당성 여부가 아니라 어떤 지구사를 지향할 것인지 고민하는 일일 것이다. 최근 역사가 홉스봄Eric Hobsbawm이 "어떤 특정한 환경이나 지역에 국한 되는 것이 아니라 모든 복잡성을 포괄하면서 지구를 역사 연구의 단일 대상으로 취하는" 역사, 다른 말로 표현한다면 "호모 사피엔 스"가 어떻게 진화해 왔는지를 연구하는 "총체적 역사"의 필요성을

역설한 것도 같은 맥락에서 이해할 수 있다.[9]

　이처럼 시각을 바꿔보면 지구사는 역사학 자체에 생산적인 도전이다. 지구사는 유럽 역사학을 변방화할 뿐 아니라 다른 과거를 인식하는 다양한 방식을 발굴하고 대화를 자극하여 역사학이 지닌 인식론적 폭을 확장하는 데 기여할 수 있다. 유럽과 아시아, 아프리카의 역사인식론 사이 폭넓게 대화를 시도하거나[10] 호주, 미국 원주민들이 과거를 인식하는 방식에 관심을 가지는 등이 좋은 예다.[11] 동시에 역사학이 전통적으로 차용했던 시간과 공간 개념을 넘어설 가능성을 열고 유럽뿐 아니라 지구를 변방화하여 인간과 자연의 관계를 새롭게 인식하는 계기가 될 수 있다. 역사가 크리스천David Christian이 주창한 "큰 역사 혹은 거대사Big History" 프로젝트나[12] 생물학자 윌슨Edward O. Wilson이 제시한 "깊은 역사Deep History"의 전망이 대표적이다.[13] 동시에 이런 "크고 깊은" 역사적 전망들은 인류사와 자연사를 엄격하게 구분하는 데 근본 의문을 던져 역사인식론 문제에도 깊숙이 개입한다. 또 무엇보다도 지구사는 새로운 보편사의 가능성을 조심스럽게 타진한다. 물론 제국주의/식민주의/홀로코스트 이후 보편은 신뢰성에 심각한 타격을 입은 것이 사실이다. 포스트모더니즘과 포스트식민주의가 가하는 비판 앞에서 유럽중심주의와 동의어가 된 보편을 거론하는 일 자체가 유럽중심주의와 은밀하게 공모했다는 혐의를 받으리라는 것도 부인하기 어렵다. 그러나 그렇다고 해서 보편을 버려야 마땅한가? 아닐 것이다. 적어도 자유, 평등, 인권 등 무엇으로 표현되든 간에 보편 없이 도처에서 발생하는 사회 부정의들을 어떻게 비판하고 극복할 수 있을 것인가? 역사학에서도 사정은 마찬가지 아닌가? 홉스봄의 주장처럼 "증거가 무엇이든 나의 진리는 너의 진리와 동일하다"는 반反보편주의야말로 "현재의 역사학을 가장 위협하는 정치적 위험"은 아닌가?[14] 만약 우리가 이러한 입장을 수용한다면 역사가들이 고민해야 할 문제는 보편사를 버릴 것인지 말 것인지가 아니라 어떤 보편사를 추구해야 할 것인지.

철학자 아도르노Theodor W. Adorno는 《부정의 변증법》에서 보편사가 갖는 위험성과 필요성에 대해 이렇게 언급했다.

보편사는 분석되고 부정되어야 한다. 과거에 벌어졌던 파국 이후에, 그리고 앞으로 다가올 파국을 생각할 때 더 나은 세계를 위한 계획이 역사 안에 표명되어 있으며 그것을 통합해야 한다고 말하는 것은 냉소적일 것이다. 그러나 이러한 이유 때문에 부정되지 말아야 할 것은 비연속적이고 혼란스럽게 조각나 있는 역사의 순간들과 국면들을 묶을 통일성 자체다.[15]

"부정의 보편사negative universal history"라는 다소 생소하고 모호한 표현으로 요약할 수 있는 아도르노의 입장은 헤겔의 변증법을 비판하는 복잡하고도 추상적인 논의와 관련이 있지만 서로 다름을 인정하면서도 어떻게 함께 살 수 있을까와 같은 현실적 고민을 철학적으로 표현한 것으로 읽을 수 있다.[16] 이는 마치 블랙홀처럼 개별들을 흡수하고 순식간에 녹여버리지 않는 보편, 개별들의 가치를 오히려 더 선명하게 해줄 보편은 없는가 하는 고민과 맞닿아 있다. 동시에 보편은 개인은 말할 것도 없고 특정 집단이 가진 힘만으로는 도저히 감당할 수 없는 전 지구적 파국에 맞서기 위해서도 더욱 절실하다. 아마도 오늘날 보편과 보편사가 가진 가능성을 타진하는 데 가장 유리한 위치에 있는 것이 새로운 지구사/세계사가 아닌가 한다.

새로운 보편사가 가진 가능성을 탐색하는 작업은 유럽중심주의를 넘어서는 일과 떼려야 뗄 수 없는 관계를 맺고 있다. 또 유럽중심주의가 남긴 공백을, 그것이 아시아중심주의, 아프리카중심주의, 아니면 중국중심주의, 한국중심주의건 간에, 다른 중심주의가 메우는 악순환의 고리를 끊는 일이기도 하다. 이처럼 유럽중심주의 극복의 문제는 집단중심주의ethoncentrism, 그리고 동시에 새로운 보편의 모색과 서로 불가분의 관계를 맺고 있다.[17] 이 글은 유럽중심주의를 비롯한 모든 중심주의를 넘어설 보편사가 어떻게 가능한지 묻는 데서 출발한다. 그러나 이 질문에 쉽게 답변하기는 어렵다. 나는 다만 "보편사의 귀환"을 알리는 몇몇 시도를 비판적으로 검토함으로써 답변의 실마리를 모색하는 정도에 그치고자 한다.[18]

새로운 지구사(NGH) 프로젝트와
지구화중심주의

오늘날 인류는 삶의 모든 면에서 상호 관계가 긴밀해지고 의존도도 높아지고 있다는 사실을 부정하기는 어렵다. 지구화는 이러한 변화를 가장 잘 포착하는 개념으로 널리 활용되고 있다. 그러나 문제는 지구화 개념으로 담아내는 현실뿐 아니라 그에 대한 평가와 전망이 학자들마다 다를 뿐 아니라 때로는 상반되기도 하다는 데 있다. 지구화라는 용어가 현실을 가능한 한 그대로 묘사하는 차원을 넘어서 과거와 현재 그리고 미래에 대한 특정한 인식을 정당화하고 강요하는 이데올로기일 수 있는 이유도 여기에 있다. 한 사회학자는 지구화를 둘러싼 쟁점을 다섯 가지로 정리했다. 여기에 예컨대 지구화는 수렴적인가, 민족국가의 권위를 약화시키는가, 근대성과는 다른가, 글로벌 문화는 형성되고 있는가 하는 쟁점뿐 아니라 심지어는 지구화는 실제 벌어지고 있는가라는 논란도 포함된다는 사실은 지구화 개념이 가진 이데올로기적 성격을 잘 반증해준다.[19]

MIT의 저명한 사상사가 매즐리쉬Bruce Mazlish가 이끄는 "새로운 지구사New Global History, 이하에서는 NGH로 약기" 프로젝트에 우리가 관심을 갖는 이유는 무엇보다도 논란 많은 지구화의 역사 자체를 주요 연구과제로 삼기 때문이다.[20] 특히 그는 앞서 언급한 다섯 쟁점에 모두 긍정적으로 답변하여 지구화가 가진 보편적 성격을 강조한다. 그러므로 그가 볼 때 지구화의 역사를 서술하는

NGH는 보편사의 다른 이름에 지나지 않는다. NGH 프로젝트에서 유럽중심주의가 주요 쟁점이 아닌 이유 역시 같은 맥락에서 해석할 수 있다. 아마도 그에게 보편적 성격을 지닌 지구화 역사를 성공적으로 서술하는 작업이 곧 유럽중심주의를 비롯한 모든 중심주의의 편협함을 극복하는 길이기 때문일 것이다.

지구화가 발휘하는 보편화의 힘에 대한 믿음, 혹은 인류학자 코로닐Fernando Coronil의 표현을 빌리면, "지구화중심주의 globalcentrism"는 매즐리쉬가 대문자 "인류Humanity"로 표현한 전대미문의 보편성이 이념으로서뿐 아니라 현실로서 그 모습을 확고히 드러냈다는 주장에 잘 반영되어 있다.[21] 물론 가족, 종족, 국가라는 좁은 경계를 넘어 인간의 삶이 서로 연결됐던 일은 역사적 기원이 오래됐으며 이를 토대로 소문자로 표현하는 인류humanity라는 보편적 이념이 이미 대두했다고 그는 인정한다. 그러나 그는 1970년대 혹은 적어도 1950년대 이후 전개된 지구화와 그 결과로 나타난 인류Humanity에 관심을 집중한다. 그가 이 시기 지구화를 "새로운 지구화"라 지칭하고 이를 핵심 연구 대상으로 삼은 역사를 "새로운 지구사"라 규정한 이유 역시 이와 관련된다. 또 "새로운 지구화"를 추동했고 또 앞으로도 그렇게 할 주요 동인을 국제연합(UN), 비정부기구(NGOs), 다국적 기업(MNCs) 등으로 보고 이들의 역사에 관심을 기울일 것을 촉구한 것도 같은 맥락에서 이해될 수 있다.

매즐리쉬가 구상하는 NGH의 관점에서 보면 지구화는 민족국가라는 틀에 갇힌 인민people을 대신해 새롭게 등장한 주권자 인류

Humanity와, 그 의견을 대변하는 의회격인 NGOs로 구성된 새로운 인류 공동체의 전망을 열어준다. 그러므로 그가 지구화를 프랑스혁명에 비유한 것은 그리 놀라운 일이 아니다. 프랑스혁명이 폭력에 의지한 반면 '지구화혁명'은 주로 경제적이고 기술적인 수단을 사용했다는 차이가 있지만 모두 기존의 권력체제를 전복하여 새로운 체제를 위한 길을 열었으며 기존 장벽을 허물고 새로운 방식으로 정체성과 경계를 넘어섰다. 그러나 '지구화혁명'은 단순히 특정 지역 사람들이 아니라 지구에 있는 거의 모든 사람이 가담했다는 점에서 파장과 영향력 그리고 심도 면에서 프랑스혁명을 넘어선다. 프랑스혁명이 민족국가가 주체가 되는 근대성의 세상을 열었다면 '지구화혁명'은 인류Humanity의 세상을 만들고 있다는 것이다.[22]

아마도 지구화가 갖는 중요성을 부정하거나 지구화를 다루는 역사학 연구가 시급한 과제라는 데 토를 달 사람은 없을 것이다.[23] 문제는 매즐리쉬가 지구화의 현재와 미래를 해석할 때 알게 모르게 발전론·목적론적 조짐들이 나타난다는 데 있다. 그는 유럽중심주의와 목적론적 역사관에 비판적이면서도 근대에서 지구시대global epoch로 이행하는 것을 더 나은 단계로 나아가는 진보의 관점에서 보거나 고대 그리스와 로마에서 탄생한 인류humanity 개념이 어떻게 오늘날 인류Humanity로 발전하였는지를 설명할 때는 헤겔주의와 유사한 시각을 넌지시 드러낸다. 지구화로 이룩된 인류Humanity에 매즐리쉬가 더 높은 도덕성을 부여하는 부분에서 이러한 시각은 사뭇 명시적이기까지 하다. 매즐리쉬의 표현을 빌리면 "우리가 한층 더 보편적인 사회 — 이해관계가 특정한 집단이나 민족이 아닌 인류humanity의 이해관계와 동일시된 지구적 사회 — 로 향하면서 더 높은 도덕성의 잠재력이 현실화되고 있다"는 것이다.[24]

매즐리쉬의 NGH 프로젝트는 또 다른 측면에서 비판을 받을 수 있다. 먼저 1950년대 혹은 1970년대를 기점으로 시작된 이른바 "새로운 지구화"를 혁명이라 부를 수 있는가? 역사가 오스터함멜 Jürgen Osterhammel은 오히려 지리상의 발견, 노예무역, "환경제국주의"를 특징으로 하는 근대 초, 혹은 수송과 교신의 산업화가 시작된 19세기 중엽의 이른바 '낡은' 지구화야말로 역사상 일대 전환점들이라 평가한다. 또 그는 20세기에 인간이 겪은 경험이 오히려 전 지구 차원에서 일어난 경제위기, 전쟁, 즉각적인 혹은 점진적인 세계의 종말과 같은 위기의식을 낳았다는 점에서 매즐리쉬의 낙관적 해석과 견해를 달리한다.[25] 뿐만 아니다. 한 인류학자의 연구가 잘 입증하듯, 지구화가 촉발한 이동과 교류의 활성화가 보편적 지구 사회를 만들기보다는 기존 엘리트를 글로벌 엘리트로 만들어 계급 간 균열을 더욱 심화하고, 민족이라는 편협한 틀을 넘어서기보다는 "탈영토화된 민족"이라는 열망을 오히려 전 지구적으로 자극하고 강화한다. 예컨대 알 카에다Al Qaeda와 같은 급진 이슬람 세력은 "근대 민족국가를 거부하고 현재 정치적 경계로 나뉜 민족국가를 위대한 종교에 뿌리를 둔 초국적 공동체transnational community로 다시 영토화reteritorializaton하려는 초국적transnational 시민권"이 가진 힘을 잘 보여주는 대표적 예다.[26]

매즐리쉬가 해석하는 인류Humanity 역시 논란의 여지를 남기기는 마찬가지다. 그는 인류Humanity의 출현을 알리는 결정적인 계기를 "인류에 반하는 범죄crime against humanity" 관련 법 제정에서 찾는다. 그러나 실제 이 법뿐 아니라 법에서 전제하는 인류humanity 개념은 모호하다. 예컨대 대체 어떤 범죄를 인류를 향해 저질렀다고 규정할 것인가? 아마도 나치의 홀로코스트가 그 범죄에 해당한다는 데 이견이 없겠지만, 제국주의·식민주의가 원주민을 향해 저지른 가혹행위는 어떠한가? 또 노예제는? 실제 프랑스에서 유대인 학살을 도왔던 나치 협력자들을 재판하면서 이 문제는 끊임없이 갈등을 야기했다. 왜 유대인을 색출하여 수용소로 이송했던 행위는 명백히 인류를 향해 저지른 범죄로 인정하면서 프랑스 군부가 알제리인들을 죽이고 고문했던 것은 이 범죄라고 심판할 수 없는 것일까?

현재 진행되는 지구화는 기회이자 위기일 수 있다. 기회일 수 있다면 먼저 지구 곳곳에 존재하는 온갖 개별성들이 서로 만나고 부딪히며 때로는 대립하는 과정에서 각각의 개성이 더 또렷이 부각될 수 있기 때문이다. 또 개별성들이 전 지구적 맥락 속에서 어떻게 조화롭게 상호작용하면서 공존할 수 있는지를 모색할 수 있도록 하기 때문이기도 하다. 그러나 동시에 지구화는 매우 강력한 동질화와 획일화 과정이기도 하다. 문제는 매즐리쉬가 주도하는 NGH 프로젝트가 전자보다는 후자를 알게 모르게 옹호하는 경향을 보인다는 데 있다. 만약 NGH 프로젝트가 서구적 근대성이라는 일종의 개별이 전 지구적으로 확산되고 지배적으로 되는 상황을 새로운 보편의 대두로 보고 그것의 역사를 추적하는 일을 새로운 보편사로 간주한다면 이는, 사회학자 부르디외Pierre Bourdieu의 다소 자극적인 표현을 빌리다면 "제국주의 이성의 간계"라는 가혹한 비판을 면하기 어렵다.[27]

지구적 파국에 맞서

매즐리쉬의 NGH 프로젝트에서 지구화가 새로운 보편성의 시대를 여는 진보의 과정이라면 입장을 달리하는 사람들에게 지구화의 미래는 그다지 낙관적이지 않다. 역사가 차크라바르티Depish Chakrabarty는 2009년 〈역사의 기후: 네 가지 테제〉라는 제목의 논문에서 지구화는 기후변화 혹은 지구 온난화 과정이기도 하다는 사실에 주목한다.[28] 그는 전반적으로 변화하는 지구 환경이 인류 전체를 멸종시킬 수 있는 엄청난 재앙의 시작일 수 있다는 자연과학자들의 경고를 받아들이면서 이러한 파국 앞에서 역사학이 무엇을 해야 하는지를 묻는다. 그가 보기에 이런 대대적인 위기가 역설적으로 인류 전체를 하나로 묶는 종種의 역사species history, 혹은 호모 사피엔스의 역사를 가능하게 한다고 전망한다. 이처럼 차크라바르티는 매즐리쉬와는 정반대인 경로를 통해 보편사 문제를 제기하고 있다. 아래에서 나는 차크라바르티가 제시하는 새로운 보편사의 인식론

지구온난화_산업화는 대기 중에 온실가스를 괴도히게 쌓이게 했다.

적, 실천적 딜레마를 부각시킴으로써 그가 기후변화로 초래된 위기의 시대에 역사가들에게 던진 문제의식을 더욱 벼릴 수 있는 가능성을 타진하는 데 초점을 맞추고자 한다.

새로운 보편사의 가능성을 타진하는 차크라바르티의 논의에서 핵심 역할을 하는 것은 오늘날 지구가 새로운 지질 시대에 돌입했다는 자연과학자들의 주장이다. 이들은 적어도 근대 이후 내내 인류가 화석 연료를 집단적으로 소비하고 가축을 산업적으로 활용하여 온실가스를 대기 중에 과도하게 쌓아서 지구 온난화라는 심각한 지구 환경 위기를 초래했다는 점을 경고한다. 동시에 이들은 이 과정에서 유사 이래 처음으로 그리고 본격적으로 인간이 "지질地質적 행위자geological agent"가 되었다고 강조한다. 한 과학사가의 표현처럼 인류는 "그토록 많은 나무를 자르고 수십 억 톤에 달하는 화석

연료를 태워 진실로 지질적 행위자가 되었다. 우리는 우리 환경의 화학을 변화시켜 해수면을 높이고 빙하를 녹이며 기후를 변화시켰다."[29] 이러한 지질 변화는 1945년부터 더욱 빠른 추세로 진행되고 있다. 노벨화학상 수상자 크루첸Paul J. Crutzen은 지난 1만~1만2000년 동안 지속한 완신세完新世the Holocene를 대신해 인류가 새롭게 연 지질 시대를 "인류세人類世 Anthropocene"라 부른다.[30] 요컨대 인류는 200년 남짓한 '짧은' 기간에 완신세를 대신해 새로운 "인류세"를 열 정도로 지구 환경에 엄청난 충격을 준 거대한 자연의 힘이 되었다는 주장이다. 인류가 지구상에 출현한 이래 늘 개인으로나 집단으로 생물적 행위자였으며 다양한 방식으로 환경에 영향을 준 것은 사실이다. 그러나 인류가 지질적 행위자가 된다는 의미는 이를 훨씬 넘어선다. 인류는 지구의 지질 구조 자체에 충격을 줄 정도로 수가 늘어나지 않거나 또 기술 발전을 이룩하지 않고서 지질적 행위자가 될 수는 없기 때문이다. 그러므로 인간은 개인이 아니라 인류 전체라는 집단 차원에서 지질적 행위자로서 중요성을 갖는다.

인류를 지질적 행위자로 본다는 것은 인류 역사를 이해하는 데 매우 큰 인식론의 전환을 요구한다. 차크라바르티가 볼 때 서구 역사학은 먼저 그 인식론적 전제를 근본적으로 재검토해야 한다. 이미 언급했듯이 지질적 행위자로서 인간은 지금까지 지구의 지질 시대를 서서히 변화시켜왔던 자연과 같은 막대한 힘을 지닌 자연의 세력이 되었음을 뜻하기 때문이다. 그러므로 차크라바르티의 주장에 따르면 이제 더 이상 인류의 역사와 자연의 역사를 엄밀하게 구분하는, 비코Giambattista Vico에서부터 딜타이Wilhelm Dilthey, 크로체 Benedetto Croce, 콜링우드R. G. Collingwood에 이르는 오래된 인문주의적 인식론 전통은 적어도 지질적 행위자로서 인류 역사를 연구하는 데 타당성을 인정받기 힘들게 되었다. 말하자면 "지구에서 빠른 속도로 생명체의 다양성이 둔화되고, 숲이 사라지며 온도가 상승하고 아마도 습도가 높아지고 폭풍이 잦아지는 상황"에 도달하기까지 역사, 달리 말해 인류가 지질적 행위자가 되어 새로운 지질 시대인 "인류세"를 여는 과정을 이해하고 현재와 미래의 의미를 전망하고 성찰하는 작업은 인문주의적 역사학의 인식론으로는 불가능하다는 것이다.[31]

차크라바르티는 지질적 행위자로서 인류가 새롭게 연 지질 시대인 "인류세"가 기후변화의 위기로 거대한 파국의 조짐을 보인다면 우리에게 시급한 과제는 인류를 다양한 생명체와 마찬가지로 하나의 종으로 보는(종적 사고Species thinking) 인식의 전환이 시급하다는 자연과학자의 견해에 동의한다. 그가 "기록된 역사" 차원을 훨씬 뛰어넘는 "깊은 역사"의 필요성을 강조한 윌슨에 동조한 것도 같은 맥락에서 이해할 수 있다. 윌슨이 볼 때 "인간 행위는 수만 년에 불과한 기록된 역사만의 산물이 아니라 깊은 역사, 즉 수십만 년에 걸쳐 인류를 만든 유전적, 문화적 변화의 산물"이다.[32] 그러므로 "깊은 역사"는 인류가 사는 방식을 다른 생명체들이 사는 방식과의 관계 속에서 파악하는 인간 종의 역사를 위해 필수적인 접근 방법이다.

그러나 차크라바르티도 인정하듯이 인간을 하나의 종으로 인식하고 종의 역사로서 인류사를 서술한다는 것은 쉽지 않다. 생물학적 개념인 종을 도입한다는 자체가 "인문주의" 역사학자들에게는 의혹의 대상이 된다는 데 문제가 있다. 거의 모든 역사가는 생물학이 정치적으로 어떻게 악용될 수 있는지에 대한 풍부하고도 슬픈 사례를 익히 알고 있기 때문이기도 하지만 기후변화를 초래한 책임을 인류 전체로 돌려야 하는지에 대해서도 이견이 있기 때문이다. 즉, 화석연료 사용을 비롯한 기후변화의 다양한 요인을 서구 자본주의와 산업주의, 제국주의, 식민주의와 분리하는 것이 타당한가 하는 항변이 그것이다. 이는 사실상 최근 개발도상국들이 온실가스를 줄이는 문제와 관련해 촉각을 곤두세우고 있는 부분이기도 하다. 요컨대 차크라바르티도 인정하듯 "인류세"의 도래와 기후변화의 위기는 분명 자본주의 역사와 긴밀히 연관되어 있다. 그러나 차크라바르티는 산업화, 제국주의, 민족주의, 사회주의(의 붕괴), 지구화 등 자본주의의 중요한 주제를 역사적으로 규명하는 것으로는 "인류세"의 위기를 제대로 포착할 수 없다고 본다. 위기는 자본주의와 깊이 관련되어 있으면서도 자본주의 자체로 도저히 환원될 수는 없다는 주장이다.

이와 관련해 흥미로운 점은 차크라바르티가 지질적 행위자의 관점에서 접근하는 인간 종의 역사(혹은 호모 사피엔스의 역사)와 포스트 식민주의의 시각에서 접근하는 자본주의에 대한 비판적 역사가 결합해야 한다고 강조하는 대목이다. 자연과학자들이 권고하는 인간 종의 역사는 생명체 역사의 한 부분으로, 스스로 생존을 위해 다른 종들에 의존하는 종에 대한 지식이며 인간의 정치적 선택과는 무관하다. 이런 자연과학자들의 비정치적 입장이 "인류세"의 위기를 이해하는 데 필수적이라는 점은 부인하기 어렵다. 그러나 그렇다고 해서 자본주의 역사에서 벌어진 다양한 정치적 선택이 "인류세"와 무관하지는 않다. 차크라바르티가 볼 때 서구 계몽주의와 자본주의의 획일화, 동질화, 보편화 경향을 날카롭게 비판한 포스트-식민주의가 가지는 가치는 "인류세"에서도, 종적 사고가 어느 때보다 절박한 시기에서도 여전히 귀중한 자산이다.

차크라바르티는 두 관점이 조화를 이룰 때 비로소 "인간의 새로운 보편사new universal history of humans" 혹은 "부정적 보편사"의 가능성이 조심스럽게 열릴 수 있다고 주장한다. 이 새로운 보편은 지구 온난화가 초래할지도 모를 "파국에 대한 공감대에서 나오는 보편"이면서 헤겔식 보편과는 달리 개별을 포섭해버리지 않은 채 "인간의 총체성", 혹은 "하나의 우리an us"라는 의식을 고민하게 만드는 것이다. 마찬가지로 그가 볼 때 새로운 보편사는 하나의 지구 정체성을 강변하는 유럽중심주의적 보편성의 신화를 거부하면서도 "정치에 대한 전 지구적 접근"을 가능하게 한다.[33] 또 다른 글에서 차크라바르티는 자신의 견해를 이렇게 요약하고 있다. 새로운 보편사는

인간의 생존에 절대적으로 필요한 자연 요소들을 추출하고 분배하는, 전 지구적으로 균등한 형태를 찾는 일의 일부가 될 것이며 (……) 민주주의를 위한 반식민주의 투쟁과 포스트-식민주

산업화된 공장

의 투쟁의 유산은 특정한 지배 권력이 자기의 편협한 이해관계를
위해 미래의 지구적 거버넌스를 탈취하려는 어떠한 시도도 무찌
를 수 있는 훌륭한 발판이 될 것이다.[34]

　나는 차크라바르티의 치열한 문제의식과 그가 제시한 해결책
이 근본적으로 중요하다는 점을 인정한다. 인류 전체를 멸종으로
몰고 갈지도 모를 "인류세"의 위기 앞에서 이 세상을 살아가는 거
의 모든 사람 사이를 가로막는 온갖 경계와 장애물을 넘어서 공감
대를 형성할 수 있는 보편이 절실하다는 것은 실현가능성 여부를
떠나 누구도 부정하기 어렵다. 과학과 인문학 사이를 비롯한 분과
학문의 경계를 극복해야 한다는 주장 역시 많은 역사가의 동의를
얻을 수 있는 대목이다. 그런데도 그가 제시하는 새로운 보편사가

구체적으로 어떤 모습을 띠게 될지 명확하지 않은 점은 분명하다. 이는 무엇보다도 한편으로는 자연과학자들이 제시하는 인류라는 종의 "깊은 역사"와 다른 한편으로는 포스트-식민주의가 갖는 자본주의 비판의 역사라는 두 입장을 어떻게 결합할 것인지 하는 문제와 깊이 연관된다. 물론 차크라바르티의 글이 시론 성격이 강하기 때문에 여기에만 근거해 그가 벌이는 논의를 비판하는 것은 정당하지 않을지도 모른다.

그러나 여전히 의문은 남는다. 산업화와 함께 인류가 지질학적 행위자가 되었으며 기후변화의 거대한 위기를 초래한 주인공이라는 차크라바르트의 주장을 인정한다 하더라도, 문제는 인간은 지질학적 행위자일 뿐 아니라 정치, 경제, 사회, 문화, 지적 행위자이기도 하다는 데 있다. 그렇다면 이와 같은 인간 삶의 다양한 측면을 통합하는 보편사는 어떻게 가능할 것인지 하는 질문은 자연스럽다. 일단 차크라바르티가 제시한 논의를 좀 더 부각시키기 위해 홉스봄이 역설한 "호모 사피엔스"의 역사에 대해 간략히 거론해 볼 필요가 있다. 포스트모더니즘이 갖는 반보편주의적 정체성의 정치에 강력하게 반발하면서 홉스봄 역시 자연과학자들이 DNA 연구에서 이룩한 성과를 원용하여 "호모 사피엔스"의 장구한 진화의 역사를 연구할 것을 촉구한다. "호모 사피엔스"의 역사는 인류를 둘러싼 환경의 상호작용 양식과 인류가 환경을 통제하는 방식을 비롯한 모든 인간 활동이 서로 연결된 "총체적 역사"다. 홉스봄이 볼 때 이런 역사가 보여주는 것은 "신석기 인류로부터 현재의 원자력 시대 인류에 이르기까지 호모 사피엔스의 변화를 추동하는 세력과 인간공동체나 사회적 환경의 변함없는 재생산과 안정을 유지하려는 세력 간의 갈등"이며 실천적 의미는 현재 우리가 왜 후자가 지배하는 세상이 되었는지를 밝히는 데 있다.[35] 요컨대 홉스봄이 제시하는 "호모 사피엔스"의 역사가 가지는 비전은 "역사 이해의 가능성을 부정하는" 포스트모더니즘의 반보편주의에 맞서 합리적이고 보편적인 역사 이해의 복원에 기초해 있다. 그러므로 홉스봄에게선 자연과학자들의 DNA 연구가 밝힌 하나의 종으로서 "호모 사피엔스" 역사와 기존 역사 이해를 접목하는 데 이론적 갈등이나 모순의 장애가 없어 보인다.

포스트모더니즘의 반보편주의에 강한 혐오감과 자연과학의 합리주의와 역사학 사이 인식론적 근본적 모순이 없다고 생각하는 홉스봄과는 달리 차크라바르티는 인간과 환경 사이, 인간들 사이에서 벌어지는 다양한 활동을 한데 묶는 "총체적" 역사에 대해 그다지 낙관적이지 않다. 이는 무엇보다도 자연과학의 분석을 통해 기후변화의 위기를 초래한 것은 종으로서 인류라는 것이 드러났음을 인정하면서도 종으로서 인류를 '경험·추체험' 할 수 없는 인문주의적 역사 이해의 한계를 지적하는 부분에서 잘 드러난다. 그는 이렇게 말한다.

우리 인간은 하나의 종으로서 스스로를 경험하지 않는다. 우리가 할 수 있는 것이란 단지 인간 종이 존재함을 지성적으로 이해하거나 추론하는 일이며 자체를 경험하는 것은 도저히 불가능하다. 종으로서 우리에 대한 현상학은 존재할 수 없다. 우리가 인류와 같은 단어에 감정적으로 동질감을 느낀다손 치더라도 하나의 종이 된다는 것이 무엇인지를 우리는 알 수 없다. 왜냐하면 종의 역사에서 인간은 종(얼마든지 다른 형태의 삶이 될 수 있는)이라는 개념의 한 예에 불과하기 때문이다. 그러나 개념이 된다는 것을 경험할 수는 없는 일이다.[36]

적어도 내 생각으로는 차크라바르티가 제시하는 새로운 보편사의 비전이 홉스봄에 비해 훨씬 도전적이며 새로운 역사인식의 전망을 제시할 가능성이 높아 보인다. 그러나 차크라바르티의 비전이 좀 더 확고한 토대를 확보하기 위해서는 크게 세 가지 딜레마를 극복할 방안을 모색해야 한다. 첫째, 자연과학이 발견한 지질적 행위자로서 인류, 혹은 종으로서 인류 그리고 인류가 집단적으로 초래한 위기의 역사를 기존 인문주의적 역사 인식론으로 포착할 수 없는 딜레마다. 인간이야말로 인간을 가장 잘 이해할 수 있다는 오래된 인간중심주의적 신념을 이제 우리는 포기해야 하는가? 아니면 수정이 가능한가? 그렇다면 그것은 어떤 방향으로 진행될 수 있는가? 둘째, 종의 역사를 뒷받침하는 자연과학적 합리주의의 비정치성에서 나오는 한계다. 이는 정치의 비이성적 성격을 포착할 수 없는 자연과학적 합리주의에서 비롯된다. 윌슨을 비롯한 자연과학자들에게서 기후변화 위기의 극복에 대한 지나친 낙관주의 역시 이런 합리주의와 무관하지 않다. 셋째, 자연과학자들이 제시한 보편적 종의 관점과 포스트식민주의의 계몽주의적 보편에 대한 비판을 어떻게 결합할 수 있을지에서 오는 딜레마다. 차크라바르티의 표현을 다시 빌리면 "과학자들이 제기하는 문제에 관심을 가지지 않고는 지구온난화를 위기로 이해하기는 불가능하다. 그러나 동시에 자본의 역사, 우리가 인류세에 도달하게 된 우연의 역사는 종의 이념에 기댄다고 부정될 수 있는 것이 아니다. 산업화의 역사 없이 인류세는 이론조차도 가능하지 않았을 것이다. 계몽주의 이래 세계사를 생각하면서 우리는 어떻게 둘을 결합할 수 있을까? 보편적인 것에 대한 포스트식민주의적 의구심이 지니는 가치를 버리지 않으면서 어떻게 우리는 삶의 보편사(보편적 사유)에 대해 말할 수 있을까?"

대답은 여전히 모호한 채로 남아 있다. 아마도 차그라바르티 자신뿐 아니라 "인류세"의 위기를 짊어진 채 새로운 보편사의 가능성을 타진하는 역사가 모두에게 남겨진 과제 가운데 하나가 아닌가 한다. 그러나 현재 우리가 사는 세상을 "인류세"로 규정하고 기후변화라는 가공할 위기가 종으로서 인류가 유발했음을 밝힘으로써 인류가 가진 새로운 보편사의 가능성을 확보했다는 생각은 자칫 자연과학적 인식론의 우위를 인정하는 방식으로 수용될 수도 있다는 우려를 남긴다(차크라바르티의 논의는 인문주의적 역사인식의 한계에 초점이 놓여 있으면서도 인간의 삶을 다루는 데 자연과학의 합리주의 역시 뚜렷한 한계를 지니고 있다는 주장을 함축하고 있다). 오늘날 상황이 아무리 인류를 한데 묶을 수 있는 새로운 보편의 출현을 절실히 필요로 한다 하더라도 이제까지 인문주의적 역사학이 이룬 성과와 포스트모더니즘, 포스트식민주의의 건전한 비판을 도외시하는 보편사는 자연사 속에 흡수, 통합된 소위 자연사의 한 하위 분야로서 인류사에 지나지 않는다. 이럴 때 차크라바르티 스스로가 던진 다음과 같은 의혹은 사라지지 않을 것이 분명하다. "종이나 인류를 말하는 것은 자본주의 생산의 현실과 그것이 조장한 제국주의적 — 공식적, 비공식적, 혹은 들뢰즈적인 의미에서 기계적인 — 지배 논리를 단순히 은폐하는 데 봉사하지 않겠는가?"[37]

보편적인 것의
역사로서의 보편사

최근 많은 역사가가 아이티Haiti 혁명에 주목하는 이유는 그곳에서 흑인 노예들의 반식민주의 투쟁이 프랑스혁명에 영향을 받아 일어났는데도 이념적으로나 현실적으로 논리적 귀결까지 끌고 가 보편적 해방을 이룩했기 때문일 것이다.[38] 그러나 오늘날 아이티가 처한 상황을 보면 1791년에서 1804년 사이에 전개된 이 획기적인 사건이 갖는 의미는 그다지 선명하게 다가오지 않는다. 혁명과 독립 직후부터 전개된 파란만장한 사건들은 차치하고서라도 "서반구에서 가장 가난한 나라"라는 아이티에 덧씌워진 오명 하나만으로도 200년 전에 일어난 사건이 갖는 의미를 퇴색하게 만들기 충분하기 때문이다. 일부에서는 자유를 누릴 준비가 되지 않은 노예들에게 성급하게 자유를 부여한다면 혼란만을 가져올 뿐이라는 오래 전 예언이 실현됐다고 판단할 것이다. 그러나 이 판단이 얼마나 편파적인가는 근대 이후 아이티 역사에 일면식이 있는 사람이라면 누구나 쉽게 이해할 수 있다.[39]

그러나 여기서 아이티혁명을 거론하는 것은 최근 붐을 이루고 있는 연구 경향과 시각을 달리한다. 오랫동안 주목받지 못했던 아이티혁명의 역사를 복원하고 흑인 노예들이 이룩한 보편적 해방이 갖는 현재적 의미를 되묻는 일은 대단히 중요하다. 그러나 이 못지 않게 중요한 작업은 아이티혁명이 가진 보편성이 어떠한 맥락 속에

아이티혁명 당시를 묘사한 그림, 〈생도밍고 전투Battle at San Domingo〉

서 탄생했으며 동시에 그와 같은 맥락이 왜 그토록 은폐돼왔는지 묻는 것이다.[40] 굳이 노예무역과 노예제를 가능하게 했던 글로벌 경제체제를 거론하지 않더라도 아이티혁명이 가능할 수 있었던 배경이 한 국가 차원을 훨씬 넘었다는 사실에는 이론의 여지가 없기 때문이다.

아이티혁명이 갖는 지구적, 좀 더 정확히는 '초지역적translocal' 의미는 비단 아이티혁명에 직접 관련된 행위자들의 출신 지역이 프랑스, 아프리카, 카리브해 여러 섬들, 미국, 영국, 스페인에 이르기까지 대서양을 가로지르며 다양했다는 차원에만 국한되는 것은 아니다. 아이티혁명을 가능하게 했던 것은 무엇보다도 이 시기 국가와 지역이라는 경계를 넘어 활성화되고 있던 자유, 평등과 같은 인간의 보편 권리에 관한 활발한 담론과 실천 네트워크였다. 네스빗Nick Nesbitt이 "지구적 인간 담론 공동체global human discursive community"라 이름붙인 장을 통해 인간의 보편 권리에 대한 담론은 이전, 교류했으며 각각 다른 환경 속에서, 다양하게 해석되고 또 실천에 옮겨졌다.[41] 1789년 프랑스의 '인간과 시민의 권리선언' 이 천명했던 인권의 보편적 잠재력이 대서양을 넘어 약 50만에 달하는 흑인 노예의 손에서 계급과 인종을 초월해 뚜렷이 확장된 보편성으로 구현됐던 것도, 이들이 자신에게 가해진 가혹한 비인간화에도 불구하고(혹은 그러한 상황 때문에) 초지역적 담론과 실천 네트워크에 직접 혹은 간접적으로 참여하고 있었기 때문이다.

오늘날 우리에게 유럽중심주의적 보편주의의 표상처럼 간주되는 헤겔G. W. F. Hegel 역시 이 네트워크에 깊숙이 개입해 있었다. 아이티 흑인 노예들이 유럽 계몽주의와 프랑스혁명에 깊은 관심을 가지고 있었던 것과 마찬가지로 직접 당사자인 프랑스인뿐 아니라 많은 유럽인이 아이티에서 벌어진 사건에 이목을 집중했다. 벅-모스Susan Buck-Morss의 최근 연구에 따르면 헤겔이 아이티혁명에 깊은 관심을 가졌을 뿐 아니라 철학적 논의에도 아이티혁명이 직접 영감을 주었다는 사실을 강조한다.[42] 헤겔은 통념과는 달리 정치, 경제, 사회, 기술을 비롯해 당시 전개되던 변화가 보인 구체적인 측면들에 주목했으며 이를 자신의 철학에 반영하려 노력했다. 그가 아이티혁명에 보인 관심 역시 같은 맥락에서 이해할 수 있다는 것이다. 특히 예나대학 시절 젊은 헤겔은《미네르바Minerva》라는 저널을 통해 아이티혁명 관련 정보를 풍부하게 수집했다. 벅-모스가 분석한 바에 따르면 아르헨홀츠Johann Wilhelm von Archenholz가 창간한 이 정치저널은 프랑스혁명뿐 아니라 아이티혁명에 관해 상세한 정보를 제공했다. 특히 1804년 가을부터 1805년 말까지《미네르바》는 총 100페이지가 넘는 연속 기사로 아이티에서 벌어진 사건을 요약 보도했을 뿐 아니라 목격자의 증언, 일차 자료 등을 게재했다.《미네르바》는 창간 2년 만인 1794년 이미 정치저널 분야에서 최고라는 평판을 얻었고 괴테J. W. von Goethe, 실러Friedrich Schiller, 셸링F. W. J. Schelling, 라파예트Marquis de Lafayette뿐 아니라 프로이센 왕 빌헬름 Friedrich Wilhelm 3세처럼 저명한 인물을 독자로 확보하고 있었다. 무엇보다도 벅-모스는 헤겔이《정신현상학》(1807)에서 처음 언급해

헤겔Hegel, 1770~1831

유명해진 주인과 노예 사이 목숨을 건 투쟁이 자유의 세계사적 발전을 가능하게 한다는, 이른바 주인과 노예의 변증법을 만든 아이디어 원천이 다른 곳이 아니라(예컨대 아리스토텔레스) 바로 아이티혁명이라고 지적한다.

만약 벅-모스가 한 주장이 옳다면 헤겔과 아이티혁명 사이 이런 관계가 헤겔 연구자들 사이에서 오랫동안 거의 철저하게 무시된 이유는 무엇인가? 그것은 주인과 노예의 변증법을 현실과는 관계없는 일종의 비유로 해석하고 이를 계급투쟁과 연결하려 했던 마르크스주의 식의 헤겔 전유 때문일 수도 있다. 또한 그것은 아마도 후기에 헤겔이 《역사철학》 같은 저작을 통해 보인 아프리카를 역사 없는 대륙으로 낙인찍는 유럽중심주의적 세계관 때문일 수도 있다. 벅-모스의 표현을 빌리면 확실히 후기에 헤겔은 "생물학적 인종주의는 아니라 하더라도 문화적 인종주의"를 숨기지 않았으며 그의 세계관은 향후 200년 동안 유럽중심주의의 아성을 쌓고 지키는 데 결정적 역할을 한 것이 사실이다.[43] 뿐만 아니라 유럽중심주의 그 자체 때문에 헤겔 같은 유럽 철학계 거인의 사상체계에 아이티 같은 '이질' 요소가 끼어든다는 사실을 인정하지 못하게 만들었을 것이다. 초기 헤겔 사상이 보인 이러한 측면들이 은폐됐다면 역설적으로 헤겔 스스로가 자신이 구축한 유럽중심주의의 희생자가 된 셈이다.

물론 벅-모스가 이처럼 헤겔을 해석한 것은 논란의 여지를 남긴다.[44] 그러나 여기서 내 관심은 해석의 진위 여부보다는 그녀가 보여준 접근 방식이다. 즉, 헤겔과 아이티혁명과의 관계를 통해 자유와 평등 같은 이념들이 서로 만나고 교류하며 상호작용을 통해 보편성이 더욱 확대해 나가는 과정을 추적하고 있다는 점이다. 동시에 그것은 계몽주의, 프랑스혁명, 아이티혁명을 둘러싸고 활발하게 교류했던 "지구적 인간 담론 공동체"가 어떻게 잊히고 침묵 속에 묻히는가를 밝히는 과정이기도 하다. 이처럼 벅-모스의 연구는 어떤 이념이나 이념을 실현하려는 사건이 국가, 지역, 인종, 문화라는 경계를 넘나들며 상호작용을 통해 점차 보편으로 인식되고 공유되는 과정, 그리고 동시에 그렇게 형성된 보편 네트워크가 어떻게 은폐되고 왜곡되는지를 보여준다. 나는 보편에 이렇게 접근하는 것을 잠정적으로 '보편 네트워크에 대한 비판적 역사'라 부르고 싶다.

보편사는 다양하게 정의할 수 있다. 가장 널리 알려져 익숙한 정의는 "우리에게 알려진 세상을 다루는 포괄적이며 아마도 통일된 역사"다. 그러나 "전 세계에 속한 것으로 여겨지는 진리, 이상, 원칙을 밝히는 역사"도 보편사의 범주에 포함될 수 있다.[45] 이 점에서 보편사universal history는 '보편적인 것의 역사history of the universal' 이기도 하다.[46] 현재 전자의 의미를 갖는 보편사를 추구하는 것은 심각하게 왜곡을 초래할 위험이 크다. 이는 자칫 다른 방식으로 유럽중심적 보편주의를 위한 새로운 길을 열 수 있다. 반면 보편적인 것의 역사로서 보편사는 보편이라는 것 자체가 고정되지 않고 시간과 공간을 달리하면서 다양한 집단(때로는 적) 사이 상호작용을 통해 변화해간다는 사실을 밝혀준다. 무엇보다도 그것은 보편적인 것이 특정 집단에 의해 탈취되거나 전유되는 것을 막는 비판 감각을 잃지 않게 하고 끊임없이 보편적인 것이 무엇인가를 성찰하도록 촉구한다.

새로운 보편을 상상할 때 지구화는 위험과 가능성을 함께 가진다. 국가와 지역 경계를 넘어 인간 삶이 더욱 긴밀하게 연결되는 것은 인류 전체에게 파멸을 가져 올 다양한 위협 앞에서 공동 의식을 가꾸어 나가는 데 도움을 줄 수 있을 것이다. 마찬가지로 프랑스혁명이 천명한 형식적 평등과 자유 이념을 아이티 노예들이 수용하여 노예제를 폐지하고 자유와 평등의 의미를 한 차원 더 확장했던 것처럼 인간 사이의 지구적 네트워크는 보편 가치를 더욱 발전시키고 공유하는 데 기여할 수 있다.[47] 그러나 명백히 존재하는 국가 간, 그리고 국가 내 불평등과 갈등을 은폐하는 방식으로 지구화가 이룩한 보편성을 강조하는 것은 유럽중심주의가 이제는 지구화라는 보편성을 앞세워 그 헤게모니를 관철하려는 시도에 지나지 않는다는 비판에서 자유로울 수 없다.

유럽중심주의 논쟁과 세계화 시대의 새로운 역사인식

조승래

청주대학교 역사문화학과 교수. 한국서양사학회장, 문화사학회장, 호서사학회장 역임.
대표적인 연구로는 ≪공화국을 위하여: 공화주의의 형성과정과 핵심사상 ≫,
≪쿠엔틴 스키너의 자유주의 이전의 자유≫ 등이 있다.

새로운 세계인식의 가능성

오늘날 소위 세계화라는 현상은 많은 논쟁에도 불구하고 이미 돌이킬 수 없는 엄연한 현실의 일부가 되었다. 그리고 동아시아를 포함한 세계 거의 모든 지역에서 '서구화=근대화'라는 등식이 성립된 이후 전개된 역사가 드디어 궁극적 단계에 접어들었음을 인식하고 내면화하는 것을 세계화라 보고 있다. 즉 서구적/미국적 표준을 보편적 표준으로 받아들일 수밖에 없다는 일종의 역사적 숙명론이 작금의 세계화의 밑바탕에 깔려 있다. 물론 이에 대한 저항도 만만치 않다. 미국 주도의 WTO 체제에 대한 전 세계 노동자, 농민, 지식인들의 저항이 이를 잘 보여준다. 세계화가 국제 질서에서 미국의 패권주의를 정당화시키고 주변 국가의 경제적 문화적 종속을 가속화시킨다는 것이다. 그렇다고 해서 고립적이고 배타적인 민족국가 혹은 종교 국가를 세계화의 대안으로 제시할 수는 없다. 이미 좋든

싫든 역사적으로 성립된 세계적 네트워크가 작동하고 있고 거기서 벗어난다는 것은 거의 불가능하기 때문이다. 남은 대안은 세계화를 지배/종속 관계가 아닌 상호 존중과 호혜적인 관계의 확충으로 정의하고 실천하는 것이다.

　그렇다면 역사가들은 이를 위해 무엇을 할 수 있는가? 첫째는 특정지역 중심의 세계사를 해체하고 폐해를 고발하는 것이다. 즉 유럽중심주의 시각에서 서술된 기존 서구 근대 역사학에 숨겨진 본질을 폭로하는 것이다. 둘째는 인류 역사가 여러 지역이 서로 영향을 주고받으면서 발전해왔음을 보여주는 세계사를 서술하는 것이다. 즉 지구의 특정 지역이 인류사의 보편적 발전을 주도해왔다고 보지 않고, 그것은 여러 지역이 서로 영향을 주고받음으로써 가능했음을 보여주는 것이다.

　이런 작업은 역설적이게도 비서구역사가들이 아니라 1960년대 이후 일부 서구 역사가들이 주도했다. 이슬람 역사 전문가 호지슨 Marshall G. S. Hodgson은 일찍이 1950년대 초에 세계사를 유럽 이외의 다른 지역 역사를 아무런 연관성도 밝히지 않은 채 유럽사와 함께 조금 곁들여 놓은 것으로 보려는 기존의 경향을 비판했다.[1] 그의 주장에 영향을 받은 몇몇 역사가들은 세계사가 조금 더 나가 유럽 중심적 관점에서 유럽과 다른 지역 사이 관련성을 약간 언급하는 역사여서도 안 되고 진정한 전 지구적 역사가 되어야 한다고 주장했다.[2]

　그런데 이런 주장은 두 방향으로 개진되었다. 첫째는 다른 지역 역사를 유럽역사의 복제품으로 보지 않고 차이를 인정해 자체의 특수성을 인정해야 한다는 것이다. 둘째는 역사학자 맥닐william H. McNeill이 주장하듯이 세계사는 이렇듯 서로 별개인 역사들의 파노라마를 단지 함께 모아서 보여주는 것이 아니라 다양한 문화와 문명들이 끊임없이 서로 영향을 주고받으면서 역사를 전개시켰음을 보여줘야 한다는 것이다.[3]

이 주장들은 지난 세기 막바지에 이르러 사이드Edward Wadie Said의 오리엔탈리즘론과 맞물려 유럽중심주의를 비판하는 일단의 비판적 지식인들의 작업으로 이어졌다. 그리고 그 여파는 우리나라에도 밀려와 2006년 봄 한국서양사학회는 "우리에게 서양이란 무엇인가: 유럽중심주의 서양사를 넘어"라는 주제로 학술대회를 열기도 했다.

이 글은 우선 유럽중심주의의 문제점을 검토하고, 다음으로 우리나라에 아직 소개되지 않은 유럽중심주의에 대한 비판 담론을 소개함으로써 새로운 세계사의 가능성을 모색하려고 한다. 굳이 새로운 비판 담론을 소개하려는 이유는 다음과 같다. 첫째, 그것이 유럽중심주의를 비판한다고 해서 유럽이 아닌 다른 지역에 중심을 설정하려고 하지는 않기 때문이다. 중심을 설정한다는 것 자체가 이미 권력 관계 안에서 다른 문명을 타자화 시키려는 의도이기 때문에 새로운 세계사를 모색하는 바른 길이라고 할 수 는 없다. 둘째, 유럽중심주의 사관을 근본적으로 극복하기 위해서는 매우 지난한 일이지만 유럽 근대 역사학이 내세우는 과학성의 신화를 해체하고 역사 서술 방식 자체를 바꿔야 하는데 그 모범적인 예를 새로운 비판 담론에서 찾아 볼 수 있기 때문이다.

유럽중심주의의 전통 _____

2006년 영국에서 창간된 《지구사 저널 *Journal Global History*》은 창간호 서설에서 이제 '유럽의 등장'이니 '나머지 세계의 서구화'와 같은 유럽중심적 거대 담론은 부적절하고 흠결이 있다고 판명난 해체 대상일 뿐이라고 선언했다. 이제 역사가들은 다른 문화 전통에 대한 균형 잡힌 이해를 통해, 하나의 특수한 문명이 지배하는 지역이 아닌 다양한 사회가 서로 영향을 주고받는 영역을 연구 대상으로 하는 지구사를 서술해야 한다는 것이다.[4]

그러나 서양사학사를 일별해보면 서양 역사가들이 이런 유럽중심주의 형성에 봉사했음을 알 수 있다. 서양역사학의 아버지라고 일컬어지는 헤로도토스도 그런 의심에서 자유로울 수 없다. 물론 그가 역사 연구 대상을 투키디데스처럼 그리스라는 한정된 영역에 국한시키지 않고 아시아에까지 확장시킴으로써 당시의 협량한 그리스 중심적 안목을 벗어났다고도 평가할 수 있지만,[5] 그는 《역사》를 '서양의 승리'로 결론 내리면서 그리스 폴리스들과 페르시아 제국 사이 갈등을 서양 대 동양, 자유 대 전제, 문명과 야만의 갈등으로 기술했다.[6]

지구사의 도전

이런 유럽중심주의는 근대에 들어 더욱 극심해진다. 유럽인들은 미국혁명, 프랑스혁명, 산업혁명을 거치면서 기독교적 시간관에 기원을 둔 목적론적 진보론과 역사 발전 단계론을 만들어내면서 유럽을 가장 앞서간 문명으로 자리매김한다.[7] 헤겔은 세계사는 동양에서 시작해 유럽에서 끝난다고 단언했다. 유럽이 역사의 궁극적 종말이라는 것이다. 19세기 유럽 지성계를 지배한 토크빌Tocqueville, 생시몽Comte de Saint-Simon, 콩트Auguste Comte, 밀John Stuart Mill, 스펜서Herbert Spencer, 마르크스Karl Marx 같은 지식인이 이런 생각을 공유했다. 사회적 진화는 문명 안에 내재해 있는 원리며 자연스러운 것이어서 역사는 어떤 목적을 향해 가고 있다는 것이다.

그런데 문제는 동양은 그런 문명이 아니라는 생각을 그들이 공유하고 있었다는 점이다. 그들은 예수회로부터 얻어들은 소문과 같은 동양에 대한 희박한 정보에 입각해 동양적 정체론을 만들어냈다. 예를 들어 밀은 동양적 전제의 본질을 알아내려 했고 마르크스와 엥겔스Friedrich Engels는 소위 아시아적 생산 양식이라는 개념을 만들어냈다.[8] 마르크스는 서양 역사와는 달리 동양 역사는 정체해 있다고 단정했다. 중국은 '시간의 톱니바퀴 속에서 빈둥거리며 부패해가는 어눌한 문명이요, 그것은 아편전쟁으로 문을 열어준 영국 자본가들에 의해 비로소 구원의 길로 접어들었다'는 것이다.

《공산당 선언》에선 유럽 부르주아가 야만적 국가까지도 문명으로 이끌었다고 선언했다. 주지하다시피 그는 동양이 정체한 이유를 발전 원동력인 사유재산과 계급투쟁이 존재하지 않는 아시아적 생산양식에서 찾았다. 국가가 사회 위에 군림해 경제에 재투자할 수 있는 수익을 원천적으로 갈취했다는 것이다. 이와는 달리 서양은 국가가 사회경제적 지배계층 속에 파묻혀 그들과 협력했으며 그들에게 재투자할 잉여를 축적할 수 있는 공간을 허용했다는 것이다. 따라서 경제 발전은 서양에서만 가능했다고 그는 단언한다.[9]

19세기 말에 이르러 랑케사학의 영향으로 좀 더 객관적이고 직업적인 역사가들이 나타나 세계사를 추구했지만 유럽중심주의는 여전했다. 액튼 경Lord Acton이 편집한 캠브리지 근대사는 앞서 말한 유럽 사회 과학을 그대로 차용했으며, 특히 버클Henry Thomas Buckle은 문명사를 쓰면서 문명을 인간이 자연보다 더 강한 유럽 문명과 자연이 인간보다 더 강한 비유럽 문명으로 양분했다. 독일의 문화사가 람프레히트Karl Gottfried Lamprecht가 이런 유럽중심적 관점을 좀 덜어내고 좀 더 보편적인 문화사를 쓰려 했을 때 독일의 직업적 역사가들은 신경질적 반응을 보였다.[10] 제국주의 시대에 들어와 많은 유럽 역사가들이 제국의 식민지 지배를 정당화하는 작업에 참여했다.[11]

이렇듯 역사학자 브로델Fernand Braudel의 말대로, "유럽은 역사가를 발명한 다음 그들을 교묘히 이용해서" 유럽과 그 밖의 세계에서 자신의 이익을 증진시켰다. 그리고 근대에 들어와 고대, 중세 그리고 근대라는 3분법적 시대구분으로 역사 발전과정을 체계화하는 유럽 근대 역사학은 비서구 역사를 유럽 근대역사의 전사前史로 파악했다.[12] 유럽인들이 만든 근대역사에서 비유럽은 역사 밖에 있다. 그들은 유럽만이 역사를 가지고 비유럽은 역사이전 자연 상태에 있다는 식으로 세계사지식을 생산해냄으로써, 프랑크A. G. Frank의 표현을 빌면 "유럽이 세계를 만든 것이 아니라 세계가 유럽을 만들었다는 사실을 은폐했다."[13] 이렇듯 근대 역사학 연구에서 유럽중심주의는 역사지식을 구성하는 에피스테메epsiteme 역할을 해 실질적 세계사가 아니라 서구에 의한 또는 유럽중심적 세계사가 서술되었다.

20세기 초반에 나타난 유럽중심적 세계사의 핵심에는 근대적 진보 관념이 깔려 있다. 유럽 근대사가 합리주의, 과학, 자유의 진보 역사라는 것은 근대 역사학이 알아낸 과학적 객관적 사실이라는 것이다. 따라서 유럽 근대사는 다른 지역 역사가 거기에 편입되어야 하는 인류의 보편사라는 믿음이 유럽중심적 세계사의 밑바탕에 깔려있다. 예를 들어, 베버는 서양 근대 자본주의의 역사적 등장을 연구하면 '보편사적 문제'를 풀 수 있다고 규정했다. 자본주의가 역사에 등장한 것은 "보편적 의미와 가치를 갖는 발전 선상에서 일어난 문화적 현상"이라는 것이다.[14] 그는 '왜 동양이 아니라 서양 근대사회에서 자본주의가 나타났는가?'라는 물음의 해답을 서양 문명의 합리성에서 찾으면서. 그것은 동양 역사에서는 나타나지 않은 합리적 법률과 국가, 합리적 근대과학, 복식 부기, 자유롭고 독립적인 도시, 독립적인 도시의 중산층, 프로테스탄트 윤리에 입각한 합리적인 개인과 이들의 프로페셔널리즘, 공/사 영역 분리로 서양 근대사에서 나타났다고 보았다.

유럽중심주의 논쟁과 세계화 시대의 새로운 역사인식

이런 생각은 20세기 후반에도 이어져 브로델마저도 여기서 자유로울 수 없었다. 물론 브로델은 역사의 진보가 다른 문명 간 끊임없는 교류를 통해 이뤄지고 각기 다른 문화들은 진보에 자기 나름대로 역할을 수행했다고 보았다. 그러나 그가 보기에 유럽의 역할은 그중에서도 각별했다. 그것은 바로 자유의 확대였다. 중세는 도시의 자치라는 자유를, 르네상스는 개인으로서 인간의 자유를, 종교개혁은 양심의 자유를, 프랑스혁명과 2월 혁명은 정치적 자유를 확대시켰다는 것이다. 즉 유럽은 자유 세계였다는 것이다.[15]

이런 생각은 사회과학에서 근대화론으로 나타났다.[16] 유럽 근대화 과정이 역사의 보편적 과정이 되어야 한다는 근대화론은 유럽 선진국들이 아시아와 아프리카 국가들을 전통사회에서 근대사회로 이끌어낼 수 있다고 믿었다. 우리가 익히 알고 있는 아민Samir Amin, 프랑크 등 유럽중심주의 비판자들은 바로 이런 유럽의 근대적 진보 관념을 배격했다. 진보는 바로 유럽가 타 지역을 착취하면서 자신들을 살찌운 과정에 불과하다는 것이다. 이런 관점에서 세계사를 본다면 유럽 근대사는 오직 제국주의적 식민주의적 헤게모니의 역사일 뿐 결코 보편사로서 자유 진보의 역사일 수 없다.[17]

20세기 후반에 나타난 대표적 유럽중심주의 학자들의 주장도 이런 유럽적 예외주의를 이어나갔다. 유럽의 어떤 특수한 요인이 자본주의 근대를 만들어냈고 이것이 유럽의 동양에 대한 우월성을 담보했다는 것이 이들의 공통된 주장이다. 여기에는 중세 이래 농업기술과 과학기술의 진보와 이를 뒷받침한 크리스트교의 진보관을 서양 우월성의 기초로 파악한 중세사가 화이트Lynn White, Jr, 자본주의 발전에 필수적인 민주주의적 정치제도가 서양 우월성의 기초라고 주장한 정치학자 홀John A. Hall, 자연 환경이 사회 발전을 결정한다는 환경결정론적 입장에서 유럽 우월성을 주장한 생태학자 다이아몬드Jared Diamond, 이 모두를 종합해 유럽만이 향유한 진보적 문화가 유럽를 세계사의 중심으로 만들었다고 주장하면서 유럽중심주의에 대한 비판을 삼류 학자들의 진실 왜곡이라고 조소하는 경제사가 랜즈David Landes가 포함된다.[18]

유럽중심주의 사관에 대한 비판적 해석들

2003년 프랑크의 《리오리엔트Re-Orient》를 시작으로 우리나라에서도 유럽중심주의를 비판하는 각종 서양 연구서들이 번역되었다.[19] 뿐만 아니라 유럽중심주의를 비판하는 우리 학계의 연구서들도 나왔다.[20] 따라서 이 글은 아직 국내에 소개되지 않은 학자들의 견해를 우선 소개하고자 한다.

우선 케임브리지 대학교의 인류학자이자 역사가인 구디Jack Goody의 견해를 보자. 그는 자본주의로의 발전을 유럽만의 특수성으로 보고 그 기원을 역사에서 찾아내려는 유럽중심주의적 목적론적 시도를 비판한다.[21] 다른 지역에서는 결코 일어날 수 없는 필연적 진보가 유럽에서만 가능했다는 주장은 학문적으로 뒷받침될 수 없는 신화일 뿐이라는 것이다. 그는 유럽중심주의적 사관이 다음과 같은 요소로 구성되었다고 본다. 아시아 역사는 전제의 역사였고 유럽 역사는 민주적인 고대 그리스부터 시작했다. 중세 말에 나타난 유럽 도시들이 바로 자유를 사랑하는 부르주아 계급, 그들의 자율적인 정부, 자본주의 맹아를 키워냈고 시민혁명과 산업혁명으로 결실을 맺었다. 이것이 바로 근대화라는 보편적 진보였다. 그는 유럽인들의 이러한 유럽 문명의 연속적 진보라는 생각은 보편적 지식이 아니라 그들만의 민속학적 지식에 불과하다고 단정한다.

이런 유럽중심주의를 배격하기 위해 구디는 이미 청동기 시대 이래 유라시아 대륙에서는 공통적으로 상업 도시 문명이 발전해왔다는 고고학자 차일드 Gordon Childe의 해석을 원용한다. 그리고 그것이 바로 자본주의의 공통된 뿌리라고 주장한다. 또 구디는 오늘날 아시아 일부 국가들이 유럽을 빠른 속도로 뒤쫓아 오고 심지어는 추월할 수 있는 이유를 바로 여기서 찾을 수 있다고 단언한다. 물론 11세기 이후 나타난 유럽 도시들은 자치 도시로서 특수성을 지니고 있지만, 그것이 자본주의로 발전에 필수적인 유럽 도시들만의 독특한 점이라는 베버나 브로델의 해석은 받아들일 수 없다는 것이 그의 지론이다. 청동기 시대 이래 나타난 도시는 어디에 존재했던 간에 상업과 전문화와 문화의 중심이었다. 그리고 그것은 귀족 계급과 중간 계급의 형성, 상인과 장인의 계층분화가 사회를 역동적으로 끌고가면서 나타나는 공통 현상이었다. 즉 도시는 어디에서나 소위 자본주의를 만들어낼 수 있는 터전을 닦아가고 있었다.

이렇게 볼 때 자본주의가 역사의 어느 시점에서 오로지 유럽에서만 탄생하고 최근에 이르기까지 거기에서만 성장해 온 것으로 보는 세계사는 한마디로 억지라고 구디는 개탄한다. 고도의 자본주의가 필요로 하는 산업화와 전문적인 금융 그리고 자기 확대적인 교역은 유럽에서만 나타난 특수한 현상이 아니라 중국과 인도역사에서 이미 그 맹아를 발견할 수 있다고 그는 확신한다. 예를 들어, 중국 자기 산업은 이미 노동의 분화, 규격 생산, 공장 생산 체제를 갖추고 있었으며, 인도의 견직 산업도 이미 대규모 공장제를 채택하고 있었다는 것이다. 중국과 인도가 엄청난 인구를 유지했다는 사실이 그 지역의 경제적 번영을 반증하고 있다는 것이다. 유럽에서 일어난 산업혁명은 아시아 수공업 제품을 대체하기 위해 중국과 인도를 모방해 단지 대규모로 생산해낸 것에 불과하다고 그는 단정한다. 마침내 유럽이 동양의 '근대화' 과정을 따라잡은 것이다.

그는 인류학자답게 서양의 독특성 혹은 우수성을 꽃 문화와 음식 문화를 예로 들어 부정한다. 그는 우선 자연에 대한 관심이 유럽인에게만 독특하며 특히 영국인들의 유별난 특성으로서 유럽적 근대의 감성과 심적 상태의 일부라는 문화사가 토머스Keith Thomas의 주장을 부정한다. 중국에는 훨씬 더 세련된 정원 문화의 전통이 존재했으며 꽃의 상징적 의미도 영국에서보다 훨씬 중요했다는 것이다. 구디는 정원이라 하면 영국이 본고장이라는 생각을 문화 비교연구를 통해 비판하면서 아시아로부터 월등하게 정교한 꽃 문화를 수입하지 않았더라면 영국 정원이라는 것도 존재할 수 없다고 주장한다. 따라서 자연에 대한 통제와 이용에 대한 여러 태도를 비교해볼 때 서양이 더 앞서고 독특했다는 주장은 어불성설이라는 것이다.[22]

또한 요리법의 세분화와 지식화 그리고 대중식당의 발전과 같은 음식 문화도 중국에서 더 일찍 발전했지 유럽만이 갖는 독특한 고급 음식 문화가 따로 존재하지 않았다고 주장한다. 고급 요리의 등장은 중국에서 이미 12세기 북송 시대에 나타나는데, 지배 엘리트인 문인 관료들이 음식의 감식가와 특정 식당의 단골손님이 되었으며, 그들의 요구로 지방마다 특화된 요리가 체계화되었다는 것이다. 그에 따르면 유럽에서는 빨라야 루이14세의 궁정에 기생해 살던 귀족과 상층 부르주아지가 그런 역할을 하기 시작했고, 산업혁명을 거치고서야 귀족과 부르주아지의 저택 바깥에 고급 식당들이 등장했고 뒤이어 대중식당들이 나타나 음식 문화가 제한된 계급의 사치에서 대중 소비의 대상으로 확장되는 단계로 접어들었다. 그러나 중국은 이미 마르코 폴로 시대에 그런 단계에 접어들었는 것이다.

그는 앞서 말한 것처럼 꽃 문화나 음식 문화의 발전은 경제적 계층화가 나타날 때 가능하며 청동기 시대 이래 나타난 유라시아 도시 문명에선 이를 공통적으로 경험했다고 주장한다. 도시가 발달하면서 계층 분화가 나타난 유라시아에서는 도시 문명이 나타나지 않은 아프리카 대륙과는 달리 꽃과 음식이 다른 계층과 구분할 수 있는 수단으로 사용되었다는 것이다. 따라서 오늘날 아시아에서 나타나는 현상을 소위 세계화라고 규정해서는 안 된다. 더군다나 그것을 서구화라고 규정하는 것은 언어도단이라고 그는 강조한다. 그것은 청동기 시대 이래 부분적으로는 서로 영향을 주고받고 또 한편으로는 내재적 발전 논리로 성장해 온 유라시아 대륙의 공통적인 도시 부르주아 사회의 성장일 뿐이다.[23]

그의 이런 유럽중심주의 비판은 지난 세기 말 현실 사회주의 붕괴 이후 심도 깊게 논의된 '시민사회' 론으로까지 이어진다. 그는 유럽이 자랑하는 합리성과 민주주의의 결정체라고 할 수 있는 시민사회가 유럽사회에서만 발전해왔다는 주장은 유럽인들의 근시안이 만들어낸 허상이라고 본다. 그러한 요소들은 동양에도 존재하고 있었다는 것이다. 예를 들어 오늘날 유럽인들이 자랑하는 비정부기구 시민 단체와 같은 것들이 중국, 일본에도 존재했다. 도시에서 활동하던 자발적 자선단체가 바로 좋은 예다. 또한 중국의 항行들도 서양 도시의 길드들이 행사하던 정치력을 행사했다고 그는 주장한다. 즉 동양 사회가 중앙 권력에 의해 일원론적으로 통치되던 조야한 사회가 아니라는 것이다. 그는 더 나아가 아프리카에서도 그런 요소들이 희미하나마 존재하고 있음을 문화인류학자들이 찾아냈다고 주장한다.[24]

이렇듯 지금까지 유럽중심주의에 대한 비판의 핵심은 유럽만의 독특한 내부적 요인이 자본주의 근대를 만들어내고 그것이 세계사적 보편성을 획득했다는 것은 서양인들이 만들어낸 허구라는 주

유럽중심주의 논쟁과 세계화 시대의 새로운 역사인식

장이다. 오히려 유럽은 중국(동양)을 중심으로 발전해온 세계사의 한 지역에 불과했을 뿐이요 더 나아가 동양이 제공하는 역사의 영양분을 받아먹으면서 문명을 유지했다는 것이다. 그리고 19세기 이후 유럽의 상내적 우위는 아메리카 대륙의 정복이라는 우연의 결과라는 것이다.[25]

이런 주장은 더 나아가 유럽가 아닌 다른 중심을 찾아내려는 시도로 이어지거나 서양이 역사를 통해 성취한 가치를 보편성이 전혀 없는 것으로 폄하하는 작업으로까지 나타났다. 극단적인 예를 들자면, 문화적 상대주의를 원용해 서양 근대 문명 자체를 퇴행적 문명으로 보는 견해도 나타났다. 생활수준, 노동의 질, 노동 부하, 사회 경제적 평등의 정도 그리고 민주주의적 관행과 자유를 조사해 보면 오히려 수렵채집 사회가 가장 진보한 사회라는 것이다. 근대 자본주의 산업 사회에 들어와 빈곤은 선진 경제 지역을 제외하고는 전 지구적으로 보편화되었고 양극화도 심화되었다. 그리고 개인의 자율성과 자유도 수렵채집 사회에서 인간들이 누리던 것과는 비교가 안 될 정도로 줄어들었다는 것이다.[26]

끝으로 우리에게 가장 잘 알려진 프랑크의 주장을 간단히 정리함으로써 이런 유럽중심주의 비판의 핵심을 요약하고 문제점을 짚어 보자. 프랑크는 자본주의 근대 자체가 유럽이 만들어낸 허구에 불과하다고 주장한다. 유럽중심주의적 시각에서 만들어진 근대 사회과학적 개념들로서 세계사적 현실을 파악할 수 없다는 것이다. 처음부터 자본주의로 이행 같은 것은 없었고 중국을 중심으로 한 유라시아 세계 경제 교역망과 그 안에서 벌어진 주기적 경제 변동만 존재했다는 것이다. 세계가 유럽을 만들었지 유럽가 세계를 만든 것은 아니라고 그는 단언한다. 즉 유럽만이 가진 독특한 무엇이 자기 완결적 논리로 자본주의 근대를 만들어 세계화시킨 것이 아니라는 것이다. 따라서 그에 따르면 19세기 이래 두 세기 동안 이뤄진 유럽의 짧은 제패는 단지 경기 순환의 결과일 뿐이지 역사적 필연성의 결과가 아니었다. 그 짧은 기간을 제외하면 늘 중국이 중심에 있었다는 것이다.

이런 주장은 유재건의 옳은 지적처럼 "자칫 잘못하면 우리가 살고 있는 시대의 특징을 설명하거나 그것을 극복하기 위한 실천의 모색을 불가능하게 할 수도 있다." 즉 "자본주의 근대세계에 독특함이 없고 그것이 역사상 으레 있어온 것이라면 지금의 정황으로 볼 때 생태계 파괴, 빈부격차와 불평등 심화, 기근 확대 등은 계속 진전될 것이고 대안적 다른 역사 체제의 발생가능성에 대해서는 상상할 필요가 없게" 된다. 그리하여 "유럽중심의 역사를 해체한다는 것이 유럽의 독특함을 부정하는 가운데 근대 특유의 성취와 모순, 위기에 눈을 감고, 오히려 또 다른 지역중심주의에 안주하고 만 것이 아닌가" 하는 의심을 자아낼 수 있다.[27] 경제학자 두셀Enrique Dussel의 지적처럼, 유럽 근대성은 독립적이고 자기지시적이 아닌 세계-체제의 일부분이지만 그렇다고 그것의 중심성을 인정하지 않으면 안 된다. 물론 중심성이라는 것이 유럽 문화의 우월성의 결과가 아니라 아메리카 대륙의 정복의 결과일 뿐이지만, 그것은 엄연히 유럽을 중국, 오스만제국, 인도보다 비교 우위에 서게 한 것은 사실이 아닌가?[28] 근대 자본주의 역사적 특수성에 대한 고찰을 외면하고 더 우월한 경제가 다른 곳에서 작동했다는 것만을 강조하는 일은 또 다른 중심주의에 빠질 수밖에 없지 않은가? 또한 그런 하나의 거대 담론을 어떻게 실증적으로 증명할 것인가? 그것은 끊임없는 논쟁만을 양산하지 않겠는가?[29] 그래서 그런지 2000년대에 들어와 몇몇 미국의 중국사학자는 중간적 입장을 취하는 연구 성과를 내놓기도 했다. 이들 주장의 핵심은 18세기 후반까지 중국과 유럽의 생활수준은 비슷했으며, 중국 시장도 유럽 시장 못지않게 효율적으로 작동했으며, 두 지역 모두 농업 경제에 기반을 두고 있어서 맬서스적 난관에 봉착했다는 것이다.[30]

다음으로 이렇듯 유럽와 비유럽을 우열 관계 안에서 자리매김하고 한 지역을 세계사의 중심으로 삼으려는 종래의 시각에서 벗어나 유럽중심주의를 비판하려는 작업을 소개하고자 한다. 드닝Greg Dening의 작업이 바로 그것이다. 위에서 언급한 학자들이 주로 경제사 혹은 정치사에서 유럽중심주의를 비판했다면, 오스트레일리아의 민족지적 역사가 드닝은 문화사에서 유럽중심주의를 극복하려 했다. 지난 세기 후반 포스트모던적 해체주의와 오리엔탈리즘에 대한 비판은 역사학뿐만 아니라 인문학과 사회과학 전반에 가장 큰 영향력을 행사했다. 두 사조는 근대적 인식론과 세계관을 해체함으로써 유럽중심주의에 따라 왜곡된 타자들의 모습 새롭게 부각시키는 데 성공했다. 드닝은 역사학 분야에서 이런 작업을 가장 특이하

게 실천한 역사가다.[31]

그는 남태평양인과 서양인이 조우한 역사를 기술하면서 철두철미하게 유럽중심주의를 배격했다. 그 예로 18세기 영국 선원들과 남태평양 군도 주민들 사이에서 문화적 엇갈림이 일어났다고 그는 주장한다. 서로 다른 문화 코드를 갖고 있던 영국 선원들과 남태평양 군도의 주민들이 조우했을 때 그들은 각기 다른 코드 안에서 상대방을 인식했다는 것이다. 따라서 서양인의 눈에 비친 폴리네시아인들이 취한 행위의 야만성은 어디까지나 그들의 문화 코드를 알지 못한 서양인들이 만들어낸 허상에 불과하다고 그는 단언한다.

또 그는 남태평양 역사가 유럽 시각에 따라 어떻게 왜곡되었는지를 보여준다.[32] 그는 이를 또 하나의 오리엔탈리즘으로서 퍼시피시즘Pacificism이라 이름 붙였다. 지금까지 유럽인들이 써온 역사는 해체 대상이 되는 신화일 뿐이다. 그는 유럽 근대역사학이 모두 유럽중심적 시각에서 서술된 허구에 불과한데 유럽인들은 그것을 객관적 역사라 우긴다고 주장한다. 유럽인들과 비유럽인

드닝Greg Dening, 1931~2008

들의 조우의 역사는 유럽인들의 소위 근대적 합리성의 시각에서 만 보면 안 되고 비유럽인들에 대한 문화인류학적 접근을 통해서 봐야 한다는 것이다. 따라서 그 역사는 문화적인 코드를 읽어내는 해석 작업이요 동시에 문학적 기술이 되어야 한다고 그는 주장한 다. 역사의 객관성 혹은 과학성은 근대 유럽인들의 자기도취에 불 과하다는 것이다.

드닝의 이런 생각을 가장 잘 보여 주는 작품이 바로 네티파머 저술상을 수상한 《블라이 선장의 잘못된 언어, 바운티 호 선상의 욕망, 권력 그리고 무대*Mr Bligh's Bad Language, Passion, Power and Theatre on the Bounty*》(Cambridge, 1992)이다. 영어권 주민들에게 설화, 소설, 연극, 영화로 널리 알려진 18세기 말 바운티 호에서 일어난 선상 반란을 다룬 이 책은 구성부터 여타 역사책과 비교해 볼 때 너무나도 이채롭다. 이 책은 마치 희곡처럼 막과 장 그리고 막간으 로 구성되어 있다. 또한 막과 장이 시간 순으로 구성되지도 않았 다. 즉 바운티 호 선상 반란 사건이 시간 순으로 구성된 것이 아니 라 윌리엄 블라이 선장의 귀환, 반란자들에 대한 재판, 선상 반란, 반란 이전의 타히티 상륙, 반란 후 뒷이야기 순서로 서술되고 있 다. 뿐만 아니라 책 막간과 각 막의 제2장에는 바운티 호 이전의 남태평양 주민들과 영국 선원들과의 조우에 대한 문화 인류학적 해석, 반란을 소재로 한 연극과 영화에 대한 비평, 역사의 본질에 대한 고찰 등이 뒤섞여 있다. 책은 한 사건을 시간 순으로 재구성 한 종래의 사건사적 역사서를 뛰어넘는 문화연구서이면서 동시에 역사이론서인 셈이다.

　이 책의 이러한 구성은 역사를 판타지는 아니지만 일종의 허구라고 보는 그의 생각을 반영한 것이다. 즉 역사가 과학적 지식이라는 주장은 근대 유럽인들이 만들어낸 유럽중심적 역사주의의 산물에 불과하다는 것이다. 그는 책에서 역사는 과거로부터 알아낸 무엇에 대한 지식이 아니라고 누차 강조한다. '일어난 그대로의 과거'란 환상에 불과하다는 것이 그의 지론이다. 그는 벤야민의 표현을 빌려 랑케식의 객관적 역사란 지독한 '나르시시즘'에 불과하다고 단언한다.[33] 역사의 목적은 과거에 대한 지식을 얻는 데 있지 않고 현재의 문화적 욕구를 만족시키는 데 있다는 것이다.

　드닝의 주장은 다음과 같은 두 가지 점에서 역사서술에서 유럽중심주의를 극복할 수 있는 좋은 길잡이가 된다. 첫째, 그는 근본적으로 근대 유럽인들이 만들어낸 역사서술 방식을 문제 삼고 대안을 제시했다. 그는 역사주의의 시간적 줄 세우기를 거부하면서 실제로 직접 서술을 통해 그것을 실천했다. 또한 근대 유럽인들이 만들어낸 역사가 과학적 지식이 아니라 그들의 욕구를 표현한 문화적 해석임을 폭로했다. 둘째, 그는 유럽중심주의를 배격하면서 중국을 중심에 놓으려는 경제사가들과는 달리 유럽 이외에 또 다른 중심을 세우려 하지 않았다. 중심을 세우는 자체가 권력관계로 다양한 문화를 서열화하려는 시도이기 때문이다.

새로운 비판적
역사담론을 위해

혹자는 세계사를 기술하면서 지금까지 세계사에 끼지 못한 비유럽 지역 역사에게 일정한 자리를 할당해주면 되지 않느냐고 반문한다. 그렇다고 하면 지난 세기 맥널 이후 등장한 세계사와 지구사를 통해 유럽중심주의를 학문적으로 극복한 것처럼 보인다. 그러나 유럽중심주의는 배척의 논리이면서 동시에 포섭의 논리라는 점을 잊어서는 안 된다.[34] 그것은 모든 역사가 아무리 가치 있는 문화적 독자성을 발휘하면서 서로 영향을 미치며 발전해왔다 하더라도 궁극에는 유럽 근대사에 편입되는 것을 세계사로 보는 것일 뿐이다.[35] 그것은 또한 유럽역사를 통해 만들어낸 이론적 모델만이 보편적으로 적용 가능하고 비유럽 지역 역사는 그러한 유럽역사 이론의 뼈대에 살을 붙이는 경험 자료에 불과하다는 생각과 같다.[36] 따라서 김택현의 주장처럼 유럽중심주의에서 벗어나는 것은 본질적으로 유럽 역사주의의 시간성과 발전 혹은 진보 서사에서 벗어나는 것이다. 즉 자본 지식/권력의 이데올로기 역할을 해온 유럽 근대역사학을 아예 해체 대상으로 삼아야 한다.[37] 이렇게 볼 때 앞에서 소개한 드닝의 역사 서술은 매우 값진 것이라 아니 할 수 없다. 그는 유럽 근대역사학의 과학성/객관성 추구의 허구성을 폭로하면서 전혀 다른 역사서술을 보여주기 때문이다.[38]

이렇듯 유럽중심주의로부터 역사를 해방시키려는 작업은 단순히 학문 영역에서만 그치는 일이 아니다. 왜곡된 과거를 다시 수정하는 작업은 늘 정치적일 수밖에 없기 때문이다. 이 작업은 헤게모니에 대한 도전이기 때문에 특히 그렇다. 오늘날 미국적 가치를 유럽적 근대성의 완성으로 보고 그것을 표준으로 삼는 전 지구적 네트워크 안에서 살아야 하는 것을 마치 인류의 역사적 숙명인 듯 강요하는 상황에서 비판적 의식을 지닌 역사가라면 그러한 정치적 작업을 하지 않을 수 없다. 유럽중심주의적 헤게모니를 지탱시켜 준 유럽 근대역사학과 역사주의 자체를 해체 대상으로 삼는 결단을 내려야한다. 그것은 소위 자본주의 근대성을 거부하는 '정치적' 행위와 다르지 않다.

유럽중심주의 논쟁과 세계화 시대의 새로운 역사인식

지구사 접근방법과 "문명화 사명" 문제

위르겐 오스터함멜 Jürgen Osterhammel

독일 콘스탄츠대학교 사학과 교수. 대표적인 연구로는 ≪지구화:
간단한 역사*Globalization: A Short History*≫, ≪식민주의: 이론적 개관*Colonialism: A
Theoretical Overview*≫ 등이 있다.

오승은 옮김 · 한성대학교 사학과 강사

오늘날 "세세사"나 "지구사"를 논하는 학자들은 누구나 이 개념의 의미를 분명히 하거나 적어도 어떤 특정한 배경이 이런 개념에 영향을 주었는지 명확히 하고자 한다. 세계사가 한때 상당히 중요했다가 이제는 깊은 침체에 빠진 학문적 환경에서 자라온 나는 독일의 지구사 연구에 대해 언급하면서 이 글을 시작하고자 한다. 무엇보다도 우리가 지금 직면하고 있는 도전은 어떻게 다양한 개별 국가적 시각을 지구사에 통합할 수 있느냐는 것이다. 이는 역설처럼 들린다. 어떻게 국가의 틀 안에 지구적 혹은 초국적 시각이 개념화될 수 있는가? 개인적 경험의 예를 들자면, 지금으로부터 25년도 훨씬 전에 1930년대 중국과 영국 관계에 대한 책을 썼을 때 나는 특별히 독일 관점에서 이 주제를 다루려 고 한 것은 아니었다.[1] 그러나 역사학자들의 공통 영역ecumene이 확장되는데도 지구사 서술에서 각 국가별 서술 양식의 차이는 남아 있다. 이런 차이는 다음과 같은 이유에서 기인한다.

(1) 특수한 역사학 전통

(2) 전문 역사 분야 내에 존재하는 지구사에 대한 다양한 입장

(3) 다른 역사 분야와 마찬가지로 지구사가 답을 제시하고자 하는 현대 세계의 주요 문제에 대한 특수한 정의들

이런 차이의 결과 나타나는 것은 민족적 편견이 아니라 시각의 차이다. 비록 포스트모던 역사가들이 생각하듯이 역사적 진실이 개인에 따라 해석이 달라지는 상대적인 것은 아니라 할지라도[2] 유럽중심주의적이지 않은 혹은 미국중심주의적이거나 아시아중심주의적이지 않은 완벽하게 "중립적"인 세계사는 무익하고 따분할 뿐만 아니라 불가능하다는 것이다.[3] 오늘날 미국의 역사가와 역사사회학자들이 세계사 서술을 양적·질적으로 주도하고 있다.[4] 이들을 모두 미국 헤게모니의 첨병이라고 비난하는 것은 어리석은 일이다. 이들 중 다수는 제국주의와 식민주의를 열렬하게 비판하기 때문이다. 그러나 많은 미국학자들이 영어 이외의 다른 언어로 출판된 연구를 참고하지 않는다는 사실은 우려를 자아낸다. 세계사가 영어권 중심주의로 귀결될 위험이 있기 때문이다. 영미학자들끼리 서로가 서로를 참조하는 체계와 "담론"으로 변질될 우려가 있는 것이다.[5] 따라서 프랑스어, 이탈리아어, 독일어, 일본어, 한국어와 같이 영어권보다는 규모가 작지만 결코 무시할 수 없는 전 세계 학자들은 각자 분야에서 장단점을 평가하고, 지구사에 어떤 구체적 기여를 할 수 있는지 논의해야 할 것이다[6].

"지구사"란 무엇인가? 이 질문은 이론적인 답이 아니라 실용적인 답을 요구한다. 아키타 시게루秋田茂는 자신의 책《젠틀맨 자본주의, 제국주의 그리고 지구사Gentlemanly Capitalism, Imperialism and Global History》서문에서 매우 명확한 정의를 내렸다. 아키타의 정의에 따르면, 지구사는 "자본주의 세계 경제의 형성과 전개" 역사다.[7] 나는 페터슨Neils Petersson과 공동으로 쓴 세계화를 다룬 작은 책에서 유사한 협의의 정의를 사용한 바 있었다.[8] 보다 넓은 의미의 정의는 이론을 다룬 내 저서《국민-국가를 넘어선 역사서술: 상호연관성과 문화 간 비교Historiography Beyond the Nation-State: Studies in Connections and Intercultural Comparison》에서 제시했다.[9] 아키타 시게루역시 오브라이언Patrick O'Brien을 인용해 비슷한 정의를 내리고 있다. "비교와 상호연관이 지구사의 주된 양식"이라는 것이다.[10] 좀더 일반적인 접근 방식은 "지구사"와 "세계사" 사이에 어떤 명확한경계선을 그리지 않는 것이다.[11] 베일리C. A. Bayly는 19세기에 관한저서에서 수많은 주제를 연구했지만 자본주의 세계 경제 부상에 대해서는 거의 언급을 하지 않고 있다.[12]

이는 아직도 민족국가 전통이 강하기 때문일 것이다. 결국 독일사람들은 오래전에 세계사 서술 작업에 동참했다고 주장할 수 있고이는 정당한 주장이다. 그러므로 세계사 연구와 서술에 전통적 독일학계가 기여한 바가 무엇인지 상기해보자.

전통 독일역사학계는 세계사 연구에 무엇을 기여했나?

계몽주의 시대 에드워드 기번 정도로 뛰어난 독일 역사가는 없지만, 전 지구적 상호연관성이라는 비전을 연구한 독일 역사가는 몇 있었다. 예를 들면 18세기 후반 괴팅겐 대학에서 활동한 쉴뢰저August Ludwig Schloezer나 개터러Johann Georg Gatterer 같은 역사가들이 있다.[13] 이 학자들은 고대사와 성서사에 능통할 뿐만 아니라 자신의 손에 들어오는 모든 여행기를 읽을 수 있었다. 그런 여행기 가운데 하나는 당시 주일 네덜란드 대사관 소속 의사인 캠퍼Engelbert Kaempfer가 쓴 일본 여행기로, 1727년 처음 출판되었다.[14] 쉴뢰저는 특히 세계사의 공간과 시간 문제 뿐만 아니라 유럽이 전 세계의 다른 지역과 관련을 맺는 방식에 대해 깊이 고찰했다.[15] 불행히도 이 연구들은 읽기 어려웠고, 바로 그런 이유에서 현재 독일에서조차 잊힌 존재가 되었다. 이들과 동시대 사람인 헤르더Johann Gottfried Herder는 상호연관성보다는 개별 존재들과 민족적 특성에 더 관심을 가졌으며, 이 시대 역사가 중 현재까지 기억되는 유일한 예다.[16]

같은 시대 칸트나 훔볼트 형제 같은 코즈모폴리턴적 사상가들은 다른 비전을 제시하기도 했다. 이들은 전문 역사가는 아니지만 유럽 식민주의에 대해 매우 비판적이었으며, 유럽 밖에서 사는 사람들이 이룩한 문화적 업적에 지대한 존경심을 갖고 있었다. 이들은 1800년대 당시 상황에서 "유럽중심주의"로부터 자유로웠다. 알렉산더 훔볼트는 1859년 90세의 나이로 사망할 때까지 19세기에 대해 편견 없는 태도를 유지했다.[17]

알렉산더 훔볼트는 독일뿐만 아니라 유럽 전역에서 점점 더 이질적인 존재가 되었다. 우리가 역사주의라고 부르는, 역사연구에서 근대의 비판적 학계가 탄생한 것을 의미하는 역사서술의 혁명은 비유럽세계에 대한 관심이 급격하게 줄어드는 것과 동시에 출현했다. 독일 역사가들은 역사연구의 비전이 "서구"라고 불리는 것에만 국한되는 데 결정적인 기여를 하고 있었다. 독일 역사학계에서 가장 뛰어난 지도자 격인 랑케Leopold von Ranke는 적어도 유럽 전체와, 유럽의 국가체제 그리고 공통의 라틴 문화 유산을 구현하고자 했다. 랑케는 오스만투르크 제국에 대해 짧은 책을 쓰기도 했다. 생의 막바지에 랑케는 《세계사Weltgeschichte》라는 16권짜리 방대한 책을 구술해 1881년과 1888년 사이에 출간했다.[18] 그러나 이 책은 이집트에 대한 짧은 챕터 하나 외에 유럽 밖의 다른 세계에 대한 관심은 보여주지 않았다. 랑케의 "세계사"는 기본적으로 샤를마뉴 이후의 유럽 역사인 것이다.[19]

이렇게 해서 랑케와 그의 동시대 사람들은 헤겔이 19세기 초 그랬던 것보다 심지어 더 "유럽중심주의적"이었다.[20] 1820년대 행한 역사철학에 대한 유명한 강의에서 헤겔은 소위 동양이라는 것에 대해 많은 이야기를 했는데 이는 오늘날 많은 사람들이 보기엔 모욕적이다. 그러나 헤겔은 동양 문명을 매우 진지하게 받아들였고, 베를린 도서관에서 찾을 수 있는 모든 문헌을 찾아 알고 있었

다. 헤겔은 결코 랑케가 한 방식으로 동양을 세계사에서 배제시키지는 않았다.[21]

인류의 더 많은 부분을 차지하는 비유럽세계가 유럽중심주의로 인해 잠식당하던 이 시기에 독일 지리학은 현재와 과거의 문화적 다양성과 삶의 다양성이라는 훨씬 더 광의의 개념을 간직하고 있었다. 헤르더에서 시작해 독일 역사지리학은 19세기를 관통해서 전지구적 관심이 살아남은 담론의 장이었다. 이 맥락에서 가장 중요한 이름은 리터Carl Ritter라는 지리학자로 헤겔의 친한 친구였다. 리터는 자신의 책상과 의자를 거의 떠난 적이 없다. 그는 아마도 모든 가능한 언어로 여행기를 읽는 가장 열심인 독자였을 것이다. 그는 유럽 전역의 전문가와 서신을 주고받았고 자신의 학생을 지구 먼 곳까지 원정을 보냈다. 그의 주요 업적은 아시아의 지리를 21권짜리 두꺼운 책으로 엮었다는 것이다. 이 책은 아시아 전역에 대한 역사 민족지학적 편찬과 분석해놓은 책이다.[22] 근대 독일 지리학 제2의 "설립의 아버지"라 할 수 있는 훔볼트Alexander von Humbolt도 리터와 같은 전망과 관심을 공유했다. 지리학과 세계사의 근접성이야말로 이 분야에서 가장 독창적인 독일의 유산 중 하나로, 예를 들어 영국에서는 알려진 바 없는 사항이다. 브로델Fernand Braudel도 이 전통에 속해 있으며, 월러스타인Immanuel Wallerstein이 제시한 공간적 모델의 세계 체제 이론도 어떤 측면에서는 이 전통에 속한다 할 수 있다.[23]

이와 다른 전통은 헤겔의 가장 유명한 추종자라 할 수 있는 마르크스Karl Marx에 의해 시작되었다. 마르크스는 물론 독일 태생이다. 그러나 마르크스주의가 얼마 만큼 독일 이론이라고 불릴 수 있는지는 논의의 여지가 있다. 기본적으로 마르크스주의는 독창적인 사고체계로, 독일의 고전적 관념주의(헤겔), 스코틀랜드와 잉글랜드의 정치경제학 그리고 유물론적 진화론에 근거를 두고 있다. "역사적 유물론"은 많은 변화를 거쳐 전 세계적으로 공명하게 되었다. 마르크스주의자가 아니라 하더라도 오늘날까지도 가장 흥미로운 세계사 분석은 마르크스 사상에 의해 영향을 받은 것임을 인정할 것이다. 마르크스주의는 소련 붕괴 이후 논쟁을 불러일으키는 이론이 되었다. 반면 홉스봄Eric Hobsawm과 같이 매우 개인적인 성향을 가진 마르크스주의 학자는 계속해서 인용되고 세계사 분야의 최고 학자 중 한 사람으로 여전히 존경받고 있다.

베버Max Weber의 기여는 마르크스주의 전통과 분리해서는 생각할 수 없는 것이다. 베버는 마르크스주의에 많은 관심을 기울였다. 그렇지만 베버의 접근 방식은 대개 독창적인 것이었다. 여기서 베버를 상세하게 소개할 필요는 없을 것이고, 다만 베버의 거대한 작업을 다루는 데는 몇 가지 방법이 있다고 얘기하는 것으로 충분할 것이다. 첫 번째 방법은 베버의 작업을 신중하게 재구성해 베버가 "정말로 말하고자 했던 바"가 무엇인지를 다시 확립하는 것이다. 두 번째 방법은 베버의 수많은 "문제제기Fragestellungen"를 그가 대가답게 형성했던 문제들과 연결시켜 보는 것이다. 베버가 "오리엔트 도시"에 대해서 한 많은 이야기들은 명백히 잘못된 것이었다.

베버가 살던 시대에는 오리엔트 연구가 겨우 배아 단계에 불과했는데 어떻게 그렇지 않을 수 있겠는가. 그러나 베버는 현재의 해석이 발전되어 나올 수 있는 출발점이 되었다. 세 번째는 베버의 글들을 "전거"와 "이념형" 개념의 거대한 레퍼토리의 저장고, 세계사 분석의 어휘집으로 사용하는 것이다. 최고 수준의 세계사 연구에 사용된 개념들에는 강력한 베버적 요소가 남아 있다.[24]

1920년에 사망한 베버를 이제 와서 영웅숭배를 할 의향은 전혀 없지만 그의 정교한 연구수준을 유지하는 것만으로도 독일이 세계사 연구에 많은 기여를 했다는 사실을 인정해야 할 것이다. 이 주장에 대한 유일한 예외가 있다면 그것은 바로 신학자이자 역사철학자이며 베버의 절친한 친구인 트뢸치Ernst Troeltsch다. 트뢸치는 1923년 사망했고, 베버처럼 그의 연구의 많은 부분은 미완성인 채로 남았다.[25] 20세기 전반기 매우 유명한 연구자들, 램프레히트Karl Lamprecht, 비이직Kurt Beysig, 슈펭글러Oswald Spengler, 프라이어Hans Freyer나 베버의 형인 알프레드 같은 연구자들의 작품을 접하게 되면, 그들 모두 편협하며, 정보를 잘못 알고 있고, 편견을 갖고 있으며 독단적일 것이라고 생각하게 될 것이다. 세계사 이론을 정립하고 서술하는 데 있어 독일이 주도적 역할을 한 것은 1920년경에 끝나고 말았다.

그러나 여기에도 예외는 있다. 베버 시대 독일 경제사와 경제분석은 아주 높은 수준에 올랐고, 바이마르공화국 내내 같은 수준을 유지했다. 당시 유명한 독일 역사학파에서 훈련받은 경제학자들은 수학적 모델보다는 실제 세상에 관심이 더 많았다. 그들은 1914년 반세기 동안 세계화가 진전되는 것을 보면서 초기 세계화의 역동성이 무엇인지를 면밀하게 관찰했다. 예를 들어 1900년대 국제경제의 구조를 공부하고자 한다면, 당시 이 분야의 최고 권위자가 예상과는 달리 영국이 아닌 독일 경제학자라는 사실이다. 이들의 무역, 투자, 교역과 원거리 통신에 대한 연구성과는 아직 누구도 뛰어넘지 못하고 있다.[26]

오늘날 독일의
세계사 · 지구사 연구

오늘날 독일의 세계사와 지구사 연구는 어떤 상태에 처해 있는가?[27]

세계사는 독일 학계에서 아직도 힘겨운 인정투쟁을 벌이고 있다. 세계화와 그에 따른 결과에 직면해 많은 역사학자가 전 지구적인 혹은 적어도 '트랜스내셔널' 한 관점의 필요성에 대해서 많은 이야기를 하고 있지만, 실제로 연구에 헌신하는 사람은 몇 되지 않는다. 또한 모든 연구 결과물에 성과가 있는 것도 아니다. 지구사 방식으로 최근에 쓰인 책 중 너무나 많은 책이 백과사전식이거나 서술식이다.[28] 독일어로 쓰인 책 중 두 권만이 혁신적이며 지적으로 자극적이라고 할 수 있을 것이다. 이 두 책은 모두 오랜 세월 역사

연구의 다른 분야에 전념하고 이제는 은퇴한 학자의 연구물이다. 이 두 연구물은 자신들의 문제의식을 아주 정교하게 규정하고 있다는 공통점을 보이고 있다.

그 중에서 미터라우어Michael Mitterauer는 오스트리아 경제시학자이자 중세사학자다.[29] 미터라우어는 역사에서 유럽이 걸어온 특정한 경로라는 고전적인 문제의식에서 출발한다. 그는 특정 경로라는 상당히 전형적인 대답을 제시한다. 그러나 그는 이전 학자들이 제시한 중세보다 더 이전까지 거슬러 올라가 그 뿌리를 찾으면서 몇몇 비교점을 제시한다. 그의 연구가 상호 관계와 네트워크를 관찰하는 지구적 역사는 아니다. 그러나 엄격하게 비교적인 접근법을 취해 랜디스David S. Landes나 다른 유명 연구자들이 제시한 "서구 대 나머지 세계"라는 이분법보다는 좀 더 정교한 접근방법을 취한다.[30]

다른 책은 저명한 러시아 출신 폴란드 역사가이자 초기 중세 알바니아 역사 전문가인 슈람Gottfried Schramm이 쓴 것으로 그는 현재 70대 중반이다. 슈람이 매우 거대한 문제에 관심이 있다는 것을 아는 사람은 별로 없다. 왜냐하면 전혀 예상치 못한 이방인이 쓴 이 책은 독일의 얼마 안 되는 세계사가들에 의해 무시되었기 때문이다. 그러나 이 책은 위대한 성과물을 남겼다. 그는 매우 단순하지만 순수한 아이디어에 이끌렸다. 세계사에서 혁신은 파열과 결정 같은 극적인 상황에서 발생한다는 것이다. 역사는 교차로나 분기점에 의해 구조가 결정되며, 이 교차로의 일부에서는 넓지도 분명하지도 않은 길이 선택되었으나 소수의 개인만이 새로운 출발을 선택했다는 것이다. 슈람은 5가지 분기점을 제시한다. 고대 이집트와 초기 유대교의 일신교 부상, 기독교의 연원, 16세기 초 유럽 종교개혁, 1760년 이후 미국혁명과 1860년대와 1880년대 러시아 지식인과 정치 활동가 사이에서 부상한 급진적이고 폭력적인 혁명적 사회주의가 바로 그것이다. 이외에도 세계사 전개에서 중요한 예는 얼마든지 더 제시할 수 있을 것이다. 그보다 중요한 것은 슈람의 독창적 문제의식으로 역사적 혁신이 발생할 수 있는 보편적 조건을 구체적으로 제시하고자 했다는 점이다.

미터라우어와 슈람은 모두 자본주의 세계경제의 발전은 차치하고 실제 생활의 연과관계와 인과관계를 정립한다는 의미에서 지구사에 관심이 있는 것은 아니다. 이 두 학자는 대안적 세계사에 관심이 있다. 미터라우어의 경우엔 베버의 전통을 따라 엄격한 비교를 하는 것에, 슈람의 경우엔 역사에서 발전과 후퇴(러시아 경우)의 근원이 무엇인지를 찾는 것에 관심이 있다. 이 두 학자의 기본적 태도는 노골적으로 유럽중심주의적이다. 미터라우어는 이론적 차원에서 동양의 우월성을 선호하지 않는다. 그는 단순히 경험적으로 그것을 당연시하며 그에 대한 설명을 찾으려고 한다. 슈람은 이집트 파라오부터 18세기 필라델피아까지 광범위한 시대를 포괄하지만 그러나 팔레스타인 동쪽 아시아를 논의에 포함시키지는 않는다. 둘 다 "깊은" 그리고 주제중심의 세계사 연구를 하고 있으며, "광범위"하고 개관적인 세계사를 하는 것은 아니다.

이 두 연구가 독일어로 된 거대한 방식의 세계사 연구 분야에서 제시할 수 있는 최고의 예다. 물론 세계사를 좀 더 작은 범위에서 진행하는 경우도 있다. 예를 들어 장거리 여러 문화적 경계선에 걸친 역사라는 의미에서 지구사를 이해하는 예가 있다. 이 경우 독일은 무엇보다도 이주 연구에 중요한 기여를 할 수 있다. 그 밖에도 옛날 방식의 외교사연구를 넘어서는 새로운 종류의 국제관계 역사연구가 느리지만 꾸준히 독일어권 국가에서 진행되고 있다. 이 연구의 특징은 여러 아카이브를 동시에 보고 여러 언어로 진행되는 "트랜스내셔널" 역사라는 것의 가능성을 열어두고 있다는 것이다.

그 외에 독일 역사연구는 세계사와 지구사에 관한 한 아직 상당히 뒤떨어져 있다. 왜 그럴까? 네 가지 이유를 들 수 있다.

(1) 지구사 연구의 핵심은 경제사여야 한다. 그렇지만 경제사는 독일 대학에서 급격히 사라지고 있다. 경제사가 경제학과 소속될 경우 생존 가능성은 아주 희박하다. 경제학자는 더 이상 역사에 관심이 없다. 다른 한편 경제사가가 역사학과에서 일한다면, 문화주의적 주류 연구culturalist mainstream에 부응하라는 강한 압박을 받을 것이다. 다시 말해 미세한 수준에서 경제생활의 문화적 측면에 초점을 맞춰야 한다는 것이다. 예를 들면 기업연구가 있겠다. 이제는 시대에 뒤떨어진 것으로 여겨지는 국제 경제사를 연구할 틈이 거의 없다. 활발히 활동하는 역사가 중 피셔Wolfram Fischer가 진행한 세계경제의 전개라는 선구적 작업을 계속할 야망을 가진 사람은 거의 없다.[31]

(2) 식민지 과거가 상대적으로 적은 독일은 지구사 연구의 근

간이 될 수 있는 "제국사"를 충분히 발전시킬 수 없다. 영국이나 미국, 일본에서 홉킨스Tony Hopkins, 베일리, 아키타 시게루 같은 식민주의와 제국주의 역사가들은 지구사 분야의 선구자로 부상하며 어떻게 제국역사와 지구사가 서로 관계를 맺게 되었는지 설명해왔다. 이와 비슷한 연구가 독일에서는 발생하지 않았다. 비록 단명한 독일 식민 제국(1884~1918)이 최근 많은 "포스트식민주의연구"의 관심을 끌기는 했지만 말이다.[32] 제국으로부터 글로벌 연구로 바로 직행하는 것은 아니다. 독일 역사학자는 제국의 역학보다는 지역 식민주의를 더 잘 이해할 것이다. 1939년 이후 두 차례에 걸쳐 "세계 권력"을 장악하고자 했던 독일의 시도와 전쟁기간 동유럽에 세웠던 제국에 대해서는 제국 역사의 관점에서 논의가 있을 법도 하지만 거의 없다.[33] 같은 주장은 역으로도 성립한다. 독일은 1차 세계대전과 2차 세계대전 이렇게 두 차례에 걸쳐 실패로 끝났으면서도 아주 파괴적인 "세계권력" 쟁취 시도를 했기 때문에, 1945년 이후 독일 역사가들, 특히 민주적인 좌파경향의 역사가들은 어떤 종류이든 전 지구성과 같이 과장된 담론은 극도로 경계한다. "글로벌"이라는 말이 붙는 것은 어떤 것이든지 매우 불쾌한 의미를 함축하는 것으로 받아들여졌고, 세계사는 한동안 우파 혹은 좀 더 정확히 독일을 새로 재건되는 "옥시덴트", "서양" 혹은 새롭게 나타나는 냉전기 외국Abendland의 일환으로 구성하고자 하는 보수주의자들의 프로젝트로 비쳐졌다.

(3) 지구사 연구에서 여전히 상당한 잠재력을 지닌 마르크스주

의는 다른 어느 곳보다도 오히려 독일에서 영향력이 적다. 명백한 이유는 1989년에 붕괴한 동독, 즉 독일민주공화국에서 마르크스주의는 공식 노선이었고 역사가들을 구속하는 노선이었기 때문이다.

(4) 오늘날 스스로를 세계사가로 간주되는 대부분의 학자들은 비유럽 역사의 전문가다. 오랫동안 중국, 일본, 한국, 인도 (역사), 중동 (역사), 아프리카 (역사), 남아메리카 역사 등은 역사연구의 주변부적 요소로 간주되었다.[34] 대규모 대학만이 이들 분야의 연구를 커리큘럼에 포함시켰다. 오늘날까지 평균적인 독일 역사학과 대학생이 아시아 역사에 대해서 배울 가능성은 적다. 이런 상황하에서, "지구사"라는 라벨은 궁지에 몰린 소수에 지나지 않는 비유럽 역사를 연구하는 역사가 일부에게 존엄성과 중요성을 부여한다. 그러나 라벨이 새로 바뀌었다고 해서 자동으로 오래된 병의 내용물이 바뀌는 것은 아니며, 예를 들어 중국역사에 대해 중국 측 자료 이외에는 다룬 적이 없는 중국 역사가가 세계사가로서 스스로를 재탄생시키는 일은 쉽지 않다. 세계사가는 "두 다리로 걸을 수" 있어야 한다. 그는 적어도 두 개 이상의 주요 문명과 친숙해야 한다. 하지만 이런 경우는 거의 없다. 거칠게 말해 독일의 유럽연구자는 비서구 역사에는 관심이 없고 반면 아시아나 아프리카 전문가는 유럽에 대해서는 충분히 알지 못한다.

다행히도 대화는 이제 시작되었다. 이론이나 해석 틀이 공통의 초점을 제공한다면 기대해도 좋을 것이다. 캐인-홉킨스의 제국 해석(독일에 대해서는 관심이 없음)이나 포메란츠 주장의 유용성은 명백하다. 마찬가지로 유럽과 중국 역사가들은 사회학자 엘리아스 Nobert Elias가 개발한 궁정사회 이론을 근간으로 해 근대 유럽과 중국 청조를 비교하는 합동 프로젝트를 시작했다. 또 다른 예를 하나 들자면 슈벤커Wolfgang Schwentker는 (미터라우어와 펠터바우어Peter Feldbauer와 함께) 아시아와 유럽의 근대 이전 도시를 주제로 일련의 논문을 편집해 책으로 출간했다.35 독일 그리고 스위스, 오스트리아에서 역사연구가 분절화되어 있으며, 역사과가 보통 비서구 역사 전문가를 광범위하게 뽑지 않음을 고려할 때, 이는 지구사 연구를 촉진시킬 수 있는 최상의 전략으로 보인다. 비교 세계사 연구를 하는 것이다. 대조적으로 위에서 언급한 좀 더 정확한 의미에서의 지구사 연구가 가까운 장래에 활발하게 이루어지기는 힘들 것으로 보인다. 마지막으로 추가하고 싶은 사항은 일본과 중국의 역사가들이 현재 "동아시아"를 경제적 정치적으로 상호작용이 활발히 이루어진 지역으로, 포괄적 세계화 구조의 하위체제로 재정의하고 있다. 이는 "거대한 방식"의 지구사 연구는 아니다. 유럽 역사가들에 의해 유럽이 재발견된 것과 유사한 경우라 할 것이다. 어떤 의미에서 보면, 역사의 "유럽화"는 독일 역사가들이 더 가깝게 느낄 수 있는 프로젝트며, 지구사보다는 재정적 지원을 더 많이 받을 수 있는 프로젝트다.36 한때 많은 관심을 불러 일으킨 "얽힌 역사entangled history" 연구의 거의 모든 예는 이웃한 유럽국가들 간 관계에 대한 사례연구다. 어떤 의미에서 본다면 맥락화된 유럽역사도 또한 일종의 지구사일 것이다.37

근대세계에 대한 "지구적" 지성사

앞에서 언급한 세계사의 "중심성" 문제는 이론적 추론만으로 결정될 수 있는 문제는 아니다. 그러나 피하기 힘든 것도 사실이다. 지난 20년간 나타난 주요 성과 중 하나는 전통적으로 유럽과 북미가 세력 확장의 수동적 수용자나 희생자로 보았던 세계 곳곳의 사람들을 "주체agency"로서 복귀시켜놓았다는 것이다. 몇몇 연구자들이 이렇게 극적으로 강조점을 바꿨으며, 현재까지 서구의 것으로 여겨지던 거의 모든 것이 사실은 아시아에서 연원된 것이라 주장했다. 물론 주요한 학문적 기여는 좀 더 미묘하고 균형 잡혀있다. 일본 역사가들은 근대 초기 세계경제에서 아시아가 차지하는 부분과 중국의 조공제도 그리고 20세기 초 동아시아 국제질서에 대한 전혀 새롭고 근거 있는 실제 연구를 통해 새로운 해석을 내놓았다.[38] 이들 해석의 공통점은 근대를 통틀어 "서구"가 역사적으로 독창적인 혁신의 유일한 원천이었다는 생각을 바로잡는 것이다. 유럽중심주의적인 세계사는 다중심적 시각으로 대체되고 있고 이는 아이젠스타트S. N. Eisenstadt와 다른 사회학자들이 주창하던 복수 근대성이라는 개념과 잘 들어맞는다.

그렇지만 "유럽중심주의"가 모욕이나 비방의 용어로 사용되어서는 안 된다. 차라리 우리는 다음 사항들을 구별해야 할 것이다.

(1) 다른 것은 어떤 것도 인식하지 않는 무의식적 집단중심주의적 유럽중심주의

(2) 실제적 증거는 망각한 채 적극적으로 서양의 우월성을 공개적으로 확인하는 이데올로기적 유럽중심주의

(3) 유럽을 정의와 복지의 특정한 보편적 기준의 — 만약 서구가 자신의 규범과 가치관을 위반하면 서구에 대해서도 비판할 수 있는 기준 — 시발자로 보는 도덕적 혹은 규범적 유럽중심주의

(4) 분석적 유럽중심주의

역사가들은 이 네 번째 범주의 유럽중심주의에 관심을 가지고 있다. 그들은 여러 역사적 시점에서 유럽이 세계에서 차지하는 상대적 무게에 질문을 던진다. 상대적 무게는 엄청나게 변화하였다. 그러므로 소위 "중세"에 대해 유럽 중심적 세계사를 쓰고 중국이나 일본 혹은 무슬림 세계를 주변으로 강등시킨다면 멍청한 짓일 것이다. 대조적으로 "장기" 19세기 역사에서 (전부는 아니더라도) 일부 유럽 사회가 통신과 이주, 상업적 교환, 문화적 전이의 글로벌 네트워크를 만드는 데 앞장섰다는 사실을 부인한다면 잘못일 것이다. 그러므로 19세기에 대해서조차 유럽의 주변성을 주장하고자 한다면 그것은 매우 문제가 많을 것이다.[39] 아시아 비평가들은 베일리의 19세기 세계사와 인도의 한 역사가 연구에 대한 연구가 좀 덜 유럽중심주의적이 되어야 한다고 생각할 수도 있을 것이다. 다른 관점에서 보면 베일리가 유럽과 나머지 세계 사이에 중요성과 주체성을

지구사 접근방법과 "문명화 사명" 문제

적정하게 분배하는 데 가장 근접했다고 주장할 수도 있다. 아프리카와 라틴 아메리카, 그리고 일본조차 제대로 대표성이 부여되지 않고 있는지도 모른다. 그러나 전반적인 균형은 그 이전의 어떤 연구보다도 설득력이 있다. 바로 이것이 베일리의 책에서 높이 살 만한 가장 매력적인 특성 중 하나다.

그렇지만 베일리에겐 자신의 목표, 즉 "'이성적인' 유럽 혹은 아메리카 중심으로부터 세계 곳곳으로 확산되어갔다는 단순한 확산론에 의지하지 않고 상호연관과 과정의 역사"를 제공하겠다는 목표를 충족시키지 못하는 지점이 하나 있다.40 베일리는 종교에 대해서는 좋은 연구를 한 바 있다. 그러나 사상과 예술에 대해서는 몇몇 단편적인 발언만 했을 뿐이다.41 예를 들어 그는 박물관과 예술 시장에 대해선 재미있는 이야기를 제공한다. 그러나 그가 언급하는 사상가와 예술가들은 거의 서구인들이다. 그리고 비서구 정치지식 엘리트가 세계질서라는 서구 개념에 어떻게 대응했는지에 대해서는 명확하게 다루지 않고 있다.

이 주제를 언급하는 이유는 베일리의 광대한 캔버스 위에 빈 지점을 채우기 위해서가 아니다. 목적은 세 가지 다른 일을 한꺼번에 하려는 것이다. 첫째, 지적 태도와 전망에 대한 비추가적(non-additive) 지구사를 지지하기 위해서다. 둘째, 중심성의 문제를 논의하며, 셋째, 19세기를 묶어줄 수 있는 통합적인 주제를 찾는 것이다. 다시 말해, (1800년 이전에 시작된) 시대에 거의 전 지구적으로 영향을 미친 거대한 주제가 있었는가? 베일리는 자유주의를 그런 거대 주제로 간주하고 있으며 이는 맞는 것이다. 의심할 바 없이, 자유주의는 근대의 가장 성공한 경제 이데올로기였다. 전체주의 계획경제의 도전을 넘겼고, 지금은 급진적인 형태로 복지 국가의 근간을 약화시키고 있다. 그러나 좀 더 자세히 살펴보자면, 19세기 자유주의 기록은 뒤섞여있다. 전 세계적으로 단 몇몇 국가만이 실제로 자유 민주주의 원칙에 따라 통치되어왔으며, 국제경제 관계에서조차 자유무역은 1870년 후반 이래로, 다시 말해 유럽이 처음 승리를 거둔 지 얼마 되지 않아서부터 심상치 않을 정도로 축소되어왔다. 달리 말하자면, 자유, 소유권, 법치 등의 구성요소를 갖고 있는 자유주의라는 사상은 거대 주제가 될 수 있는 가장 최상의 후보가 아닐 수도 있다는 것이다. 좀 더 나은 후보는, 본 논문의 중심주제기도 한 "문명"이라는 개념이다.

여기서 우리는 "문명"이라는 용어의 두 가지 다른 용법을 구분할 필요가 있다. 첫 번째 의미는 서술적 용법이다. 이 의미에서 본다면 문명은 서로 공유하는 믿음과 문화적 관행을 가지는 매우 커다란 공동체로 볼 수 있다. 이는 세계사 연구의 오래된 개념으로 슈펭글러와 토인비에 의해 부활되고 널리 쓰이게 되었으며, 아이젠스타트에 의해 절정에 올랐었다. 오늘날 이 개념은 "일본문명" "이슬람문명" "유럽문명"을 말하는 용어로 쓰이고 있다. "문명"과 "사회" 개념 사이의 차이를 나타내는 경계선을 그리고, 종교가 가장 근본적인 아교 역할을 하고 있음을 더 이상 확신할 수 없는 시대에 문명이라는 개념의 응집력을 보장하고, 지도상이나 실제로 어느 지점에서 한 문명이 "끝나고" 이웃한 문명이 "시작되는지"를 말하기가 매우 어려운 것이 사실이기는 하지만 말이다. "혼종성" 이론은 이런 어려움에 대한 대응책으로 생겨났다.

우리가 필요로 하는 것은 이런 서술적 개념이 아니라, 규범적이라고 불릴 수 있는 두 번째 개념이다. 기본적으로 이것이 의미하는 바는 "문명화"되는 것은 바람직한 일이며 "문명"은 야만적인 자연을 떠나서 공유하는 가치관과 이상에 따라 사회를 건설한다는 것이다. 근대에 들어서 비록 특정 지역(서유럽과 중부유럽)에서 시작되었지만, 문명에 대한 몇몇 주요 개념은 보편적으로 공명하기도 했다. 이것이 의미하는 바는 역사적 연원에 얽히지 않고 자체의 생명력을 띠게 되었다는 것이다. 이렇게 해서 서구의 "근대성"은 전 세계의 다양한 지역에서 "복수" 근대성으로 나뉘어졌으며, 각각의 근대성은 사회조직과 문화적 해석이라는 일반적 문제에 각각의 특정한 해결책을 갖고 있다.[42] 다른 개념들은 심지어 더 근본적인 의미에서 보편적이다. 이들은 각기 다른 그리고 서로 연결되어 있지 않은 상황에서 태어나게 된 것이다. 예를 들어 거의 모든 인간 공동체는 "정의"와 "책임감"을 갖고 있으며 그리고 많은 사람이 "이성적"인 행태와 그 반대를 구별하는 법을 알고 있다. 이런 개념은 어떤 의미에서 본다면 특수하며 문화 지향적이다. 최대한 거칠게 말한다면 정의 혹은 이성적 질문이라는 개념은 특정시간 중국, 일본, 한국, 유럽에서 각기 매우 다르다는 것이다. 그러나 이들은 모두 좋은 질서 혹은 자연 현상에 대한 적절한 설명이라는 공통의 질문에 답

을 제공하고 있다.[43]

"문명화 사명"의
이론과 실제 _____

"문명"은 — "문명화된다"는 규범적 의미에서 — 이들 보편적인 개념 중 하나다.[44] 우리는 고대 중국어나 아랍어에서 또한 일정한 밀도와 강도의 궁정과 도시가 발달한 곳이라면 거의 모든 곳에서 등가의 단어를 찾을 수 있다.[45] 각기 다른 정도로 "야만성"과 "세련됨"이라는 개념은 널리 확산되어 있다. 전사 계급은 자신들의 임무가 완성됐을 때 보통 칼을 칼집에 넣고 신사와 학문의 보호자(성직자, 필경사, 세속적 선생님 등)로서 재탄생해 자신들의 임무를 사회의 다른 분야를 길들이는 데서 찾는다. "문명"의 문제는 열등한 대상이 상정되지 않고는 의미가 없는 개념이라는 것이다. "정의"나 "이성" 이상으로 그렇다. 독일의 역사학자 코젤렉이 "비대칭적 대항개념"이라고 부른 개념으로 가치가 적다고 생각되는 상대를 필요로 하는 것을 의미한다.[46] 문명이라는 이상은 어떤 것이 됐든 문명화되지 않은 것에 의존한다. 야만적이고 미개하기조차 하며 문명화되기에 부족한 존재를 상정하는 것이다.

만약 그런 대치가 정적이고 변화 불가능하게 남아 있다고 한다면, 문명이라는 개념은 실제보다 덜 걱정스러울 수도 있다. 그러나 자신들의 완벽성을 찬양하며 자급자족적으로 자신의 과실만을 따먹는 사람은 드물다. 상상의 야만인들이 현관에서 으르렁거리고 있으며, 자신들의 성취와 미덕이 소진되거나 진부해지거나 사라질 위험에 처하게 되어있다고 본다. 때로는 자신들이 문명화시킨 사람들이 역으로 공세를 취한다고도 본다. 이들은 야만인들을 비야만인으로 만들기 위해 열정(혹은 이성적 전략)을 개발한다. 이렇게 해서 문명의 쌍둥이, "문명화 사명"이 탄생하여 걷잡을 수 없이 퍼져나간다. 바로 그 태생에서부터 집단생활의 이상적인 기준으로서 문명이라는 개념은 문명을 퍼뜨려야 한다는 개념과 쌍을 이루었다. 새로운 출발점에서 우리는 임시라도 새로운 정의를 필요로 한다. 새로운 정의는 다음과 같다.

"문명화 사명"은 특별한 종류의 믿음으로 때로는 실질적인 결과를 가져온다. 여기에는 자신들의 규범과 제도를 다른 사람과 사회에 전파하고 적극적으로 소개한다는 스스로 천명한 권리가 포함된다. 여기에는 자신들의 집단적 삶의 방식에 대한 내재적 우월성과 더 높은 정당성에 대한 확고한 확신이 자리 잡고 있다. 여기서 "사명"은 종교적 신념의 확산에만 국한되지 않음에 주의해야 한다. 이것은 적극적 우월성이라는 포괄적 생각을 의미한다.

이렇게 정의된 "문명화 사명"은 물론 근대 제국주의 이데올로기의 핵심 구성요소다. 그러나 이 개념은 제국주의와 제국의 시대를 넘어 지속되고 있다. 문명화 사명은 수많은 유전적 변형을 거치며 집요하게 계속되고 있다. 그 언사는 번창하고 있으며, 찬성하거나 반대하는 강력한 반응을 불러일으키고 있다. 물론 이는 오늘날 아주 중요한 긴급성을 띠고 있다. 외국의 개입 — 나토의 발칸 공격에서부터 제2차 이라크 전쟁에 이르기까지 — 은 문명화 사명이라는 관점에서 정당화되어왔다. 미국이 중동에 민주주의를 도입하겠다고 선언한 것은 정확히 그런 임무를 뜻하는 것이다.

그러나 문명화 사명은 유럽이 만든 서구 오만함의 독특한 표현인가? 그렇기도 하고 그렇지 않기도 하다. 물론 역사적으로 유럽만큼 자신의 규범과 문화적 모델을 성공적으로 전파시킨 선례는 없다. 동시에 다른 문화는 광대한 공간과 시간에 걸쳐 "문화적 헤게모니"를 지속적으로 성취했다. 서구 다음으로 중국이 가장 비슷한 예다.[47] 오늘날 중국은 자신만의 근대성을 개발하고 있는 중이며 세계화의 희생자가 아닌 주체로 스스로 변신하고 있는 중이다. "문명"이라는 근대개념은 19세기 후반이 되어서야 귀조François Guizot 와 버클Henry Thomas Buckle 같은 인기 있는 유럽 학자들을 통해 개념을 받아들이고 더욱 발전시킨 후쿠자와 유키치를 통해 일본에 도입되었다. 그러나 비슷한 개념이 이미 고대 중국에 알려졌었다. 언어와 문자 제례와 도덕적 규칙, 생활의 정화, 현명한 왕과 황제의 관대함과 같은 매우 발전된 개념이 존재했다. 근대 서구 문명 개념과의 주요한 차이점은 도시와 시민이 함축되어 있지 않다는 것이다. 중국 엘리트들이 다른 사람을 문명화시키겠다는 끝없는 욕구를 농민과 중국 영역 내에서 그리고 그 경계에 사는 소위 "야만인" 비한족계 중국인을 대상으로 분출시켰다. 야만인들이 적어도 제국만큼이나 강해질 때는 도덕적 권위를 통해 그들의 흉포함을 완화시키고 화평을 이루기 위한 정책이 되기도 했고 때로는 생존의 문제가 되기도 했다.

중국인들은 자신들의 문화적 우월성을 깊게 확신하고 있었고 야만인들도 기본적으로 선한 사람이어서 뛰어난 중국의 특성을 유지하는 것 자체가 모든 사람들로 하여금 더 나아지고자 분투하도록 자극을 주기에 충분하다는 깊은 확신을 갖고 있었다. 중국 제국은 성전을 벌이지도 않았고, 사절단을 파견하지도 않았으며 강제로 중국화를 진행하지도 않았다. 중국 지식계급literati의 중국문화의 매력에 대한 자신감은 고대문학경전을 통해 계속 전해지는 자신들의 야만적인 과거에 대한 기억 덕분에 강화되었다. 청국인들은 자신들의 미천한 출생을 뛰어넘기 위해 분투했다. 문명은 일종의 성취고 다른 사람들도 비슷한 노력을 하도록 장려했다. 이것이 중국의 문명화 사명 "이론"이다. 이 생각은 원래 "야만적"이었던 청 왕조가 제국의 정점에 확고하게 오른 18세기까지도 몽고와 티베트 백성들에게 권고와 통제라는 잘 증명된 방법을 여전히 적용했다.

문명화시키고자 하는 중국 사람들의 충동은 식민지주의적은 아니었으며 종교적 목적과도 분리된 것이었다. 그런데도, 강력한 사명감이 작용했으며, 문화적 완벽함을 추구하는 세속적이고 내부 지향적인 기준에 근거를 둔 것이며, 자문명의 내재적 자기력에 대한 신념을 갖고 있었기 때문이다. 야만인들은 라이 후아lai-Hua, 즉 "중국으로 올 것"이라고, 중국이라는 잘 알려진 세상의 중심에서

빛나는 문화를 향해 자신의 마음과 정신을 돌릴 것으로 예상했다. 놀라울 정도로 비슷하게도, 서구의 부드럽고 평화로운 문명화 사명을 옹호하는 지지자들은 민주주의, 법치와 자유로운 기업 활동이라는 민주주의의 내재적 가치에 신뢰를 두고 있다. 적어도 1991년 이후 러시아 서쪽에 위치한 동유럽에서 전개된 상황은 문명화 사명에 대한 비강요적인 해석을 지지하는 것으로 보인다. 다시 말해 서유럽의 미덕 자체가 많은 것을 얘기해줄 것이라고 보는 것이다.

시간과 정보 부족으로 인해서 서양에서의 문명화 사상에 대한 복잡한 계보는 건너뛰도록 하겠다.[48] 근대 초 해외로 진출한 제국들은 문명화 사명의 실행자는 아니었다. 스페인 군주를 제외하곤 누구도 동질적인 제국 문화 건설을 꿈꾸지조차 못했다.[49] 영국과 네덜란드에게 제국의 절대적 지배권은 "도덕적 규정"은 거의 필요로 하지 않는 상업적 모험이었다. 문명화시키고자 하는 열정은 자신들의 사업에 방해를 할 뿐이라고 여겼다. 더군다나 18세기 말까지만 해도 권력 ─ 정치적 그리고 문화적인 평형 ─ 관계가 유지되고 있었다. 아직 유럽 엘리트들은 인류를 문명화라는 정적인 저울에 자신들을 맨 위에, 일본을 그 다음에 놓으며 다른 나라들은 더 낮게 보는 식으로 순위를 매기지 않고 있었다.

그렇다면 이 문명화 사명이라는 생각은 어디서 나온 것인가? 자문명에 대한 자부심을 갖는다고 생각한 사람들이 다른 사람들이 자신들의 방식을 버리고 더 나은 문화를 공유하는 것이 더 좋은 것이라고 믿게 되기 위해서는 또 다른 단계가 필요하다.

지구사 접근방법과 "문명화 사명" 문제

그러한 단계는 1760년대에서 시작되어 1830년대까지 지속된 혼돈과 변혁의 시대 동안 발생했다. 이때가 실질적 실행기였다. 유럽의 자신감은 새롭게 더욱 고조되었다. 북아메리카 인디언부터 남아시아의 인도인에 이르기까지 군사적 승리를 거두었고, 과학기술이 비약적으로 발전했고, 민족이 새로운 에너지 원칙으로서 발견되었다. 여기에 더해 계몽주의는 일단 진실이 발견되면 가르치고 적용해야 한다는 믿음을 불러일으켰다. 계몽주의의 또 다른 중요한 발견은 인류가 자급자족 경제의 단계를 거쳐 문명화 주체로 부상했다는 모델로, 스코틀랜드와 프랑스의 스미스, 튀르고, 콩도르세 같은 사상가들에 의해 제시되었다.[50]

문명화 사명을 통해 실천하고자 하는 메시지는 모호했다. 이것은 역사의 자연적 경로가 무엇인지에 대한 개인적 인내와 신뢰에 달려있었다. 사회가 별다른 방해를 받지 않고 펼쳐져 나가는 것을 조용히 지켜본다면 문명화 사명이란 필요 없는 것이다. 아니면 전개를 위해서는 자극과 장려가 필요하다고 볼 수도 있다. 이 경우 전제정치 아래서 죽음을 당하거나 전통의 잔재 아래서 신음하는 사람들은 자신들의 친구가 조금이라도 도와준다면 너무나 감사할 것이다.

세계사에서 스스로를 나머지 인류가 따를 만한 모델이라고 처음 주장한 나라는 1783년 건국된 미국이었다. 특히 뛰어난 웅변실력을 지닌 미국의 대변인 제퍼슨Thomas Jefferson은 자신들의 새로운 국가는 이성이 구현된 곳으로, 유럽과 아시아의 모든 "전제주의"를 초월하는 곳임에 아무런 의심할 바가 없다고 주장했다 — 물론 미국의 노예는 언급하지 않았다. 그렇지만 미국은 당시 인구가 300만도 안 되는 작은 나라였으며 자신들의 정치, 사회 체제를 수출할 물리적 수단도 갖고 있지 않았다. 프랑스의 경우는 상당히 달랐다. 한동안 프랑스는 전 유럽의 엘리트들에게 열렬히 모방하고 싶은 문화적 모델을 제공했다. 라틴어의 쇠퇴와 함께 프랑스어는 유럽 대륙의 지배적인 의사소통 수단이 되었다. 그렇지만 1789년 혁명 직전에 프랑스 사람들은 자신들의 체제 전체는 해외로 수출할 만한 가치가 있는 것이라는 생각을 하게 되었다. 이 생각은 처음에는 혁명 전쟁 초기의 소용돌이 속에서 전개되었다. 1792년 11월 이래 프랑스 공화국의 공식적인 언사는 "자신들의 자유를 회복하고자 하는" 모든 국민들에겐 군사적 도움을 주겠다는 것이었다.[51]

문명화 사명을 제대로 실행한 것은 나폴레옹이었다. 1798년 젊은 나폴레옹 장군은 오스만 제국의 종주국으로서 맘루크 왕조의 통치하에 있던 이집트를 침공했을 때, 그는 전제군주를 제거하고, "미신"(다시 말해 계몽한 유럽적 감각을 가진 사람들에게는 참을 수 없는 것으로 보이는 이슬람의 측면들)과 싸우고 나일 강가에 사는 사람들에게 번영을 가져다주겠다고 약속했다. 이 약속 중 어느 것도 현실화되지 않았으며 3년 후에 프랑스는 이집트에서 나와야만 했다.[52] 그러나 뛰어난 선전 공세 덕분에 "문명화" 명분으로 개입하는 것은 유럽인들의 마음속에서 정당한 것으로 자리 잡게 되었다.

나폴레옹은 1799년 이후 유럽 내 점령지역, 특히 네덜란드, 벨기에, 독일 서부와 남부, 북부 이탈리아에서 더 성공적이었다. 여기서 프랑스 지배자들과 관리들은, 그 지역 엘리트들의 협조 덕분에 새로운 종류의 국가를 실행할 수 있었다. (2차 세계대전 이후 유럽 통합의 핵을 이룬) 이 지역들은 식민지 지배를 받은 것은 아니었다. 대신 아주 짧은 기간 동안 이들 국가는 프랑스 본국과 아주 유사한 방식으로 재조직되었다. 나폴레옹적인 국가는 베일리가 1800년대 전형적이라고 여긴 권위주의적 귀족 체제는 아니었다.53 혁명적인 새로운 국가로서 법적 평등, 보편적 세금징수, 봉건 특권의 축소, 사유재산 보호, 합리적 절차를 밟아 선출된 교육받고 전문적인 관료들이 담당하는 독립적 사법부와 행정부와 같은 사상에 기반을 두고 있었다. 프랑스 장교들과 공무원들의 태도는 놀라울 정도로 오만한 것이었다. 그들은 전통을 무시했으며 일반인들의 종교와 지역적 관습을 강제로 폐지시키기 위한 조치를 취했다.54 물론 이런 조치는 스페인에서 그랬던 것처럼 저항을 야기 시켰다. 그러나 상당한 진전을 가져왔고 새로운 국가의 기본적 형태는 일반적으로 프랑스 점령이 종식된 후에도 유지되었고, 어느 정도는 프러시아와 같은 대국에서도 채택되었다.

전반적으로 나폴레옹 통치하의 프랑스는 (러시아라는 특수한 경우를 무시한다면) 문명화 사명을 실행하고자 한 권위주의적 국가의 첫 번째 예이다.55 프랑스는 국내외에서 쇠퇴하는 구체제를 계획해서 변형시킬 수 있는 수단으로 간주되었다. 개혁의 목적은 더 이상 구체적 불만을 해결하는 것이 아니라 완전히 새로운 질서를 구현하는 것이었다. 프랑스는 의도적으로 "문명"을 수출했다. 1800년대

무렵 프랑스의 중요성은 언어와 예술이 아니라 행정적 조직과 법치에서 찾게 되었고, 19세기 초에는 프랑스 학문의 높은 명성에 의해 더욱 지지를 받았다.

문명화를 위한 간섭이라는 프랑스식 모델은 한 국가만의 특수한 예로 남지는 않았다. 19세기 후반 프랑스의 식민 정책(예를 들면 알제리에서)이 항상 나폴레옹의 선례를 따르는 것은 아니었고, 반면 영국의 정책은 때로는 나폴레옹의 선례를 따랐다. 크로머 경Lord Cromer은 1882년 이후 이집트의 거의 전지전능한 통치자로서 일종의 나폴레옹 같은 인물로 볼 수 있다. 그는 냉정한 행정적 합리성을 구현했다 — 원주민을 "해방시킨다"는 어떤 열망도 이제 사라졌다는 점에서 중요한 차이점을 드러냈다. 이집트의 "문명화"는 점령국의 이익 외에는 어느 누구의 이해관계에도 도움이 되지 않았으며, 어떤 혁명적인 의도도 결여된 것이었다.[56]

빅토리아 시대 이전에 나타난 영국판 문명화 사명의 예는 이해하기가 특히 어렵다. 지성사의 경우만 보더라도 공리주의 철학을 근간으로 하는 행동파와 복음주의자들, 정치경제학자들의 합리화 논쟁, 새롭게 공격적으로 된 영국 민족주의 등의 요인이 합쳐져 세상을 바꾸고자 하는 강력한 욕구를 만들어냈다. 이런 욕구들은 1790년대 콘월 경Lord Cornwall의 개혁에서부터 1830년대 벤팅크 경 Lord William Bentinck의 개혁에 이르기까지 주로 인도에서 행해졌다. 영국파Anglicist와 오리엔트주의자Orientalist 간의 유명한 투쟁을 통해 잘 드러난다.[57] 그렇지만 가장 중요한 영국의 문명화 사명은 노예제 반대 입장에서 잘 드러난다.[58] 반노예주의야말로 영국의 특수성을 잘 보여준다. 독일은 식민지가 없었기 때문에 노예제도도 없었다. 1790년대 초 프랑스 혁명주의자들은 노예제에 대해서 다소 모호한 태도를 보여주었으며, 나폴레옹은 노예제를 찬성하는 쪽으로 결정했고 완전한 폐지는 1848년이 되어서야 비로소 이루어졌다. 러시아 지배계층은 1862년까지 노예 비슷한 상태로 농민을 부려먹는 데 대한 죄책감을 느끼지 않았다. 쿠바는 1886년에 노예를 완전히 해방시켰다. 그런데 영국인과 덴마크인은 유럽 민족 사이에서 아주 특별한 경로를 택했다. 노예무역과 노예제도에 반대하는 성공적인 투쟁은 빅토리아 시대 이전 문명화 사명의 가장 중요한 부분을 차지했다.

마지막으로 미국의 상황을 살펴보자. 1800년경 북아메리카에서는 몇몇 주요 도시 밖으로 나가면 문명화 사회의 가장 기본적인 요소들조차 보기 힘든 상황이 계속되었다. 노예 문제는 차치하더라도 미국은 전투적인 종족들과 통제하기 어려운 국경 개척자들로 가득 찼다. 그러므로 역사학자 부시맨Richard Bushman이 "미국의 세련화"와 "인디언들의 문명화" 시도라고 부른 두 과정이 작동되고 있었다.[59] 이미 제퍼슨 세대에서 우리는 문명화 사명 대 아메리카 원주민이라는 생각이 존재했음을 보게 된다. 문명화 사명의 주요 골자는 사냥꾼들과 양치기 유목민을 정착시켜 농업 종사자로 만들고 그런 다음 그들이 "경작하지 않은" 땅을 전유하여 유럽 출신 아메리카 정착자들이 사용하게 한다는 것이다.[60] 그런 프로그램이 제대

지구사의 도전

로 운영되지는 않았다. 인디언들과 땅에 굶주린 정착자들이 순수히 따르기를 거부했다. 인디언들을 미국에 통합시켜야 한다는 언사는 1880년대까지 계속되었다. 그 후엔 문명화 사명이 실제로도 실패했으며 이론적으로도 믿을 수 없는 것임이 누구에게나 명백해졌다.[61] 다른 관점에서 봤을 때 남북전쟁 이후 재건기는 노예제 종식 이후 남부 사회를 문명화시키고자 한 하나의 거대한 시도로 볼 수 있을 것이다.[62]

빅토리아 시대의 문명화 사명과 한계

1830년대라는 연대기 상의 기준점으로 다시 돌아가 보자. 이 시기에 즈음해서 문명화 사명에 대한 새로운 이해가 전 세계적으로 형성되기 시작했다. 간단히 말해 이를 빅토리아적인 문명화 사명이라고 부를 수 있을 것이다. 여기에는 몇몇 기본적인 특성을 찾아볼 수 있다.

첫째, 이 시기에는 소위 이교도를 기독교 문명화시켜야 된다는 움직임이 다시 부활하고 크게 증가했다. 신교 교화와 전도 단체들이 주도해 사적으로 재정 부담을 지면서 멀리 떨어진 식민국가에서 활동했다.[63] 기독교 선교는 또한 내적인 방법으로도 "문명화"를 이루고자 했다. 독해술, 비누, 일부일처제를 전파하고자 했다. 그러나 이는 앞에서 말한 문명화 사명과 결코 동일한 것은 아니었으며 빈번히 독립적인 아젠다를 추진했다.

둘째, 이때가 되면 문명화 사명은 정말로 보편적이 되었다. 더이상 특정 국민이나, 사회, 단체, 마무룩 전제 왕조에 의해서 억압받는 이집트 사람이나, 과부를 태워 죽이는 인도 사람들이나 혹은 들소를 사냥하는 아메리카 인디언들만을 목표로 하지 않았다. 오히려, 영국은 인류 전체의 최고 교육자라는 임무를 자임하며 두 종류의 규범적 관행을 무한 대의 활동 범위 내에서 선구적으로 실행했다. 바로 국제법과 자유 시장이다. 오래된 만민법ius gentium은 보편적 타당성을 지니는 법적 "문명화 기준"으로 변했다.[64] 오늘날까지법은 가장 존귀한 그래서 아마도 문화횡단적trans-cultural 특성이 가장 강한 문명화 과정의 대행자일 것이다.

식민지 맥락에서 법제화와 법원 경찰에 따른 법 집행은 아주빈번히 문화적 침략의 날카로운 무기로 쓰였다. 예를 들어 모국어를 금지시키고 원주민으로 하여금 식민주의자들의 고유어로 표현하게 하는 것은 식민주의 역사 전체를 통틀어 가장 큰 저항을 불러일으킨 정책일 것이다. 그런 정책은 예외 없이 실패로 끝났고 한 번도 의도했던 "문명화" 효과를 거두지 못했다.

빅토리아적인 "문명화 기준"은 법의 보편적 진화적 측면을 더욱 발전시켰다. 보편적인 것은 — "인권"의 언어는 아직 아니지만— "문명화 세계"의 일원이 된다는 것이 법적으로 무엇을 의미하는지를 보여주는 기본적인 일련의 규범을 정의내리고 있기 때문이다.이런 규범은 법의 다양한 분야를 관통하고 있다.[65] "잔인한" 처벌의

금지부터 사유재산과 민사 계약의 존엄성을 비롯해 국제관계에서의 적절한 행위(국가는 외교관을 파견하고 다른 국가의 상징적 동등성을 존중해야 한다는)에 이르기까지 다양하다.

1870년대까지 유럽의 법이론가들은 문명화 기준을 즉각적 행동을 취할 수 있는 안내서라기보다는 비유럽 국가들의 "야만적" 행태를 비판하는 기준으로 간주했다. 전쟁이나 전함의 위협을 통한 중국과 일본, 태국의 "문호개방" 조차도 이들 국가에 대한 전반적인 문명화 사명의 일환이라기보다는 국제 통상의 기본적 요건상 필요한 것이라는 관점에서 정당화되었다. 이 관점에서 본다면, 중국의 조차 항구 제도는 일종의 타협이라 할 수 있다. 중국은 "치외법권"(기본적으로 근대 초 법적 규약으로 오스만투르크 제국에서 처음 사용)을 받아들여야 했으나 그렇다고 자국의 법제도 전체를 다시 구성할 의무는 없었다. 중국법의 서구화는 오랜 과정으로서 세기 초에 시작되어 아직도 끝나지 않은 과정이다.

법은 "타국의 문명화를 위한 좀 더 부드러운 수단"인 시장과 밀접한 관련이 있다.[66] 법은 시장을 만들고, 시장은 그 자체로 특별한 종류의 법규를 필요로 한다. 시장 길들이기 효과를 자유주의적 유토피아 관점에서 이해하는 것이 빅토리아 시대 내내 지속되는 문명화 사명 개념의 주요 요소다. 정통주의자들의 가정에 따르면, 시장은 각 민족을 평화롭게 하며 전사 계급을 필요 없게 하고, 개인을 근면하고 욕심이 있는 존재로 만든다는 것이다. 이런 주장의 일부는, 예를 들자면 "민주적 평화"라는 테제는 심지어 오늘날까지도 열띤 논쟁을 불러일으킨다. 19세기에는 새롭게 느껴졌던 생각이 시장에서 부의 창출과 그 혜택의 분배를 위한 "자연적인" 메커니즘으로 간주되어야 한다는 것이다. 바보스러운 간섭에서 자유로운 수요와 공급의 자연스러운 작동을 통해 인간 본성은 그들 능력의 최대한도로 발현될 수 있다는 것이다. 문화적 출신 배경에 상관없이 누구나 새로운 기회에 열렬하게 응할 것이라고 생각되었다. 증기 기관선과 전화 덕분에 시장은 어디에서나 더 큰 활동 구역에 통합되었다. 그러므로 빅토리아 중기 교역 혁명은 전 지구로 확장할 것으로 예상되었다. 시장의 성장을 통해 전 세계적인 시장이 창출되었다. 물론 사회 현실을 날카롭게 관찰한 사람들은 시장이 필연적으로 보편적 도덕수준을 올리는 것이 아님을 곧 이해하게 되었다. 시장 일부는 문명화시키지만 다른 사람은 잔혹하게 대하며 나머지 사람들에겐 전혀 영향을 끼치지 못했다.[67]

이 세 번째 영향을 받지 못한 집단이 특히 정통 경제 자유주의자들에겐 골칫거리였다. 발전하기 위해 도움을 받았으나 그러나 그런 시장 "인센티브"에 응하지 않는 사람들은 문명화 사명의 명확하지 않은 한계선을 의미했다. 예를 들어 자메이카의 해방 노예들은 플랜테이션 농장에서 도망쳐 자급자족 농업 생활로 돌아갔다. 또 중국 사람들은 은본위제를 오랫동안 고수했고, 심지어 동전도 아닌 주조되지 않은 은덩어리를 들고 다니며 돈으로 사용했다.

이런 종류의 문제에 대한 현실주의적 대답은 시장이 성공하기 위해선 인류학적 이해가 밑바탕이 되어야 한다는 것이었다. 존 스튜어트 밀이나 다른 학자들이 이미 추측했듯이, 자유 시장 조건이 성립되었다고 해서 자동적으로 보편적 호모 에코노미쿠스homo economicus의 본능이 발휘되는 것은 아니었다. 인간은 새로운 도전에 응전하도록 교육받아야만 했다. 일부가 상업적 기회를 이용하도록 다른 일부를 가르쳐야 했다. 실제로 그런 호의적인 교습은 제국이 종말되고 나서야 가능했다. 그때서야 — 2차 세계대전 이후 나타난 문명화 사명의 영향력 있는 변형인 — "개발 원조"라는 타이틀하에 도움을 얻을 수 있었다.[68] 그렇지만 제국이 존재하는 동안 경제적 행태에 관한 교육 노력은 제한적으로만 수행되었다.

빅토리아 시대 문명화 사명의 세 번째 특성은 편협한 도시 부르주아적 선입관이다. 19세기 이전 역사에서는 도시와 시골이 날카롭게 병치되는 경우가 거의 없었다 — 영국은 농민계급peasantry proper의 부족으로 예외다. 사회적 경제적 근대화는 전 세계 많은 지역에서 특히 도시에서 발생했다. 도시화와 밀접한 연관이 있으며, 시골 지역의 희생을 바탕으로 발생했다. 문명화 사명은 근대 도시 중산층의 가치를 보편화시켰다. 문명화 사명의 주요 대변인들은 자신들이 어디를 가든 야만적인 다수에 포위되었다고 생각했다. 빠르게 성장하는 수도권 대도시들은 때로는 거부해야 하고 때로는 박애를 베풀어야 하는 가난한 촌놈들의 침입을 받는다고 여겼다. 엥겔스나 메이휴Henry Mayhew 같은 관찰자들은 영국의 판자촌 거주자와 식민지의 가난한 노동자들 사이에서 별로 차이를 발견하지 못했다.[69] "내부의 야만인들"은 외국의 야만인만큼이나 이상하고, 때로는 그만큼 무서운 존재였다.

네 번째 그리고 마지막 특성은, 현장에서 문명화 프로젝트에 반하는 국내인들의(그리고 잘 기록되지 않은) 분노와 저항이 있음에도 불구하고, 근본적 진실을 거부하려고 하는 것은 아니다. 다시 말해 유럽의 "문명화"는 빅토리아 시대 전성기 동안 전 세계 어디를 가나 전폭적으로 인기와 명성을 끌었다는 것이다. 유럽의 코즈모폴리턴적 근대성 담론은 전 세계에서 공명했다. 아시아와 아프리카 국가의 많은 방문객들이 유럽과 미국으로 여행하여 자신들이 보고 들은 것을 보고했다.[70] 유럽 주요 저자들의 작품이 "이국어"로 번역되었다. 스미스, 밀, 귀조, 스펜서 등이다. 비유럽 지역의 엘리트들은 유럽식 생활 방식과 소비 패턴을 채택하고 심지어 흉내냈다.

지구상의 모든 대륙에서 유럽 문명이 얼마나 거대하게 인기를 끌었는지 보여주는 일화는 수없이 많다. 어떤 서구 정부도 아시아나 라틴 아메리카 사람들로 하여금 강제로 볼룸 댄스를 추게 하거나 프랑스 요리를 먹고 이탈리아 오페라를 보게 하지는 않았다. 유럽인의 취향을 따르고 유럽적인 것을 취하는 것이 포괄적인 자기 문명화 과정의 일부로 여겨졌다.

이 과정에는 심각한 정치적 함의와 결과가 담겨있다. 19세기 유럽의 직접 영향권 밖에 놓인 지역에서 자기 개혁을 위해 일어난 다양한 운동을 비교한 연구는 아직까지 없다. 1805년부터 1848년 사이에 이집트는 무하마드 알리의 지배하에 놓여 있었고, 그 이후에는 사치스러운 이스마일Khedive Ismail 지배하에 놓여있었다(이스마일은 결국 이집트를 파산하게 만들었다). 마다가스카르는 1810년 이후 라마다 1세와 그의 계승자 통치하에 있었다. 오스만 제국은 1839년 이후 소위 탄지마트 시대를 맞이했으며, 1868년 이후 일본은 메이지 유신기였다. 태국은 몽구트Mongkut와 슐라옹콘Chulaongkorn이라는 뛰어난 개혁군주 통치하에 있었다. 중국과 페르시아는 1900년이 직후부터 유럽식 자기 개혁 단계에 들어섰다. 러시아는 1861년 대개혁 이후 유럽식 자기 개혁을 시작했다고 주장할 수 있다.

비교를 한다면 각 경우별로 광대한 차이가 드러나겠지만 그러나 몇몇 공통점도 존재한다. 이 모든 운동은 예외 없이 "위에서부터" 시작되어 유럽의 헤게모니 그림자가 점점 커져가는 동안에 진행되었고, 예방적 근대화를 이룩하겠다는 욕구가 동기부여로 작용했다.[71] 이 운동들은 모두 자기 문명화 언어로 표현되었다 — 아시아와 아프리카에서의 지배적인 분위기가 다윈식 투쟁의 시대에 생존하고 도전하는 것이 된 1880년 이후 시기와의 중요한 대비점이다. 이 운동들은 모두 중앙 국가와 군사적 잠재력 재정적 능력을 강화하는 것을 목표로 삼았다. 부패는 일반적으로 국가를 취약하게 만드는 악으로 여겨졌다. 국가 주도의 교육과 사유재산을 법적으로 보장하는 기본권의 중요성도 인식되었다. 국가는 수출주도의 성장을 지원하며 경제의 지배권을 외국의 이해관계에 종속시키지 않도록 촉구되었다. 이들 자기강화를 위한 정책 중 어느 것에도 대의제 민주주의를 도입하고자 하는 시도는 포함되지 않았다. 이들 중 일부만이 서구 시민권 개념에 우호적인 태도를 반영하고 있었다.

다양한 개혁 운동이 공유하는 특성 중 하나는(혹은 둘은) 이들 운동의 추진자들이 스스로를 문명의 선구자로 여겼다는 점이다. 유럽의 감탄할 만한 문명성과 두려운 문명화 사명에 응전하면서 이들은 모두 내부의 주변과 국민들에게 자신들 버전으로 문명화 사명을 시행했다. 이것이 바로 문명화 논리의 일부다. "문명화된" 국가와 사회가 된다는 것은 야만에 대항해서 스스로를 변화시킬 수 있는 추진력을 필요로 함을 의미한다. 이렇게 해서 오스만 제국은 제국 내 유목민의 정착을 의무로 느꼈으며, 카이로와 알렉산드리아의 이집트인들은 수단을 내부 국경선으로 보았으며, 일본은 아이누 원주민을 문명화 활동의 대상으로 삼았다.[72] 그런 이차적인 문명화 사명 중 가장 눈길을 끄는 예는 차르 지배하의 러시아 제국으로 스스로를 아시아, 특히 무슬림 세계 대비 서구문명의 동방 끝 대표자로 자리매김하고자 했다.[73]

"문명화 사명"은 주로 특정 식민정책과 동일시되었는데 특히 프랑스의 맥락에서 그러했다. 식민지배는 문명화 사명의 중요한 분야다. 물론 식민 지역에만 국한되는 것은 아니지만 말이다. 식민주의는 여러 종류와 강도의 문명화 프로젝트를 동반하며, 때로는 이런 문명화 프로젝트 없이도 진행할 수 있다. 이탈리아 지배하의 리비아와 에티오피아 그리고 2차 세계대전 동안 독일 통치하에 있던 폴란드General-Gourverment Polen에서는 문명화 사명을 실행할 여지가 전혀 없었다. 1880년대와 1890년대 레오폴드 왕 지배하의 콩고와 인종분리 정책 시행하의 남아프리카 공화국에서도 여지가 없었다. 그러나 동시대에 문명화 사명은 많은 비식민지 국가에서 추구되었다.

근대의 부상은 프랑스 혁명과 같은 개별적인 긍정적 성취가 무엇이었든지간에, 예외 없이 문명성civility이 오히려 상실되면서 진행되었다(한 가지 예외는 소련과 위성국의 평화적 해체일 것이다.) 전쟁, 내란, 혁명이 끝난 뒤의 혼란 속에서 문명성을 재건할 객관적 필요성이 느껴졌다.

2004년 출간된 책《전환점Die Umkehr》에서, 역사학자 야라우쉬 Konrad Jarausch는 1945년 이후의 독일 역사를 "세 단계의 재–문명화"로 설명했다.[74] 첫 번째 재–문명화 단계는 나치의 군사적 패배 이후 독일의 해방과 점령화 사회의 강화된 리오리엔테이션을 의미한다. 두 번째는 야라우쉬의 견해로 보자면, 1960년대는 독일인들이 자신들안에 뿌리 깊게 각인된 권위주의적 사고방식을 떨쳐버린 주요한 시기다. 세 번째는 1990년 이후 재통일과 함께 시작된다. 1945년 이후, 그동안 단절되었던 문명성의 모든 가능한 형태의 규범은 집중 치료를 받게 되었다. 1990년 이후 "위로부터의" 사회 혁명의 유산은 독일 민족의 반을 다시 통합시키는 데 유례없는 장애물이 되었다. 특히 12년간 나치의 "야만성"에 길들여진 독일을 다시 치유하는 것은 역사상 가장 큰 규모의 문명화 프로젝트였다. 외부의 개입과 자기 문명화는 같이 가는 작업이었다. 전쟁에서 승리한 서구 열강과 귀국한 이민자들 그리고 국내에 있던 많은 민주지향적인 사람들이 힘을 합쳤다. 일본과는 대조적이다.

문명화 사명에는 선결조건과 한계가 있다. 가장 중요한 선결조건은 타자가 변화하는 존재임을 믿는 것이다. 타자도 문명화 치유를 받으면 교육을 받을 수 있는 존재로 여겨져야 한다. 이런 이유 때문에 생물학적 인종주의나 지배 인종에 대한 환상이 문명화 사명의 효과를 상쇄시키게 된다.

　　두 번째 전제 조건은 다른 사람들은 다르게 생각할 수 있다는 통찰력이다. 역사상 거부감이 덜한 문명화 사명은 항상 외부로부터의 압박과 타협, 문화적 수출과 수입을 뒤섞은 것이었다. 인도인 교육의 영국화나 혹은 아프리카 기독교 교회의 확산이 그 좋은 예다. 대조적으로 아메리칸 드림의 (평화적) 확산은 대대적인 후퇴에 직면하기도 했고 실망을 불러일으키기도 했다. 지구상 모든 사람이 개인주의적 이윤 극대화의 본능을 타고난 것은 아니기 때문이며, 옐친의 러시아를 미국화시키고자 하는 성급한 "개혁자"들의 노력이 실패로 돌아가는 것도 보았다.[75] 세 번째 조건은 그러므로 스스로를 문명화시키도록 내버려두는 수혜자에 대한 일정한 관심일 것이다. 의식적이고 전략적으로 기획된 "자기 문명화"를 행한 이집트의 무하마드 알리에서부터 메이지 일본을 거쳐 1979년 이후의 포스트전체주의 중국에 이르기까지 이 용어는 외국지식과 자본을 구매하고 다니며 자신들의 목적에 따라 외국 고문을 이용한 문명의 "구매자"에 의해서 쓰인 것이다.

　　그러나 여기에는 한계가 있다.[76] 한 가지 한계는 성공여부다. 어떤 문명화 사명에도 종말의 순간은 있게 마련이다. 성공적인 사명은 자신들이 해결하고자 한 문제를 제거함으로써 스스로 필요 없는 목표가 된다. 야라우쉬에 따르면, 서독은 1960년대에 그런 문턱에 도달했다. 혹은 식민지 예를 들자면, 1930년대 중반이 되면, 인도의 정치 문화는 성숙해져 퇴보의 주요 원인이 인도의 후진성이 아닌 영국 왕의 지속적 존재 자체가 문제가 되는 지점에 이르렀다.

두 번째 한계는 정착 식민주의다. 공공연한 인종주의자이든 아니든간에 정착자들은 — 유럽 사람뿐만 아니라 몽고에 정착한 중국 한조의 경우처럼 — 보통 원주민의 물질적 정신적 복지에 제한된 책임감만을 느낀다. 토착 인구는 이동하는 경계선 밖으로 재정착 당하거나 밀려난다. 그도 아니면 농장 혹은 플랜테이션 경제의 주변부 이주 노동자로 통합된다. 두 경우 모두 문화적 동화는 식민제도 본래의 기능 여부와는 무관하다. "원주민"과 관련된 문명화는 돈과 노력의 낭비처럼 보인다. 그러므로 정착자들은 기독교 선교사들의 가장 강력한 적대자가 되었다.[77]

세 번째 그리고 마지막으로 문명화 이데올로기에 대한 부르주아적 선입관이 또 다른 한계 요인이었다. 귀족들은 보통 서로를 문명화시킬 필요성을 느끼지 않는다. 귀족들은 — 18세기 말 에드먼드 버크가 기억에 남을 정도로 잘 표현했지만 — 문화적 경계를 넘나들며 기존 귀족층에 대해서는 서로 존중한다. 바로 데이비드 캐너다인이 우리에게 가르쳐 준 "장식주의ornamentalism"다.[78] 모든 종류의 간접 통치는 문명화 욕구를 약화시킨다. 한 극단적인 예가 바로 1912년부터 1925년 사이 프랑스 총독 리요테Jules-Hubert Lyautey

지배하에 있던 마로코Marocco다. 리요테는 봉건적 오리엔트를 찬미한 사람으로 그는 파리에 있는 자신의 조국 정부가 공식적으로 추진하고자 하는 문명화 사명을 커다란 악이라고 판단했다. 그래서 모든 기회를 놓치지 않고 방해를 했다.[79]

마지막으로 문명화 사명의 모순에 대해서 살펴보겠다. 문명화 사명은 18세기부터 현재까지 두드러진 현대 세계의 주요한 특징 중 하나다. 파시즘, 군사적 무정부주의, 특정한 형태의 보수주의와 별도로, 모든 근대의 주요한 믿음 체계는 문명성의 기준이 무엇인지 정의를 내리고 또 보호하고자 하며, 촉진시킬 필요성을 인식한다. 문명성의 이름으로 전쟁이 수행되었고 예방되었다. 문명화 사명은 대량학살을 예방하고자 하는 절박한 움직임에서부터 이상적인 "문명사회civil society"의 완벽한 모습에 이르기까지 다양하다. 그러나 가장 성공적인 예는 자기 문명화의 사례다. 영국의 노예폐지론이나 18세기 말 이후 유대인 계몽주의Jewish Enlightenment,[80] 남아프리카공화국의 인종분리 정책 종식 이후의 화해 정책 등이 그 예다.

다른 사람을 문명화시키는 것에 대한 기록은 훨씬 형편없다. 역사적 경험이 보여주는 것은 선의의 문명화 사명조차도 실제로는 의도하지 않은 결과를 가져오며, 아주 빈번히 다른 사람의 소유물과 자기존중 심지어 목숨까지 빼앗아 오는 구실이었다. 문명화 사명의 성공 확률은 아주 제한적이었으며, 실질적으로 많은 경우 타협과 이해관계를 추구할 뿐이었으며, 쉽게 광적인 개혁운동으로 타락할 수 있음을 잘 보여준다.

지금까지의 논의는 세계사나 지구사 연구에 무엇을 의미하나?

(1) "문명"이라는 규범적 개념은 적어도 1790년에서 1890년까지 국제 관계를 해석하고 규정하는 이데올로기적 정신적 지배 틀이었다. 변형된 형태로 문명화 사명은 현재까지도 남아있다.[81] "문명"은 사람과 국가를 위계질서 상에 배치하기 위한 주요한 기준이었다. "문명/야만"이라는 언어는 유럽 열강(그리고 미국)과 비서구 국가들 간 비대칭적 관계를 지배했다.[82] 부상하는 "서구"는 스스로를 "문명화된 세계"로 규정하고 매력적인 자신들 집단 안으로 들어올 수 있는 권리를 통제했다. 오늘날가지고 터키의 유럽연합 가입을 놓고 벌이는 협상을 보라.

(2) 1790년 유럽의 계몽주의 시대 특성[83]이라 할 수 있는 "문명"에 대한 다수적이고 "상대주의적인" 개념으로부터(동등한 가치와 존엄성을 가진 많은 문명이 평화롭게 공존하는 것) 독점적이고 규범적인 개념으로의 변화는 프랑스와 영국에서 "혁명의 시대"(에릭 홉스봄)라는 맥락에서 발생했으며 다른 지적 변화와 병행해서 일어났다. 바로 "오리엔탈리즘"(에드워드 사이드의 의미에서)의 부상과 비서구 문화를 정치 경제와 "세계사" 등에서 배제하는 것 등의 변화다.

(3) "문명"이 무엇을 의미하는 것인지의 내용은 많은 변화를 거쳐 변하는 상황에 맞춰 유연하게(혹은 기회주의적으로) 채택되었다.

이것이 바로 문명이라는 개념의 커다란 이점이다. 반복해서 나타나는 "중심 가치"는 법치, 합리적 국가 행정, "동시성", 이윤추구, 소비주의적 태도, 과학 기술에 대한 관심,[84] 청결, 시간엄수, 성적 자제(단혼) 등이다. 기독교 종교와 대의제 민주주의도 빈번하게 추간되지만 그러나 "문명화 사명"을 구성하는 이데올로기 패키지에 불가결한 요소는 아니다.[85]

(4) 문명에 대한 규범적 생각뿐만 아니라 문명화 사명에 대한 좀 더 구체적인 — 그리고 행동주의적인 — 개념이 많은 비서구 국가의 수많은 정치 사회 엘리트들에 의해 채택되고 변형되고 내부화되었다. 주요 "중심부"에 대해 "주변부"의 위치를 점하는 사람들은 스스로를 자신들 국가 내부의 주변부와의 관계 속에서 하위 중심부sub-centers로 규정했다. 이렇게 해서 문명화 사명은 단순히 "공식적" 식민주의의 이데올로기적 측면에 지나는 것만은 아닌 것이 되었다.

(5) 철학적으로 말해, "문명화 사명"은 단순히 냉소적인 사기극이나, "백인의 부담"이라는 투박한 프로그램만은 아니다. 이는 진정한 필요에 대한 응답이기도 하다. 오늘날 대량학살 예방을 위한 국제사회의 "인도주의적" 개입은 문명화 사명에 대한 19세기적 사고(존 스튜어트 밀)의 전통 속에서 계속된다.(그렇지만 불간섭이 원칙으로 남아 있기는 하다.) 2차 이라크 전쟁과 "테러와의 전쟁"(가장 최근의 문명화 사명에 대한 미국식 정의) 일환으로 취해지는 다른 조치들은 이 문제의 긴급성이 무엇인지를 보여준다.[86]

(6) "문명화 사명"은 글로벌 경제사의 맥락에서 어떤 연관성을 갖고 있는가? 두 사항이 명백한 것으로 보인다: (a) "문명화된" 개인은, 정의상 산업국가의 실질적 혹은 잠재적 고객을 의미한다. 그러므로 "문명화 사명"은 시장 확장을 위한 프로그램으로도 간주될 수 있다. (b) 자유무역은 종종 "문명"의 중요한 속성으로 간주되었고(그리고 일부는 오늘날도 그렇게 보고 있다). 그렇지만 이는 리스트적인 경제 민족주의와 국방의 전통에서 항상 반박을 불러일으켰고 1880년 이후 유럽이 시장보호주의로 회구하면서 매력의 많은 부분을 잃었다.

"글로벌 지성사"를 향해

이 글에서 문명화 사명은 사상, 이데올로기, 프로그램, 전망, 태도 등으로 다양하게 묘사되었다. 혹은 "담론"이라 부를 수도 있을 것이다. 각각의 의미는 기본적인 세계관에 대한 지적 활동 영역과 말로 표현하는 활동을 지칭한다. 이 주제를 담을 수 있는 표제어를 찾자면, "글로벌 지성사" 연구가 될 수 있을 것이다. 다음은 문명화 사명의 구체적 주제를 넘어 어떻게 그런 글로벌 지성사 연구를 할 수 있는지를 매우 초보적이고 개략적인 방식으로 보여주고자 하는 것이다.[87]

"글로벌"은 "하이픈"으로 연결된 어떤 복합어 앞에도 붙여질 수 있는 형용사다. 글로벌 경제사, 글로벌 환경사 하는 식으로 말이다. "글로벌" 한 방식을 적용할 수 있는 다양한 분야의 지속성은 광범위하다. 예를 들면, 글로벌 경제사를 개념화하고 연구하는 것이 특정 시기의 글로벌 사회사를 연구하는 것보다 훨씬 쉽다. 글로벌 지성사는 실제로 연구하기가 훨씬 어렵다. 여기에는 세 가지 기본적인 선택안이 있다.

(1) 백과사전식 접근방식(혹은 UNESCO식 방식)으로 다른 환경에서 이루어진 복수의 문화적 성취를 찾는 것이다. 인류의 보물로서 "세계문화""세계문학"(괴테) 같은 것이다.

(2) 공통 주제를 잡아 연구하는 방식으로 보편적이고 상호 관심이 같은 주제를 다른 방식으로 연구하는 것에 초점을 맞춘다. 이상적인 정체/지배자, (분배) 정의, 완벽한 문명 등이다.

(3) 전이 연구다. 문화적 이동, 배움, 번역, 변형, 잡종, 종합, 융합 등이다.

이 세 방식은 전혀 배타적이 아니다. 실제 하기는 힘들겠지만 이들을 여러 가지 방식으로 합쳐서 해볼 수 있다. 특히 전이 방식에는 추가 이점이 있다. 지식과 문화적 관행의 생산과 분배 수용/사용의 제도 분석을 실제 활동과 연계해서 분석하는 것이다. 이렇게 함으로써 지식의 이동 채널과 전파자, 교사/제자 관계, 미디어, 대학, 학계의 역할, 번역이라는 아주 중요한 문제 등을 포함하는 이동하는 지식의 사회사 연구를 목표 삼을 수 있을 것이다.[88] 순수한 이념과 언어 표상의 탈현실화된 역사는 오래된 스타일의 관념론으로 회기하는 것일 수 있다. 우리가 필요한 것은 콘텍스트 안에서 사회 구조의 요소들과 연관성을 갖는 사상사다.

한말 세계사 저·역술서에 나타난 세계 인식

백옥경

이화여자대학교 사학과 교수. 한국여성사학회 총무이사, 한국사상사학회 총무이사 역임.
현 이화여대 이화사학연구소장. 대표적인 연구로는 ≪한국사회사상사≫(공저), ≪조선전기 역관연
구≫ 등이 있다.

한말 시대상황과 세계사 _____

한국에서는 1876년 개항 이후 1910년 일본의 식민지로 전락하기까지 40여 년간 세계사 책 6종이 간행되었다. 이 시기 한국의 주변 정세는 이질적이며 폭력적으로 다가오는 서양국가들, 새롭게 동아시아의 맹주가 되려는 일본, 기존의 전통적 중국중심 질서 속에서 한국에 대한 종주권을 계속 유지하려는 청나라가 복합적으로 영향을 미치고 있었다. 이때 한국을 둘러싼 세계질서를 어떻게 수용하고 대응할 것인가? 앞으로 한국이 나아가야 할 방향은 무엇인가? 이 주제는 당시 한국 지식인들의 치열한 고민 대상이었고, 여러 이론과 실천운동으로 전개되었다.

세계사 저·역술서 역시 한국 내 세계인식의 재정립과 대응방안을 모색하면서 등장했다. 세계정세를 이해하려면 과거 세계 역사가 전개되어 온 과정을 탐구해야 한다는 필요성이 그에 대한 관심을 확대시킨 까닭이다. 이런 세계사 책들은 당대 세계인식을 반영하는 결정체로서, 필연적으로 세계 속에서 한국과 한민족이 진로를 모색해 나가는 기반이 되었다.

화이론적
세계인식의 해체

정부 주도로 펴낸 세계사 책

1896년에 간행된 《만국약사》는 한국의 근대교육담당 부서인 학부學部의 편집국에서 간행한 관찬官撰서적으로서,[1] 한국인이 주도해 펴낸 첫 세계사 교과서다.

《만국약사》는 국한문 혼용의 사서史書로, 총 2권 6편으로 구성되어 있다. 6편은 각각 총론과 대륙별 각국 역사를 설명하고 있는데, 권1은 〈총론〉·〈아세아주〉·〈아프리카주〉의 3편, 권2는 〈구라파주〉·〈아메리카주〉·〈오세아니아주〉의 3편으로 구분되어 있다. 그중 권1의 제1편 〈총론〉에는 역사와 지리, 대륙과 해양, 6대주의 주민, 인종과 개화계급開化階級 등 만국의 역사를 이해하기 위한 기본 지식이 소개되어 있다. 제2편 〈아세아주〉에서는 아수르·바빌로니아·유태·페르시아·아라비아·베트남·인도·중국·일본·조선 등 14개국의 역사를, 제3편 〈아프리카주〉에서는 이집트의 역사를 각각 설명하고 있다. 한편 권2 제4편 〈구라파주〉에서는

지구사의 도전

희랍 · 이태리 · 터키 · 스페인 · 포르투갈 · 프랑스 · 독일 · 러시아 · 영국 등 18개국의 역사가, 제5편 〈아메리카주〉에서는 아메리카의 발견과 합중국, 멕시코 역사가 주 내용으로 되어 있다. 제6편에서는 〈오세아니아주〉에 대해 기술했다.

《만국약사》 간행은 한국과 서구와의 관계를 새롭게 설정하려는 시도에서 비롯되었다. 19세기 말까지도 한국에서는 전통적 화이관華夷觀에 따라, 청나라가 문화적 · 지리적 세계의 중심을 이루며, 주변국들은 청을 매개로 해 일원적으로 결합해 있다고 인식했다. 그러나 개항 이후 한국을 둘러싼 세계질서가 크게 변하여, 청나라는 '지는 제국帝國'으로서의 무력감을 드러낸 반면, 서구 열강들은 우월한 군사력으로 동아시아 세계에 진출하여 새로운 문명의 위력을 과시했다. 이 과정에서 한국에 유입된 서구의 신기술과 지식, 병인 · 신미양요를 통한 서양과의 무력충돌은 세계정세에 대한 한국의 재인식을 촉구했다. 한국 정부가 정확한 세계 정보를 얻기 위해 해외 견문 사절단을 파견하거나, 외국인 고문관顧問官을 초빙하는 등의[2] 조치를 취한 것은 당연했다. 1880년대 〈한성순보〉 · 〈한성주보〉와 같은 언론 역시 세계 각국의 정치 · 경제 · 문화 · 제도 등을 소개하기 위해 많은 노력을 기울였다.[3] 더불어 한국 내에서는 세계정세의 변화를 어떻게 수용할 것인가에 대한 논의와 개혁시도가 활발하게 진행되어 나갔다.

1896년 《만국약사》의 편찬은 바로 이런 맥락에서 이뤄진 국가사업이었다. 한국은 갑오개혁을 거치면서, 서양 근대 문명의 적극

한말 세계사 저 · 역술서에 나타난 세계 인식

적 수용을 국가 시책으로 삼았다. 1894년 청일전쟁에서 일본의 승리는 곧 청나라의 양무운동 노선인 중체서용론中體西用論보다 일본이 채택한 전면적 서구화 노선이 현실적으로 우세함을 보여준 사건이기 때문이다.[4] 이제는 서구 근대 문명 수용을 당연한 전제로 하면서 보다 근본적인 혁신을 추구해야 할 시기였다.

이러한 현실에서 세계사는 바로 세계를 제대로 이해하고, 지금까지 세계가 어떻게 전개되어 왔는지를 파악할 수 있는 중요한 수단이었다. 세계사는 세계상에 일어난 모든 일을 지록誌錄했으므로, 세계의 대체大體를 공부할 수 있는 기회를 제공했다. 거기에 세계사를 이해하는 수준이 높아져 각국의 연대와 사적事蹟을 알게 되면 한국이 그들과 강호講好할 때 고루과문孤陋寡聞을 면할 수 있을 것이라는 실질적 필요성도 있었다.[5] 따라서 한국이 우물 안 개구리와 같은 상태를 벗어나고 세계의 형편과 교제交際의 본래 뜻을 명확하게 깨닫기 위해 세계사 간행이 반드시 필요하다는 요구는 지속적으로 제기되었다.[6] 이에 세계사 편찬 사업은 《만국지지萬國地誌》, 《태서신사람요泰西新史攬要》 등 세계 정보를 제공하는 책의 간행과 함께 국가 주도하에서 이뤄졌다.[7]

그런데 《만국약사》 간행에 일본인 고문관이 참여했다는 사실은 매우 주요한 특징이다. 당시 학부 편집국장 이경직李庚稙의 발문跋文에 따르면, 한국에서는 세계사를 편찬하고자 했으나 상술詳述할 수 있는 자가 없었다고 한다. 그리고 류헤 노노무라龍峯野野村라는 일본인이 저술 작업에 참여함으로써 간행이 무사히 마무리될 수 있었다고 한다.[8] 류헤 노노무라는 1895년 학부의 고문관으로 온 일본인 노노무라 킨고로野村金五郞인 것으로 추정된다.[9] 그는 학식이 넓어서 서양 역사의 전말을 모두 연역演繹할 수 있었다고 하며, 그로 인해 《만국약사》가 서구 여러 국가의 반열班列이나 정교政敎ㆍ풍토風土ㆍ재화財貨ㆍ융비戎備 등을 제대로 갖춰 서술할 수 있었던 것으로 평가된다.

물론 한국 내 세계사 저술의 역량 부족에 대한 지적은 일면 타당할 수 있다. 《만국약사》 간행 이전 한국의 세계사 교육은 1880년대까지도 일부 근대학교에서만 실시되는 실정이었기 때문이다.[10] 세계사 교육의 확대는 1895년 근대 학교체제로 전환되면서부터인데, 이때 비로소 소학교부터 한성사범학교, 성균관 경학과經學科 등에 이르기까지 세계사 과목이 정식 교육과목으로 채택되었다.[11] 따라서 개항 이후 지식인 사이에서 몇몇 세계사 책이 전래되고 유통되었다 해도[12] 짧은 기간 소수를 대상으로 한 교육 경험만으로는 세계사 편찬을 주도해 나갈 만한 역량 축적이 쉽지 않았을 것이다.

하지만 일본인의 저술 작업 참여에는 저술역량 외에도 한국을 둘러싼 국제정세의 변동이 더 중요하게 작용했을 것으로 생각된다. 주지하듯이 청일전쟁 이후 일본은 한국 내 정치적 영향력을 확대시켜 가고 있었다. 이에 따라 일본은 개혁의 명분하에 한국 정부의 각 부서에 일본인 고문관을 배치해 정치세력 개편과 일본 세력 침투에 애썼다.[13] 1895년 3국간섭으로 일본이 청일전쟁에서 승리해 획득한 요동반도를 되돌려줘야 하고 결국은 러시아세력에 밀려 퇴조하게 되지만, 일본인 고문관들은 1897년까지도 한국에 남아 영향력을 행사했다. 노노무라野野村의 저술 참여는 이러한 정치적 상황하에서 가능했으며, 그것은 또한 세계사 서술에서 일본의 입장이나 시각이 반영되었음을 시사한다.

화이론적 세계관의 해체와 '개화' 추구

《만국약사》는 제목에 '만국萬國'이라는 용어를 사용하고 있다. '만국'은 '모든 국가'라는 뜻으로, 오늘날 '세계'와 큰 차이가 없다. '만국'이라는 용어는 당시 한국에서 생소한 것은 아니었다. 이미 《만국공법》등을 통해 한국 내에서 통용되었을 뿐만 아니라, 중국이나 일본에서도 일찍부터 사용되어 왔기 때문이다.[14] 특히 일본에서는 1869년 티틀러Alexander Fraser Tytler의 책이 《만국사萬國史》로, 1876년 굿리치Samuel G. Goodrich의 책이 《파래만국사巴來萬國史》로 번역된 이래, 《만국사략萬國史略》·《만국사기萬國史記》등이 1890년대까지 지속해서 편찬되었다.[15] 다만 일본에서는 이미 1890년대부터 '세계사'라는 용어가 사용되었는데도,[16] 《만국약사》는 '만국'을 고수한다는 점이 차이다. 이후 1909년까지도 한국 내 거의 모든 세계사 책에서는 여전히 '만국사'라는 용어가 사용되고 있다.

《만국약사》는 책 제목대로 '만국萬國의 간략한 역사'를 통해 세계로 시야를 넓히고 세계에 관한 지식을 쌓으려는 의도를 갖는

다.[17] 《만국약사》의 형식에서도 이런 의도가 잘 반영되어, 전 세계를 대륙별로 구분하며 각국 역사를 개관하고 있다. 물론 실제로는 지구상의 모든 국가를 다룬 것은 아니며, 아시아 14개국, 아프리카 1개국, 구라파 18개국, 아메리카 2개국, 오세아니아를 주 대상으로 하고 있다. 《만국약사》와 같이 대륙별로 각국을 구분하여 설명하는 것은 이후 《만국사기》에서만 찾아볼 수 있는 독특한 서술방식이다. 아마도 초기에 세계사를 수용하는 과정에서 각국을 소개하기 위해 나타난 현상인 듯한데, 이를 통해 한국에는 그동안 잘 알려지지 않았던 동부 유럽, 오세아니아와 같은 지역도 소개되어 있다.

　그런데 《만국약사》에서 6대주의 각 대륙에 속한 국가가 고유의 지리적 위치와 역사를 가진다는 사실은 의미가 크다. 《만국약사》에서는 국가의 규모나 국력에 상관없이 모두 하나의 국가로 취급되고 있으며, 국가 사이에는 법적 평등이 보장된 것처럼 보인다. 이는 청국의 속방화屬邦化 정책하에서도 만국공법적萬國公法的인 국제질서를 관철시키려는 한국의 노력이 반영된 결과다.[18] 즉, 《만국약사》에서는 청도 아시아의 국가 가운데 하나고, 한국은 청과 대등한 위상을 가진 독립국으로 간주된다.[19] '만국'의 역사를 표방함으로써, 청과 한국은 종주국宗主國과 속방屬邦으로 맺어진 기존 관계를 벗어나 자주권을 확보하는 새로운 관계로 재정립되는 것이다. 이 과정에서 《만국약사》는 청의 몰락과정을 상세하게 서술하며, 청이 더 이상 세계의 중심이 아니라는 사실을 선언한다.[20]

　하지만 이런 한국의 노력이 일본과의 연계하에 이뤄졌다는 점은 한계였다. 일본은 일찍부터 한국에 대한 영향력을 확대하기 위해 종주국을 자처하는 청과 속방으로 칭해지는 한국의 관계를 단절시키고자 했다. 양국 관계는 한국이 자주국임을 인정받아야 해소되므로, 일본이 1876년 조일수호조규(강화도 조약)이나 1895년 체결된 청일강화조약(시모노세키조약)에서 한국의 독립을 의도적으로 강조해온 것은 주지의 사실이다.[21] 청은 결국 한국의 독립을 인정하고, 화이론적 질서에서 행해진 조공 · 전례 등을 폐할 수밖에 없었다. 곧 한국과 일본은 화이론적 세계관의 해체라는 점에서 공통된 정치적 입장을 가지고 있었으며,《만국약사》의 서술도 한 · 일양국의 입장이 반영된 형태로 결실을 맺게 된 것이다.

나아가《만국약사》는 한국인에게 '개화'에 대한 관심을 일깨우며 유럽과 일본 문명의 우수함을 부각시킨다. 과거 한국에서의 선진문명이란 대개는 중국 문명을 지칭했다. 그러나《만국약사》에서는 전혀 달라진 문명의 기준을 제시한다. 서구적인 풍속 · 제도 · 윤리 · 학술 등으로서, 가장 중요한 것은 서구의 기술문명이었다. 산업을 일으키고 부국강병을 이루는 것이야말로 문명의 반열에 들어서는 기준이었다. 이에 따라 각 국가는 개화開化, 반개半開, 미개未開, 만이蠻夷라는 4단계로 구분된다.

《만국약사》에 따르면 '만이蠻夷'는 광막한 산야와 바닷가에 살면서 어렵漁獵으로 생업을 삼아 혈거穴居시와 다를 바 없는 생활을 하고 있는 상태, '미개未開'는 조야한 집에 살면서 풍속이 잔인하고 문자가 없으나 만이에 비하면 약간 진보한 것을 말한다. '반개半開'

는 농공상업을 행하며 기예와 문자를 강습하고 있어서 미개민에 비하면 개화의 영역으로 나아가고 있는 것이다. '개화開化'는 농상공업이 발달하고, 학술과 기예가 크게 진보하고, 인쇄印刷·수선輪船·철도鐵道·전선電線 등 문명의 이기利器를 활용해 부국강병에 힘쓰고, 온 국민이 한마음으로 국가의 융성함을 도모하는 나라들의 상태다.

그런데 '만이蠻夷'에는 아메리카와 오세아니아 토착민과 아시아 일부가, '미개未開'에는 아프리카 흑인과 아시아 일부 토착민이, '반개半開'에는 중국·인도·터키인 그리고 기타 거의 모든 아시아인이 포함된다. 동아시아에서 문화적 선진국으로 자처해오던 중국도 한국과 함께 '반개半開' 상태로 규정된다. '반개半開'의 한국과 중국은 개화의 영역에 나아간 적은 있으나, 실학實學을 강구하지 않은 채 허례虛禮에 구애되어 지식을 개발할 뜻이 없는 상태에 머물러 있다고 규정되어 있다.[22] 서구 중심의 기준에 따라 중국이 최고 단계에서 탈락한 데 비해, 구주歐洲의 여러 나라, 미국 그리고 일본은 최고 단계인 '개화'에 도달해 있다고 평가했다.

개화 등급의 설정은 각 대륙의 국가를 설명하는 가운데 더욱 구체화된다. 이에 따르면, 아시아와 아프리카는 과거에 아시리아와 애급(이집트) 등 세계제국을 건설하며 세계 문명의 근원 역할을 했지만, 19세기 말에는 멸망과 약탈 대상이 되고 있을 뿐이다. 이 시기 아시아나 아프리카 역사는 세계 망국사를 기록하는 것과 다를 바 없었다.[23] 그러나 구라파는 아세아주 4분의 1에 불과한 크기인데도 전 세계 인구 4분의 1을 차지하는 주요 대륙이었다. 구라파 국가들은 과거 아세아주가 가장 진보할 때에는 야만의 소굴에 불과했지만, 점점 개화에 나아가 세계사물世界事物의 모범이 구라파로 옮겨 갔다고 파악했다.[24] 그중에서도 영국은 19세기 말 해외 판도에서 세계적으로 가장 광대한 국가로서 자리매김하고 있다. 그리고 무역 · 제조 · 학교 · 사원寺院 등이 성대하여 문명개화의 모범으로 칭하여지고 있다.[25] 미국 역시 원래는 영국의 속지屬地였으나 몇 년간의 전쟁을 통해 1776년에 독립했다는 사실, 그 후로 공화정체共和政體를 행하여 백성들이 문예文藝, 무역과 제조에 힘쓰면서 세계 부강 대국으로 성장했음을 설명하고 있다.[26]

이와 같은 개화 단계 설정과 최고 단계 국가모델을 상정함으로써,《만국약사》는 기본적으로 서구중심적 세계 체제에 적극 참여해야 한다는 당위를 제시한다. 우수한 서구문명은 개화된 사회로서 한국이 모방해야 할 모델이 되고 있다. 그리고 한국이 기존의 화이론적 세계관을 극복하고 서구문명을 기반으로 한 새로운 세계질서로 진보해야 할 것이라고 주장한다.

그런데《만국약사》는 여기서 더 나아가 서구 국가들보다 오히려 일본을 실질적인 중심에 놓으려고 시도했다.《만국약사》에서는 전체 서술 비중에서도 일본이 서구를 능가했다.[27] 그리고 일본은 아시아의 황색인종黃色人種(몽고종)에 속하지만 일찍부터 동양에서 독립한 국가로 설명되어,[28] 일본의 탈아론脫亞論 시각을 반영하기도 한다. 그런데 이런 일본은 비록 인종적으로는 한국과 유사하지만,

명치유신明治維新을 통해 문물과 제도를 정비하여 불과 28년 만에 문명개화의 반열에 동참했다. 일본은 스스로 노력해 문명개화에 도달했으며, 그 결과 문명으로도 중국보다 높은 위치에 서게 되었다. 이로써 청일전쟁에서 승리한 힘의 국가 일본은 문명국으로서의 일본의 위상과 일치되면서, 동아시아의 국제질서가 일본 중심으로 재구성될 수 있게 된다.[29]

이와 같이 한국의 첫 세계사 저술로서 《만국약사》가 다룬 주초점이 중국 중심의 화이질서를 벗어나는 데 있던 것은 분명하다. 이를 위해 '만국' 역사를 내세우면서 서구문명 수용을 적극 추진하는 가운데, 다른 한편으로는 문명과 인종주의를 결합하고 일본을 최고 단계에 놓음으로써 동아시아 내에서 일본의 위상을 높이는 역할도 했다. 이는 한국 내 일본의 영향력하에서 만들어진 세계인식의 틀이기 때문이다.

동양과 서양으로
이분된 세계인식

개인의 역술·찬술로 간행된 세계사 책

《만국약사》 이후로 한국에서는 1905~1907년 사이에 《만국사기萬國史記》, 《정선만국사精選萬國史》, 《동서양역사東西洋歷史》, 《(중등)만국사(中等)萬國史》 등 세계사 책 4

종이 간행되었다. 〈표 1〉에서 보는 것처럼 이 책은 모두 개인이 저술한 것으로서,[30] 《만국사기》는 1905년에 현채가, 《정선만국사》는 1906년 김상연이, 《동서양역사》는 1907년 현채가, 《(중등)만국사》는 1907년 유승겸이 각각 편찬했다. 모두 국한문 혼용이며, 《정선만국사》·《(중등)만국사》 등은 검인정 교과서로 사용되기도 했다.[31]

no	서명	편찬자	역자	발행년대	발행처
1	《만국사기萬國史記》	오카모토 칸스케 岡本監輔 저	현채玄采 역편譯編	1905	황성중서皇城中署
2	《정선만국사精選萬國史》	김상연金祥演	찬술撰述	1906	황성신문사皇城新聞社
3	《동서양역사東西洋歷史》	현채玄采	역譯	1907	보성관普成館
4	《(중등)만국사萬國史》	유승겸俞承兼	역술譯述	1907	유일서관唯一書館

〈표 1〉 1905년~1907년의 세계사 역술·찬술서

저자들은 서로 다른 사회·경제적 배경을 가졌지만 대체로 일본에 유학하거나 일본 관련 업무 담당자였다. 현채는 1873년(고종 10) 역과譯科를 거쳐 부산항 서기관, 외무아문교섭주사外務衙門交涉主事, 통리교섭통상사무아문統理交涉通商事務衙門 번역관飜譯官 등의 관직을 역임했다. 그는 한어漢語 역관이었지만 일본과의 거래가 활발한 부산항에서 쌓은 경력 등으로 미루어 일본어에도 능통할 것이라 추측된다.[32] 김상연은 일본 와세다 대학에서 정치외교학을 전공하고 돌아와 황성신문 등에서 언론인으로 활동했다.[33] 유승겸은 일본에서 경제학을 전공한 뒤 귀국하여 경제 관료로 진출했다. 이 책의 저자들이 일본을 통해 서양의 학문을 받아들였을 가능성을 엿볼수 있는 부분이다.

또 이 책들은 모두 역술譯述 혹은 찬술撰述로 편찬되었다는 특징도 가진다.《만국사기》는 현채가 일본인 오카모토 칸스케岡本監輔의 《만국사기萬國史記》, 시게노 야스쓰구重野安繹의 《일본유신사日本維新史》, 영국인 매켄지R. Mackenzie의 《태서신사泰西新史 *A History of the Nineteenth Century*》 등 외국 역사서 14권을 참조, 인용했다고 밝힌 역술서다.[34] 《동서양역사》나 《중등만국사》 역시 각각 역역譯 혹은 역술譯述로 표기되어 있으며,《정선만국사》는 김상연이 세계 사적史蹟 중에서 중요사실과 세운世運에 관계되는 것을 채집採輯해서 찬술撰述했다.[35]

세계사 저술이 번역과 찬술을 벗어나지 못했다는 것은, 한국 내 세계 인식이 여전히 소개의 단계에 머물렀음을 의미한다. 더욱이 일본을 통한 세계인식의 중역重譯 소개는 한계가 클 수도 있었다. 이에 저자들은 한계를 극복하기 위해 자신들의 역사인식을 드러내려 노력했다. 즉, 현채는 《만국사기》를 저술할 때 일본에서 간행된 같은 이름의 책을 주 대본으로 삼았지만, 자신의 기준대로 삭제하거나 보완했다. 비교하자면, 오카모토 칸스케岡本監輔의 《만국사기》에서는 일본을 '대일본大日本'으로 칭하면서 아시아 총설에서 가장 먼저 다루고 있으며, 일본 신화를 장황하게 소개하고 있지만,[36] 현채는 일본 역사에서 상고의 사적事跡은 황당하다고 여겨 제외했으며, 중국에 이어 두 번째로 기술하면서 '대大' 자를 의도적으로 삭제했다. 그리고 중간 중간 '현채 지호采志'라 하여 자신이 직접 글을 더 첨가하기도 했다.[37] 따라서 이 시기 세계사 책들은 번역을 통해 세계 역사에 관한 기본 지식을 얻을 수 있게 하면서도, 《만국약사》

보다는 좀 더 주체적인 시각을 드러내는 세계사 저술을 지향했음을 알 수 있다. 이는 바로 애국계몽적인 민족 문제에 대한 관심으로 이 어진다.

세계사 책의 저자들은 모두 민족 교육에 큰 관심을 기울이는 등 애국계몽활동에 종사했다. 현채는 일찍부터 역사 교육을 통해 민족적 역사인식을 드러내고자 했다.[38] 김상연은 언론인이면서 교 육관료로서 활동했는데, 그의 사상적 지향은 1905년 11월 을사보 호조약에 항거하여 장지연의 〈시일야방성대곡〉이라는 논설이 게재 되었을 당시 부사장으로서 신문경영의 책임을 맡았다는 사실을 통 해서도 확인할 수 있다.[39] 일찍부터 교육에 많은 관심을 가지고 있 었던 유승겸 역시, 1906년 국민교육회國民教育會의 보강요원으로 등장한다. 국민교육회는 학교설립과 서적편찬을 주요 목적으로 하 고 있는데, 유승겸은 여기에 참여하면서 교과용 도서 편찬사업에 일조했다.[40] 국민계몽을 위한 연설활동에도 적극 참여했고, 경제 관 료로서 주로 경제부문에 관한 글도 발표했다.[41]

더욱이 세계사 서적들이 쓰인 1905년 전후의 시점은 일본이 한 국을 보호국으로 설정하고 외교권을 장악함으로써, 한국이 식민지 로 전락할 가능성이 크게 제기되던 시기였다. 한국 내에서는 한국 이 처해 있는 현실을 되돌아보고, 한국이 국가 간 경쟁에서 약자弱 者가 된 이유는 무엇인지, 문명화는 어떤 의미가 있는지에 대해 진 단하고 대응논리를 모색하는 움직임이 더욱 활발해졌다.

이런 상황에서 세계정세를 올바로 알고 이를 널리 알리는 것은 전 국민에게 앞으로 나아가야 할 방향을 보여주는 중요한 수단이 될 수 있었다. 이미 세계사 역술·찬술자들은 민족적 위기와 세계사의 연관성을 깨닫고 있었다. 유승겸은 국사의 집합체로서 만국사에 관심을 기울이고, 세계의 질서가 점차로 발달 변천하여 오늘에 이른 개요을 연구해야 할 필요가 있음을 강조했다.[42] 특히 현채는 《만국사기》에서 국가의 안위가 매우 위태롭기 때문에, 나라가 망한 후 통탄을 하기보다 무엇인가를 해야 한다는 사명감으로 책을 저술했다고 밝히고 있다.[43] 그리고 이들은 세계사 저술을 통해 민족과 국가가 나아가야 할 방향을 제시할 수 있다고 믿었다. 현채는 세계사에 나타난 인류의 역사적 경험과 20세기 초를 비교함으로써, 생존경쟁의 국제정세가 갖는 의미를 파악했다. 그리고 과거와 달리 당시 세계 경쟁의 주체는 국가가 되고 있으며, 국가가 망한다는 것은 인종까지 모두 사라지는 것이라고 이해했다.[44] 따라서 국가가 존속하려면 애국해야 하고, 그렇지 않다면 국가가 망하고 나도 망하는 것이라고 강조했다. 또 과거에 서구 문명이 걸어온 것처럼, 한국 국민들이 단결해 힘을 합하고 자유와 진보를 추구하면 유신維新의 대업이 이뤄질 것으로 기대했다. 유승겸 역시 세계사를 통해 사회진화를 강조하는 가운데, 사회와 국가의 일원으로서 개인이 갖는 책무의 중요성을 강조하고 있다.[45]

이와 같이 세계사서 저자들은 생존경쟁과 사회진화론에 의거해 한국의 현실문제 극복방안을 제시했다. 하지만 그것은 서양 '문명'에 동참해야 한다는 당위를 제공하면서, 한국의 세계화를 더욱

가속화시키는 요인이 되었다.[46]

'문명'에 따라 '동양'과 '서양'으로 구분한 세계인식

세계사 역술·찬술서
에서 나타난 세계인식으로 가장 두드러진 것은 '동양'과 '서양'의
이분화다. 이 책들은 《만국사기》를 제외하고는 모두 '동양'과 '서
양'을 각각 범주화하는 방식을 취하고 있다. 즉 1905년에 간행된
《만국사기》는 대륙별로 각국의 역사를 서술하고 있어서,《만국약
사》와 큰 차이를 보이지 않는다.[47] 이에 비해 그 뒤로 이어지는 세
계사 서적들은 처음부터 '동양사'와 '서양사'로 구분하거나,[48] 비
록 만국사를 표방하더라도 '동양'과 '구주'로 나눠서 내용을 서술
했다.[49]

이때 '동양'에는 중국 및 그와 관계를 맺고 있던 조선·흉노·
베트남·인도·페르시아·중앙아시아의 국가들(《동서양역사》), 아프
리카와 아시아 국가들 곧 이집트·인도·중국·일본, 페르시아·유
태(《정선만국사》) 등이 포함되었다. 아니면 나일 강 연안과 서남아시
아 여러 나라 곧 이집트와 유태, 페니키아, 바빌로니아, 아시리아,
페르시아를 동양에 포함시키고 있다.[50] 이 책들에서 '동양'의 범주
가 반드시 일치하지는 않았다. 저자에 따라 아프리카와 서남아시
아·동아시아까지 포함되는가 하면, 동아시아 여러 나라가 제외되
기도 했다. 그런데도 '동양'은 《만국약사》에서 이미 인종적으로 구
분했던 만이蠻夷, 미개未開, 반개半開 지역과 거의 동일하게 나타나

며, 이 지역이 '동양'이라는 단일한 한 범주로 구분되고 있음을 확인할 수 있다. 이에 비해 서양은 비교적 혼돈 없이 유럽을 가리키며, 여기에 북아메리카(미국)가 더해지고 있다.[51]

동·서양 구분은 《만국약사》에서 각 대륙별로 국가의 역사를 설명할 때와는 다른 분류방식이다. 《만국약사》는 지리적 위치에 따라 각국을 분류하고 있지만, 동·서양 구분에는 지리적 위치가 기준이 되지 않았기 때문이다. 과거 한국에서 지리적으로 '서양'을 구별한 사례를 찾아볼 수 있기는 하다. 그때의 서양은 중국의 '서쪽 하늘 바닷가에 있는 나라'로, 중국에서 수만 리 밖에 있으며[52] 때로는 '서역西域'으로도 칭해졌다. 지역적으로는 동남아시아와 유럽을 포괄했다.[53]

하지만 20세기 초 서양과 동양은 '문명' 여부에 따라 구분된다. 이때의 문명이란 정치·문학·기술·철학 등으로 범위가 더 확대되었다.[54] 이제 '문명'은 단순한 기술문명의 도입에서 그치지 않고, 서양의 기준에 따라 국가 제도와 문화까지 전반적으로 변화되어야 하는 것을 의미한다. 그에 따르지 못한 '동양'은 고대 문명의 발흥지로서 찬란한 과거를 가지고 있으나,[55] 20세기 초 현재는 그렇지 못한 지역으로 분류된다. 또 과거에는 문명의 영역에 크게 나아갔지만 보수적이고 전제정치하에 놓여 있는 국가들일 뿐이다.[56] 반면 서양은 진취적이고 민권 사상이 발달했으며, 용감한 기상으로 근세 발전을 이뤄냈다. 기독교의 정신적 지배와 봉건제도하에서 쇠퇴한 서양은 15세기 말~16세기 초 변화를 통해 근세 개화 문명을 이뤄냈다. 국민주의의 확립, 자유운동, 과학의 진보, 공업의 융성, 군비의 확장과 교육의 보급, 선교와 자선사업 등은[57] 바로 근대의 상징이었다. 이런 관점에서 본다면, 당시 서양과 동양은 진보/보수, 발전/정체로 대비될 수밖에 없었다. 그리고 표제에서는 여전히 '만국사'를 표방하면서도 실제 서술에서는 '동양' 국가들은 고대古代에서만 다뤄지는 등 서양에 훨씬 많은 무게중심을 둘 수밖에 없었다.[58]

결과적으로 동양과 서양 구분은 서양이 동양보다 우위에 있다는 것을 확인시키는 세계관이었다. 그리고 세계사서 저자들은 서양의 우월함을 따르기 위해 동양도 동일한 역사적 발전과정을 밟아야 하는 것으로 인식한 듯 시대구분을 철저히 준용하고 있다. 《정선만국사》는 고대사 · 중세사 · 근세사라는 구분법을 제시하고,[59] 《동서양역사》는 상고사 · 중고사 · 근고사 · 근세사로 세계 역사를 나누고 있다.[60] 《중등만국사》는 고대사 · 중세사 · 근세사 · 최근세사로 구분했다.[61] 이런 시대구분은 저자마다 3시기 혹은 4시기로 다르며, 기준 역시 조금씩 차이를 보인다. 대체로 오늘날 중세로 이해하는 시기는 서로마 제국 멸망부터 종교개혁 이전까지를 포함하는 것으로 보이며, 그 이전과 이후를 고대, 근세 혹은 상고, 근고 등으로 구분했다. 하지만 이와 같은 차이에도 불구하고, 시대구분론은 기본적으로 세계가 근대를 향해 진보해왔다고 파악하는 인식체계다. 이런 역사인식에 따르면 세계 역사는 고대 최초 문명에서부터 문명에 점진한 중세를 거쳐, 공예기술과 문학재지文學才智가 크게 진보하고 상업무역이 확장되며 제반 개량, 발명, 발견 등이 계속하여 일어나는 근세에 이르는 것으로 규정되고 있다.[62]

서양은 희랍과 로마 문명의 계승자로서[63] 근대에 이르기까지 변화를 일으켜온 역사적 주체였으며, 서양이 걸어온 문명화의 깊은 역사발전의 길 그 자체였다.

서양은 이처럼 한국이 앞으로 진입해야 할 문명의 상징이었다. 그러나 20세기 현실에서 서양과 동양은 매우 심각한 갈등 상황에 놓여 있었다. 당시 문명의 단계에 도달해 있던 서양 강국들은 동양을 침입하여 세력을 크게 확장해 나가고 있었다.[64] 동양에는 독립을 유지하는 나라가 거의 없을 정도인데도, 서양 강국들은 만족하지 않고 계속 세력을 넓혀 나가면서 충돌했다. 세계 각국이 서로 국경을 마주하면서 경쟁이 심해지고, 그 속에서 동양의 형세는 미래를 전망할 수 없는 상황이었다.[65] 영국은 아편전쟁에서 승리하여 홍콩을 얻고 청의 무역을 농단했으며, 프랑스는 베트남으로 인해 청과 갈등을 빚더니 영국과 연합해 청과 개전했다가 베트남을 얻었다.[66] 한반도 지역도 예외는 아니어서 러일전쟁기까지 러시아의 침략 야욕이 강하게 뻗치고 있다가 일본에 의해 저지된 실정이었다.

세계사 역술·찬술서는 문명화·근대화의 당위 앞에서 당면 문제를 극복할 방안으로 민족 문제를 강조하면서도, 일부는 '동양'으로서 동질성에 의지하는 편을 조심스럽게 모색하고 있었다. 이미 19세기 말부터 한·중·일 3국 연대와 제휴 필요성이 제기되고 있었는데, 이 시기에 이르러 동양연대에 관심을 보이기 시작하는 것이다. 동양연대는 한반도에 대한 러시아의 침략 의도가 명확해지는 가운데, 러시아의 침략행동을 '백인종의 동양침략'으로 인식하고 이에 대한 한, 중, 일 3국의 제휴 필요성을 강조하면서 일어난 주장이다.[67] 일본 천황이 러시아와 개전할 때 선전포고문에서 "동양 평화를 유지하고 대한 독립을 공고히 한다"고 한 것은 그런 기대를 갖게 한 주요 원인이었다. 한국 내에서는 당시 러시아의 극동 위협에 대응할 국가는 일본밖에 없다고 인식했다. 한국에서는 일본이 1894년 청일전쟁 뒤 시모노세키 조약 체결로 한국의 독립을 인정해준 것으로 믿고 있었으며, 1902년 영일 동맹 체결도 동양 평화를 확보하고자 한 것으로 이해하던 실정이었다.[68] 게다가 중국은 이미 패전과 국내 상황의 어지러움 때문에, 한국은 군비와 재정이 정돈치 못하기 때문에 러시아에 대응하기 어려웠다. 그러므로 동아시아 3국 중 국력이 완실한 일본만이 그에 대전할 수 있는 것으로 받아들였다.[69]

러일전쟁(1904~1905)이 끝난 뒤 서양에 대응하며 동양 평화를 내세운 일본의 주장이 허구였음이 드러났지만 동양연대에 대한 기대는 여전히 지속되었다. 러일전쟁에서 승리한 후 일본에서는 한국의 합병, 보호, 총독정치, 식민지 등을 논의하며, 일본의 이익을 도모하고 한국에 대해 위협을 가하는 실정이었다.[70] 그러나 세계사 역술·찬술자들은 일본의 동정을 파악하고 있으면서도, 일본이 내세운 동양 평화 원칙에 의문을 제기하는 수준,[71] 혹은 일본의 각성을 촉구하는 정도에 그치고 있었다. '일본이 무도한 러시아인을 징

벌하고 위약危弱한 우리 한국을 도와줘 그 명예를 후세에 전하는 것이 가하다'는[72] 요청을 제기할 뿐이었다.

위처럼 세계사 역술·찬술서 저자들은 한국이 처한 민족적 위기 앞에서 당시 한국사회에 수용된 사회진화론에 따라 세계를 생존경쟁 논리로 바라보고, 강자가 될 수 있는 길을 모색했다. 이때 한국이 앞으로 나가야 할 길은 '문명'의 서양화였고, 이 '서양'은 당시 한국이 속한 정체된 '동양'과 대비되는 곳이다. 《만국약사》에서는 인종적인 야만, 미개, 반개의 구별이 있었다면, 이 단계에서는 문명에 따라 보다 확실하게 서양과 동양의 구별이 이루어졌다. 그리고 세계사 역술·찬술서에서는 서양이 걸어온 문명화의 길을 역사적 유일의 길로 제시하며, 한국이 이 길에 동참해야 할 것을 강조함으로써 세계화를 더욱 촉구하고 있었다.

유교적 문명관에
입각한 새로운 세계관의 모색

독자적인 세계사 저술의 등장

《만국사물기원역사》는 1909년 장지연이 저술한 세계사 책이다. 1896년 처음 세계사 책이 일본인의 참여로 저술된 이래 약 10여 년 만에 한국 내 독자적인 세계사 저술이 이뤄진 것이다. 세계사 역량 부족이 지적될 만큼 열악한 환경을 단

시일에 극복하고 직접적 세계사 저술이 이뤄질 수 있던 데는 세계사 지식과 교육 확대가 중요한 요인이 되었을 것이다.

앞에서 언급한 바와 같이 《만국사물기원역사》가 편찬되기까지 한국에서는 이미 세계사 책 5종이 편찬되었다. 이 책들은 근대 교육기관에서 교과서로 활용되었을 뿐 아니라 신문광고 등을 통해 꾸준히 판매되었다.[73] 또 1905년 전후 한국에서는 애국계몽 운동과 관련해 세계 약소국의 독립과 흥망사, 영웅전에 관계된 역서 출간이 지속적으로 이뤄졌다.[74] 이런 책들은 이미 서양 열강에 의해 망국화된 국가들의 현실을 보여주면서, 경각심을 불러일으켰다. 그리고 이런 책들은 단행본으로 번역되기도 했지만, 〈황성신문〉 등을 통해 대중에게 유포되었다. 이와 같이 세계사의 필요성과 함께 그에 접할 수 있는 기회가 더욱 확대되면서, 한국 내에서 세계 각국 역사에 대한 지식은 크게 축적되었을 뿐만 아니라 정보 수준 또한 매우 높아졌다.

장지연은 이런 시대적 상황 속에서 본인이 《애급(이집트)근세사》 (1905) 번역에 종사한 경험이 있는 만큼 비교적 탄탄한 세계사 저술 역량을 갖췄을 것이다. 뿐만 아니라 장지연은 황성신문사와 여러 신문사에서 활동했다. 그는 1902년부터 1906년까지 황성신문사 사장을 역임했으며, 1908년 블라디보스토크로 망명한 뒤에는 〈해조신문 海潮新聞〉의 주필로 활동했다. 그리고 1909년 10월에는 〈경남일보〉 창간에 참여했고 주필로서 1910년까지 언론활동을 계속했다.[75] 이런 활동은 모두 국권회복과 관련되면서 동시에 세계 현실을 파악하여 국민에게 알리는 일이기도 했다. 특히 그는 1907년 블라디보스토크, 1908년 상해 등으로 망명생활을 통해 국제정세 변동과 실상을 잘 파악할 수 있었다.

이와 같이 장지연의 세계사 저술은 자신의 다양한 전력과 경험을 바탕으로 이뤄진 것이다. 그런데 장지연의 세계사 저술방식은 기존 서술과 상당한 차이를 보인다. 이제까지 세계사 책이 서양 혹은 일본적인 시각과 서술방식을 그대로 도입하거나 취사선택해 왔다면, 장지연은 그것을 변용해 한국인의 독자적 역사서술방식을 시도했다고 봐야 할 것이다. 그런 점에서 이 책이 역사서이면서도 박물학 서적에 가깝다는 사실은 흥미롭다. 《만국사물기원역사》는 천문, 지리, 인류, 문사文事, 과학, 교육, 종교, 예절, 의장儀仗, 정치, 군사, 위생, 공예, 역체驛遞, 상업, 농사(부 어렵附 漁獵), 직조물, 복식, 음식, 건축, 음악, 기계, 기용器用, 유희遊戱, 방술方術, 식물, 광물, 풍속잡제風俗雜題 등 28항목으로 전체를 구분한 뒤, 각 항목에서 주요 주제 중심으로 서술한다. 일종의 백과사전식 서술이다. 백과사전식 서술방식이 이미 조선 후기 실학자들이 채택한 방식이라는 점을 고려하면,[76] 장지연이 한국적 저술방식을 세계사 책에 시도한 것으로 봐야 한다. 실제 내용에서도 장지연은 서양 신학문에 관한 것뿐만 아니라 고대 이래 동서양에서의 주요 사항을 거의 망라하면서 동양과 서양을 접목시키고 있다. 물론 단순히 동서 문물의 역사를 나열한 것만은 아니며, 그에 대한 해석과 설명을 첨부함으로써 역사서로서의 면모를 충분히 보여주고 있다. 특히 사물의 기

장지연, 1864~1921

원과 그 발달사를 개관함으로써, 기존의 통사류通史類가 제시할 수 없던 내용들을 정리하고 있다.[77]

그렇다면 장지연이 동양과 서양을 접목시키는 방식의 세계사 책을 저술한 배경은 무엇일까? 안타깝게도 그 배경을 밝힐 수 있는 근거는 찾아보기 어렵다. 다만 그의 사상과 이념, 행동 전력으로부터 유추해 볼 때 그가 기본적으로 유교적 소양 위에서 자라났고, 유교의 틀을 고쳐 그 안에서 변혁을 이끌어내려고 한 유교적 근대지식인이었다는 사실과 밀접하게 관련되었을 것으로 추정할 수 있을 뿐이다.

장지연은 어려서부터 유학을 공부하여 31세인 1894년 과거 진사과에 합격했다. 그는 1896년 아관파천 시 고종 환궁을 요청하는 만인소萬人疏운동에서 상소문을 지은 것을 인연으로 관직에 종사하기도 했다. 그러나 독립협회가 주최한 만민공동회 총무위원으로 정부의 실정을 규탄하고 민권운동에 가담하면서 관직을 떠났다.[78] 그는 이때 황성신문사의 전신인 대한황성신문사 운영에 참여했으며,

황성신문사를 창간한 뒤에는 주필로도 활동했다.

그는 다산의 실학사상에 심취하여, 1899년 광문사廣文社를 설립한 뒤 정약용의 《목민심서》와 《흠흠신서》를 간행하기도 했다. 이때 실학사상을 통해 전통유학을 개혁하고자 한 개량 유학자 면모를 갖추기 시작한 것으로 보인다. 그리고 1905년 을사조약 이후에는 세계 정세 속에서 한국의 실체를 확인한 뒤, 서구문명을 수용해 민력民力을 기를 것을 주장했다. 그의 이런 태도는 구 시대의 유교로는 국권회복이 불가능하다는 판단하에 이뤄지기는 했으나, 유교를 근본적으로 부정하지는 않았다. 그보다는 유교의 혁신을 통해 새로운 대안을 찾으려고 적극적으로 모색했다. 결국 그는 전통 유교 틀을 벗어버리고 새로운 지식으로 무장한 서구적 근대지식인은 아니었으며, 유교적 틀 안에서 변혁을 꿈꾸던 유교적 지식인으로서 평가받는다.[79]

그의 이런 면모는 애국계몽운동단체를 통한 실력양성운동에서도 나타난다. 그는 생존경쟁 세계에서 살아남기 위해서는 자강自强하는 것이 당연하다고 여겼다. 그러나 그는 문명의 기초를 윤리나 도덕 등 동양 전통학문에서 찾으면서, 진정한 문명은 반드시 이를 수반해야 한다고 보았다. 그는 유교의 실효성과 정신적 · 도덕적 가치를 인정하는 한편, 동양의 유교에 있던 수시변통隨時變通 정신에 주목해, 그 위에 새로운 학문의 효용성을 가미하여 학문 풍조를 진작시키고 교육과 식산흥업에 힘쓸 것을 주장했다.[80] 그러나 시대의 변화에 올바르게 대처하지 못하는 한국유학의 현실에 대해서는 강한 비판도 마다하지 않았다. 그의 생애와 학문 그리고 실천 운동은 끊임없이 유교를 재해석하고 유교의 변통을 통해서 신학문과 접목하려는 시도였다고 할 수 있다. 그리고 이런 관점에서 그의 세계사 책 역시 유교의 바탕 위에 서구적 신학문을 조화시키려는 이상과 시도를 반영했다고 할 수 있다.[81]

유교적 문명관에 입각한 새로운 세계관

유학자로서 한국과 동양의 정신적인 면을 중시한 그의 태도는 《만국사물기원역사》 서술에 전적으로 반영되어 있다. 그의 세계사 저술에서 나타나는 가장 큰 특징을 논하자면, 유교적 동양의 재평가라고 할 수 있다.

장지연은 일단 서양과 동양을 구분해 세계를 바라보고 있다. 이미 한국사회에 소개되어 있던 이분법적 세계 인식을 수용한 것이었다. 그리고 그 세계는 약육강식의 원리가 지배하고 있는 상태라고 인식하고 있다. 그가 파악하기에 세계의 국가들은 우승열패와 자연도태라는 메커니즘에 의해 움직여가는 세계체제 내에 있었다.[82]

그러나 세계사 역술서와 찬술서에서 동양과 서양이 정체와 낙후/ 진보로 대비되는 것이라면, 그가 바라보는 동양은 결코 그렇지 않았다. 그에게 동양은 문명의 근원이었다. 그는 유교적 문화에 기반을 둔 동양이 서양을 앞섰던 부분에 주목하거나, 동양과 서양이 서로 다른 문명으로 존재했음을 설명했다. 예를 들면 역법曆法의 경우, 동양에서는 중국 황제와 신농씨로부터 비롯된 것임을 밝히고 있다. 한반도에서는 기자箕子 및 신라 문무왕, 고려, 조선에 이르기까지 역법이 지속적으로 발전해온 역사를 서술하고 있다. 그러면서 서양에서 문명의 기원으로 칭송받아온 이집트나 그리스에서 구사하던 역법기술은 완전하지 못하다고 비교하고 있다.[83] 지동설地動說의 경우는 기氣의 움직임으로 이해한 동양학자들의 방식과 서양학자들의 설들을 함께 병렬하여 설명하고 있다.[84] 이때 옳고 그름의 가치판단을 하지 않은 채 두 가지의 견해를 소개하고 있는 것이 특징이다. 이를 통해 그는 문명이 서양의 전유물이 아니라는 사실을 밝히는 한편, 서양과 다른 동양의 문명을 제대로 파악해야 할 필요성을 논하고 있다.

이런 관점에서 본다면, 그가 책에서 첫 항목을 천문天文, 지리地理, 인류人類 등으로 설정해 유학에서 중시하는 천지인天地人과 일치시키는 것은 매우 의도적이다. 그 뒤에도 그는 바로 문사文事를 배치하고, 그 다음에야 과학 항목을 두고 있다.[85] 예절·의장儀仗 등의 항목은 극히 동양적 가치관을 반영하고 있다.

이런 배치는 그가 문명의 기초를 동양의 전통학문인 유교에서 찾은 것과 일맥상통한다. 그는 과학, 군사, 위생, 기계, 기용器用 등 서양 문명을 중시하고, 또 그에 대해 많은 지면을 할애했다. 특히 22장 '기계'는 거의 전적으로 서양에서 발달한 기계문명의 설명으로 채워져 있다.[86] 하지만 그는 그것을 절대화하지 않고 유교적 문명에 입각한 논의를 전개하고자 했다.[87] 과학 분야에서조차 그는 과학의 설은 근대 서양학자가 발명한 것이나, 그 실제는 동양 성현의 학문과 6예藝에서 비롯된 것이라고 본다. 다만 서양인들은 근대에 이를 새롭게 발명하여 교육계 과정을 만들었기 때문에 과학이라고 한다고 주장한다.[88] 이는 과거 동양 문명을 새로운 문명개화 인식 속으로 통합시키고자 한 노력의 결과로, 이를 통해 동양과 한국 역사는 문명의 역사적 틀로 재편성될 수 있었다.[89] 거기에서 더 나아가 그는 문명의 보편성을 논하는 가운데, 문명의 근원지로서 동양에 대한 자리매김을 새롭게 시도했다. 이는 분명 동양을 재해석하고 재평가했다는 점에서 당시대인들에게 상당한 의미를 가지는 일이다.

그런데 이런 장지연의 인식을 더 발전시켜 보면, 그에게 문명이란 당시 서양에서 논하는 것과 같이 하나가 아니었을 가능성도 있다. 곧 서양적인 문명이 있었다면, 동양의 유교적인 문명도 가능하다고 볼 수 있다. 이런 시각은 지역, 혹은 문화권에 따라 문명의 성격을 달리 부여하는 혁신적인 것이 될 수 있다. 이렇게만 된다면 세계적 보편으로서 문명을 추구하는 것은 하나의 당위로서 제기될 수 있지만, 그 문명 내용은 각각 특성에 따라 달라질 수 있다. 그것은 서양을 중심으로 한 전일적인 문명의 제시, 그것을 진보로 바라보던 시각과도 맥을 달리하게 되어서 매우 흥미로운 해석으로 보인다. 그리고 동양 고유의 가치관을 그대로 인정하면서 서양문명 수용을 논함으로써 진정한 동양과 서양의 접목을 추구하는 것으로 이해된다.

한편 그에게 동양은 세계사 역술·찬술서에서 논하던 동양과는 범주가 다소 다르다. 그의 각 항목 서술방식을 보면, 중국·한국·일본 순서로 기술한 뒤 서양에 관한 내용설명을 이어나가고 있다. 이는 책 전체에서 동일하게 관철되는 서술방식인데, 중국과 한국·일본을 따로 구분하되 전체 범주로서 서양과는 대비시키는 것이다. 그런데 흥미로운 건, 《만국사물기원역사》에서 동양을 논할 때 중국·한국·일본 3국 외에는 거의 거론하지 않는다는 점이다. 이는 그가 유교문명권으로서 동양 혹은 동아시아를 하나의 단위로 설정한다는 것으로 이해된다.

그는 물론 중국·한국·일본을 구분하고 있기 때문에 가장 기본 주체를 국가에 두기는 한다. 그리고 그는 국가란 정신적 요소(독립의 정신)와 물질적 요소(영토와 백성)로 구성되어 있어서 영토, 국가 구성원, 백성, 조상, 역사와 정신을 같이하는 것이라고 여겼다. 그중에서 더 중요한 건 독립의 정신을 갖고 있어서 타인에게 간섭과 침범을 받지 않는 것, 곧 국가의 정신이었다.[90]

그런데 독립 국가를 강조하는 그에게 동양 혹은 동아시아라는 보편적 단위를 전제하고 있는 것은 결코 모순이 아니었다. 그가 동양을 강조하는 것 역시 정신, 전통과 관계되기 때문이다. 그에게 동양 문명은 자부심이었고,[91] 동양은 서양에 뒤떨어진 것이 아니었다. 이런 그의 태도는 앞에서 언급했듯이 유교문명, 유교적 윤리와 도덕을 중심으로 한 동양의 학문 전통에서 문명의 기초를 찾았다는 것과도 통한다.

그러나 이런 그의 시각은 또 다른 문제점을 낳을 수밖에 없다. 그는 기본적으로 유교 문명을 바탕으로 하고 있기 때문에, 유교 문명권으로서 동양 혹은 동아시아가 근대 문제를 해결할 수 있는 단위로 설정된다. 따라서 그는 일본의 침략성을 경계하면서도 오히려 동양 전통문화를 지키기 위해서는 동양 3국의 연합이 필요하다는 인식으로 나아갈 수밖에 없었다. 이런 그의 생각은 결국 일본의 식민지배를 긍정하는 방향으로 이어지게 되었다.[92]

19세기 말 20세기 초 약 40여 년간 한국에서 세계사 책은 1905년과 1909년을 기점으로 저술 주체 변화가 큰 특징으로 나타난다. 그건 저술 역량의 축적 결과에 따라 일본인의 저술 참여에서 역술과 찬술로 그리고 독자 저술 단계로까지 변화했음을 보여준다.

그리고 당시 한국사회에는 사회진화론에 따른 문명론이 전개되면서, 서구중심의 세계인식이 수용되었다. 이는 개항 후 한국을 둘러싼 세계질서 변화를 반영한 것이었다. 청은 이제 지는 제국으로서의 무력함을 드러내고 있었고, 과거에 청이 차지했던 세계 중심의 위상은 유럽이 대신하게 되었다. 따라서 세계사서들은 중국 중심의 기존 세계 인식에서 벗어나, 유럽과의 관계를 새롭게 정립하기 위한 노력을 기울였다.

당시 세계사 저술을 살펴보면 1896년 《만국약사》나 그 후 역술서와 찬술서, 《만국사물기원역사》에 이르기까지 대체로 '문명화'된 유럽의 기술적 진보에 대한 놀라움이 공통적으로 표현되어 있다. 역사서술에서도 유럽 혹은 서양의 문명 발달과 그 원인을 찾는

데 많은 부분을 할애했다.

　그렇다면 이제 서구중심 세계질서를 어떻게 받아들일 것인가? 그 세계 속에서 약육강식과 우승열패의 논리를 어떻게 수용하고 대응할 것인가? 이에 대한 해답은 각 세계사서가 간행된 시대적 상황과 저술 주체에 따라 다르게 나타난다. 곧 각 시기마다 한국이 처한 정치적 상황, 저술주체의 성향과도 밀접한 관련이 있다.

　최초의 세계사서인 《만국약사》에서는 서구 문명을 추구하면서도 그 실제적인 모델로서 일본의 위상을 강조하는 것으로 나타난다. 이 세계관은 역술과 찬술 단계에서 다소 극복되지만, 대신 문명을 기준으로 한 서양과 동양이 명확하게 대비되는 가운데 갈등과 생존경쟁의 세계질서가 크게 강조되었다. 이것은 한국이 도태될 수 있다는 위기감 속에서 등장한 세계인식으로, 이에 대응하기 위해 동양을 단위로 한 연대의식이 조심스럽게 모색되기도 했다. 한편 장지연은 한 단계 더 나아가 유교적 문명관에 입각한 새로운 세계관을 모색했다. 유교적 가치관을 중시하는 저자의 의도에 따라 동양 문명에 대한 재해석이 이뤄졌고, 그 과정에서 동양 문명 역시 서양 문명에 못지않은 가치를 지니는 것으로 재평가되었다. 이는 유럽중심의 세계인식을 극복하려는 시도로써 중요한 의미를 갖는다. 그러나 유교 문명을 중심으로 동양을 하나의 단위로 설정하여 동아시아에서 일본의 지배와 영향력을 인정하는 방향으로 나아감으로써 한계를 드러내고 만다.

3

지구사의 관점과 시선:
보다 길고 보다 넓게

새로운 상상의 공동체: 종족사에서 인류사로

데이비드 크리스천 David Christian

호주 맥콰리대학교 사학과 교수, 이화여자대학교 지구사연구소 WCU 석좌교수. 현 호주 왕립학술원 회원, 네덜란드 왕립학술원 명예회원. 대표적인 연구로는
《시간의 지도: 거대사 개론*Maps of Time: Introduction to Big History*》,
《거대사: 세계사의 새로운 대안*This Fleeting World: A Short History of Humanity*》
등이 있다.

염운옥 옮김 · 이화여자대학교 사학과 연구교수

"우리 모두는 한 아버지의 자손이 아닌가? 하나님이 우리를 창조하지 않았는가? 왜 우리는 이를 기만하고 형제들과 싸우고 조상이 신과 맺은 약속을 모독하는가?"[1]

"전 세계적으로 계속 진행 중인 서구화를 어떻게 평가할 것인가라는 아직도 해결되지 않은 문제는 세계사 서술의 학문적 시도를 오랫동안 괴롭혀왔다."[2]

유럽중심주의 문제와 관련해 나는 다양한 범주에서 과거를 바라봄으로써 유럽중심주의를 검토하고자 한다.[3] 서로 다른 공간과 시간의 범주에서 과거를 연구하는 것은 유럽중심주의를 대하는 유용한 사고방식이나 혹은 그것을 초월할 수 있는 방식을 제공해줄지도 모른다. 더 논쟁적으로 말하자면 역사가들이 근시안적 기억을 갖고 있기 때문에 유럽중심주의와 싸워왔다고 논할 것이다. 다양한 범위에서 과거를 살펴보는 것은 매우 흥미롭다. 그것은 우리가 익숙한 현상들을 다룰 때, 각각의 범주가 새로운 관점이나 이해 방식을 제시해줄 수 있기 때문이다. 사실 특정 시간의 범주에서 다루기 힘든 문제를 다른 범주에서 살펴보면 흥미로운 해결책을 제시할 수도 있다. 나는 특히 유럽이나 대서양의 바깥에서 연구하는 많은 역사가들이 도무지 극복할 수 없는 사학사적 문제로 여기는 유럽중심주의에도 이러한 사실이 적용될 수 있다고 생각한다. 우리는 가까운 과거뿐만 아니라 깊고 먼 과거를 복원함으로써 유럽중심

새로운 상상의 공동체 : 종족사에서 인류사로

주의를 극복할 수 있다.

　나는 유럽중심주의를 특정한 정체성을 토대로 형성된, 세계사를 보는 특정한 시각이라고 정의하고자 한다. 유럽중심주의라는 단어는 세계라는 정체성에서가 아니라 세계의 어느 특정한 지역인 유럽 즉 "서구"의 정체성에 지배받는 역사와 세계를 바라보는 방식이 존재한다는 사실을 전제한다.4 이와 함께 오늘날 사용되는 것처럼, 유럽중심주의라는 단어는 편협성이나 지역주의, 즉 "종족주의 tribalism"를 비판하는 것 역시 포함한다. 유럽중심주의 시각은 세계관의 중심에 특정 지역과 그 지역의 정체성을 설정하기 때문에 매우 제한적이다. 그러므로 유럽중심주의는 세계를 보는 다른 중요한 시각들을 이해하기 어렵게 만든다. 유럽중심주의적 시각은 세계 어느 한 부분에 해당하는 시각을 전 지구적 시각과 혼동하게 만든다.

　유럽중심주의가 두 가지 측면을 가지고 있다는 사실이 매우 중요하다. 유럽에 보여주는 측면과 나머지 세계에 보여주는 측면이다. 사실 유럽중심주의가 가진 논리성은 대부분 유럽의 바깥에서 형성된 것이다. 러시아인들에게 나폴레옹 군대가 단일한 모습의 적으로 보였던 것처럼 유럽중심주의 역시 단 하나의 현상처럼 보인다. 내부에서 바라보면 유럽중심주의는 보다 친숙한 현상이지만(그래서 당연시하겠지만), 단일한 현상은 아니다. 톨스토이에 따르면, 나폴레옹은 자신의 군대를 다음과 같이 표현했다. "비스툴라 강을 건넜던 40만 명 가운데 절반은 오스트리아인, 프러시아인, 색슨족, 폴란드인, 바이에른인, 뷔르템베르크인, 맥클렌부르크인, 스페인인,

이탈리아인, 나폴리인이다. 엄격하게 말하자면, 황제의 군대 가운데 3분의 1은 네덜란드인, 벨기에인, 라인 강 경계 지역에 거주하는 사람들, 피에몬테인, 스위스인, 제네바인, 토스카나인, 로마인, 32사단이 거주했던 지역 사람들, 브레멘인, 함부르크인 등이다. 프랑스어를 사용하는 사람은 겨우 14만 명밖에 되지 않았다"(《전쟁과 평화》10권 38장). 전쟁과 마찬가지로 유럽중심주의에서 사용하는 개념 또한 양극화되어 있고 매우 단순하다.

러시아군과 프랑스군이라는 이분법적 구분은 보로디노 전투에서 매우 유용했다. 비록 톨스토이 작품에 등장하는 주인공들은 양쪽 진영 병사들에 대한 인류애를 잘 보여주고 있지만, 누가 아군이고 누가 적군인지 분명히 알아야만 한다. 그러나 톨스토이는 보로디노 전투를 한 걸음 뒤로 물러서서 연대기적으로 그리고 예술적으로 살펴보았기 때문에 전쟁사에서 명백한 이분법을 모호하게 만들었고, 인간이 전쟁을 겪는 다양한 경험을 누구나 공유할 수 있는 것으로 만들었다. 나는 여기서 유럽중심주의의 이분법을 해결할 수 있는 방법을 얻을 수 있다고 생각한다. 특정 범위 내에서 유럽중심주의가 근대 세계사에서 중요한 양상들을 정확하게 포착한 것은 사실이다. 그러나 보다 거대한 시간의 틀 속에서 본다면, 유럽중심주의가 가진 한계를 발견하고 극복하는 것은 훨씬 쉬워진다.

유럽중심주의 역사학을 정교하게 비판하고 있는 역사가 가운데 한 사람인 차크라바르티Dipesh Chakrabarty는 역사가 다루는 범주를 변화시키면 유럽중심주의 문제를 어떻게 바꿀 수 있는지 이미 잘 보여주었다. 세계사에서 지구 온난화가 지니는 중요성을 다룬 최근 논문에서, 그는 유럽중심주의 역사학에서는 도무지 이해할 수 없는 보다 거대한 정체성 즉, 전체로서 인류를 주장했다.[5] 이와 유사한 맥락에서 이 글은 유럽중심 그리고 민족주의 역사학에서 나타나는 종족중심 관점으로부터 벗어나 인류 전체 역사를 서술해야 한다고 주장한다. 나는 이를 위해서 보다 광범위한 렌즈를 통해 유럽중심주의가 가진 문제를 살펴볼 것이다.

서로 다른 범위의
유럽중심주의

유럽중심주의의 범위

첫째 렌즈는 오늘날 유럽중심주의에 일어나고 있는 비판이다. 이 렌즈는 주로 근대 세계에 초점을 맞춘다. 근대 세계라는 범위에서 유럽은 단일한 현상으로 간주될 수밖에 없고, 이는 다른 관점이 제기될 수 있는 가능성을 남기지 않은 채 역사학의 렌즈를 끼우는 것과 다를 바 없다. 나는 이것이 차크라바르티가 《유럽의 변방화Provincializing Europe》라는 저서에서 근대 역사학을 바라보는 렌즈와 동일하다고 생각한다. 이 저서에서 차크라바르티는 역사학에서 유럽중심주의의 대안으로 기능할 수 있는 다른 관점이 얼마나 적은지, 그리고 전문 역사가인 우리조차 대부분 유럽중심주의로 형성된 단어들을 사용하기 때문에 유럽중심주의의 대안을 발견하는 것이 얼마나 힘든지 보여주고자 했다.

최근에 그는 이러한 것이 왜 사실인지 보여주고자 했다. 19세기와 20세기에 유럽이 경제, 정치, 군사, 문화에서 발휘한 힘은 실로 막강했다. 만약 우리가 이 시기 세계사에 집중한다면, 가장 중요한 곳은 유럽일 수밖에 없다. 사실 이런 역사적 범주에서 유럽과 근대성을 구분하기란 매우 어렵다. 유럽중심주의는 근대 세계가 보여주고 있는 중요한 양상을 잘 포착했다. 그러나 과거를 바라보는 범주를 확대한다면, 우리는 역사서술에 대한 전망이 변화하기 시작하는 것을 볼 수 있고, 유럽중심주의는 상당부분 힘을 상실하게 된다.

세계사 서술의 범위

두 번째 범위는 최근에 미국을 중심으로 진행된 "현존하는 세계사"다. 이 세계사는 종종 유럽중심주의와 마찬가지로 간주되기도 하지만, 내 생각에 이런 평가는 너무 조야하고 단순하다. 세계사는 역사가로 하여금 광범위한 지리적, 시간적 범위에서 과거를 바라보도록 하며, 이는 유럽중심주의라는 조잡한 그림을 흐릿하게 만든다. 세계사를 다룬 최근의 훌륭한 서술은 두 가지 방식으로 근대성이 유럽중심적이라는 전망을 효과적으로 사라지게 했다.

무엇보다도 우선 최근에 역사학은 근대성이 본질적으로 유럽중심적이라는 인식을 해체하기 시작했다. 이제 우리는 유럽만이 독특하게 발전시켰다고 여겼던 많은 현상들, 상업주의나 포메란츠와 버크가 "발전주의 기획"이라고 부르는 것이 유럽에만 국한된 것이 아니라, 유라시아에 있는 인구밀도가 높은 지역에서도 널리 확산되었다는 사실을 알 수 있다.[6] 심지어 유럽에서 근대성이 나타났을 때조차 이는 유럽적인 것을 의미하지 않았다. 오늘날 세계를 구성하는 요소는 전 세계에 걸쳐 축적된 것이다. 여기에는 아메리카에서 나온 작물, 이슬람 세계에서 시작된 상업적 관행들, 지중해 동쪽에서 시작하여 이슬람 학자들이 보존한 과학 지식들, 중국에서 처음 개발한 야금술과 무기, 제지, 나침반, 조선술 등이 포함된다. 리베르만Victor Lieberman이 보여준 것처럼, 유럽만이 보인 독특한 것으로 여겼던 적극적으로 상업 국가가 형성되는 과정을 17세기와 18세기 유라시아에서도 발견할 수 있다.[7] 영국이 아메리카 제국을 지배했다는 사실을 잊는다면 몰라도 중국이 아시아 내륙에 제국을 건설했다는 사실을 잊는 것이 어떻게 가능하겠는가?[8]

다음으로는 유럽의 헤게모니가 실은 기존 유럽중심주의적 설명이 제시했던 것보다 훨씬 늦게 형성되었다는 사실을 보여주는 방식이다. 전통적 설명은 유럽에서 예외적인 발전이 이미 중세 시대부터 두드러지게 나타났다고 주장한다.[9] 물론 1700년대보다 훨씬 중요해지긴 했지만, 최소한 대서양 지역이 유라시아 네트워크의 주변부가 되기 시작한 1800년대까지 여전히 대서양 지역 헤게모니는 유라시아의 오래된 문명 지역의 헤게모니에 미치지 못했다.[10] 사실 유럽의 힘은 19세기 이후에 갑자기 나타났다. 사실 유럽 헤게모니가 갑자기 등장했기 때문에 유럽이 가진 능력과 특이성은 더욱 과장되었을 것이다. 또한 유럽 민족주의가 발전한 것은 제국주의와 동시대적 현상이었다.

요컨대, 근대 세계사를 연구하는 역사가는 근대성의 기원이 유럽이라기보다는 전 지구라는 점을 강조한다. 그리고 유럽 헤게모니가 매우 최근에 발생한 현상에 지나지 않는다는 사실을 보여주고자 한다. 최근 세계사 연구는 유럽이 보인 독창성과 근대성을 지나치게 과장하는 근대사 설명이 얼마나 부정확하고 편협한지 잘 보여주고 있다.

최근 역사학은 이런 방식으로 근대성 개념과 유럽 사이의 연결성을 해체함으로써 실제 역사서술에 문제를 제기한다. 우리는 오늘날 세계를 구성하는 다양한 부분을 분리시킬 수 있는가? 우리는 유럽과 나머지 세계라는 이분법을 넘어설 수 있는가? 로마의 알파벳이나 인도의 숫자 체계, 혹은 중국의 지폐 발명 이외에 유럽에 기원을 두고 유럽 문화를 통해서 지구 전체로 수용된 것은 무엇인가? 유럽이 포장한 것은 무엇인가? 과학은 정말 유럽이 발명했는가? 과학은 전 지구상 수많은 자료로 구성된 지식 체계라기보다는 최근에 유럽 문화 때문에 각인된 것인가? 유럽중심주의는 이런 역사학의 과업에 무딘 칼날만을 들이댈 뿐이다. 그러나 우리는 근대성이 갖는 이런 중요한 점을 단순히 "유럽적" 혹은 "비-유럽적"이라고 분류하는 것이 잘못이라는 것을 충분히 알고 있다.

지난 천 년의 범위

이제 더 큰 범위로 이동해보자. 나는 오늘날 세계사가 내놓은 연구 성과를 찬미하는 사람이며, 스스로 세계사가라고 생각한다. 그러나 동시에 세계사가 가진 다양한 가능성을 제한하는 역사학의 관례로부터 벗어나는 것이 매우 어렵다는 사실을 알고 있다. 왜 세계사가조차 유럽중심주의를 초월하는 것이 어렵다고 생각하는가? 하나의 이유는 많은 학자들이 여전히 근대성이라는 연대기의 새장 속에 갇혀있기 때문이다.

일반적으로 역사가는 세계사 연구를 역사학의 학문적 관습 내에서 수행한다. 세계사가 대부분이 다른 전문 역사가와 동일한 교육을 받기 때문이다. 세계사가 역시 기록된 사료를 바탕으로 조사하고, 특정 국가나 지역에 초점을 맞추며, 몇 년 혹은 몇십 년이라는 범위에 집중하도록 훈련을 받는다. 이런 훈련은 학술지나 학회의 관행과 대학에서 쌓는 경력으로 더욱 강화된다. 그리하여 세계사가로 하여금 특정 지역과 사료 대부분이 만들어진 근대 시대에 초점을 맞추도록 한다.

세계사가도 역사학의 한 분야로 인정받기 위해 페미니스트 역사가나 환경사가와 마찬가지로 역사학의 학문적 관례를 받아들인다. 만일 새로운 분야가 역사학의 관례를 받아들이지 못한다면 역사학계에서 갖는 영향력은 주변화하고 말 것이다. 그런데도 세계사를 포함해 모든 새로운 분야에서 정치사와 국가사, 사료에 기반을 둔 연구가 지배적이었던 시대에 형성된 직업적 관습을 받아들이는 데는 치러야할 대가가 따른다. 역사학에서 무엇이 중요한지에 대한 전통적 관념은 세계사가 다루는 범위에 미묘한 방식으로 제한을 가한다.

중요한 사실은 역사학의 기존 관습 때문에 세계사 서술이 근대 시기에 집중된다는 것이다. 세계사 연구가 가장 활발한 미국에서조차 세계사 수업과 연구 대부분은 지난 수세기 근대에만 국한된다. 놀랄만한 일도 아니다. 왜냐하면 근대 시기는 사료를 발견하기 용이하며 영리한 젊은 연구자들은 풍부한 사료가 바탕이 되지 않고서 지역사나 시대사를 서술하는 것이 얼마나 위험한지 잘 알고 있기 때문이다. 그 결과 미국 대학에서 세계사 과목은 크게 둘로 구분되는데, 하나는 1500년 이전을 다루는 세계사고, 다른 하나는 지난 500년간을 다루는 세계사다. 세계사 수업에서 절반 이상은 근대사를 가르치며, 세계사 연구 역시 다르지 않다. 《세계사저널*Journal of World History*》의 편집장 벤틀리Jerry H. Bentley는 1990년부터 2006년 사이 《세계사저널》에 기고된 논문 195편 가운데 1500년 이전 시기를 다룬 논문이 17편에 불과하다는 사실에 주목했다. 벤틀리는 이러한 현상을 "놀랍지 않다 (⋯⋯) 전문 역사가 대부분은 상대적으로 사료가 풍부하고 자료가 많이 남은 근대를 연구한다"[11]고 덧붙였다. 매닝Patrick Manning이 설립한 세계사연구회에서 개최한 2006년 학술대회에서는 발표자 36명 가운데 1500년대 이전 시기를 다루어 발표한 사람이 불과 4명이었다.[12] 이런 한계로 역사가가 만약 1500년대 이후 세계에 주로 관심을 가진다면 유럽중심주의를 피하기 힘들다

아메리카 원주민의 농촌 풍경

는 사실을 분명하게 보여준다. 무엇보다도 지난 두 세기 동안 유럽 혹은 서구 사회가 헤게모니를 가지고 있었고, 이 헤게모니는 최초의 글로벌 헤게모니였기 때문에 특히 더 강력했다. 이처럼 근대에 몰두하는 현상은 유럽중심주의를 지속시키는 근대적 범주나 정체성을 초월하고자 노력하는 세계사가 갖는 가능성을 제한했다.

모든 시대 모든 인류 사회를 포함하는 것이 너무나 당연한 세계사를 상상해보라. 그런 세계사는 전 세계 모든 지역과 수천 년이라는 시간을 포함할 것이다. 렌즈의 폭을 확대하면 유럽중심주의는 어떻게 될 것인가? 사라져버린다! 천 년 전 유럽중심주의는 그다지 중요하지 않았다. 유럽 사회는 인간이 상호작용하면서 생긴 권역 가운데 가장 거대했던 아프로–유라시아권의 주변부였을 따름이며, 전체로서 세계라는 관점에서 본다면 북아메리카가 가진 영향력조차 아프로-유라시아보다 덜했다. 중국과 이슬람 세계 그리고 때로는 인도반도에 자리한 거대한 제국에서 엄청난 헤게모니를 발견할 수 있다. 아메리카에서는 중앙아메리카(메소아메리카)나 안데스 지역에 헤게모니 권력이 건설되었다. 북아메리카의 정착지는 미시시피 강과 지류 지역에서 물을 끌어 사용했다.

천 년이라는 범위에서 고찰해본다면, 유럽중심주의는 단지 하나의 중심주의 현상에 지나지 않으며, 세계사에서 무수히 반복된 현상의 근대적 유형이었을 뿐이다. 물론 어떤 관점에서 보면 유럽중심주의는 특별하다. 그것은 세계 전체를 통합하고자 했던 최초의 "중심주의centrism"였고 유럽의 특별한 잠재성을 정당화했다.[13] 그렇지만 유럽중심주의는 단지 세계사에서 익숙한 현상의 전형일 뿐이며, 그 중요성을 과장해서는 안 된다. 오래된 "중심주의"가 유럽중심주의를 통해 복원될 수 있기 때문이다.

만 년…… 그리고 그 전

신석기 혁명 시대로 거슬러 올라가 보자. 우리는 농경문명 시대였던 지난 5000년 동안 수많은 중심주의를 발견할 수 있다. 인접 지역에까지 헤게모니를 행사했던 인구 밀집 지역이나 도시, 국가 그리고 제국을 발견할 수 있다. 그러나 만약 우리가 수메르 시대를 넘어 신석기 시대 작은 마을로 돌아간다면, 중심주의를 발견하기란 어렵다. 좁은 범위에서 본다면, 고대 팔레스타인 옛 도시 예리코는 헤게모니를 가지고 있었는가? 체이스-던Chase-Dunn과 홀Hall은 비록 국가나 제국을 형성하지 못했지만 분명히 존재했던 "세계 체제들"의 가능성을 연구해왔다.[14] 공동체 규모가 작고 대부분 유목 공동체이던 신석기 시대로 돌아가 본다면 "중심주의"라는 개념은 일관성을 상실한다. 우리는 지역 헤게모니의 전형을 발견할 수 있을지도 모르지만, 지역 헤게모니는 확실히 "중심주의"의 전형으로 간주하기에는 지나치게 국지적이고 허술하다.

요컨대 유럽중심주의를 역사학 속에 적절하게 위치시킬 방법 가운데 하나는 유럽중심주의를 보다 거대한 범위 속에 위치시키는 것이다. 그러면 유럽중심주의는 힘을 상실하게 될 것이고, 일반적 중심주의 또한 그럴 것이다.

지식, 공동체
그리고 정체성

지금까지 우리는 유럽중심주의가 특정한 상상의 공동체인 유럽의 시각을 전 세계에 투사하기 때문에 문제이고 잘못된 것이라고 논했다. 어찌됐건 특정한 공동체를 다루는 의식이 세계 전체를 이해하는 것과 얽혀 있다는 것이다. 그런데 어떻게 이런 부조합이 발생했을까?

정치 공동체와 지식 공동체

유럽중심주의를 그럴듯하고 자연스럽게 설명하면 유럽이 자신의 시각을 나머지 세계에 강요했다고 할 수 있다. 이런 견해는 대체로 맞다. 그러나 앞에서 논했듯이 이런 설명은 너무 단순하고 근대성의 주요 측면들을 놓치게 된다. 여기서부터는 유럽중심주의의 심장부에 놓여있는 유럽적 시각과 전 지구적 시각을 혼동하는 사고방식의 대안을 고찰하고자 한다. 나는 앤더슨 Benedict Anderson이 사용한 의미에서 유럽중심주의가 두 "상상의 공동체들imagined communities"를 기묘하게 혼합한 산물이라 논하고 싶다.[15] 하나는 정치 공동체(개인이 인식하는 지방적 혹은 지역적 집단)고, 다른 하나는 '지식 공동체'라 불리는 것이다. '지식 공동체'는 재화와 인간을 교환할 뿐 아니라 무엇보다도 정보와 지식을 교환하는 더 넓은 공동체를 말한다. 정치 공동체가 지방적 혹은 종족적 정체성을 낳는 반면, 지식 공동체는 덜 구체적이지만 보다 포괄적인 상상의 공동체를 형성한다. 이런 상상의 공동체는 전 인류의 공동체라고 여길 수도 있다.

세계체제론이나 경제사에서 말하는 경제적 교환이 아니라 지적 교류에 초점을 맞춘다면 이런 과정은 관찰하기 쉬울 것이다. 지방 공동체가 교환이 확장된 네트워크 속에 들어가면 생활에 영향을 주기 시작하는 더 큰 집단을 이해하고 개념화해야 한다. 이는 지방 정치 공동체를 넘어 사고하기 시작한다는 것을 의미하며 다른 집단의 사고에서 공통 경향을 이해하기 시작한다는 뜻이다. 또한 정체성을 재사고하고 점차 더 큰 규모의 공동체를 상상한다는 것을 의미한다. 궁극적으로 지방 종족 공동체는 더 넓은 '지식 공동체'와 관계 맺기 위해 교섭을 해야만 한다. 이는 항상 잠재적으로 모순이고 혼란스러운 과정이었다. 왜냐하면 앞서 언급한 보로디노 전투에서처럼 단순한 이분법으로 상상력을 제한하려는 유혹이 존재하기 때문이다.

지식 체계의 장기 진화

그러나 지적 교류의 네트워크가 팽창하면서 형성되는 것이 정체성이나 공동체 의식만은 아니다. 더 거대한 범위에서 보면 유사한 과정으로 지식 일반이 진화했음이 분명하다. 고고학자 쉐라트Andrew Sherratt는 다음과 같이 서술한다. "'지적 진화'는 (……) 주로 더 광범위한 의미에서 '공동체'인 거대한 인류 집단을 고찰하는 방식 속에서 등장한다."[16] 세계사가는 장기지속한 지성사를 간과했기 때문에 이 주제를 이론화하지 않았다. 그러나 지식 체계의 진화를 다루면서는 "연대"에 대한 사회학자 뒤르켕의 작업에까지 거슬러 올라가는 사고방식의 전통이 존재한다.

근대적 "시간" 관념의 진화를 다루는 연구에서 저명한 사회학자 엘리아스Nobert Elias는 교환 네트워크가 팽창하면서 점점 큰 지식 공동체와 상업 공동체가 형성되고, 이에 따라 지방 공동체가 서서히 폭넓게 세계를 이해하는 방식을 구성해가는 과정을 서술했다.[17] 엘리아스에 따르면 시간의 진화 관념을 이해하는 데 특히 중요한 것은 네트워크 규모가 커짐에 따라 개인과 공동체의 활동 방식이 조응해 변화한다는 것이다. 네트워크 규모와 복잡성이 증대하면 인간 행동을 조정하는 것이 점점 더 복잡해지고 달력이나 시계와 같은 특별한 도구와 관례가 필요해진다. 엘리아스는 이런 관례와 메커니즘이 규칙적이고 방향성을 갖는 보편적이고 객관적 시간이라는 근대 의식을 낳았다고 주장한다.

원칙은 매우 일반적이다. 교환 네트워크가 확대되면 지식 체계는 낯설고 모순처럼 보였던 정보를 통합하고 내부에서는 일관성을 발견할 수 있다. 새로운 정보를 다루는 일관된 방식을 찾는 것은 다양하게 관찰하고 이론을 통합하는 추상을 발견한다는 의미다. 더 큰 공동체를 상상하는 과정도 이와 유사하다. 상호 연결 네트워크의 규모가 커지고 복잡해지면 지방/지역 공동체는 공동체 의식, 즉 "상상의 공동체"를 재조정해야 한다. 지식 공동체의 팽창에 관련된 규모가 큰 상상의 공동체는 추상적일지 모른다. 그러나 민족주의를 다루는 역사에서 알 수 있듯이 그런데도 우리는 상상의 공동체를 선명하게 상상할 수 있고 강력한 감정적 유대를 형성하고 거대하고 통일된 행동을 낳을 수도 있다.

정체성과 지식 체계들

우리는 공동체 범위가 확대되고 지식 세계가 형성되는 과정이 실제로 어떻게 작동하는지를 오스트레일리아 원주민이 외부인과 접촉하는 데 이 과정이 어떤 영향력을 미쳤는지 살펴봄으로써 알 수 있다. 스웨인Tony Swain은 전통적으로 원주민들이 가진 지식 체계가 시간과 같은 추상적 범주의 개념 사용을 제한했다고 주장한다. 원주민에게는 시간 개념 대신 공간 개념이 존재했다. 그들에게는 선명하게 상상된 장소 감각이 존재했다. 그러나 최근 몇 세기 동안 서로 다른 오스트레일리아 공동체들은 이방인과 접촉하였다. 퀸즐랜드 북부 파푸아 뉴기니나 아넘랜드 마카산 해삼 잡이 어부 그리고 남동부 유럽 식민지인과 접촉하면서 그들은 과거에 알고 있던 것보다 거대하고 다양하면서 변화하는 우주에 포함되기 위해 전통적 지식 체계를 개조해야만 했다. 그들은 전통을 더 크고 다양한 사회적, 종족적, 종교적 개요 속에 위치시킬 수 있는 초월적 범주를 구성해야만 했다. 그의 설명은 종족 공동체와 큰 지식 공동체 사이 복잡한 교섭을 잘 보여준다.

한 편으로 여기에는 '샘waterhole'이 있다. 샘은 장소를 토대로 하는 가능성의 삶으로, 특정 인간들과 서로 연결되어 하나가 되는 곳이다. 샘은 편재해 있으며 극도로 다원적이다. 다른 한 편으로, '천국'으로 이끄는 연속체가 있다. 천국에서 비非공간지시적 힘은 극단적인 모습으로 먼 미지의 장소로 밀려 나간다. 여기에는 사회적, 공간적 초월성의 경향이 있으며, 이는 잠재적으로 범凡원주민적이며 때로 위험하게도 일신교적 이상을 가지고 희롱하는 것이다.

요컨대, 내 주장은 오스트레일리아 원주민들이 외부인들을 수용하고 그들을 위한 공간을 마련해줌에 따라 다양한 수준에서 후자의 원칙이 나타나게 되었다는 것이다.[18]

지역과 장소를 설명하는 전통적 의미가 약해지면서 원주민들은 점차 거대한 틀과 다양한 개념을 포함하는 우주론적 공동체에 포함되기 시작했다. 오스트레일리아 남동 지역에서는 하늘에 살고 있는 강력한 신인 바이아미Baiami가 등장했다. "단 한 번에 신은 원주민을 모두 포함하는 사회적 토대를 형성했고, 인간에게 알려진 장소를 넘어 명시되지 않은 하늘의 영역에서도 우주적 중심을 사라지게 했다."[19] 바이아미는 단순히 기독교에서 차용한 것이 아니다. 바이아미는 공간 중심적 전통을 여전히 유지하고 있는 지식 체계를 재구성하는 것이자 그것을 확대한 산물이다.[20] 이런 지식 체계 속에

오스트레일리아 원주민

새로운 상상의 공동체 : 종족사에서 인류사로

서는 급변하는 실재와 새로운 관계를 형성하는 것이 가능하다. 쉐라트는 이렇게 주장했다. "발전 수준이 비슷한 서로 다른 문화가 접촉하게 되면, 한편으로는 문화 차이를 이해하고 다른 한편으로는 차이를 감추는 과정 속에서 매우 중요한 종교적 틀의 형태가 만들어진다. 이 종교적 틀은 서로 다른 문화가 접촉하는 의식 토대를 형성한다."[21]

지방 공동체와 더 넓은 지식 공동체 사이 관계는 항상 역설적이다. 다양한 공동체 유형 사이에 상당한 차이가 있기 때문이다. 이는 더 큰 지식 공동체에 속한 소속감이 어떻게 지방 공동체 사이 경계를 강하게 의식하도록 만드는지를 설명해준다. 쇼비니즘과 글로벌리즘은 동전의 양면이다. 이런 과정이 잠재적 위험성을 지닌 절충주의를 낳고 지방 정체성이 보편적 중요성을 주장하는 것은 놀랍지 않다.

우리는 오스트레일리아 원주민의 이데올로기가 발전하는 과정 속에서 공동체 개념뿐만 아니라 지식 체계 발전의 일반적인 모델까지 발견할 수 있다. 지식은 본래 특정 공동체의 경험과 관련되며, 모든 지식 체계는 공동체의 필요에 부합해야 한다. 그러므로 지식 체계는 다양한 진리 테스트를 견뎌내야 한다. 그러나 테스트가 갖는 다양성과 엄격함은 공동체의 지식에 따라 불가피하게 제한된다. 접촉하는 네트워크가 확대되면서 새로운 형태의 정보와 사상은 오래된 우주론이 표현하는 지도의 범위와 일관성을 변화시킨다. 이런 방식으로 교환, 특히 지적 교환 네트워크가 확대하면 과연 어떤 공동체가 적절한 공동체인지 이해하는 데 도움을 줄 뿐 아니라 거대한 정보를 통합하는 지식 체계를 형성하는 데도 도움을 준다.

지구화와
유럽중심주의

지식 공동체의 확장

지구화는 고대 시대에 발생한 이런 과정이 근대에 다르게 나타난 것이다. 16세기 이후 전 세계에서 전통적 지식 체계는 새로운 지식의 홍수에 대처해야만 했다. 사실 새로운 지식 대부분은 과거에는 존재조차 몰랐던 공동체와 새롭게 접촉하면서 형성된 것이다. 수많은 접촉과 새로운 정보, 그로부터 파생되는 사상은 특히 유럽에서 강력했고, 새롭게 등장하는 전 지구에서 일어난 접촉의 중심에 유럽을 위치시켰으며, 유럽의 전통 지식 체계들이 지구화 초기 단계에서 혁신을 일으킬 수 있던 이유다.[22] 유럽 사상가들은 신세계에서 쏟아져 나오는 정보에 눈을 감았다. 왜냐하면 전혀 예상치 못한 일이기 때문이다. 마치 오늘날 다른 천체에서 인간을 닮은 외계인이 지구에 도착한 것처럼 말이다. 천문학자이자 수학자인 누네스Pedro Nunes는 1537년 "새로운 섬들, 새로운 섬들, 새로운 바다들, 새로운 사람들 그리고 더구나 새로운 하늘과 새로운 별들"이라고 썼다. 1552년 데 고마라López de Gómara는 아메리카를 발견한 것을 "그리스도의 죽음과 육화를 제외하고는 천지창조 이후 가장 위대한 사건"[23]이라고 했다.

과학사학자인 쉐이핀Steven Shapin이 말했듯이 전통적 지식이 가진 권위가 도전에 직면할 때 "지식과 그 정통성 문제가 전면에 등장한다. 이런 경우에 기존 지성 체계가 더 이상 충분하다고 여겨지지 않기 때문에 지식 체계에 회의주의가 만연한다. 무엇이 옳은 지식인가? 진리를 보증하는 것은 무엇인가? 지식의 확실성과 예측 가능성은 어느 정도까지인가? 누가 어떤 조건 아래에서 지식을 소유할 수 있는가?"[24] 전통적인 지식은 점차 약화되기 시작하고 새로운 정보가 범람하며, 결국 우리가 과학혁명이라고 부르는 새로운 지도가 형성된다. 지구와 우주에서 일어나는 물리적 운동의 지식을 총합한 "중력"처럼 새롭고 일반적인 범주가 만들어진다. 철학자 베이컨Francis Bacon은 유럽 지식인들이 직면한 도전을 위대한 부활의 서막이라고 분명하게 서술했다. "남겨진 길은 단 하나밖에 없다. (……) 보다 나은 계획 아래 모든 것을 새롭게 만드는 것, 그리고 과학, 예술, 모든 인간 지식을 타당한 근거 위에서 총체적으로 재구성하는 것이다."[25]

보다 큰 상상의 공동체

유럽인들이 더 넓은 세계를 경험하고 유럽 지식인이 형성한 지식 공동체가 확장하면서 보다 광범위한 상상의 공동체가 등장했다. 여기에는 "유럽"이라는 상상의 공동체도 포함된다. 유럽은 많은 지식인에게 실체였지만 정치적 의미는 제한적이었다. 그러나 맹아적 형태이긴 하지만 전체로서 인류라는 보다 큰 상상의 공동체가 등장했다. 유럽 지식인에게 단일한 인류 공동체라는 개념은 매우 중요했는데, 1500년 이후 수세기 동안 다양한 인류 공동체나 전통과 접촉하고 그 속에서 발생하는 문제를 해결하기 위해 노력했던 사람들이 바로 유럽인이기 때문이다. 이런 문제는 특히 지성이 없는 사람을 개종시킬 방법을 전혀 갖고있지 않았던 가톨릭 성직자에게 더욱 시급한 것이었다.

인류라는 개념은 어떤 의미에서는 매우 오랫동안 존재했다. 서로 다른 공동체 사이에 분명히 차이가 있는데도, 모든 인류는 공통의 특징을 공유했다. 이런 생각은 유라시아에서 주요 문명들이 발생했던 고대까지 거슬러 올라간다.[26] 그러나 16세기 교환 네트워크가 급속히 팽창하면서 단일한 인류 공동체 의식이 높아졌다. 서로의 존재에 대한 지식이 없는 공동체가 처음 만났을 때 서로 이렇게 묻게 된다. 저들도 인간인가?

이 질문에 19세기 유럽 지식인은 공통되게 긍정적으로 대답했다. 비록 인종주의 색채가 있긴 했으나, 많은 이론가는 역사를 인류 전체라는 범위에서 개념화하고자 했다. 뒤르켐Emile Durkeim은 이렇게 말했다. "우리는 점차 어떤 사회 집단에 속한 성원이 인간 개인을 구성하는 특징 가운데 인간성 이외에는 다른 어떤 공통성을 갖지 않는 상태로 나아가고 있다. (……) 이는 인간이 신이 되었고 더 이상 다른 신을 향할 필요가 없어졌기 때문이다."[27]

역사가 대부분은 국민국가에서 지방 공동체가 등장한 것에 주목하고 일부는 이를 인류 공동체가 지향해야 할 이상이라고 보기도 한다. 19세기 말 역사가들이 점차 거대한 체계 이론에 환멸을 느끼기 시작할 때, 랑케는 보편사 서술을 제안했고 역사학자 액튼 경 Lord Acton은 "인류"의 역사라는 개념에 대해 설명했다.

내가 이해하는 보편사란 모든 국가의 통합된 역사와는 다른 것이다. 보편사는 지속력이 약한 것이 아니라 끊임없이 발전하는 것이고, 기억에 부담을 갖는 것이 아니라 영혼을 이해하는 것이다. 이는 부수적인 국가까지도 적용된다. 보편사는 특정 국가만을 위한 것이 아니라 인류 공동의 운명에 기여한 시간과 정도에 따라 보다 높은 수준에서 언급될 것이다.[28]

만일 유럽의 사상가가 다른 지역 사상가보다 일찍 지식 공동체가 등장한 의미를 파악했더라면 19세기부터 다른 지역 역사가가 그들과 교섭할 수 있었을 것이다. 물론 당시 유럽 사상가들은 해결책을 내놓았고 이는 유럽 지역이 가지는 정치·경제·군사적 힘이 등장하면서 결합했다. 이 때 유럽식 해결책이 과학 이론과 개념 언어와 함께 급속히 다른 지역 지식인에게 수용됐다는 사실은 놀랍지 않다. 그러나 나는 이 해결책이 단순히 무력으로 강요됐다고 말하는 것이 아니라 빠르게 세계 모든 지역 사상가가 등장하는 지식 공동체와 모종의 관계를 맺기 시작했다고 주장하는 것이다. 그리고 다른 지역에서도 유사한 해결책이 나오기 시작한 것으로 보인다. 이 해결책이 종종 유럽과 비슷한 형태를 띠었다는 사실은 그들이 단지 유럽인이라는 것을 의미하지는 않는다. 그런 사상은 유럽적 외관을 띠면서도 서술하고 사고하는 방법을 제공함으로써 새롭게 등장하는 전 지구적 지식 공동체 안에서 작용하고 살아있다.

그리고 19세기 민족 공동체처럼 인류 공동체라는 개념이 실제로 중요해지기 시작한 것은 20세기 후반이다.[29] 두 차례 세계대전과 상상할 수 없는 파괴력을 지닌 무기 개발은 전쟁과 평화가 전 지구적으로 이해돼야만 하는 문제임을 의미한다. 생물권에 미치는 인간의 영향력은 놀랄 정도로 강해졌고, 전쟁과 비슷한 영향을 미쳤다. 사실, "인류세Anthropocene"라는 새로운 지질 연대에 들어서면서, 전 지구상 인류는 생물권에서 발생하는 변화에서 주된 행위자가 되었고, 오늘날 지질학자의 관심을 끌고 있다.[30] 개인적으로 나는 인류세 개념이 세계사가에게 점점 더 혼란스러워지는 "근대성" 개념을 대체하는 명백한 대안이 되어야 한다고 생각한다. 2008년 금융 위기는 금융 통일체로서 오늘날 세계를 더욱 분명하게 보여준다. 지방과 지역 공동체 사이에서 전 지구 공동체가 더욱 중요해지면서, 제도 형태는 이런 새로운 실재를 잘 보여준다. 여기에는 국제연맹이나 국제연합, IMF, 그리고 세계은행과 더불어 새롭게 수립된 국제형사재판소와 1992년 리우데자네이루에서 시작된 일련의 국제 환경 회의가 포함된다. 최근 환경 문제를 논의하기 위해 코펜하

겐에서 열린 전 지구적 모임들이나 국제 금융 위기를 논의하기 위한 모임은 전 지구적 인류가 가진 중요성을 잘 보여준다.

전 지구적 공동체의 중요성이 높아지면서 전 지구적 시각을 무시하기 어려워졌다. 사실상 이런 인식이 바로 지구사, 세계사가 급속하게 성장하는 뒤에 존재하는 객관적 압력이다.

유럽중심주의와 지구화

지구화의 여러 형태와 함께 강력한 반대 흐름도 존재했다. 낯선 세계와 접촉하는 것은 지식 공동체가 확장하는 것과 함께 완고한 정치·종족 공동체 의식을 낳았다. 민족주의는 적어도 부분적으로 전 지구적 지식 공동체에 강제로 통합된다는 위기감에 반응한 것이다. 그리고 여기서 내부자와 외부자의 차이가 중요해진다. 지식 공동체를 확장시키는 행위자가 나폴레옹 군대처럼 침입자일 때 오히려 지방적 차원의 정체성과 충성심은 강해진다. 다른 한편으로 나폴레옹처럼 자신이 속한 공동체의 문화가 전 지구적 지식 공동체에 적극적으로 개입한 유럽인은 자신이 공동체의 대표자거나 한 종족이 아닌 전 인류에 통용되는 원칙과 사상을 대표한다고 인식하기 쉽다. 다양한 지역이 있고 유럽중심주의도 다양한 형태를 띠지만 어디에서나 지식인은 유럽중심주의를 유럽의 헤게모니와 전 지구적 지식 체계가 등장하면서 나타난 복잡하고 모순적인 관계로 인식한다.

이런 논의는 우리가 유럽중심주의를, 급속하게 지구화되는 세계에서 종족 정체성과 지구적 정체성 사이에 나타난 긴장을 해결하려 했으나 결과적으로는 편협한 시도였고 실패했다고 생각하는 것을 의미한다. 냉전 시기 미국과 소련, 양대 제국주의 중에서 어느 편에서든 사상가들은 유럽이 근대 전환기에 전 세계를 선도하는 전위였다고 주장한다. 기묘하고 조화롭지 못한 절충주의에서 유럽중심주의는 종족 정체성이 더 큰 지식 공동체를 받아들여야 할 때 나타나는 긴장을 담고 있다. 더 넓은 지식 공동체를 받아들이면서 동시에 종족 공동체 의식을 높이기 때문이다.

내가 옳다면 역사가가 직면한 도전은 지역 정체성과 전 지구적 정체성 사이에 보다 객관적이고 현실적 관계를 구성하는 것이다. 우선, 지역 정체성과 전 지구적 정체성을 분명하게 구분해야 하는데 이는 최근 전 세계 연구자가 상당히 성공적으로 수행해오고 있다. 다음으로는 보다 엄격하고 정밀하게 전 지구적 지식 공동체가 가진 성격을 이해해야 한다. 근대 민족주의가 갖는 종족 정체성과 달리 전 지구적 지식 공동체가 갖는 정체성은 아직 이해되지도 이론화되지도 않았기 때문이다.

인류 정체성의 구성:
역사가의 과제와 의무?

민족사에서 인류사로, 이것이 나의 논지다. 민족사는 오늘날 매우 친숙하며, 국가가 교육과 군대를 조직화하는 데 충분한 힘을 발휘하는 한 사라지지 않을 것이다. 그러나 전 지구적 지식 공동체와 그 역사라는 보다 나은 지도를 작성함으로써 민족사적 시각에 균형을 잡을 필요가 있다. 전 지구적 공동체는 이미 현저하게 드러났고, 따라서 역사가는 이렇게 질문해야 한다. 특정 민족의 역사가 강력한 충성심을 낳았던 것만큼 풍부하고 강력한 인류사를 구성할 수 있는가? 민족주의 역사서술만큼이나 다양한 지방 정체성을 극복할 수 있는 인류사를 전 지구라는 범위로 구성할 수 있는가? 기후 변화나 핵무기가 가진 파괴력이 특정 국가에만 해당하는 문제가 아니라 보다 큰 인류 공동체에게 해당하는 문제로 인식되도록 생생하고 충실하게 인류사를 서술할 수 있는가?

두 차례 세계 대전을 서술하면서 역사학자 파워Eileen Power는 역사가와 역사 교사가 "모든 사람은 자신과 세계라는 두 국가의 구성원이다"[31]라는 주장을 입증하여 세계 시민권이라는 개념은 유토피아적이 아니라 현실적으로 되어 간다고 주장했다. 저명한 작가이자 비평가 웰스H. G. Wells는 제1차 세계대전 직후 《역사학 개요 *Outline of History*》라는 저서에서 이와 비슷한 주장을 했다. 그에 따르면, 평화는 "공통의 역사 개념 형성을 전제로 한다. 조화로운 협력 속에서 전체로서 인류를 하나로 유지할 수 있는 개념이 없다면, 편협하고 이기적이며 갈등을 조장하는 민족주의 전통 때문에 사람들은 갈등과 파멸로 향할 수밖에 없다. 이미 한 세기 이전에 위대한 철학자인 칸트에게서도 명백했던 이러한 진실은 …… 이제 길거리를 지나는 사람에게도 명백하다."[32]

최근 세계사가인 맥닐William McNeill은 다음과 같이 서술했다. "인류 전체는 공통점을 가지고 있으며, 역사가들은 이 공통점을 이해하기를 원한다. 이 노력은 마치 역사가들이 여느 작은 집단들을 통합하였던 힘이 무엇이었는지를 확실히 이해하려는 것과 같다. 편협한 역사서술이 갈등을 조장할 수밖에 없는 것과 달리, 세계사는 전체로서의 인류의 성공과 시련을 개인과 동일시할 수 있는 관점을 배양함으로써 집단 간 접촉의 치명성을 감소시킬 수 있다. 사실 나는 이것이 우리 시대의 전문 역사가로서 지녀야 할 윤리적 의무를 제기라고 생각한다. 우리는 다양한 인류가 지니고 있는 복잡성에 충분한 여지를 제공해주는 보편사를 발전시킬 필요가 있다."[33]

비-중심적 인류사는 유토피아에 불과한가? 나는 그렇지 않다고 생각한다. 인류사 구성이라는 도전을 역사가가 해야 한다고 생각하는 몇 가지 이유는 다음과 같다.

첫째로 인류사 서술은 오늘날 과거 어느 때보다 가능해졌다.[34] 지난 100년 동안 역사가, 고고학자, 인류학자가 축적한 연구는 인류사 구성을 위한 정보를 풍부하게 제공한다. 지역 연구는 한 세기 전에는 무시됐던 지역의 역사를 기록했다. 방사성 탄소 연대 측정

술과 결합한 현대 고고학 덕분에 한 세기 전에는 상상할 수조차 없던 인간이라는 종의 초기 역사를 상세하고 정확하게 구성할 수 있게 되었다. 더구나 직업적 역사가 공동체가 과거보다 전 지구로 커졌기 때문에 인류사 구성은 전 세계 역사가가 참여하는 전 지구적 프로젝트로 수행될 수 있다.

둘째, 전 지구적 지식 공동체가 갖는 중요성이 커지면서 역사가가 수행해야 할 과업은 이전보다 현실적으로 되었다. 인류사는 민족사가 갖는 일관성을 결코 획득할 수 없다는 논의도 있다. 맥닐이 가진 생각에 상당히 동조하기는 하지만, 벤틀리는 보편사에 갖는 맥닐의 희망이 과장됐다고 주장한다. "역사가들이 과거를 대하는 원리는 아르키메데스의 원리처럼 중립적이고 전체적인 시각과는 거리가 멀다. 특정 사실이 가진 역사적 진실이나 허위를 입증하는 것은 가능할지 모르지만, 과거를 분석하면서 역사적 의미를 배제한 채 이를 수용할 방법이나 방식은 존재하지 않는다. 사실 최근에 사람들은 역사가 모든 역사 연구에 일련의 정치적 혹은 이데올로기적 원칙을 제공해주는 처지에 놓인 지식일 뿐이라고 비판한다."[35] 내 논의는 벤틀리가 설명한 딜레마를 벗어나는 길을 제시해준다. 우리는 인류라는 범주가 다른 범주보다 객관적이라고 주장할 필요가 없다. 인류가 객관적이라고 말하는 것이야말로 유토피아적이다. 우리에게 필요한 것은 인류를 다양한 종족 공동체와 전 지구적 지식 공동체 속에 올바로 위치지우는 것이다. 만약 모든 지식이 제자리에 위치하고 있다면, 전체로서 인류의 역사라는 개념을 가장 잘 옹호할 수 있는 것은 21세기 초 우리가 살고 있는 지구화 세계에서 필요로 하는 역사일 것이다. 맥닐이 한 말을 빌리자면, 이는 바로 "신화역사학mythistory"인데, 우리는 1000년 전 오스트레일리아에 살던 원주민처럼 꿈의 시대를 다루는 신화역사학을 필요로 하고 있다.[36]

사실 나는 이런 역사 구성이 더 이상 흥미로운 도전이 아니라 역사가에게 의무가 되어간다고 믿는다. 공동체의 역사는 강력한 윤리적 도구다. 민족주의 역사서술이 가진 역할이 분명하게 보여주듯이 충성심을 동원할 수 있기 때문이다. 역사가는 민족적 정체성을 구성한다. 따라서 역사가는 인류 공동체를 상상하고 이해하는 중대한 역할을 할 수 있다.

물론 인류사 구성에서 역사가는 또 다른 중심주의에 빠질 수 있다. 인간중심주의가 그것이다. 나폴레옹 군대처럼 인류에는 외부자와 내부자가 있다. 그리고 다른 종이 인간중심주의에 내재한 오만함에 분노하리라는 것도 상상할 수 있다. 이 문제는 다른 지면에서 논의할 것이다.

역사의 기후: 네 가지 테제

디페시 차크라바르티

미국 시카고대학교 사학과 로렌스 킴톤 석좌교수Lawrence A. Kimpton Distinguished
Service Professor 대표적인 연구로는 ≪유럽을 변방화하기*Provincializing Europe:
Postcolonial Thought and Historical Difference*≫, ≪노동계급사 재고찰: 벵갈*Rethinking
Working-Class History: Bengal* 1890-1940≫ 등이 있다.

김용우 옮김 · 이화여자 대학교 지구사연구소 연구교수

기후변화 혹은 지구온난화라는 현재의 전 지구적 위기는 개인, 집단, 정부로부터 여러 반응을 이끌어내고 있다. 반응은 부인, 냉정, 무관심에서 종류와 정도를 달리하는 개입과 행동주의에 이르기까지 다양하다. 이런 반응은 우리의 현재 인식과 깊이 연결된다. 유명한 저널리스트인 와이즈먼Alan Weisman의 베스트셀러 《우리 없는 세상The World without US》이 제시하는 사고 실험은 현재를 경험하는 한 방법이다. "최악의 사태가 발생했다고 가정해보자. 인류는 이미 멸종했다.(……) 우리 모두가 갑자기 사라져버린 세계를 그려보라.(……) 우리는 이 우주에 약간의 희미하지만 영구적인 흔적을 남겼을까?(……) 우리 없는 세상이 거대한 생물학적 안도의 한숨을 내쉬는 대신 우리를 그리워하는 것이 가능할까?"[1] 와이즈먼의 실험이 관심을 끄는 이유는 지금의 위기가 특정한 현재 인식을 어떻게 촉진할 수 있는지를 효과적으로 보여주기 때문이다. 여기서 현재 인식이란 미래를 역사적 감각으로는 파악할 수 없게 만들어 과거로부터 미래를 분리하는 것을 말한다. 역사학은 과거, 현재, 미래가 인간 경험의 어떤 연속성에 따라 연결된다는 가정에 존재 근거를 둔다. 보통 우리는 과거를 상상할 수 있게 해주는 역사의 힘 바로 그 덕택에 미래를 그릴 수 있다. 와이즈먼의 사고 실험은 인류의 유한함에 대한 오늘날의 관심과 걱정의 분위기에 깃든 역사주의적 패러독스를 잘 보여준다. 이 실험에 동참하려면 "우리 없는" 미래를 마음속에 떠올리기 위해 "우리 없는" 미래 속으로 들어가야 한다. 따라서, 과거든 미래이든, 직접 접근할 수 없는 시간을 상상하는 데 역사인식의 관행 즉, 역사적 이해력을 발휘하게 되면, 우리는 깊은 모순과 혼란에 빠진다. 현재가 미래에 대한 관심을 촉발한다고 전제할 때, 와이즈먼의 사고 실험은 이런 혼란이 어떻게 오늘날의 현재 인식 때문에 발생하는지를 보여준다. 그러므로 와이즈먼 방식으로 본다면 우리의 역사적 현재 인식은 역사 인식 전반을 심각하게 훼손한다.

와이즈먼 실험에 대해서는 이 글의 마지막 부분에서 다시 언급하기로 한다. 기후변화에 대한 논의에는 역사학을 둘러싼 최근의 논쟁에 관여한 사람이라면 관심을 가져야 할 부분이 많다. 지구온난화라는 심각한 환경 재해는 화석 연료의 사용과 산업화된 방식으로 동물을 활용하기 때문에 주로 생기는 온실 가스가 과도하게 대기에 쌓이는 현상과 관계가 있다는 생각이 근거를 얻게 되면서 일부 과학적 주장이 널리 유포되고 있다. 이런 주장은 우리가 역사에 대해 생각하는 방식, 혹은 역사가 베일리C. A. Bayly가 "근대 세계의 탄생"이라 부른 것에 대해 심각한, 혹은 심지어는 그것을 변화시키는 함의마저 가지고 있다.[2] 사실, 과학자들은 기후변화에 대해 말할 때 역사학을 지탱하는 인간에 대한 생각뿐 아니라, 전후 탈식민화와 지구화 시나리오에 대응해 포스트-식민주의, 포스트-제국주의 역사가들이 전개한 분석 전략에 이의를 제기한다.

아래에서 나는 역사가의 관점에서 오늘날의 위기에 대한 몇 가지 응답을 제시하고자 한다. 그러나 그 전에 기후변화 — 그리고 심지어 위기 자체 — 와 관련된 연구와 나의 관계에 대한 간략한 언급이 필요하다. 나는 지식의 한 형태로서 역사학의 본질에 큰 관심을 가진 역사가고, 지구온난화 분야에 대한 나의 지식은 과학자와 다른 전문 지식을 갖춘 작가들이 일반인을 위해 쓴 것에서 2차적으로 얻은 것이다. 흔히 지구온난화에 관한 과학적 연구는 1890년대 스웨덴 과학자 아레니우스Svante Arrhenius의 발견(역주: 대기 중 탄산가스 농도가 두 배로 증가하면 지구 평균온도가 5~6도 상승한다는 발견)과 함께 시작된 것으로 알려져 있다. 그러나 공공영역에서 지구온난화 논의가 시작된 것은 1980년대 말, 1990년대 초이며 같은 시기에 사회과학자와 인문학자들이 지구화에 대한 논의를 시작했다.[3] 그러나 이런 논의들은 지금까지 서로 평행선을 그리고 있는 실정이다. 지구화가, 일단 인정되자마자, 인문학자와 사회과학자들에게 즉각적 관심의 대상이 되었다면, 지구온난화는 1990년대 많은 책이 나왔는데도 2000년대까지 공공의 관심사가 되지 못했다. 일찍이 1988년 미 항공우주국(NASA) 고다드 우주연구소Goddard Institute of Space

Studies 소장 핸슨James Hansen은 상원 위원회에서 지구온난화에 대해 연설을 했고 같은 날 기자들에게 이렇게 말했다. "모호한 발언은 그만두고 (……) 온실효과가 실재하며 우리 기후에 영향을 주고 있다고 말해야 할 때입니다."⁴ 그러나 특정한 이해관계에 얽혀 있고 정치적 비용을 경계한 정부는 이런 목소리를 경청하지 않았다. 당시 미국 대통령 부시George H. W. Bush가 온실효과green house effect를 "백악관 효과White House effect"로 대체해 나가겠다고 빈정거린 일은 유명하다.⁵ 그러나 2000년대 상황은 바뀌었다. 경고는 긴박해졌고 위기 신호들을 — 오스트레일리아의 가뭄, 빈번해진 사이클론과 관목지대의 화재, 세계 많은 곳에서 발생한 흉년, 히말라야를 비롯한 산악빙하, 북극 만년설의 용해 그리고 해수의 산도 증가와 먹이 사슬에 미친 손상 — 정치적으로나 경제적으로 회피할 수 없게 되었기 때문이다. 여기에 더해 다른 종을 급속하게 파괴시키는 상황과 2050년쯤에는 세계 인구가 90억을 넘어설 것이라는 전망에 사람들이 관심을 계속 높이고 있기 때문이기도 하다.⁶

최근 몇 년 동안 이런 위기에 탄력이 붙으면서 나는 지난 25년간 전개된 지구화 이론, 마르크스주의적 자본 분석, 서벌턴 연구, 포스트식민주의 비평에 대한 나의 모든 연구가 비록 지구화를 연구하는 데 매우 유용하더라도, 오늘날 인류가 처한 전 지구적 위기를 이해하는 데 크게 도움이 되지 않는다는 사실을 깨달았다. 지구화 분석에서 나타나는 분위기 변화는 아리기Giovanni Arrighi의 탁월한 세계자본주의 역사 《장기 20세기 The Long Twentieth Century》(1994)

와 무엇보다도 중국의 경제적 부상의 함의를 이해하려는 그의 최근작 《베이징의 애덤 스미스Adam Smith in Beijing》를 비교해 보면 알 수 있다. 첫 책은 자본주의 경제에 내장된 혼돈에 대한 긴 고찰로서 "냉전적 세계질서의 해체와 동시에 발생한 폭력 증대의 공포(혹은 영광) 속에서" 인류를 불태우는 자본주의에 대한 사색으로 끝을 맺는다. 아리기의 서술에서 세계를 불태우는 열기는 자본주의의 엔진에서 나온 것이지 지구온난화 때문이 아닌 것은 분명하다. 그러나 아리기가 《베이징의 애덤 스미스》를 쓸 무렵, 그는 자본주의가 가진 생태적 한계 문제에 더 많은 관심을 가졌다. 책의 결론 부분에서 이 주제를 다루고 있다는 사실은 아리기 같은 비평가가 두 책을 출판하는 데 걸린 13년의 세월을 여행한 거리를 암시한다.[7] 만약 지구화와 지구온난화가 사실상 서로 겹치는 과정에서 발생했다면 문제는 이것이다. 세계를 이해하는 데 우리는 어떻게 이 둘을 결합할 것인가?

나 자신이 과학자는 아니지만 기후변화 과학Science of climate change에 대한 기본 가정을 내리고자 한다. 나는 기후변화 과학이 전반적으로 옳다고 생각한다. 따라서 나는 유엔의 '기후변화정부간패널the Intergovernmental Panel on Climate Change of the United Nations'의 2007년 4차 평가 보고서인 〈스턴 보고서Stern Review〉와 지구온난화 과학science of global warming을 설명하려는 과학자와 학자들이 최근 출판한 책 속에 개진된 견해를 통해 볼 때 인류가 기후변화를 유발했다는 이론이 옳다고 받아들일 만한 충분한 합리적 근거가 있다고 본다.[8] 이런 입장을 취하는 데 나는 캘리포니아 대학(샌디에이고)의 과학사가인 오리스키스Naomi Oreskes의 견해에 의존했다. 1993년에서 2003년 사이 과학 전문 학술지에 실린 지구온난화에 관한 논문 928편의 초록을 검토한 후 오리스키스는 그중 어떤 논문도 "인간이 유발한 기후변화의 현실"에 대한 과학자 사이의 "합의"에 토를 달지 않았다는 사실을 확인했다. 물론 기후변화의 정도와 방향에 대해서는 이견이 있다. 그러나 "거의 모든 전문적인 기후과학자는 인간이 유발한 기후변화의 현실에 동의하면서도 속도와 방식에 대해서는 논의가 계속되고 있다"고 오리스키스는 말한다.[9] 사실, 이제까지 읽은 것들에서 지구온난화에 회의적일 수 있는 어떤 이유도 나는 찾지 못했다.

기후변화라는 현재의 위기를 인간이 유발했다는 주장에 대한 과학적 합의가 이 글에서 나의 주장의 토대를 이룬다. 초점과 명료함을 위해 내 주장을 네 개의 논제 형식으로 만들었다. 첫째 논제에서 나머지 세 논제가 도출된다. 나는 인간이 기후변화를 일으켰다는 관점이 자연사와 인류사를 구분하는 오래된 인문학 입장을 와해한다는 주장에서 시작해 처음에 던진 다음과 같은 질문으로 글을 끝맺고자 한다. 기후변화라는 위기가 한편으로는 우리가 가진 역사 이해 능력에 의문을 던지면서도 다른 한편으로는 어떻게 보편적인 것들에 대한 우리의 생각을 자극하는가?

테제1: 인간이 기후변화를 유발했다는 설명은 자연의 역사와 인류의 역사를 구분하는 오랜 인문학의 근거를 무너뜨린다

철학자와 역사가들은 흔히 인류사 — 혹은 콜링우드R. G. Collingwood 의 표현처럼 인간사人間事 이야기 — 와 자연사를 나누고 때로는 인류가 역사를 가지는 방식과 같은 방식으로 자연이 역사를 가질 수 있다는 사실 자체를 부인하는 데까지 나아가는 의식적 경향을 보여왔다. 이런 관행 자체는 길고 풍부한 역사를 가지고 있다. 그러나 지면과 개인적 한계 때문에 나는 단지 그것에 대한 잠정적이고 소략하며 약간 자의적인 스케치 정도만 제시할 수 있다.[10]

우리는 오랜 비코-홉스적 견해, 즉 우리 인류가 시민적, 정치적 제도를 만들었으므로 그에 대한 적합한 지식을 가질 수 있는 반면 자연은 신의 업적이며 궁극적으로 인간에게는 불가해하다는 견해에서 출발할 수 있다. "참인 것은 창조된 것과 같다verum ipsum factum"는 표현은 이탈리아 철학자 비코Vico의 유명한 언명을 또 다른 이탈리아 철학자인 크로체Croce식으로 요약한 것이다.[11] 때로 비코 연구자들은 비코가 크로체 등과 같은 방식으로 자연과학과 인문학을 날카롭게 구분하지 않았다고 항변하면서도 크로체식 독법이 널리 퍼져 있다는 사실을 부인하지는 못한다.[12]

비코식 이해는 19~20세기 역사가들의 상식의 일부가 되었다. 이는 "인간은 자신의 역사를 만들지만 원하는 방식대로 하지는 못한다"는 마르크스의 유명한 표현 속에 그리고 마르크스주의 고고학자 차일드V. Gordon Childe의 잘 알려진 책, 《인간은 스스로를 만든다Man Makes Himself》의 제목에도 반영되었다.[13] 크로체는 "옥스포드의 외로운 역사주의자" 콜링우드에 미친 영향을 통해 그리고 다시 콜링우드는 카E. H. Carr의 1961년 저서 《역사란 무엇인가What Is History》(이 책은 아마도 여전히 베스트셀러 역사학 입문서 가운데 하나다)에 깊이 영향을 줌으로써 20세기 후반에 이런 구분의 핵심 원천 역할을 한 것으로 여겨진다.[14] 크로체의 사상은 후계자들에게는 알려지지 않은 채 그리고 예측할 수 없는 변화를 거쳐 포스트-식민주의 시대에 우리의 역사 이해를 지배한다고 볼 수 있다. 시간적으로 멀리 떨어져 있지만 비코는 크로체와 크로체의 헤겔 해석의 배후에 그리고 선구자들에 대한 크로체의 창조적 오독 속에 감추어져 있지만 근본적인 영향을 미쳤다.[15] 이런 관계 역시 다층적이고 복잡하다. 여기서는 크로체가 1991년 펴낸 저서, 《지암바티스타 비코의 철학La filosofia di Giambattista Vico》을 의미심장하게도 독일 철학자인 빈델반트Wilhelm Windelband에게 헌정했고, 크로체의 추종자는 아니라하더라도 숭배자이던 콜링우드가 1913년 이 책의 영역본을 냈다는 사실을 언급하는 정도에 그치고자 한다.

그러나 콜링우드는 인류사와 자연사를 구분하는 논의에서 크로체가 해석한 비코적 노선을 대체로 따르고 있는 것 같으면서도, 변조를 보여준다. 콜링우드에 따르면 자연에는 "내면inside"이 없다. "자연에서는 사건의 내면과 외부 사이의 이런 구분이 불가능하다.

자연에서 발생하는 사건은 단순한 사건이지 행위자(이들의 생각은 과학자들이 추적하기 위해 노력해야 한다)가 일으킨 행동의 결과는 아니다." 그러므로 "그 이름에 걸맞은 모든 역사는 인간사의 역사다." 역사가의 임무는 "행동 속으로 들어가 생각하는 것, 행위자의 생각을 분별하는 것이다." 따라서 "역사적 인간 행위와 비역사적 인간 행위는 구분되어야 한다. …… 인간의 행위가 동물적 본성, 충동, 욕구라 불릴 수 있는 것에 따라 결정될 때 그것은 비역사적이다." 그러므로 "역사가의 관심은 인간이 먹고 자고 사랑을 나누고 자연적 욕구를 충족시킨다는 사실에 있지 않다. 역사가는 인간의 생각으로 만들어진 사회 관습에 관심을 가진다. 사회 관습은 도덕성이나 인습이 허용하는 방식으로 인간의 욕구가 충족될 수 있도록 하는 일종의 준거 틀이다." 몸 자체의 역사가 아니라 사회적으로 구성되는 몸의 역사만을 연구할 수 있다. 콜링우드는 인간적인 것을 자연적인 것과 사회적, 혹은 문화적인 것으로 구분했고 이 둘을 결합할 어떤 필요성도 느끼지 않았다.[16]

크로체가 1893년 발표한 논문 〈예술의 개념 아래 포섭되는 역사*History Subsumed under the Concept of Art*〉을 논하면서 콜링우드는 이렇게 썼다. "모든 면에서 역사가 과학이라는 [독일의 이념]을 부정함으로써 크로체는 단번에 자연주의와 결별하고 자연과는 근본적으로 다른 어떤 것으로서 역사 관념 쪽으로 방향을 바꿨다."[17] 로버츠David Roberts는 크로체가 보이는 좀 더 성숙한 입장을 한층 자세하게 설명한다. 크로체는 오스트리아의 과학사가이자 철학자 마흐

Ernst Mach와 프랑스의 물리학자이자 과학사상가 푸앵카레Henri Poincaré의 저술에 기대 "자연과학에서 사용하는 개념들은 인간적 목적을 위해 정교하게 만들어진 인간의 구성물"이라 주장했다. 우리는 "자연 세계의 일부로서 우리 스스로에 대한 최상의 이해에 도달하지 못한다." 그러므로 로버츠의 표현처럼, "크로체는 오로지 존재하는 세계는 인간 세계라 천명하고 우리가 인간 세계를 만들었으므로 그것을 알 수 있다는 비코의 중심 주장을 수용했다." 크로체에게 모든 물체는 인간의 생각 아래 포섭된다. 예컨대 어떤 돌은 스스로 존재할 수 없다. 로버츠의 설명에 따르면 크로체의 관념론은 "예컨대 돌은 인간이 그것을 생각하지 않고는 '존재할 수 없다'는 것을 의미하지 않는다. 돌은 인간의 관심과 언어와는 별개로 존재할 수도 없고 존재하지 않을 수도 없다. 왜냐하면 '존재한다'는 말은 인간의 개념이며 인간이 가지는 관심과 목적의 맥락 속에서만 의미를 갖는 개념이기 때문이다."[18] 이런 방식으로 크로체와 콜링우드 모두 자연도 역사를 가질 수 있다고 말할 수 있을 정도까지 인류사와 자연을 인간의 합목적적 행동 속에 함께 통합해버린다. 이를 넘어 존재하는 것은 사실상 '존재'하지 않는 것이다. 그것은 인간에게 어떤 의미 있는 방식으로 존재하지 않기 때문이다.

그러나 20세기에 좀 더 사회학적, 혹은 유물론적인 다른 주장이 비코식 주장과 공존하게 되었다. 이런 주장 역시 인류를 자연사에서 분리하는 것을 지속적으로 정당화했다. 스탈린이 1938년 출간한 마르크스주의 역사철학 저서인《변증법적, 역사적 유물론

Dialectical and Historical Materialism》은 악명 높은 예 가운데 하나다. 스탈린은 이 문제를 다음과 같이 제시한다.

> 지리환경은 의심할 나위 없이 사회발전에서 지속적이며 없어서는 안 될 조건 가운데 하나다. 그리고 물론 (……) 지리환경이 사회발전의 속도를 높이거나 늦춘다. 그러나 영향은 결정적이지 않다. 사회 변화와 발전은 지리환경의 변화와 발전에 비교할 수 없을 정도로 빠르게 진행되기 때문이다. 3000년 동안 유럽에서 다른 세 사회체제가 성공적으로 교체되었다. 그것은 원시공산체제, 노예제, 봉건제다. (……) 그러나 이 기간 동안 유럽의 지리 조건은 전혀 변하지 않았거나 매우 미세하게 변해 거의 흔적을 알 수 없을 정도다. 이런 상황은 자연스럽다. 중요한 지리환경의 변화는 수백만 년이 필요하다. 반면 수백 혹은 수천 년이면 인간 사회 체제에서 매우 중요한 변화가 발생하는 데 충분하다.[19]

교조적이고 정형화된 어조임에도 스탈린의 표현은 20세기 중반 역사가들이 아마도 공통적으로 가졌던 가정을 잘 포착하고 있다. 즉, 인간 환경은 분명 변하지만 아주 느린 속도로 변하기 때문에 환경과 인간 관계의 역사는 거의 시간대를 초월해 있으며 따라서 전혀 역사서술 대상이 될 수 없다는 가정이다. 프랑스 역사가 브로델Fernand Braudel이 1930년대 역사학이 처한 상황에 반기를 들고 1949년 위대한 저서 《지중해와 필립 2세 시대의 지중해 세계》에서 자신의 반란을 선언했을 때조차, 그가 환경을 역사서술의 수동적이며 침묵하는 배경으로 다루는 역사가들을 주로 반대했다는 사실은 분명하다. 이런 역사가들에게 환경은 서론에서 언급되었다 곧 잊혀지는, 브로델의 표현처럼, "마치 꽃이 봄마다 피지 않는 것처럼, 양 떼가 매년 이동하지 않는 것처럼, 혹은 선박들이 계절마다 변화하는 실제 바다를 항해하지 않는 것처럼" 간주되었다. 《지중해와 필립 2세 시대의 지중해 세계》를 집필하면서 브로델은 계절이나 자연 속에서 벌어지는 다른 순환이 인간 행위를 형성하는 데 적극적 역할을 하는 역사를 쓰고 싶었다.[20] 환경이 브로델의 책에서는 행위자로 등장하지만, 자연은 주로 반복되는 현상에 불과하다는 생각은 (가다머Gadamer가 역사가 드로이젠Johann Gustav Droysen을 논하면서 보여준 것처럼) 유럽 사상에서 길고 오랜 역사를 가지고 있다.[21] 물론 브로델의 입장은 스탈린이 전개한, 배경으로서 자연관에 비해 분명히 크게 진전했다. 그러나 브로델 역시 스탈린이 취했던 입장과 같은 근본 가정을 함께 갖고 있다. 즉, "자연에 대한 인간의 관계"의 역사는 너무 느려 "거의 시간대를 초월해 있다"는 가정이다.[22] 오늘날 기후학자들이 쓰는 용어를 사용한다면 우리는 이렇게 말할 수 있다. 스탈린이나 브로델, 혹은 유사한 사고를 하는 다른 사람은 지구 온난화에 대한 연구에서 현재 널리 퍼진 생각에 도달하지 못했다. 이에 따르면 기후 혹은 환경 전반은 때로 한계점에 도달할 수 있고 이 지점에서 느리고 외관상으로는 시간대를 초월한 것 같은 인간 행위의 배경(환경)이 인류의 재앙을 초래할 속도로 변하고 있다는 것이다.

브로델이 자연사/인류사라는 이분법에 어느 정도 균열을 만들었다면 20세기 후반 환경사의 등장은 균열을 심화시켰다고 볼 수 있다. 심지어는 환경사가들이 때로 인류의 자연사라 부를 수 있는 것을 만들어내는 방향으로 진일보했다는 주장도 가능하다. 그러나 환경사가들의 인간 이해와 기후변화를 논하는 과학자들이 제안하는 인간 행위 사이에는 매우 중요한 차이가 있다. 단순하게 말한다면 환경사는, 직접적으로 문화사, 사회사, 경제사를 표방하고 있지 않는 경우, 인류를 생물학적 행위자로 본다. 《콜럼버스의 교환*The Columbian Exchange*》이라는 책으로 1970년대 초 "새로운" 환경사를 개척하는 데 크게 기여한 역사가 크로스비Alfred Crosby는 초판 서문에서 이렇게 말했다. "인간은 로마 가톨릭 신자, 자본주의자, 혹은 그 외 어떤 존재건 간에 그 전에 생물적 실재였다."[23] 스메일Daniel Lord Smail의 최근 저서 《깊은 역사와 두뇌*On Deep History and the Brain*》는 진화론과 신경과학 지식을 인류사에 접목하려는 야심찬 시도다. 스메일의 책은 생물학적 논리의 한계에 대한 감각을 늘 놓지 않으면서도 생물학과 문화 — 특히 인간 두뇌의 역사와 문화사 — 사이의 가능한 연결점을 탐색한다. 그러나 스메일에게는 인간이 새롭게 획득한 지질적 행위자에 관한 최근의 논의보다 인류생물학human biology의 역사가 더 중요하다.[24]

최근 기후변화 위기를 연구하는 학자들은 환경사가들이 이제까지 말한 바와는 사실상 크게 다른 것을 말한다. 기후학자들은 인위적이지만 오래된 자연사와 인류사라는 구분을 무의식적으로 붕괴하면서 인류가 늘 그랬던 것처럼 단순한 생물적 행위자보다 훨씬 큰 존재가 되었다고 주장한다. 인류는 이제 지질적 힘을 행사한다는 것이다. 오리스키스는 이렇게 말한다. "지구온난화가 현실이 아니라고 부정하는 것은 인류가 지구의 가장 기본적인 물리적 과정을 변화시키는 지질적 행위자가 되었음을 부정하는 것이다."

여러 세기 동안 과학자들은 지구 과정earth process이 너무 거대하고 강력하여 우리가 변화시킬 수 있는 것은 없다고 생각했다. 지질학의 기본 교의는 이러했다. 인류의 시간대는 지질적 시간의 광대함에 비해 보잘 것 없으며 인간 행위는 지질 과정의 힘에 비해 무력하다. 물론 한때 그러했다. 그러나 더 이상은 아니다. 그토록 많은 나무를 자르고 그토록 많은 화석연료를 태우는 사람이 엄청나게 늘어나면서 이제 우리는 지질적 행위자가 되었다. 우리는 우리 환경이 가진 화학을 변화시켜 해수면을 높이고 빙하를 녹이며 기후를 변화시켰다. 달리 생각할 어떤 근거도 존재하지 않는다.[25]

생물적 행위자와 지질적 행위자, 이 둘은 매우 다른 결과를 가져 올 서로 다른 명칭이다. 이 분야의 기원과 상태에 관해 크로스비가 대가다운 연구로 1995년 쓴 논문 〈환경사의 어제와 오늘*The Past and Present of Environmental History*〉에 따르면, 환경사는 생물학, 지리학과 깊은 관계를 맺고 있지만 인간이 지구에 가하는 지질적 규모의 충격에 대해서는 거의 상상하지 못했다. 여전히 크로스비가 브로델을 인용하면서 표현했듯이, "기후에 갇힌 존재로서의 인간"이라는 생각이었지 기후를 만드는 인간에 대한 관점은 아니었다.[26] 인간은 집단적으로, 그리고 개인적으로 모두 생물적 행위자다. 인류는 늘 그러한 존재다. 인류사의 어떤 시점에서도 인간이 생물적 행위자가 아닌 적이 없다. 그러나 우리는 오로지 역사적으로 그리고 집단적으로만 지질적 행위자가 될 수 있다. 말하자면 지구 자체에 충격을 줄 수 있을 정도의 규모로 우리 수가 늘어나고 기술을 발명했을 때 인류가 지질적 행위자가 될 수 있다는 의미다. 우리 스스로를 지질적 행위자라 말하는 것은 종들이 대량 멸종한 다른 시대에 발생한 힘과 같은 규모의 힘을 우리에게 부여하는 것이다. 전문가들의 주장처럼, "현재 종의 다양성이 상실되는 비율은 공룡을 멸종시킨 약 6500만 년 전 사건과 그 강도에서 유사하다."[27] 우리 발자국은 늘 그렇게 크지 않았다. 인간은 산업혁명 이후 지질적 행위자로서 자격을 얻기 시작했지만 그 후 과정은 20세기 후반에 급진전했다. 인류사에서 인간은 최근에서야 지질적 행위자가 되었다. 이런 의미에서 인류사와 자연사 사이의 구분 — 자연과 인류가 상호작용한다고 보는 환경사에서조차도 많은 부분 유지된 — 이 무너지기 시작한 것은 아주 최근이라 말할 수 있다. 이제 더 이상 인간이 자연과 상호작용 관계에 있다는 것이 문제가 아니다. 자연과 상호작용하는 인류는 늘 존재했다. 혹은 적어도 이는 일반적으로 서구적 전통이라 불리는 대부분에서 인류를 상상하는 방식이었다.[28] 이제 인류는 지질적 의미에서 자연의 힘이라는 주장이 가능하다. 서구(그리고 이제 보편적인) 정치사상의 근본적인 가정이 이런 위기 속에서 붕괴되고 있다.[29]

테제2: 인류가 지질적 힘으로 존재하는 새로운 지질시대인 인류세에 도달했다는 생각은 **근대성, 지구화에 대한 인문주의적 역사의 엄정한 수정을 요구한다**

인간의 문화적, 역사적 다양성과 인간의 자유를 어떻게 통합할 것인가 하는 문제는 1750년에서 현재 지구화 시대에 이르기까지 서술된 인류사의 근원적인 문제 가운데 하나였다. 가다머가 랑케 Leopold von Ranke를 논하면서 지적했듯이, 다양성 자체는 역사적 과정에 대한 역사가들의 상상력 속에서 자유의 상징이었다.[30] 물론 자유는 인권과 시민권의 이념에서부터 탈식민화와 자치의 이념에 이르기까지 시대마다 다른 의미를 지녔다. 자유는 인간의 자율과 주권에 대한 천차만별의 상상력을 담는 포괄적 개념이라 볼 수 있다. 예컨대 칸트와 헤겔 혹은 마르크스의 저작들, 19세기의 진보와 계급투쟁 이념들, 노예제에 맞선 투쟁, 러시아와 중국혁명, 나치즘과 파시즘에 대한 저항, 1950년대와 1960년대의 탈식민화 운동과 쿠바와 베트남 혁명, 권리 담론의 진화와 폭발적 증대, 아프리카계 미국인, 원주민, 인도의 달릿Dalits과 다른 소수자들의 시민권을 위한 투쟁, 《자유로서의 발전*Development as Freedom*》에서 저자 센Amartya Sen이 주장한 바에 이르기까지 자유는 지난 250년 동안의 인류사 서술에서 가장 중요한 주제였다. 물론 이미 언급했듯이 자유가 모든 사람에게 같은 의미를 전달하지는 않는다. 후쿠야마Francis Fukuyama가 이해하는 자유는 센의 그것과 매우 다르다. 그러나 자유라는 단어의 이러한 의미론적 포괄성은 그것의 수사학적 힘을 말해줄 뿐이다.

계몽주의 이래 자유에 대한 어떠한 논의에서도, 인간이 자유를 획득하는 과정은 동시에 지질적 행위자가 되는 과정이라는 자각이 들어서지는 못했다. 자유를 논하는 철학자들은 주로 그리고 당연하게도, 인간이 어떻게 부정의, 억압, 불평등, 혹은 다른 인간들이나 인간이 만든 체제에 의해 강요된 획일성에서 벗어날 수 있는지에 관심을 가졌다. 지질적 시간과 인류사의 연대는 서로 연결되지 않았다. 이미 말했듯이, 이 두 연대의 차이는 오늘날 기후과학자들이 붕괴되었다고 주장하는 바다. 내가 언급하고 있는 시기, 즉 1750년에서 현재에 이르는 시기에 인류는 나무와 다른 재생 가능 연료에서, 처음에는 석탄, 나중에는 기름과 가스 등의 화석 연료를 대규모로 이용하는 방향으로 선회했다. 근대적 자유라는 대저택은 화석 연료의 지속적 이용이라는 기초 위에 서 있는 것이다. 이제까지 우리가 누리는 자유의 대부분은 에너지 집약적이다. 오늘날 우리가 문명화된 제도 — 농업의 시작, 도시의 건립, 종교의 대두, 문자의 발명 — 로 생각하는 것과 흔히 연결되는 인류사의 시기는 약 수만 년 전에 시작되었다. 이는 지구가 후기 빙하시대 혹은 홍적세the Pleistocene라는 한 지질 시대에서 더 온난하고 시기적으로 가까운 완신세the Holocene로 이동한 시기와 일치한다. 완신세는 현재 우리가 살고 있는 지질 시대로 간주된다. 그러나 기후변화를 인간이 유발했을 가능성은 완신세가 끝났을지도 모른다는 의문을 제기한다. 이제 인류가 — 그 수와 화석연료의 연소 그리고 다른 관련 행위 덕분에 — 지구에 영향을 미치는 지질적 행위자가 되었다면, 일부 과학자들은 인간 행위가 지구 환경의 주요 결정요인이 되는 새로운 지질 시대가 시작되었음을 인정할 필요가 있다고 주장한다. 이런 새로운 지질 시대를 위해 고안된 명칭이 인류세人類世 the Anthropocene다. 처음 이 제안을 한 과학자는 노벨상 수상자인 화학자 크루첸Paul J. Crutzen과 그의 동료, 해양과학 전문가 스테머Eugene F. Stoermer다. 2000년 출간한 짧은 글에서 이들은 이렇게 말한다. "지구와 환경에 가해지는 주된 그리고 점차 증대하는 충격(전 지구적 규모를 포함한 모든 규모에서)을 (……)고려할 때, 현 지질 시대에 '인류세'라는 용어를 적용할 것을 제안함으로써 인간이 지질과 환경에 미치는 핵심 역할을 강조하는 것이 우리에게는 매우 적절하다고 여겨진다."³¹ 크루첸은 2002년《네이처 Nature》에 발표한 짧은 글에서 그 제안을 좀 더 정교하게 설명했다.

지난 3세기 동안 지구 환경에 미친 인간의 영향력은 확대되었다. 인간이 유발한 이산화탄소 방출 때문에 지구 기후는 다가올 수천 년 동안 자연적 반응으로부터 심각하게 이탈할 것으로 보인다. 현재 (……) 인간주도의 지질시대에 완신세—지난 1만~1만 2000년 동안의 온난한 시대—를 대신하여 "인류세"라는 명칭을 부여하는 것이 적절해 보인다. 인류세는 18세기 후반에 시작되었다는 주장이 가능하다. 북극 빙하에 포착된 공기를 분석하면 이때부터 이산화탄소와 매탄의 전반적 농도가 높아지기 시작했음을 알 수 있기 때문이다. 또 이 시기는 1784년 제임스 와트가 증기기관을 고안한 해와 거의 일치함을 알 수 있다.[32]

물론 크루첸의 언급으로 인류세가 공인된 지질시대가 된 것은 아니다. 데이비스Mike Davis의 논평처럼, "생물학이나 역사학처럼 지질학에서도 시대구분은 복잡하고 논란이 많은 기법"이며 늘 열띤 토론과 논쟁 대상이다.[33] 예컨대 "지난 1만~1만 2000년의 후빙기 지질시대"를 지칭하는 완신세라는 명칭 역시 1833년 지질학자 라이엘 경Sir Charles Lyell이 분명 처음 제안했을 때 즉각적으로 수용되지 못했다.[34] 볼로냐에서 열린 국제 지질학대회가 그 명칭을 공식적으로 받아들인 것은 50년 뒤인 1885년이었다.[35] 인류세도 마찬가지일 터다. 과학자들은 크루첸과 그의 동료들에게 언제 정확히 인류세가 시작되었는가 하는 의문을 제기했다. 그러나 미국 지질학회 소식지《GSA Today》2008년 2월호 첫 장에는 인류세에 대한 크루첸의 정의와 연대 추정을 받아들이는 런던 지질학회 층서학 위원회

위원들의 선언문이 실렸다.[36] 선언문은 "보수적인" 접근을 수용하면서 이렇게 결론짓는다. "전 지구적 환경변화에 대한 생생하지만 비공식적인 은유인 인류세를 인정할 층서학적으로 중요한 변화를 알리는 충분한 증거들이 나타나고 있다. 인류세는 국제적 논의를 통해 공식화를 고려해야 할 새로운 지질 시대로 보아야 한다."[37] 이 용어가 사회과학자들에게도 점차 수용되고 있음을 알리는 증거는 점점 늘고 있다.[38]

그렇다면 1750년에서 현재까지의 시기는 자유의 시기인가 아니면 인류세의 시기인가? 인류세는 자유에 대한 서사에 비판적인가? 인간이 지질적 행위자가 되었다는 것은 자유를 추구하기 위해 지불해야 할 대가인가? 어느 정도는 그러하다. 《생명의 미래*The Future of Life*》에서 생물학자 윌슨Edward O. Wilson은 이렇게 지적한다. "이제까지 인류는 자신의 근시안적 생존에만 몰두하는 전 지구적 살해자 역할을 해왔다. 우리는 생물다양성biodiversity의 핵심을 심각하게 훼손했다. (……) 만약 수마트라 코뿔소, 에미Emi가 말을 한다면, 21세기 역시 예외는 아니라고 했을 것이다."[39] 그러나 한편으로는 자유라는 계몽주의의 주제와 다른 한편으로는 인류사의 연대와 지질 연대의 결합 사이 관계는 단순한 이분법으로 설명하기에는 훨씬 복잡하고 모순적으로 보인다. 인류는 스스로의 결정에 따랐지만 허둥지둥 지질적 행위자가 된 것이 사실이다. 인류세는 인류의 선택이 낳은 의도하지 않은 결과라고 말할 수도 있다. 그러나 현재 우리가 처한 궁지에서 벗어날 길을 모색할 때 전 지구적, 집단적 삶에 이성을 확대해야 한다는 생각에서 벗어나기는 어렵다. 윌슨은 이렇게 말한다. "이제 우리는 그 문제에 대해 더 많이 알게 되었다. (……) 우리는 무엇을 해야 할지 안다".[40] 혹은 다시 크루첸과 스테머를 인용해보자.

> 인류는 다가올 수천 년, 아마도 수백만 년 동안 내내 중요한 지질적 힘으로 남아 있을 것이다. 인류가 유발한 긴장에 저항할 생태계를 확보할 수 있는, 전 세계적으로 합의된 전략을 개발하는 일은 미래 인류의 가장 중요한 과업 가운데 하나가 될 것이다. 거기에는 집약적인 연구와 그 연구로부터 얻은 지식을 현명하게 적용하는 일도 포함된다. (……) 전 지구적 연구와 공학자 집단은 인류를 전 지구적이고 지속 가능한 환경관리로 이끌어야 하는 흥미로운, 그렇지만 동시에 어렵고도 대담한 임무를 수행해야 할 것이다.[41]

그렇다면 논리적으로 인류세에는 과거에 비해 우리에게 계몽주의(즉, 이성)가 더 절실해진다. 그러나 이성의 역할에 대한 낙관주의를 제한하고 인간 사회에서 자유가 구현되는 가장 흔한 양상과 관계되는 어떤 것을 고려해야 한다. 그건 바로 정치다. 정치는 오로지 이성에만 기반을 둔 적이 전혀 없다. 대중의 시대에, 국가 내부와 국가들 사이의 현저한 불평등으로 이미 복잡해진 세계에서, 정치는 누구도 통제할 수 없는 것이다. 데이비스는 이렇게 쓰고 있다. "인구 추동력 자체만으로도 향후 40년 동안 세계의 도시 인구가 30

억 이상으로 늘어날 것이다. 그리고 아무도 — 결코 아무도(좌파 학자를 포함하여)— 슬럼으로 뒤덮인 지구에서, 가속화되는 식량과 에너지 위기와 함께, 기본적인 행복과 존엄성에 대한 불가피한 염원은 차치하고서라도 생물학적 생존이나마 가능할 것인가 하는 문제 해결의 실마리를 가지고 있지 않다."[42]

그렇다면 기후 변화의 위기가 우리로서는 예견할 수 없는, 정확히 그런 미래에 대한 불안감을 낳고 있다는 것은 놀라운 일이 아니다. 이성이 현재의 곤경에서 벗어나도록 이끌 것이라는 과학자들의 희망은, 라투르Bruno Latour가 《자연의 정치Politics of Nature》에서 논의한, 과학의 신화와 실제 과학 정책 사이의 사회적 대립을 상기시킨다.[43] 어떤 정치적 감각도 없는 윌슨은 실용주의적 감각을 마치 철학자의 불안 섞인 희망으로 표현할 수 있을 뿐이다. "아마도 우리는 때맞춰 행동할 것이다."[44] 그러나 지구온난화 과학 자체가 필연적으로 정치적 책무를 낳는다. 예컨대 생물학자 플래너리 Tim Flannery는 《기후창조자The Weather Makers》 내용 가운데 〈2084 오웰식 탄소 독재〉라는 장에서 "오웰식의 악몽"이라는 어두운 전망을 떠올린다.[45] 기후학자 마슬린Mark Maslin은 자신을 책에서 암울한 말로 끝맺는다. "전 지구적 정치가 지구온난화를 해결할 것같지 않다. 기술적 해결은 위험하고, 해결하고자 하는 문제와 똑같이 나쁜 문제를 야기한다. (……) 지구온난화에 대처하기 위해서는 국가나 지역이 향후 50년을 내다보는 계획을 수립해야 하지만 이는 정치가 가진 단기적 성격 때문에 거의 모든 사회가 실현하기 힘

지구사의 도전

든 과제다." "우리는 최악의 상황에 대비하고 적응해야 한다"는 마슬린의 제안은 "슬럼으로 뒤덮인 지구"의 도래에 대한 데이비스의 관찰과 함께, 인류세 시대 인간 자유 문제의 전망이 밝지 않음을 암시한다.[46]

테제3: 인류세에 관한 지질학적 가설은 자본의 전 지구적 역사와 인간 종의 역사 간의 대화를 요구한다

자본주의적 지구화를 비판하는 방식으로 자유의 문제를 제기하는 분석틀은 기후변화의 시대에도 효력을 전혀 상실하지 않았다. 오히려 데이비스가 보여주듯이 기후변화는 가난하고 취약한 계층을 무시한다면 자본주의 세계 질서의 불평등을 가속화하는 방향으로 귀결될 수도 있다.[47] 자본주의적 지구화는 존재한다. 마찬가지로 그에 대한 비판도 존재한다. 그러나 일단 기후변화의 위기가 현재 상황이고 자본주의보다 훨씬 더 오래, 혹은 자본주의가 많은 역사적 변천을 겪은 뒤에도 계속 이 지구의 중요한 현상으로 남아 있을지 모른다는 사실을 받아들이고 나면 자본주의적 지구화에 대한 비판은 인류사를 이해하는 데 큰 도움을 주지는 못한다. 지구화라는 문제 틀로는 기후변화가 자본주의적 관리의 위기로 읽힐 뿐이다. 기후변화가 자본주의 역사와 깊이 연관되어 있다는 사실을 부정할 수는 없지만 자본에만 초점이 맞춰진 비판은, 기후변화의 위기가 인정되고 인류세가 현재의 전망에 짙은 그림자를 드리우고 있는 이상, 인류사의 문제를 충분히 고려할 수 없다. 인류세라는 지질적 현재가 인류사의 현재와 서로 얽히게 된 것이다.

전 세계적 규모로 발생하는 기후변화의 위기와 다른 생태적 문제와의 관계에서 인류를 연구하는 학자들은 기록된 인류역사와 깊은 역사를 구분한다. 아주 개략적으로 말한다면 기록된 역사는 농업을 발명한 이래 약 1만 년, 그러나 더 일반적으로는 기록이 존재한 지난 4000년간을 말한다. 기록의 시대를 넘어선 인류사는 인간의 과거를 연구하는 다른 연구자 — 전문적인 역사가는 아니다 — 가 깊은 역사라 부르는 것이다. 이런 구분을 앞장서서 제기한 인물인 윌슨은 이렇게 말한다. "인간 행태는 기록된 역사, 그러니까 지난 1만 년 세월의 산물이 아니라 깊은 역사, 즉 수십만 년에 걸쳐 인류를 바꾼 유전적이고도 문화적인 변화의 산물이다."[48] 스메일은 전문 역사가들에게 깊은 역사의 지적 매력을 설명하려 노력했다.[49]

인류의 깊은 역사를 알지 못한다면 왜 기후변화가 인류의 위기인지를 긴 안목에서 이해하기 어렵다. 지질학자와 기후과학자들은 지구온난화의 현 국면 — 이전에 일어난 온난화와는 다른 — 이 본질상 인간이 유발했다는 근거를 제시할 수는 있다. 그러나 이에 따른 인류에게 닥칠 위기는 온난화의 결과를 제대로 예상하지 않고는 이해할 수 없다. 그 결과가 이해될 수 있는 것은 인류가 생명의 한 형태로 간주되고 인류사가 이 지구상에 존재하는 생명의 역사 가운데 일부로 여겨질 때다. 궁극적으로 지구온난화가 지질적 지구 자체가 아니라 완신세 동안 인류의 생존을 가능케 한 생물적이고도 지질적인 조건을 위협하기 때문이다.

월슨이나 크루첸 같은 학자들이 인류라는 형태의 생명 — 그리고 다른 형태의 생명 — 을 지칭하기 위해 사용한 단어는 종種, species이다. 이들은 인간을 종으로 보고 현재 위기의 성격에 대해 생각하는 데 유용한 범주로 여긴다. 이 단어는 어떤 표준적 역사에서도, 혹은 좌파 학자들의 지구화에 대한 정치경제적 분석에서도 등장하지 않을 것이다. 합당한 이유로 지구화 분석은 최근 기록된 역사만을 대상으로 하기 때문이다. 하지만 종적인 사고는 깊은 역사 프로젝트와 연관된다. 더욱이 월슨과 크루첸은 그런 사고방식이 인류의 복지를 예견하는 데 필수적이라 본다. 월슨의 표현처럼, "우리 종을 이해하기 위해서뿐 아니라 미래를 보장하기 위해서도 이처럼 긴 안목이 필요하다."[50] 그러므로 기후변화 위기를 역사적으로 배치하기 위한 작업은 어느 정도는 서로 긴장관계에 있는 지적 성향 — 우주적인 것과 지구적인 것; 깊은 역사와 기록된 역사; 종적 사고와 자본의 비판 — 을 결합하도록 한다.

나는 이렇게 말함으로써 지구화와 세계사에 대한 역사가들의 생각과는 약간 상충되는 방향으로 나아가고 있다. 1995년 간행된 "글로벌 시대의 세계사"라는 제목의 획기적인 논문에서 역사학자 가이어Michael Geyer와 브라이트Charles Bright는 다음과 같이 쓰고 있다. "20세기의 끝에서 우리는 보편화하는 단일한 근대성이 아니라 다양하고도 다양화시키는 근대성들로 통합된 세상을 만난다." "세계사에 관한 한 보편화하는 정신은 존재하지 않는다. (……) 대신 비판적 성찰과 역사 연구가 필요한 매우 독특하고 물질적이며 실용적인 실천이 많이 존재한다." 그러나 무역과 제국 그리고 자본주의가 형성한 지구적 연결 덕분에 "우리는 놀랄 만한 새로운 조건에 직면해 있다: 여러 세기 동안 그리고 여러 문명에서 세계사의 주제가 되어온 인류가 이제 모든 사람의 시야 안으로 들어오게 되었다. 이 인류는 부자와 빈자로 극단적으로 양극화되어 있다."[51] 가이어와 브라이트는 차이의 철학이라는 관점에서 이런 인류가 하나가 아님을 암시한다. 인류는 "하나의 동질적인 문명을 형성"하지는 못했다는 것이다. "이제 인류는 단순한 종도 아니요 자연적 조건도 아니다." 이들은 약간은 실존주의적 어투로 이렇게 말한다. "처음으로 인간으로서 우리는 집단적으로 스스로를 만들었고 따라서 우리 스스로에 대한 책임을 지게 되었다."[52] 분명 인류세 개념을 옹호하는 과학자들은 이들과 정반대로 말하고 있다. 과학자들의 주장에 따르면 인간이 독특한 종이 되었기 때문에 다른 종을 지배하는 과정에서 지질적 힘을 얻게 되었다는 것이다. 다른 말로 하면 인간은 최소한 오늘날 자연적 조건이 되었다는 뜻이다. 이 두 입장 사이의 대화가 어떻게 하면 가능해질까?

생물학적 인상을 강하게 풍기는 종이라는 개념 사용을 역사가들이 우려한다는 사실은 이해할 수 있다. 역사가들은 인간사에서 섬세하게 연마한 우연성과 자유의 감각이 한층 결정론적 세계관에 자리를 내준다는 느낌을 가진다. 그 밖에도 스메일이 지적했듯이 생물학을 정치적으로 사용한 위험한 사례가 존재한다.[53] 또한 종 개념은 인간 이해에 강력한 본질주의를 끌어들인다는 우려가 있다. 우연성에 대해서는 나중에 다시 언급하겠지만 본질주의 문제와 관련해서는 종이 본질주의적 맥락에서 이해될 수 없다는 스메일의 지적이 도움이 된다.

> 다윈에 따르면 종은 조물주가 부여한 자연적 본질을 지닌 고정된 실재가 아니다. (……) 자연도태는 한 종에 속하는 다양한 개체를 동질화하지 않는다. (……)이런 상황을 고려할 때 (특정한 종의) 정상적인 본성과 신체 유형을 찾으려는 노력은 부질없다. 마찬가지로 "인간 본성"을 규정하려는 시도 역시 똑같이 헛된 일이다. 다른 많은 영역에서와 마찬가지로 이 점에서 생물학과 문화연구는 근본적으로 일치한다.[54]

여러 학문 분과에서 인간을 어떻게 볼 것인가를 놓고 다양한 입장을 취하고 있다는 점은 분명하다. 모든 분과는 자체의 연구 대상을 만들어야 한다. 의학이나 생물학이 인간을 특정 대상으로 환원했다면 인문주의 역사가들은 그들이 서술하는 역사의 주인공들 — 인간들 — 역시 환원체라는 사실을 흔히 깨닫지 못한다. 개성이 없다면 역사에서 인간 주체도 존재하지 않는다. 데리다Derrida가 광기의 역사에서 광기 스스로 말하게 하려는 어떤 욕망도 프로젝트의 가장 "광기어린 측면"이라 지적함으로써 푸코Foucault의 분노를 사게 된 이유도 바로 이 때문이다.[55] 개성은 모든 전통적 인문주의자들에게 핵심적인데도 해부학 강의실에서 논의되는 인간의 유골만큼이나 구체적이고 전체적인 인간의 추상물이거나 환원체다.

기후변화의 위기는 학자들이 학문 분과 사이의 편견을 넘어설 것을 요구한다. 위기는 다차원적이기 때문이다. 이런 맥락에서 종의 범주가 경제학자를 포함해 다양한 경향의 학자들 사이에서 수행하기 시작한 역할을 살펴보는 일은 흥미롭다. 경제학자의 경우 기후변화의 위기가 갖는 성격을 연구하고 설명하는 데 역사가들보다 이미 훨씬 앞서 있다. 교육받은 일반 독자를 겨냥한 경제학자 삭스Jeffery Sachs의 책 《커먼 웰스Common Wealth》는 종의 개념을 논의의 핵심에 두고 있으며 책의 한 장 전체를 인류세에 할애하고 있다.[56] 사실, 삭스가 자신의 책 서문을 부탁한 학자는 다름 아닌 윌슨이었다. 다중이나 대중 개념이 마르크스주의 저작에서 하는 역할처럼 윌슨의 서문에서 종 개념은 거의 헤겔적 역할을 한다. 인류의 선은 억압받는 사람들 혹은 다중이 자기 의식화 과정을 통해 전 지구적 통합에 도달할 가능성에 달려 있다고 여러 경향의 마르크스주의자가 시기를 달리하면서 주장했다면, 윌슨은 하나의 종이라는 우리 스스로의 집단적 자기 인식을 통한 통합 가능성에 희망을 건다. "인류는 이전보다 더 잘살기 위해 지구의 둘도 없는 자원을 충분히 소비했고 또 변형했다. 우리는 매우 영리하며 이제 단일 종이라는 자기 이해에 도달할 충분한 정보를 가지고 있다고 본다. (……) 우리는 스스로를 하나의 종으로 생각할 정도로 현명해질 수 있다."[57]

그러나 기후변화의 맥락에서 종 개념을 사용하는 것에 여전히 의문이 남을 수 있다. 이와 관련하여 좌파 비평가들 사이에서 쉽게 제기될 수 있는 의문을 먼저 다루는 것이 좋겠다. 예컨대 지구온난화를 초래한 모든 인간 유발적 요인들 ─ 화석 연료의 연소, 동물의 산업적 이용, 열대와 다른 지역 숲의 개간 등 ─ 은 결국 더 큰 이야기의 일부에 지나지 않는다는 반대가 있을 수 있다. 즉, 서방에서의 자본주의 전개, 서방의 나머지 세계에 대한 제국주의적 혹은 유사-제국주의적 지배가 그것이다. 중국, 일본, 인도, 러시아, 브라질의 엘리트들이 자본주의 경제적, 기술적, 군사적 힘을 통해 초강국 정치와 전 지구적 지배를 향한 각각의 길을 개발하는데 최근 서구 역사에서 영감을 얻고 있다. 이것이 대체적으로 사실이라면, 종이나 인류를 말하는 것은 자본주의 생산 현실과 그것이 조장한 제국주의적 ─ 공식적, 비공식적, 혹은 들뢰즈적인 의미에서 기계적인 ─ 지배 논리를 단순히 은폐하는 데 봉사하지 않겠는가? 현재의 위기에 대한 비난이 가장 먼저 부유한 나라와 가난한 나라의 잘사는 계층들에게 곧바로 적용되어야 하는데도 종이나 인류처럼 포괄적인 개념을 사용해 이 세계의 가난한 사람들 ─ 이들의 탄소 발자국은 어쨌든 소규모다 ─ 을 포함시켜야 할 이유는 무엇인가?

이 문제는 좀 더 자세히 다룰 필요가 있다. 그렇지 않다면 지구화에 대한 현재의 역사서술과 인간이 초래한 기후변화가 요구하는 역사서술 사이의 차이가 선명하게 드러나지 않을 것이다. 일부 과

377

학자들이 인류세의 시작을 농업이 발명된 시기부터 잡고 있지만 내가 읽은 대로 말한다면 우리가 인류세에 도달하게 된 것은 그리 오래되지도 않았고 불가피한 현상도 아니다. 인간 문명이 어느 날 인간이 사용하는 에너지 자원이 목재에서 석탄으로, 석탄에서 석유와 가스로 옮겨가야만 하는 조건에서 시작된 것은 확실히 아니다. 주된 에너지 자원이 목재에서 석탄으로 옮겨 간 데는 많은 역사적 우연이 개입했다. 이는 역사학자 포메란츠Kenneth Pomeranz의 획기적인 책, 《거대한 분기The Great Divergence》가 강력히 입증해준다.[58] 우연과 역사적 우발 사건은 다른 역사에서와 마찬가지로 석유의 "발견", 석유 재벌 그리고 자동차 산업의 역사에서도 흔히 나타났다.[59] 자본주의 사회 자체도 자본주의가 시작된 이래 같은 상태가 아니다.[60] 인구 역시 제2차 세계대전 이후 극적으로 늘어났다. 인도만 보더라도 1947년 독립했을 때보다 현재 3배 이상 인구가 증가했다. 필연적으로 우리를 인류세에 도달하게 할 어떤 요소가 인간 종에 내재한다고 주장할 사람은 확실히 없다. 우리는 비틀거리면서 인류세에 도달한 것이다. 여기서 산업문명이 핵심 역할을 했다는 데도 의심의 여지가 없다. (나는 이제까지 우리가 그랬던 것처럼 자본주의 사회와 사회주의 사회를 구분하지 않는다. 그 까닭은 이들의 화석 연료 사용에는 원칙적 차이가 전혀 없기 때문이다.)

만약 산업적 삶의 방식이 우리를 현재의 위기에 도달하게 했다면 그 다음 질문은 다음과 같다. 왜 훨씬 더 장기적인 역사에 속하는 범주인 종의 맥락에서 사유해야 하는가? 자본주의에 대한 서술

— 그러므로 그에 대한 비판 — 이 기후변화 역사의 문제를 제기하고 결과를 이해하는 준거틀로서 충분하지 못한가? 기후변화의 위기가 자본주의적 산업화가 만들고 촉진한 높은 에너지 소비 사회 모델의 필연적 결과인 것은 사실처럼 보이면서도 현재의 위기는 자본주의, 민족주의, 혹은 사회주의적 정체성 논리와는 내재적 연관이 없는 다른 인간의 생존 조건을 부각시킨다. 오히려 그런 조건들은 이 지구상에서 삶의 역사, 여러 삶의 형태가 서로 연관된 방식, 한 종의 대량 멸종이 다른 종의 위기를 초래하는 방식과 관련되어 있다. 이러한 생명의 역사 없이는 기후변화의 위기는 아무런 인간적 "의미"도 지니지 않는다. 이미 말했듯이 현재의 위기는 비유기체적 지구의 위기가 아니다.

달리 말하자면 산업적 삶의 방식은 앨리스Alice 이야기에서 토끼 구멍과 매우 흡사한 역할을 한다. 즉, 우리는 근대에 대한 우리의 이념과 거기에서 끌어낸 의미와 근본적 관계에 있는 체제들의 존재를 위한 일부 한계 조건을 인식해야만 하는 상황 속으로 빠져들고 있다는 것이다. 좀 더 설명해 보겠다. 소위 1만 년 전 농업혁명 사례를 보자. 그건 단지 인간이 가진 발명의 재능을 말해주는 데 그치지 않는다. 농업혁명이 가능한 데는 대기 중 이산화탄소 양의 변화, 기후의 안정성, 그리고 빙하시대(홍적세) 말 나타난 어느 정도의 지구온난화 등, 인간이 통제할 수 없는 어떤 상황 때문이었다. 《빙하시대 말의 인류Humans at the End of the Ice Age》의 편집자 중 한 사람은 이렇게 쓰고 있다. "기본적인 현상 — 빙하시대의 쇠퇴 — 이

밀란코비치 현상Milankovich phenomenon, 즉 지구와 태양 사이의 기울기 관계의 결과라는 데는 의심의 여지가 없다."[61] 지구 기온은 초목이 자랄 수 있는 영역에서 안정되었다. 보리와 밀은 가장 오래된 초목이다. 이런 운 좋은 "오랜 여름" 혹은 한 기후과학자의 표현처럼 지구의 역사에서 발생한 "특이한", 자연의 "요행" 없이는 우리의 산업적-농업적 삶의 방식도 불가능했을 것이다.[62] 달리 말하면 우리의 사회경제적, 기술적 선택이 무엇이었든 간에, 우리의 자유로 찬양하고 싶은 권리들이 무엇이든 간에, 인간 생존의 한계처럼 작용하는 조건(기후대와 같은 것들)을 우리가 불안정하게 만들 수는 없다는 것이다. 이러한 한계 조건들은 자본주의나 사회주의와는 별개다. 이들은 이런 체제의 역사보다 훨씬 오랜 세월에 걸쳐 안정되어 있었으며 인류가 지구에서 지배적인 종이 되도록 해주었다. 불행히도 우리는 이제 우리 자신의 생존에 필요한 한계 조건들을 어지럽히는 지질적 행위자가 되고 있다.

이는 세계의 부자 나라, 주로 서방 국가들이 온실가스를 배출하는 데 했던 역사적 역할을 부정하자는 것이 아니다. 종적 사고species thinking를 말하는 것은 "공동의 그러나 차별화된 책임"의 정치를 거부하는 것도 아니다. 이런 정치는 중국과 인도를 비롯한 다른 개발도상국들이 온실가스 배출을 줄이는 문제와 관련하여 예민하게 추구하는 부분이기도 하다.[63] 우리가 기후변화의 책임을 소급적 과실이 있는 사람들 — 즉, 과거의 행위에 대해 서방을 비난하는 일 — 에게 돌릴 것인가, 아니면 예기되는 과실(1인당 비율에 기반한 것은 아니지만 중국은 미국을 제치고 이산화탄소 최대 배출국이 되었다)을 범할 사람들을 비난할 것인가의 문제는 분명 자본주의와 근대화의 역사와 관련되어 있다.[64] 그러나 인류가 그 과정에서 지질적 행위자가 되었다는 과학자들의 발견은 우리 모두 벗어날 수 없는 공통의 대재앙 발생 가능성을 지적한다. 크루첸과 스테머는 그 재앙을 이렇게 묘사한다.

인류의 팽창은 (……) 대단히 놀랍다. (……) 지난 3세기 동안 인구는 10배가량 늘어나 60억에 달했고 가축 수는 14억(평균 크기의 가구당 한 마리)으로 증가했다. (……) 몇 세대 지나지 않아 인류는 수억 년에 걸쳐 만들어진 화석연료를 소진할 것이다. 석탄과 기름 연소로 대기 중 황산화물(SO_2) 배출량은 자연 배출 총량보다 적어도 2배가 되었다. (……) ; 인류는 활용할 수 있는 신선한 물 전체의 절반 이상을 소비했다; 인간 활동은 열대 우림에서 멸종 비율을 1000배에서 1만 배로 증가시키고 있다. (……) 거기다 인간은 환경에 수많은 독성 물질을 배출하고 있다. (……) 조사된 효과로는 거대한 신선한 담수체계에서 발생한 지구화학적 변형이며 1차 원천에서 격리된 체계에서 그와 같은 현상들이 나타난다.[65]

이런 재앙을 해명하기 위해서는 1만 년 전 농업혁명을 지질학, 고고학, 역사학, 세 분야에서 수렴하여 설명하는 방식처럼 학문 분과들 사이, 인류의 기록된 역사와 깊은 역사 사이 대화가 필

요하다.[66]

월슨이나 크루첸 같은 과학자들은 이성이 효과적인 집단적 선택에서 늘 우리를 인도하지는 않는다는 사실, 달리 말해 우리가 집단적으로 약간의 비이성적인 선택을 할 수도 있다는 사실을 인식하지 못한다는 점에서 정치적으로 순진하다고 볼 수도 있다. 그러나 이들이 계몽주의 언어로 말하고 있다는 사실이 나로서는 흥미롭고도 징후적이다. 이들이 반드시 반자본주의적 학자는 아니지만 그렇다고 현재의 자본주의를 지지하는 것도 아님이 분명하다. 이들은 지식과 이성이 현재의 위기에서 벗어날 수 있는 길뿐 아니라 미래의 오류에서도 벗어날 수 있는 길이라 본다. 예컨대 월슨이 "자원의 보다 현명한 사용법"을 고안해야 한다고 말할 때 명백히 칸트주의적 태도를 보인다.[67] 그러나 여기서 지식이란 종으로서의 인간, 삶의 일반사의 한 부분으로, 스스로의 생존을 위해 다른 종에 의존하는 종에 대한 지식이다. 기후를 변화시켜 지구의 기온뿐 아니라 바다의 산성도와 해수면을 지속하여 상승시키고 먹이연쇄를 파괴하는 것은 우리 삶에 이로운 행동이 아니다. 이런 한계 조건들은 우리의 정치적 선택과 무관하다. 그러므로 과학자들이 제기하는 문제에 관심을 가지지 않고는 지구온난화를 위기로 이해하기는 불가능하다. 그러나 동시에 자본의 역사, 우리가 인류세에 도달하게 된 우연의 역사는 종의 이념에 기댄다고 부정될 수 있는 것도 아니다. 산업화의 역사 없이 인류세는 이론조차도 가능하지 않았을 것이다. 계몽주의 이래 세계사를 생각하면서 우리는 어떻게 이 둘을 결합할

지구사의 도전

수 있을까? 보편적인 것에 대한 포스트식민주의적 의구심이 지니는 가치를 버리지 않으면서 어떻게 우리는 삶의 보편사(보편적 사유)에 대해 말할 수 있을까? 기후변화의 위기는 둘 모두를 동시에 생각하고 자본의 역사와 종의 역사의 뒤섞을 수 없는 연대를 혼합하도록 만든다. 그러나 이런 결합은 매우 근본적인 측면에서 역사적 이해라는 관념 자체를 뒤흔든다.

테제4: 종의 역사와 자본의 역사를 교차연구cross-hatching하는 것은 **역사적 이해의 한계를 탐색하는 과정이다**

딜타이Dilthey적 전통에 따르면 역사적 이해는 인간 경험에 대한 일반적 관념에 호소하는 비판적 사고를 수반한다. 가다머가 지적했듯이, 딜타이는 "개인의 사적 경험 세계를 확장의 출발점으로 본다. 여기서 확장이란 활발한 전위 과정을 통해 자신의 사적 경험이 갖는 협소함과 우연성을 역사적 세계를 다시 경험함으로써 얻게 되는 무한함으로 채우는 것을 말한다." 이런 전통에서 "역사의식"은 자신과 타자(역사적 행위자)의 경험을 비판적으로 성찰함으로써 얻는 "자기지식의 한 방식"이다.[68] 자본주의에 대한 인문주의적 역사는 자본주의의 경험이라 부르는 것을 늘 수용할 것이다. 예컨대 노동계급이 겪은 자본주의 노동의 경험을 재구성하려는 톰슨E. P.

Thompson의 탁월한 시도 역시 이런 가정 없이는 불가능하다.[69] 인문주의적 역사는 과거의 경험을 재구성할 뿐 아니라 콜링우드식으로 말한다면 우리 마음속에서 재연하는 능력에 호소함으로써 의미를 만드는 역사인 것이다.

윌슨이 우리 모두의 미래를 위해서는 우리가 하나의 종이라는 자기이해에 도달해야 한다고 권고했을 때 그 말은 인간 경험에는 연속성이 존재한다는 가정하에 과거와 미래를 연결하고 이해하는 어떤 역사적 이해 방식과도 일치하지 않는다. (앞서 언급한 가다머의 지적을 보라.) 우리the we란 누구인가? 우리 인간은 하나의 종으로서 스스로를 경험하지 않는다. 우리가 할 수 있는 것이란 단지 인간 종이 존재함을 지성적으로 이해하거나 추론하는 일이며 그 자체를 경험하는 것은 도저히 불가능하다. 종으로서 우리에 대한 현상학은 존재할 수 없다. 우리가 인류와 같은 단어에 감정적으로 동질감을 느낀다손 치더라도 하나의 종이 된다는 것이 무엇인지를 우리는 알 수 없다. 왜냐하면 종의 역사에서 인간은 종(얼마든지 다른 형태의 삶이 될 수 있는)이라는 개념의 한 예에 불과하기 때문이다. 그러나 개념이 된다는 것을 경험할 수는 없다.

이렇게 기후변화의 위기에 대한 논의는 역사적 이해의 한계에서 작동하는 집단적 인간의 과거와 미래에 대한 정서와 지식을 만들어낼 수 있다. 우리는 현상 전체가 아니라 특정 결과만을 경험한다. 그렇다면 우리는 가이어와 브라이트처럼 "인류는 더 이상 '사유'를 통해 존재하는 것이 아니라"거나[70] 푸코처럼 "인간에게는 더 이상 어떤 역사도 없다"고 말하는 것인가?[71] 가이어와 브라이트는 푸코적 정신으로 이렇게 쓰고 있다. "세계사의 임무는 정보를 토대 삼아 인간 전체를 단일한 인류로 압축하는 권력의 윤곽을 선명하게 드러내는 데 있다."[72]

물론 인류를 권력의 효과로 보는 이런 비판은 포스트-식민주의 연구에 큰 영향을 준 의구심의 해석학으로서 가치를 인정받을 만하다. 게다가 국가적, 전 지구적 지배체제의 형성을 다루는 데 비판적 도구로서 효과적이다. 그러나 나는 그것이 지구온난화의 위기를 다루는 데는 적합하지 않다고 생각한다. 첫째, 우리가 현재의 위기를 생각할 때마다 우리 모두를, 혹은 인류를 상상하는 다른 방식의 불완전한 모습들에 사로잡힌다. 그렇지 않다면 와이즈먼의 책 제목, 《우리 없는 세상》이나 우리가 사라진 다음 뉴욕의 경험을 묘사하려는 그의 탁월하지만 불가능한 시도의 호소력을 어떻게 이해할 수 있는가?[73] 둘째, 인류사와 자연사를 가로막은 벽에서 균열이 일어나고 있다. 우리는 지질적 행위자로서 스스로를 경험할 수 없을지 모르지만 다른 종들과 같은 수준에서 하나의 종이 되어가고 있는 것처럼 보인다. 역사적 이해를 넘어서는 그런 지식 없이는 우리 모두에게 영향을 미치는 현재의 위기를 해명할 수 없다. 전 지구적 자본으로 굴절된 기후변화는 명백히 자본의 규칙을 관통하는 불평등의 논리를 두드러지게 할 것이다. 혹자는 다른 사람들이 희생한 대가로 일시적 이득을 얻을 것이 분명하기 때문이다. 그러나 위기 전체가 자본주의 이야기로 환원될 수는 없다. 자본주의 위기와는 달리 이 위기는 부자와 특권층을 위한 구조선이 없다(오스트레일리아에서 발생한 가뭄이나 캘리포니아 부촌에서 발생한 화재를 보라). 지구온난화가 야기한 불안은 전 지구적 핵전쟁의 공포로 시달린 시대를 상기시킨나. 그러나 여기에도 분명한 차이가 있다. 핵전쟁이 발생했다면 이는 권력이 내린 의식적 결정 때문일 것이다. 기후변화는 인간 행위의 의도되지 않은 결과이며 오로지 과학적 분석을 통해서만 종으로서 우리 행동의 결과임을 보여준다. 아마도 종은 기후변화라는 위기의 순간에 살짝 모습을 보이는 새롭게 대두하는 인류의 보편사를 위한 위치 표시자placeholder를 가리키는 이름일 것이다. 그러나 우리는 결코 이런 보편을 이해할 수 없다. 이 보편은 역사의 운동을 통해 변증법적으로 발생하는 헤겔적 보편도 아니요 현재의 위기로 생긴 자본의 보편도 아니다. 이 두 보편을 거부한다는 점에서 가이어와 브라이트는 옳다. 그러나 기후변화는 우리에게 인간 집단, 하나의 우리an us라는 문제를 던지면서 세상을 경험하는 우리의 능력을 넘어서는 보편의 모습에 주의를 환기시킨다. 그 보편은 파국이라는 공감대에서 생기는 보편에 더 가깝다. 그것은 전 지구적 동질성이라는 신화를 거부하면서도 정치에 대한 전 지구적 접근을 요구한다. 왜냐하면 헤겔식 보편과는 달리 개별을 포섭해버리지 않는다. 우리는 이를 잠정적으로 "부정적 보편사negative universal history"라 부를 수 있겠다.[74]

역사의 기후: 네 가지 테제

들어가는 글: 유럽중심주의를 넘어 지구사로 / 조지형

1 대표적인 최근 연구성과로는 안드레 군더 프랑크, 이희재 옮김, 《리오리엔트》 (이산, 2003); Kenneth Pomeranz, *The Great Divergence: China, Europe, and the Making of the Modern World Economy* (Princeton, 2000) 참조.

2 Angus Maddison, *The World Economy: A Millennial Perspective/Historical Statistics* (Development Centre Studies), (Paris, 2007), p. 249.

3 Jack A. Goldstone, *Why Europe?: The Rise of the West in World History, 1500-1850* (New York, 2009), pp. 175-176. 이 예상은 *World Bank International Comparison Program, Table of Final Reports* (Washington, D.C., 2008)에 근거한 것으로, 미국은 매년 3%의 성장률을 기록하고 중국과 인도는 매년 8%의 성장률을 이룩할 때의 예상이다.

4 임상우는 유럽중심주의의 수용과정 문제에 대해 유럽의 강요보다 동아시아 지식인들의 자발적 내면화를 강조한다. 그는 "서구로부터 수입된 유럽 중심적 역사관은 제국주의적 팽창을 주도한 유럽의 국가들이 강요했다기 보다는, 동아시아 3국이 모두 자발적으로 이를 수용하고 나아가서는 이를 내면화했다"고 강조하고 있다. 임상우, 〈동아시아에서의 유럽중심적 역사관의 극복〉, 《서강인문논총》 제24집 (2008), p. 30.

5 예를 들면 Ellen Meiksins Wood, "Eurocentric Anti-Eurocentrism," *Against the Current*, 92 (2001) 참조.

6 임상우, 〈동아시아에서의 유럽중심적 역사관의 극복〉, p. 32. 유럽중심주의는 작게는 동유럽을 배제하는 것이므로 서유럽중심주의라고 말할 수 있지만, 크게는 서유럽과 미국 및 호주 등을 포함하며 때로는 "서양"의 개념 속에 일본을 포함시키기도 한다. 이 글에서 "유럽"은 때로 유럽 이외에 미국, 호주 등을 포함하는 의미로 사용된다.

7 Jerrey Bentley, "Myths, Wagers, and Some Implications of World History," *Journal of World History*, 16 (2005), p. 57.

8 유럽중심주의의 주요한 지리적 명제에 관해서는 제임스 블로트, 《역사학의 함정: 유럽중심주의를 비판한다》 (푸른숲, 2008), 특히 pp. 402-405 참조.

9 Bruce Mazlish, *Civilization and Its Discontents* (Stanford, 2004), pp. 160, 161.

10 Ross E. Dunn, "Rethinking Civilizations and History in the New Age of Globalization," 대한민국학술원 편, 《문명의 전환과 세계화》 (대한민국학술원, 2007), pp. 31-58.

11 이와 같은 맥락에서, "한국문명"을 강조하는 주장은 '그리스-로마 문명처럼 우리도 문명'이라고 강변한다는 점에서 전략적으로 유럽중심주의에 대한 비판이 될 수 있을지 모르지만, 이런 주장은 오히려 유럽중심주의를 한층 더 강화시켜 주는 결과를 초래한다. 한국문명을 강조하는 예로는 김용섭, 《동사이아 역사 속의 한국문명의 전환:

충격, 대응, 통합의 문명으로》(지식산업사, 2008) 참조.

12 William McNeill, "The Rise of the West After Twenty-Five Years," *Journal of World History* 1:1 (1990), p. 8.

13 특히 존 맥닐·윌리엄 맥닐, 유정희·김우영 옮김, 《휴먼웹: 세계화의 세계사》(이산, 2007), 제6장과 제7장 참조.

14 Martin Lewis and Kären Wigen, *Myth of Continents: A Critique of Metageography* (Berkeley, 1997).

15 제레드 다이아몬드, 김진준 옮김, 《총·균·쇠》(문학사상, 2005)의 환경결정론에 대한 비판에 관해서는 블로트, 《역사학의 함정》, pp. 307-347 참조.

16 "대항해시대"라는 표현도 마찬가지로 유럽중심적인 용어다. 아프리카 동부 해안에서 동북아시아에 이르는 해상로는 이미 오래전부터 주요 해상루트로 활용되었다. 지구사적 관점을 내세우면서 유럽중심주의를 비판하고 있는 이 책에서 아무런 비판이나 설명 없이 '대항해시대'라는 용어를, 그것도 서명으로 사용하고 있는 것은 매우 안타까운 일이다. 주경철 《대항해시대》(서울대학교 출판부, 2008).

17 차하순, 〈문명 간 교섭과정으로서의 세계사〉, 대한민국학술원 편, 《문명의 전환과 세계화》, p. 11. 차하순이 간접인용한 맥닐의 논문은 William H. McNeill, "World History and the Rise and the Fall of the West," *Journal of World History*, 9:2 (1998), pp. 215-236.

18 Robert Finlay, "The Pilgrim Art: The Culture of Porcelain in World History," *Journal of World History*, 9:2 (1998), pp. 141-187.

19 Anouar Abdel-Malek, *Civilizations and Social Theory*, Volume 1 of *Social Dialectics* (London, 1981), p. 89에서 재인용.

20 Patrick Manning, *Migration in World History* (New York, 2005).

21 Jerry H. Bentley, "Cross-Cultural Interactions and Periodization in World History," *American Historical Review*, 101:3 (1996), p. 750.

22 Jerry H. Bentley, "Beyond Modernocentrism: Toward Fresh Visions of the Global Past," in Victor H. Mair, ed., *Contact and Exchange in the Ancient World* (Honolulu, 2006), pp. 17-29; idem, "Hemispheric Integration, 500-1500 C.E.," *Journal of World History*, 9 (1998), pp. 237-254 참조.

23 Amartya Sen, *The Argumentative Indian: Writings on Indian History, Culture and Identity* (New York, 2005).

24 Greg Dening, *Mr. Bligh's Bad Language, Passion, Power and Theater on the Bounty* (Cambridge, 1992).

25 베네딕트 앤더슨, 윤형숙 옮김, 《상상의 공동체: 민족주의의 기원과 전파에 대한 성찰》(나남, 2004).

26 앨프리드 크로스비, 김기윤 옮김, 《콜럼버스가 바꾼 세계》(지식의 숲, 2006).

27 Edward O. Wilson, *In Search of Nature* (Washington, D.C., 1996).

28 Arif Dirlik, "Is There History after Eurocentrism?: Globalism, Postcolonialism, and the

Disavowal of History," *Cultural Critique*, 42 (1999), p. 26.

제1부 사학사적 검토, 비판 그리고 쟁점
동아시아의 유럽중심적 역사관의 극복 / 임상우

1 Samuel Huntington, *The Crash of Civilization* (New York, 1996), p. x.
2 Leopold von Ranke는 "인도와 중국은 장대한 연대기를 갖고 있긴 하지만 (……) 기껏 해야 자연사를 지닐 뿐"이라 했다. Leopold von Ranke, *The Theory and Practice of History* (Indianapolis, 1973), p. 46.
3 Francis Fukuyama, "The End of History?," *National Interest*, 9 (1989), pp. 3-18.
4 R. R. Rostow, *Stages of Economic Growth* (Cambridge, 1960).
5 조지 이거스, 임상우 · 김기봉 옮김,《20세기 사학사》(푸른역사, 1999), pp. 43-56.
6 Georg G. Iggers and Q. Edward Wang, *A Global History of Modern Historiography* (Harlow, 2008), pp. 194-224.
7 Ibid., pp. 145-155.
8 Edward Said, *Orientalism* (Minneapolis, 1974): Immanuel Wallerstein, *The Modern World System* (New York, 1974): Michel Foucault, "What is an Author?," *The Foucault Reader* (New York, 1984): Antonio Gramsci, *Prison's Notebooks* (London, 1971): Jacques Derrida, *Of Gramatology* (New York, 1967).
9 Guillaume Le Quintrec and Peter Geiss, eds., *Histoire/Geschichte* (Leipzig, 2006).
10 Ashis Nandy, "History's Forgotten Doubles," *History and Theory*, 34 (1995), p. 44.
11 Iggers and Wang, A *Global History of Modern Historiography*.
12 André Gunder Frank, *Re-Orient* (Berkeley, 1998).
13 Dipesh Chakrabarty, *Provincializing Europe* (Princeton, 2000), pp. 12-16.

지구사의 미래와 역사의 재개념화 / 조지형

1 차하순, 〈새로운 세계사의 조건〉,《서양사론》92 (2007).
2 Leften Stavrianos, *A Global History of Man* (Boston, 1962), p. 1.
3 Gilbert Allardyce, "Toward World History: American Historians and the Coming of the World History Course," *Journal of World History*, 1:1 (1990), p. 24.
4 문명에 대한 경직된 역사분석틀에 대한 비판에 관해서는 Bruce Mazlish, *Civilization and Its Contents* (Stanford, 2004), pp. 160-61 참조. 브루스 매즐리쉬는 "문명"과 "문화"를 사회적 구성물로 파악해야 한다고 주장한다.
    물론 스펭글러, 토인비 등의 문명사가들은 인종주의에 경도된 일련의 역사자들과 분명히 달랐다. 19세기 말, 필립 마이어스(Philip V. N. Myers)는 백인을 "육체적으로 지적으로 그리고 도덕적으로 지금까지 가장 완벽한 [인간]형" 이라고 찬양하며 세계사의 주역임을 당연시했다. Philip V. N. Myers, *A General History for Colleges and High Schools* (Boston, 1889), p. 2, Allardyce, "Toward World History," p. 46에서 재인용.

5 Michael Adas, "Preface", in Jerry H. Bentley, *Shapes of World in Twentieth-Century Scholarship* (Washington, D.C., 1996), p. v.

6 Marshall Hodgson, "Hemisphere Interregional History as an Approach to World History," reprinted in Ross E. Dunn, ed., *The New World History: A Teacher's Companion* (Boston, 2000), pp. 113-114.

7 Bentley, *Shapes of World in Twentieth-Century Scholarship*, p. 4.

8 Ibid., p. 15.

9 조지형, 〈새로운 세계사를 지향하며〉, 조지형 · 강선주 외,《지구화 시대의 새로운 세계사》(혜안, 2008), p. 6.

10 국립국어원 표준국어대사전.

11 Marnie Hughes-Warrington, "World Histories," in idem, ed., *Palgrave Advances World Histories* (New York, 2005), p. 4.

12 A printed mail from Richard Rosen, Executive Director, World History Association, no date. Bruce Mazlish, "Crossing Boundaries: Ecumenical, World, and Global History," in Philip Pomper, Richard H. Ephick and Richard T. Vann, eds., *World History: Ideologies, Structures, and Identities* (Malden, Mass. 1998), p. 44에서 재인용.

13 Mazlish, "Crossing Boundaries," p. 47.

14 임지현, 〈'지구사' 연구의 오늘과 내일〉,《역사비평》(2008), p. 415. Bruce Mazlish, *The New Global History* (New York, 2006)에서는 '새로운 지구사'를 냉전 이후의 지구화 문제를 다루는 역사로 규정하고 있다.

15 제레드 다이아몬드, 김진준 옮김,《총, 균, 쇠: 무기, 병균, 금속은 인류의 운명을 어떻게 바꿨는가》(문학사상, 1998). 다이아몬드의 유럽중심주의적 시각에 대한 비판으로는 제임스 블로트,《역사학의 함정: 유럽중심주의를 비판한다》(푸른숲, 2008), p. 305-347 참조.

16 Manfred Kossak, "From Universal History to Global History," in Brnce Mazlish and Ralph Buultjens, eds., *Conceptualizing Global History*(Boulder, 1993), p. 95에서 재인용.

17 Ibid.

18 Matthias Middell and Katja Naumann, "World History and Global Studies," in Patrick Manning, ed., *Global Practice in World History: Advances Worldwide* (Princeton, 2008), p. 84.

19 박사과정 프로그램("18세기에서 현재까지 초국화[transnationalization]와 지역화[regionalization]")을 설치한 후 6년간, 아시아와 라틴아메리카를 포함한 30개국에서 80명 이상의 학생들이 초국사를 연구하기 위해 몰려들었다. Ibid., p. 86.

20 David Harvey, "The Geopolitics of Capitalism," in Derek Gregory and John Urry Social Relations and Spatial Structures (London, 1985), p. 105; 지구사의 "공간적 전

환" 문제에 관해서는 Matthias Middell, "Die konstruktivistische Wende, der spatial turn und das Interesse für die Globalisierung in der gegenwärtigen Geschichtwissenschaft," *Geographische Zeitschrift* 93 (2006), pp. 33-44 참조. 관련 국내연구로는 임지현 엮음, 《근대의 국경, 역사의 변경: 변경에 서서 역사를 바라보다》 (휴머니스트, 2004) 참조.

21 아시아세계사학회의 창립회원은 Adapa Satyarayana(인도), Shigeru Akita(일본), Ahmed Abushouk(말레이지아), Patrick Manning(미국), Shingo Minamizuka(일본), Yang Bin(싱가폴), Zhang Weiwei(중국) 그리고 조지형(한국)이다. 아시아세계사학회는 원래 아시아-태평양(Asia Pacific) 세계사 학회로 제안되었으나, 서아시아 지역과 인도 지역의 지구사 연구자의 가입을 적극적으로 추진한다는 방향 설정으로 '태평양'이 삭제되었다. 그러나 태평양의 삭제에도 불구하고, 아시아세계사학회는 오세아니아 지역을 포함한 환태평양 지역을 포괄하기로 했다.

22 Statutes of the Asian Association of World Historians, Art. 1. §3.

23 2008년 6월말 영국 런던에서 열린 세계사학회 국제학술대회에서 68개의 분과(Panel)에서 총 203편의 논문이 발표되었다. 또 2008년 7월초 독일 드레스덴에서 개최된 보편사 · 지구사 유럽 네트워크의 국제학술대회에서는 39개의 분과에서 총 152편의 논문이 발표되었다.

24 조지형, 〈지구사란 무엇인가〉, 《서양사론》 92 (2007), pp. 316-317. 이런 이유로, '전全 지구사'라는 용어는 부적합한 용어로 판단된다.

25 시간 · 공간 · 주제라는 세 가지 차원에서 확대되고 있는 지구사의 경향을 살펴보기 위해서는 조지형, 〈지구사란 무엇인가〉 참조.

26 David Christian, *Maps of Time: An Introduction to Big History* (Los Angels, 2004); 데이비드 크리스천, 김서형 · 김용우 옮김, 《거대사: 세계사의 새로운 대안》 (서해문집, 2009).

27 혜초에 대한 최근 연구성과로는 배한극, 〈혜초왕오천축국전의 세계사적 의의〉, 《역사교육논집》 40 (2008), pp. 427-462 참조.

28 Hodgson, "Hemispheric Interregional History as an Approach to World History."

29 Starvrianos, *A Global History of Man*, pp. 1-3.

30 Martin Lewis and Kären Wigen, *Myth of Continents: A Critique of Metageography* (Berkeley, 1997).

31 재닛 아부-루고드, 박흥식 · 이은정 옮김, 《유럽 패권 이전: 13세기 세계체제》 (까치, 2006), p. 58.

32 물론 근거리든 원거리든 접촉은 교역노선을 통해 이뤄졌으며 교역노선은 체제를 이루며 작동했다. 상품을 이동시켰던 교역노선은 사상, 종교, 문화, 기술, 동식물, 인간의 DNA 등을 이동시켰으며 때론 군인들을 옮기는 교류노선이었다.

33 13세기 이전의 전 지구적 지역에 대한 유용한 도상적 이해를 위해서는 정수일, 《고대문명교류사》 (사계절, 2001) 참조. 이 책은 비록 '문명'이라는 용어를 사용하면서 문명접근방법에 입각해 있지만 세계의 다양한 '지역'을 파악할 수 있는 좋은 책이다. 특

히, 신석기의 다양한 지역들(70쪽), 청동기의 다양한 지역들(122쪽), 유리와 옥의 교류로(154쪽), 고대 실크로드의 3대 간선과 5대 지선(602쪽) 등이 매우 유용하다.

34 제리 벤틀리, 김병화 옮김, 《고대 세계의 만남》 (학고재, 2006), p.48.

35 교류와 비교를 활용한 구체적인 연구 성과에 관해서는 Patrick O' Brien, "Historiographical Traditions and Modern Imperatives for the Restoration of Global History," *Journal of Global History*, 1 (2006), pp. 3-39 참조.

36 강선주, 〈세계화 시대 세계사 교육: 상호관련성을 중심원리로 한 내용구성〉, 《역사교육》 82 (2002), pp. 41-68; 강선주, 〈문화의 접촉과 교류의 역사'의 내용 선정 방안〉, 《역사교육연구》 3 (2006), pp. 229-230 참조.

37 차하순, 〈새로운 세계사의 조건〉, 26. 차하순, 〈비교사의 방법〉, 《서양사론》 31 (1988), pp. 91-95 참조.

38 William Sewell, "Marc Bloch and the Logic of Comparative History," *History and Theory*, 6:2 (1967), pp.208-218. 지구사에서 활용하는 거대 비교 방법론에 관해서는 Charles Tilly, *Big Structures, Large Process, Huge Comparisons* (New York, 1984); Charles Ragin, *The Comparative Method: Moving Beyond Qualitative and Quantitative Strategies* (Berkeley, 1987) 참조.
우리나라에서는 아직 이런 비교 방법론이 본격적으로 검토되지 않고 있다. 그러나 1959년, 새로운 세계사 분야에서 최초로 대학원 과정을 개설한 위스콘신-매디슨대학 (University of Wisconsin-Madison)에서 필립 커튼(Philip Curtin) 교수가 비교사 방법론을 활용해 패트릭 매닝(Patrick Manning)이나 로스 던(Ross E. Dunn), 마이클 에이더스(Michael Adas)와 같은 세계사 분야 석학들을 양성했다는 점을 고려해 본다면, 비교연구방법론은 적극적으로 살펴볼 필요가 있다. Jerry Bentley, "Graduate Educational and Research in World History," *World History Bulletin*, 3 (Fall/Winter, 1985-86), pp. 3-7 참조.

39 벤틀리, 《고대 세계의 만남》, pp. 43-45.

40 Mazlish, *The New Global History*, p. 25.

41 David Northrup, "Globalization and the Great Convergence: Rethinking World History in the Long Term," *Journal of World History*, 16:3 (2005), p. 251. 데이비드 노스럽은 기원후 1000년 이후 "대수렴"이 일어났다고 주장한다.

42 Anthony Hopkins et. al., *Globalization in World History* (New York, 2003), 4-7. 앤소니 홉킨스와 그의 공저자들은 지구화를 3단계, 즉 고대에서 17세기까지의 고졸적(古拙的, archaic) 지구화, 16세기와 17세기의 유럽 중심의 원형적(原型的, proto-) 지구화, 산업혁명 이후의 근대적(modern) 지구화로 구분했다. 1500년 이후 유럽의 해양 탐험에 대한 유용한 연구로는 주경철, 《대항해시대》 (서울대학교 출판부, 2008) 참조.

43 Northrup, "Globalization and the Great Convergence," 251-255. 이와 유사한 주장에 관해서는 존 맥닐 · 윌리엄 맥닐, 유정희 · 김우영 옮김, 《휴먼웹: 세계화의 세계사》 (이산, 2007), 제5장 참조. 맥닐 부자는 제5장에서 1000년-1500년 사이에 세계체제 "웹의 강화"를 주장하고 있다.

44 Jerry H. Bentley, "Myths, Wagers, and Some Moral Implications of World History," *Journal of World History*, 16 (2005), p. 54.

45 Mazlish, *Civilization and Its Contents*, pp. 8-10.

46 Pamela Kyle Crossley, *What is Global History* (Cambridge, 2008), p. 120

47 William McNeill, "The Rise of the West After Twenty-Five Years," *Journal of World History*, 1:1 (1990), p. 8.

48 특히 맥닐, 《휴먼웹: 세계화의 세계사》의 제6장과 제7장 참조.

49 김응종, 〈서구 중심주의 역사학에 대한 비판과 반비판: 페르낭 브로델을 중심으로〉, 《프랑스사연구》 16 (2007), p. 245.

50 김기봉, 〈환경사란 무엇인가: 환경과 인간의 상호작용의 역사〉, 한국서양사학회 편, 《제12회 한국서양사학회 학술대회: 서양의 환경과 생태의 역사》 (서울: 2008), p.45.

51 아부-루고드, 《유럽 패권 이전》, 393쪽.

52 앨프리드 크로스비, 김기윤 옮김, 《콜럼버스가 바꾼 세계》 (지식의 숲, 2006).

53 김기봉, 〈환경사란 무엇인가: 환경과 인간의 상호작용의 역사〉, p.41. 물론 "콜럼버스의 교환"을 주장한 크로스비는 유럽우위론을 주장하지 않았다.

54 윌리엄 맥닐, 김우영 옮김, 《전염병의 세계사》 (이산, 2005), p. 149.

55 위의 책, 같은 쪽. 물론 맥닐은 이런 인종적 우월론 혹은 자민족중심주의를 주장하지 않았다.

56 Andre Gunder Frank, "A Plea for World System History," *Journal of World History*, 2:1 (1991), pp. 1-28.

57 차하순, 〈새로운 세계사의 조건〉, p. 265.

58 임지현, 〈'지구사' 연구의 오늘과 내일〉, p. 413. 이와 같은 맥락에서, 백영서는 "한국사의 확대로서의 동아시아"와 "우리 자신의 개별성을 동아시아에서 확인하는" 역사를 모두 비판하고 있다. 백영서, 〈자국사와 지역사의 소통: 동아시아인의 역사서술의 성찰〉, 《역사학보》 196 (2007), p. 105.

59 Bentley, "Myths, Wagers, and Some Moral Implications of World History," pp. 54-68.

60 David S. Landes, *The Wealth and Poverty of Nations: Why Some Are So Rich and Some So Poor* (New York, 1998); Eric L. Jones, *The European Miracle: Environments. Economies and Geopolitics in the History of Europe and Asia* (New York, 2003). 이런 새로운 유럽중심주의적 연구에 대한 비판으로는 블로트, 《역사학의 함정, 유럽중심주의를 비판한다》 참조.
김응종은 안드레 군더 프랑크의 《리오리엔트》를 평가하면서 "유럽의 발전에 대한 프랑크의 거부는 거의 무조건적이라 할 만한 것이어서 프랑크의 반유럽중심주의는 학문적인 연구에서 나왔다기보다는 주변부 학자의 중심부 학자에 대한 반감에서 나오지 않았나 하는 생각을 하게 한다. 프랑크의 반유럽중심주의는 동료 비주류 역사학자나 이론가들의 상호인용과 동종교배로 만들어졌다는 인상을 준다"고 혹평하고 있다. 김응종, 〈서구 중심주의 역사학에 대한 비판과 반비판〉, p. 245.

61 시간의 차원에서의 지구사와 세계사의 개념적 · 지리적 범주 문제에 관해서는 조지

형, 〈지구사란 무엇인가〉, pp. 299-305 참조.

62 "얽혀있는 역사"에 관해서는 Bénédicte Zimmermann, Claude Didry, and Peter Wagner, eds., *Le travail et la nation: Histoire croisée de la France et de l' Allemagne* (Paris, 1999); Robert W. Strayer, ed., *The Making of the Modern World: Connected History, Divergent Paths (1500 to the Present)* (New York, 1989) 참조.

63 임지현, 〈'지구사' 연구의 오늘과 내일〉, p. 412에서 《지구사저널*Journal of Global History*》의 출판 필요성에 대한 익명의 평가자의 평가요지 재인용.

64 차하순, 〈새로운 세계사의 조건〉, p. 269.

65 김응종, 〈서구 중심주의 역사학에 대한 비판과 반비판〉, p. 245.

66 최근 한국사에서 특히 선사고고학을 중심으로 "한반도와 주변지역에 대한 광역적 시각에서의 연구, 동아시아를 하나의 세계체제로 보고 그 맥락에서 한반도의 문화변동을 이해하려는 경향 (……) 교류네트워크에 대한 관심 고조 …… 한국문화기원의 다원성 강조" 등이 진행되고 있는 것은 매우 고무적인 일이다. 김권구, 〈한국선사고고학의 새로운 지평 모색을 위한 성찰〉, 《역사학보》 199 (2008), p. 418.

67 주경철, 《대항해시대》, p. 28.

68 백영서, 〈주변에서 동아시아를 본다는 것〉, 《주변에서 본 동아시아》 (문학과지성사, 2004) 참조.

다양한 유럽중심의 역사와 해결책들 / 제리 벤틀리

1 David S. Landes, *The Wealth and Poverty of Nations: Why Some Are So Rich and Some So Poor* (New York, 1998), p. xxi.

2 Samir Amin, *Eurocentrism*, trans. Russell Moore (New York, 1989), quoting from p. ix.

3 James M. Blaut, *The Colonizer's Model of the World: Geographical Diffusionism and Eurocentric History* (New York, 1993), quoting from p. 8.

4 Enrique Dussel, "Beyond Eurocentrism: The World-System and the Limits of Modernity," in Frederic Jameson and Masao Miyoshi, eds., *The Cultures of Globalization* (Durham, N.C., 1998), pp. 3-31; and "Europe, Modernity, and Eurocentrism," *Nepantla: Views from the South*, 1 (2000), pp. 465-78.

5 Arif Dirlik, "Is There History after Eurocentrism? Globalism, Postcolonialism, and the Disavowal of History," in Arif Dirlik, Vinay Bahl, and Peter Gran, eds., *History after the Three Worlds: Post-Eurocentric Historiographies* (Lanham, Md., 2000), pp.25-47; "History without a Center? Reflections on Eurocentrism, in Eckhardt Fuchs and Benedikt Stuchtey, eds., *Across Cultural Borders: Historiographyin Global Perspective* (Lanham, Md., 2002), pp. 47-84.

6 Rajani Kannepalli Kanth, *Against Eurocentrism: A Transcendent Critique of Modernist Science, Society, and Morals* (New York, 2005), quoting from p. 91.

7 James M. Blaut, *Eight Eurocentric Historians* (New York, 2000).

8 Ali A. Mazrui, "The Seven Biases of Eurocentrism: A Diagnostic Introduction," in Rajani Kannepalli Kanth, ed., *The Challenge of Eurocentrism: Global Perspectives, Policy, Prospects* (New York, 2009), pp. xi-xx.

9 Peter Gran, *Beyond Eurocentrism: A New View of Modern World History* (Syracuse, N.Y., 1996), p. 3.

10 Edward W. Said, *Orientalism* (New York, 1978); Martin Bernal, *Black Athena: The Afroasiatic Roots of Classical Civilization*, vol. 1 (New Brunswick, N.J., 1987); Prasenjit Duara, *Rescuing History from the Nation: Questioning Narratives of Modern China* (Chicago, 1997); Dipesh Chakrabarty, *Provincializing Europe: Postcolonial Thought and Historical Difference* (Princeton, 2000).

11 Bernard Lewis, "The Roots of Muslim Rage," *Atlantic Monthly*, 266 (1990), pp. 47-60; Samuel P. Huntington, *The Clash of Civilizations and the Remaking of World Order* (New York, 1996).

12 Hendrik van Loon, *The Story of Mankind* (New York, 1921).

13 Marnie Hughes-Warrington, "Coloring Universal History: Robert Benjamin Lewis's *Light and Truth* (1843) and William Wells Brown's *The Black Man* (1863)," *Journal of World History*, 20 (2009), pp. 99-130.

14 최근의 예로는 다음과 같은 것이 있다. Landes, *The Wealth and Poverty of Nations;* Douglass C. North and Robert Paul Thomas, *The Rise of the Western World: A New Economic History* (Cambridge, 1973); Michael Mann, *The Sources of Social Power*, 2 vols. to date (Cambridge, 1986-93); E.L. Jones, *The European Miracle: Environments, Economies and Geopolitics in the History of Europe and Asia*, 3rd ed. (Cambridge, 2003); John M. Headley, *The Europeanization of the World: On the Origins of Human Rights and Democracy* (Princeton, 2008). 마르크스주의 전통에 근거한 예로 는 Immanuel Wallerstein, *The Modern World-System*, 3 vols. to date (New York, 1974-89); Eric R. Wolf, *Europe and the People without History* (Berkeley, 1982); Alan K. Smith, *Creating a World Economy: Merchant Capital, Colonialism, and World Trade, 1400-1825* (Boulder, Colo., 1991); and Giovanni Arrighi, *The Long Twentieth Century* (London, 1994)이 있다.

15 더 넓은 세계에 대한 유럽중심주의적인 관점에 대해서는 Michael P. Adas, *Machines as the Measure of Men: Science, Technology, and Ideologies of Western Dominance* (Ithaca, N.Y., 1990); and Jürgen Osterhammel, "'Peoples without History' in British and German Historical Thought," in Benedikt Stuchtey and Peter Wende, eds., *British and German Historiography, 1750-1950: Traditions, Perceptions, and Transfers* (Oxford, 2000), pp. 265-287 참조.

16 R. Bin Wong, *China Transformed: Historical Change and the Limits of European Experience* (Ithaca, N.Y., 1997).

17 Jack Goody, *The Theft of History* (Cambridge, 2006).

18 Kenneth Pomeranz, *The Great Divergence: China, Europe, and the Making of the Modern World Economy* (Princeton, 2000). 보충 자료로는 Andre Gunder Frank, *ReOrient: Global Economy in the Asian Age* (Berkeley, 1998); Robert B. Marks, *The Origins of the Modern World: A Global and Ecological Narrative*, 2nd ed. (Lanham, Md., 2006) 참조.

19 P. H. H. Vries, "Are Coal and Colonies Really Crucial? Kenneth Pomeranz and the Great Divergence," *Journal of World History* 12 (2001) pp. 407-446.

20 특히 재미있는 논의의 초점 중 하나는 유럽식 발전의 필요조건일 수도 있는 근대 과학이다. Joel Mokyr, "King Kong and Cold Fusion: Counterfactual Analysis and the History of Technology," in Philip E. Tetlock, Richard Ned Lebow, and Geoffrey Parker, eds., *Unmaking the West: "What-If" Scenarios that Rewrite World History* (Ann Arbor, Mich., 2006), pp. 277-322; 그리고 Jack Goldstone, *Why Europe? The Rise of the West in World History, 1500-1850* (New York, 2008).

21 Azar Gat, "The Return of Authoritarian Great Powers," *Foreign Affairs* 86 (2007), pp. 59-69. 중국의 세계사 연구에 대한 최근의 흥미 있는 논의들은 다음의 글들을 참조. Luo Xu, "Reconstructing World History in the People's Republic of China since the 1980s," *Journal of World History*, 18 (2007), pp. 325-350; Nicola Spakowski, "National Aspirations on a Global Stage: Concepts of World/Global History in Contemporary China," *Journal of Global History*, 4 (2009), pp. 475-495.

22 가장 중요한 주장은 Chakrabarty, *Provincializing Europe;* Dirlik, "Is There History after Eurocentrism"; Dirlik, "History without a Center?" 이 주제에 대한 나의 개인적인 관점은 다음을 참조할 것. Jerry H. Bentley, "Myths, Wagers, and Some Moral Implications of World History," *Journal of World History*, 16 (2005), pp. 51-82.

23 Dipesh Chakrabarty, "Postcoloniality and the Artifice of History: Who Speaks for 'Indian' Pasts?," *Representations*, 37 (1992), pp. 1-26.

24 Chakrabarty, *Provincializing Europe.*

25 Chakrabarty, *Provincializing Europe*, p. 83.

26 Carol A. Breckenridge, Sheldon Pollock, Homi K. Bhabha, and Dipesh Chakrabaty, eds., *Cosmopolitanism* (Durham, N.C., 2002).

27 Kwame Anthony Appiah, *Cosmopolitanism: Ethics in a World of Strangers* (New York, 2006).

28 Amartya Sen, *The Argumentative Indian: Writings on Indian History, Culture and Identity* (New York, 2005). 비슷한 견해를 보려면 Steven Muhlberger and Phil Paine, "Democracy's Place in World History," *Journal of World History*, 4 (1993), pp. 23-45 참조.

29 Pekka Hämäläinen, *The Comanche Empire* (New Haven, Conn., 2008).

30 *Journal of World History*, 21:3 (2010), 2010년 9월호에는 "Cosmopolitanism in World

History"라는 주제로 특집을 발간할 예정이다.

탈중심화하기: 세계들과 역사들 / 아리프 딜릭

1 Roland Robertson, *Globalization: Social Theory and Global Culture* (Thousand Oaks, CA., 1994), pp. 29-30

2 "전 지구적 시대"에 대한 언급은 Bruce Mazlish, "Global History," *Theory, Culture, Society*, 23:2-3 (2006), pp. 406-408, quoting from p. 406.

3 Bruce Mazlish, "Comparing Global History to World History," *Journal of Interdisciplinary History*, 28:3 (1998), pp. 385-395, quoting from p. 389. 이 저서에서 매즐리쉬의 "세계(world)"와 "지구(globe)"라는 두 용어에 대한 어원학적 논의와 두 용어가 각기 그때그때 지시하는 땅과 우주에 대한 내용을 참조.

4 이에 대한 논의는 Patrick O' Brien, "Historiographical Traditions and Modern Imperatives for the Restoration of Global History," *Journal of Global History*, 1:1 (2006), pp. 3-39, 특히 pp. 4-7 참조. 제목에서도 짐작하듯 O' Brien은 현대의 지구사 연구를 사학사의 전통에 기인한 것으로 보는데, 이는 유럽의 전통만이 아니라 헤로도토스부터 사마천 등 초기 역사서술을 의미한다.

5 흥미롭게도 Mazlish와 같은 지구사의 굳건한 옹호론자는 세계사가들이 "전 지구적인" 것을 배치하는 방식이, 세계사와 지구사 간 차이를 흐리는 것으로 본다. 그가 드는 혼돈의 예는 Michael Adas의 "새로운 지구사 또는 세계사"에 대한 언급이다. Mazlish, "Comparing Global History to World History," p. 388.

6 O' Brien, "Historiographical Traditions," p. 4. 이외에도 Pamela K. Crossley, *What is Global History?* (Cambridge, UK, 2008), 특히 6장 참조. Crossley는 "세계적"과 "전 지구적"이란 용어를 같은 의미로 사용하는데, 지구사는 불가능한 꿈일 수 있다고 제시하며 이는 독자로 하여금 왜 책 제목에 "전 지구적"이란 표현을 넣었는지 궁금하게 만든다.

7 근대화에 대한 부정에 대해서는 Mazlish, "Comparing Global to World History," p. 392; Jerry Bentley, "Myths, Wagers and Some Moral Implications of World History," *Journal of World History*, 16:1 (2005), pp. 51-82 참조. 벤틀리는 매즐리쉬의 의문에서 더 나아가, 근대화뿐 아니라 근대성 자체를 의문시하는데 그는 근대성을 "근대중심주의"로 명명한다.

8 최신 논의는 Hans-Peter Soder, "From Universal History to Globalism: What Are and For What Purposes Do We Study European Ideas?," *History of European Ideas*, 33 (2007), pp. 72-86; Pierre Force, "Voltaire and the Necessity of Modern History," *Modern Intellectual History*, 6:3 (2009), pp. 457-484 참조.

9 Soder, "From Universal History to Globalism," p. 79.

10 내가 알기로 사미르 아민은 자율적인 발달 주장에 대한, 가장 핵심을 찌르는 저서를

저술했는데, 소위 중세 사회를 구성한 다양한 사회들 간의 엄청난 상호작용, 그리고 유럽 근대성이 근대 사학사가 그리지 않는 다른 요소들에 빚진 부분을 강조했다. Samir Amin, *Eurocentrism* (New York, 1989).

11 여기서 내가 떠올리는 것은 큰 영향력을 끼치고 획기적이던 다음 저서들이다. Andre Gunder Frank, *Re-Orient: Global Economy in the Asian Age* (Berkeley, CA., 1998); Kenneth Pomeranz, *The Great Divergence: China, Europe, and the Making of the Modern World Economy* (Princeton, N.J., 2001); Giovanni Arrighi, Takeshi Hamashita and Mark Selden, *The Resurgence of East Asia: 500, 150 and 50 Year Perspectives* (New York, 2003).

12 이에 대한 비판은 다음을 참조. Richard Duschesne, "Between Sinocentrism and Eurocentrism: Debating Andre Gunder Frank's *Re-Orient*: Global Economy in the Asian Age," *Science and Society,* 65:4 (2001-2002), pp. 428-463.

13 국가 중심 연구로부터 의도적으로 벗어난 최근의 사회연구에 관해서는 Willem van Schendel, *The Bengal Borderlands: Beyond State and Nation in South Asia* (London, 2005) 그리고 James C. Scott, *The Art of Not Being Governed: An Anarchist History of Upland Southeast Asia* (New Haven, 2009) 참조.

14 이러한 주장을 자세히 살펴보려면 Arif Dirlik, "Revisioning Modernity: Modernity in Eurasian Perspectives"(forthcoming), 그리고 Arif Dirlik, "Timespace, Social Space and the Question of Chinese Culture," *Boundary 2,* 35:1 (2008): 1-22 참조.

15 근대성이 역사적 관점을 형성하는 대신에 근대성을 역사적 관점 안으로 포함시켜야 하지만, 역사연구가 인류의 발달에 대한 거시적인 서사에 지나지 않는 것이 아닌 이 상, 역사연구는 현재의 발달을 다루어야 할 의무가 있다. 근대성이 역사적 관점을 형 성한 경우에 대해서는 많은 논의가 가능하겠지만, 길이가 다른 다양한 시점들이 중심 이 된 서술과 다르지 않다. "근대중심주의"에 대한 비판은 Jerry H. Bentley, "Beyond Modernocentrism: Toward Fresh Visions of the Global Past," in Victor H. Mair, ed., *Contact and Exchange in the Ancient World* (Honolulu, 2006), pp. 17-29 참조.

16 이런 운동은 자본주의의 발전주의적 전제를 초기부터 내면화했기 때문에 한계를 지 녔다. 나는 다음의 저서에서 이 문제에 대해 상당한 지면을 할애해 논의를 펼쳤다. Arif Dirlik, *After the Revolution: Waking to Global Capitalism* (Hanover, N.H., 1993).

17 Arif Dirlik, "Re-visioning Modernity in Eurasian Perspectives." 근대성과 근대화의 관 계 자체에 대한 논의는 생략하겠다. 이 둘은 연구방식에 있어서 구분될 필요가 있지 만, 이 글에서의 내 목표는 둘 사이의 단순한 관계를 살펴보는 것만으로도 충분하다. 근대화는 근대성의 조건을 창출하는 과정이다. 내 생각에 보다 중요한 특징은 근대화 에 있다. 근대화를 일종의 경로-의존적인 방식으로 이해하자면, 마치 근대화 담론에 서와 마찬가지로, 각 민족국가의 역사마다 단일한 경로를 뜻하는 개념이 되며 자동적 으로 다양한 근대성들을 창출해낸다. 다른 한편으로, 근대화라는 것을 (식민주의를 포함한) 관계의 의미로 이해하게 되면 보다 구조적인 분석을 요하게 되는데 , 이러한 분석은 (관계자들 간의) 차이점 외에도 그 관계의 구조를 형성하는 공통점과 연관성

들을 강조하게 된다. 근대화를 경로로 이해하는 방식은 많은 근대화 담론의 특징이던 반면 관계로 이해하는 후자 방식은 마르크스주의의 영향을 받은 담론들의 특징이다.

18 이는 결과적으로 "근대"를 보통 "근대 초"로 묘사되는 것으로 대체하는 것이다. 근대 초라는 개념이 문제가 있는 이유는 바로 유럽 근대성을 의미하는 근대성과 연계되는, 목적론적 내부요소 때문이다. "근대 초"와 자본주의의 태동 간 관계를 살펴보면 이 문제는 더욱 심각해진다. 일부 사람들이 제안했듯이 일반화가 가능하게 되려면 이러 한 개념의 사용은 "근대"가 유럽적인 근대성이 아니라 다른 것이라고 보여줄 수 있어 야 한다. 전통적인 개념 사용의 힘이 바로 여기에서 드러나는데, 근대라는 것을 넓은 의미에서의 전 지구적인 상호작용의 시기라고 정의하는 것이 변칙적으로 보이기 때 문이다. 이러한 상호작용들의 평행적인 발달은 경제활동과 건국에 있어 특정한 성향 을 공통적으로 보이기는 했지만, 동일한 미래로 나아가지는 않았다. 이에 대한 논의 는 John F. Richards, "Early Modern India and World History," *Journal of World History*, 8:2 (1997), pp. 197-209 그리고 Ben Elman et. al., In the round-table discussion on "Pre-modernity," *IIAS(International Institute for Asian Studies-Leiden) Newsletter*, 43 (2007), pp. 5-12 참조.

19 유라시아를 탄생시키는 데 몽골의 제패가 가진 중요성에 대한 논의는 다음 참조. John Masson Smith, "The Mongols and the Silk Road," *Silk Road Newsletter*, 1:1 (1983), pp. 1-8. 추가로 John Darwin, *After Tamerlane: The Rise and Fall of Global Empires, 1400-2000* (London, 2007), 특히 1-3장 참조.

20 호지슨의 사상에 대한 논의는 Edmund Burke, III, "Islamic History as World History: Marshall Hodgson, the Venture of Islam," *International Journal of Middle East Studies*, 10:2 (1979), pp. 241-264 참조.

21 두 예가 있는데, 하나는 대중적, 하나는 보다 학술적인 것이다. Mark Kurlansky, *The Basque History of the World* (Toronto, 1999); Nick Knight, *Thinking About Asia: An Australian Introduction to East and Southeast Asia* (Adelaide, 2000). 첫 번째 예는 제목 과는 달리 "바스크의 세계사"를 제공하는 대신에 세계를 바스크 역사 속으로 들여오 는 것이다. 서술식이 아닌 백과사전식의 역사 구성 역시 흥미롭다.

집단중심주의를 넘어 보편사로: 문제와 도전 / 외른 뤼젠

1 Chen Fu-kang, trans. *Zheng Si-xiao Ji*, ed. *Achim Mittag* (Shanghai, 1991), p. 191.

2 가장 중요하고 영향력 있는 공헌은 독일의 칸트와 헤르더, 쉴레저Schlözer 그리고 스코 틀랜드 계몽사상의 "이론적 역사"에 의해 이뤄졌다.

3 Patrick Karl O' Brian, "Perspectives on Global History: Concepts and Methodology," in 19th International Congress of Historic and Sciences, *Reports, Extracts and Round Table Introductions*(Oslo, 2000), p. 16. 중국사회과학원 세계사 연구소 같은 서구 국가 들 밖의 지구사 연구소들의 존재는 언급되지도 않았다.

4 Jörn Rüsen, "Tradition and Identity: Theoretical Reflections and the European Example," *Taiwan Journal of East Asian Studies*, 1:2 (2004), pp. 135-158; Jörn Rüsen, "How to Overcome Ethnocentrism: Approaches to a Culture of Recognition by History in the 21st Century," *Taiwan Journal of East Asian Studies*, 1:1 (2004), pp. 59-74; also in *History and Theory*, 43 (2004) Theme Issue "Historians and Ethics," pp. 118-129.

5 Christoph Antweiler, *Was ist den Menschen gemeinsam? über Kultur und Kulturen*, 2nd ed. (영역 근간 예정; Darmstadt, 2009, p. 188sq.)는 집단중심주의가 인류학적으로 보편적이라는 것을 보여 준다.

6 가장 두드러진 예는 뚜 웨이밍(Tu Weiming)의 작업이다.

7 Chun-Chieh Huang, *Humanism in East Asian Confucian Context*, Vol. 11 of *Being Human Caught in the Web of Cultures-Humanism in the Age of Globalization* (Bielefeld, 2010) 참조.

8 역사 사상 분야에서 두 예가 있다. Chun-Chieh Huang, "The Defining Character of Chinese Historical Thinking," *History and Theory*, 46:2 (2007), pp. 180-188; Masayuki Sato, "The Archetype of History in the Confucian Ecumene," ibid, pp. 218-232; cf. Jörn Rüsen, *Western Historical Thinking: An Intercultural Debate* (New York, 2002; Chinese translation: Kua wen hua de zheng lun: dong xi fang ming jia lun xi fang shsi xiang, [Jinan, 2009]).

9 Samuel P. Huntington, *The Clash of Civilizations and the Remaking of World Order* (New York, 1996).

10 Johann GottfriedHerder, *Reflexions on the Philosophy of the History of Mankind*, trans. F. E. Manuel (London, 1986).

11 Karl Jaspers, *The Origin and Goal of History* (Westport, Conn., 1976). 이 개념은 Shmuel Eisenstadt 등에 의해서도 전개되었다. 여기에 대해서는 Johann P. Arnason, "The Axial Age and Its Interpreters: Reopening A Debate," in Johann P. Arnason, Shmuel N. Eisenstadt, Björn Wittrock, eds., *Axial Civilisations and World History* (Leiden, 2005) 참조.

12 Jörn Rüsen, "Holocaust-Memory and German Identity," in idem, *History: Narration-Interpretation-Orientation* (New York, 2005), pp. 189-204 참조.

13 Klas-Göran Karlsson and Ulf Zander, eds., *Echoes of the Holocaust: Historical Cultures in Contemporary Europe* (Lund, 2003); Klas-Göran Karlsson and Ulf Zander, eds., *Holocaust Heritage: Inquiries into European Historical Culture* (Malmö, 2004) 참조.

제2부 새로운 역사서술과 가능성
지구사를 위한 '보편'의 모색 / 김용우

1 "새로운 세계사", 혹은 "지구사"라는 용어에 대해서는 예컨대 Ross E. Dunn, ed., *The*

New World History: A Teacher's Companion (New York, 2000) 참조. 또 일부에서는 세계사라는 표현을 그대로 사용하기도 한다. "지구사"란 용어에 대한 비판은 Arif Dirlik, "Decentrings: Worlds and Histories," *Global History beyond Eurocentrism* (이화여자대학교 지구사연구소 제2회 국제학술대회 발표문집, 2010), pp.197-231. 마찬가지로 국내에서도 "새로운 세계사", "지구사", "글로벌 히스토리" 등의 용어들이 동시에 사용되고 있다. 이 점에 대해서는 조지형, 강선주 외 지음, 《지구화 시대의 새로운 세계사》(혜안, 2008) 참조. 이 글에서는 "거대사(Big History)"를 비롯해 최근 전개되는 다양한 연구/서술 경향을 반영하기 위해 "지구사"란 용어로 통일해 사용하기로 한다.

2 국내에서도 유럽중심주의의 극복 문제는 특히 서양사학계에서 중요한 주제로 부상하고 있다. 특히 한국서양사학회 엮음, 《유럽중심주의 세계사를 넘어 세계사들로》(푸른역사, 2009) 참조.

3 Vinay Lal, "Unhitching the Disciplines: History and the Social Sciences in the New Millenium," *Futures,* 34 (2002), p. 11.

4 Ashis Nandy, "History's Forgotten Doubles," *History and Theory,* 34 (1995), pp. 44-66; Dipesh Chakrabarty, *Provincializing Europe: Postcolonial Thought and Historical Difference* (Princeton, 2000).

5 Vinay Lal, "Provincializing the West: World History from the Perspective of Indian History," in Benedikt Stuchtey and Eckhardt Fuchs, eds., *Writing World History 1800-2000* (Oxford, 2003), pp. 289.

6 Vinay Lal, "Much Ado about Something: The New Malaise of World History," *Radical History Review,* 91 (2005), pp.129. 이런 극단적인 입장에 대한 비판에 대해서는 Jerry H. Bentley, "Myths, Wagers, and Some Moral Implications of World History," *Journal of World History,* 16 (2005), pp. 51-82; Arif Dirlik, "History without a Center? Reflections on Eurocentrism," in Eckhardt Fuchs and Benedikt Stuchtey, eds., *Across Cultural Borders: Historiography in Global Perspective* (New York, 2002), pp. 276-279.

7 Nandy, "History's Forgotten Doubles," p. 44.

8 Etienne Balibar, "Ambiguous Universality," *differences: A Journal of Feminist Cultural Studies,* 7 (1995), pp. 50-51.

9 에릭 홉스봄, "상대주의를 넘어서," 《르몽드 디플로마티크》 (2009. 5), p. 19. 원래 이 글은 2004년 11월 마르크스주의 역사학을 주제로 영국학술원(British Academy)이 개최한 콜로키움의 폐회 연설로 원래는 이 잡지의 영문판에 "Asking the Big Why Questions: History: A New Age of Reason"라는 제목으로 실렸다.

10 Jörn Rösen ed., *Western Historical Thinking: An Intercultural Debate* (New York, 2002); Georg G. Iggers, Q. Edward Wang, Supriya Mukherjee, *A Global History of Modern Historiography* (Harlow, 2008).

11 예컨대 Sanjay Seth, "Historiography and Non-Western Pasts," *Postcolonial Studies,* 11 (2008), pp. 139-144. 또한 조승래, 〈포스트모더니즘과 역사서술: 그렉 드닝의 민족지적 역사〉, 《역사와 담론》 39집(2004), pp. 161-175 참조.

12 David Christian, *Maps of Time: An Introduction to Big History* (Berkeley, 2004); idem, *This Fleeting World: A Short History of Humanity* (Great Barrington, 2008; 김서형 · 김용우 옮김,《거대사: 세계사의 새로운 대안》[서해문집, 2009]); idem, "World History in Context," *Journal of World History,* 14 (2003), pp. 437-458.

13 Edward O. Wilson, *In Search of Nature* (Washington D.C., 1996; 최재천 · 김길원 옮김,《우리는 지금도 야생을 산다: 인간 본성의 근원을 찾아서》[바다, 2005]). 또한 Daniel Lord Smail, *On Deep History and the Brain* (Berkeley, 2008).

14 홉스봄, "상대주의를 넘어서," p. 18.

15 Theodor Adorno, *Negative Dialectics,* trans. E. B. Ashton (London, 1991), p. 320.

16 Antonio Y Vázquez-Arroyo, "Universal History Disavowed: On Critical Theory and Postcolonialism," *Postcolonial Studies,* 11 (2008), pp. 451-478.

17 Jörn Rüsen, "How to Overcome Ethnocentrism: Approaches to a Culture of Recognition by History in the Twenty-First Century," *History and Theory,* 43 (2004), pp. 118-129.

18 David Christian, "The Return of Universal History," 미간행 원고. 이 글은 History and Theory에 게재될 예정이다. 미간행 원고를 인용할 수 있게 해준 David Christian 교수께 감사드린다.

19 Mauro F. Guillén, "Is Globalization Civilizing, Destructive or Feeble? A Critique of Five Key Debates in the Social Science Literature," *Annual Review of Sociology,* 27 (2001), pp. 235-260.

20 이하 "새로운 지구사(NGH)"에 대한 서술은 Bruce Mazlish, *The New Global History* (New York, 2006); idem, *The Idea of Humanity in a Global Era* (New York, 2009)를 참조했다.

21 Fernando Coronil, "Towards a Critique of Globalcentrism: Speculations on Capitalism' s Nature," *Public Culture,* 12 (2000), pp. 351-374.

22 Mazlish, *The New Global History,* pp. 112-113.

23 Jürgen Osterhammel and Niels P. Petersson, *Globalization: A Short History,* trans. Dona Geyer (Princeton, 2005); Jerry H. Bentley, "Globalizing History and Historicizing Globalization," *Globalizations,* 1 (2004), pp. 69-81; Michael Lang, "Globalization and Its History," *Journal of Modern History,* 28 (2006), pp. 899-931; Matthias Middell, Katja Nauman, "Global History and the Spatial Turn: From the Impact of Area Studies to the Study of Critical Junctures of Globalization," *Journal of Global History,* 5 (2010), pp. 149-170.

24 Mazlish, *The New Global History,* p. 91.

25 Osterhammel and Petersson, *Globalization,* p. 146.

26 Aihwa Ong, "Experiments with Freedom: Milieus of the Human," *American Literary History,* 18 (2006), pp. 229-244; idem, *Flexible Citizenship: The Cultural Logics of Transnationality* (Durham, 1999).

27 Pierre Bourdieu, Loïc Wacquant, "On the Cunning of Imperialist Reason," *Theory, Culture & Society*, 16 (1999), pp. 41-58.

28 Dipesh Chakrabarty, "The Climate of History: Four Theses," *Critical Inquiry*, 35 (2009), pp. 197-222; idem, "The Public Life of History: An Argument out of India," *Public Culture*, 20 (2008), pp. 143-168.

29 Naomi Oreske, "The Scientific Consensus on Climate Change: How Do We Know We're Not Wrong?" in Joseph F. C. Dimento and Pamela Doughman, eds., *Climate Change: What It Means for Us, Our Children, and Our Grandchildren* (Cambridge, Mass., 2007), p. 93.

30 Will Steffen, Paul J. Crutzen and John R. McNeill, "The Anthropocene: Are Humans Now Overwhelming the Great Forces of Nature?," *Ambio*, 36 (2007), pp. 614-21.

31 Ibid., p. 614.

32 Wilson, *In Search of Nature*, pp. ix-x.

33 Chakrabarty, "The Climate of History," p. 222.

34 Chakrabarty, "The Public Life of History," p. 168.

35 홉스봄, "상대주의를 넘어서," p. 19.

36 Chakrabarty, "The Climate of History," p. 222.

37 Ibid., p. 216.

38 예컨대 Laurent Dubois, *A Colony of Citizens: Revolution and Slave Emancipation in the French Caribbean, 1787-1804* (Chapel Hill, 2004); Nick Nesbitt, *Universal Emancipation: The Haitian Revolution and the Radical Enlightenment* (Charlottesville, 2008); Nick Nesbitt, "Alter-Rights: Haiti and the Singularization of Universal Human Rights, 1804-2004," *International Journal of Francophone Studies*, 12 (2009), pp. 93-108.

39 Nick Nesbitt, "Troping Toussaint, Reading Revolution," *Research in African Literatures*, 35 (2004), p. 18.

40 Michel-Rolph Trouillot, *Silencing Past: Power and the Production of History* (Boston, 1995); Christopher L. Miller, "Forget Haiti: Baron Roger and the New Africa," *Yale French Studies*, 107 (2005), pp. 39-69; Alyssa Goldstein Sepinwall, "The Specter of Saint-Domingue: American and French Reactions to the Haitian Revolution," in David Patrick Geggus and Norman Fiering, eds., *The World of the Haitian Revolution* (Bloomington, 2009), pp. 317-338.

41 Nick Nesbitt, "Troping Toussaint, Reading Revolution," p. 22.

42 Susan Buck-Morss, *Hegel, Haiti, and Universal History* (Pittsburgh, 2009), p.x. Idem, "Hegel and Haiti," *Critical Inquiry*, 26 (2000), pp. 821-865; Nesbitt, "Troping Toussaint, Reading Revolution," pp. 18-33.

43 Buck-Morss, *Hegel, Haiti, and Universal History*, p. 74.

44 Anders Stephanson, "The Philosopher's Island," *New Left Review*, 61 (2010), pp. 197-210.

45 Marnie Hughes-Warrington, "Coloring Universal History: Robert Benjamin Lewis' s *Light and Truth* (1843) and William Wells Brown' s *The Black Man* (1863)," *Journal of World History*, 20 (2009), p. 104.

46 Vázquez-Arroyo, "Universal History Disavowed," p. 454.

47 특히 다음의 흥미로운 논문을 참조할 것. Laurent Dubois, "An Enslaved Enlightenment: Rethinking the Intellectual History of the French Atlantic," *Social History*, 31 (2006), pp. 1-14.

유럽중심주의 논쟁과 세계화 시대의 새로운 역사인식 / 조승래

1 M.G.S. Hodgson, "Hemisphere Interregional History as An Approach to World History" in Ross E. Dunn, ed., *The New World History: A Teacher' s Companion* (New York, 1990). pp. 113-114; 이은정 옮김 《마셜 호치슨의 세계사론, 유럽, 이슬람, 세계사 다시 보기》 (사계절, 2006).

2 Ricardo Duchesne, "Centres and Margins: The Fall of Universal History and the Rise of Multicultural World History" in Marnie Hughes-Warrington, ed., *Palgrave Advances in World Histories* (Basingstroke, 2005), pp. 136-137.

3 William H. McNeill, *The Rise of the West: A History of the Human Community* (Chicago, 1963).

4 William Gervase Clarence-Smith, Kenneth Pomeranz, Peer Vries, "Editorial," *Journal of Global History*, 1 (2006), pp. 1-2.

5 Patrick O' Brien, "Historiographical Traditions and Modern Imperatives for the Restoration of Global History," *Journal of Global History*, 1 (2006), pp. 7-8.

6 John Evans, *Herodotus: Explorer of the Past* (Princeton, 1991).

7 Vasilis Lambropolous, *The Rise of Eurocentrism: Anatomy of Interpretation* (Princeton, 1993); Robert Nisbet, *Social Change and History, Aspects of the Western Theory of Development* (New York, 1969), pp. 163-174.

8 O' Brien, "Historiographical Traditions and Modern Imperatives," pp. 11-12.

9 마르크스주의의 서구중심주의적 본질과 그에 대한 비판적 성찰을 다룬 최근의 연구는 John T. Chalcraft, "Pluralizing Capital, Challenging Eurocentrism: Toward Post-Marxist Historiography," *Radical History Review*, 91 (2005), pp. 13-39 참조.

10 Ibid., p. 13.

11 Eric Wolf, *Europe and the People without History* (Berkeley, 1982); Benedikt Stuchtey, "World Power in World History: Writing the British Empire, 1885-1945," in Benedikt Stuchtey and Eckhardt Fuchs, eds., *Writing World History 1800-2000* (Oxford, 2003), pp. 213-254.

12 Enrique Dussel, "Beyond Eurocentrism: The World-System and the Limits of

Modernity," in Frederic Jameson and Masao Miyoshi, eds., *The Cultures of Globalization* (London, 1998), p. 4.

13 안드레 군더 프랑크, 이희재 옮김, 《리오리엔트》 (이산, 2003), p. 53.

14 Max Weber, *The Protestant Ethic and the Spirit of Capitalism,* trans. Talcott Parsons (New York, 1958), p. 13.

15 Fernand Braudel, *A History of Civilization* (New York, 1995).

16 Duchesne, "Centres and Margins," p. 145.

17 Samir Amin, *Eurocentrism* (New York, 1989).

18 Lynn White, Jr., *Medieval Technology and Social Change* (Oxford, 1962); John A. Hall, *Powers and Liberties: The Causes and Consequences of the Rise of the West* (Oxford, 1985); Jared Diamond, *Guns, Germs, and Steel: The Fate of Human Societies* (New York, 1997); David S. Landes, *The Wealth and Poverty of Nation* (London, 1998)

19 J.J. 클라크, 장세룡 옮김, 《동양은 어떻게 서양을 계몽했는가》 (우물이 있는 집, 2004); 존 홉슨, 정경욱 옮김, 《서구 문명은 동양에서 시작되었다》 (에코리브르, 2005); 마셜 호지슨, 이은정 옮김, 《마셜 호지슨의 세계사론, 유럽, 이슬람, 세계사 다시 보기》 (사계절, 2006); 재닛 아부-루고드, 박흥식 옮김, 《유럽 패권 이전 13세기 세계체제》 (까치, 2006).

20 강정인, 《서구중심주의를 넘어서》 (아카넷, 2004); 강철구, 《역사와 이데올로기》 (용의 숲, 2005).

21 Jack Goody, *Capitalism and Modernity: The Great Debate* (Cambridge, 2004).

22 Jack Goody, *The Culture of Flowers* (Cambridge, 1993).

23 Jack Goody, "Gorden Childe, the Urban Revolution, and the Haute Cuisine: An Anthropoc-archaeological View of Modern History," *Comparative Study of Society and History,* 48:3 (2006), pp. 503-519.

24 Jack Goody, "Civil Society in an Extra-European Perspective," in Sudipta Kaviraj and Sunil Khilani, eds., *Civil Society, History and Possibilities* (Cambridge, 2001), pp. 149-164.

25 James M. Blaut, *The Colonizer's Model of the World* (London, 1993); idem, *Eight Eurocentric Historians* (London, 2000).

26 Stephen K. Sanderson, *Social Transformations, A General Theory of Historical Development* (Cambridge, MA., 1995), pp. 337-356.

27 유재건, 〈세계사 다시 읽기와 유럽중심주의〉, 《창작과 비평》 2003년 겨울호 (2003), pp. 328-342.

28 Dussel, "Beyond Eurocentrism," pp. 4-5.

29 이러한 논쟁에 대해서는 다음을 참조하시오. 강성호, 〈자본주의 세계체제는 유럽에 서 시작되었나?〉, 《서양사론》 90호 (2006), pp. 43-74; Ricardo Duchesne, "Between Sinocentrism and Eurocentrism: Debating Andre Gunder Frank's Reorient: Global

Economy in the Asian Age," *Science and Society*, 65:4 (2001-2002), pp. 428-463; 에릭 밀런츠, 〈유럽과 중국의 비교사〉, 《창작과 비평》2003 여름호 (2003), pp. 280-301.

30 Bin Wong, *China Transformed; Historical Change and the Limits of European Experience* (Ithaca, 2000); Kenneth Pomeranz, *The Great Divergence: China, Europe and the Making of the Modern World Economy* (Princeton, 2000).

31 Greg Dening, *Mr Bligh's Bad Language, Passion, Power and Theatre on the Bounty* (Cambridge, 1992); idem, *The Death of William Gooch, A History's Anthropology* (Honolulu, 1995); idem, *Performances* (Chicago, 1996); idem, *Readings/Writings* (Carlton South, 1998)

32 자세한 내용은 조승래, 〈포스트모더니즘과 역사 서술: 그렉 드닝의 민족지적 역사〉, 《호서사학》39 (2004), pp. 161-176 참조.

33 Dening, *Mr Bligh's Bad Language*, p. 292.

34 Arif Dirlik, "History without a Center? Reflections on Eurocentrism," in Eckhardt Fuchs and Benedikt Stuchtey, eds., *Across Cultural Borders, Historiography in Global Perspective* (Oxford, 2002), p.249.

35 Raymond Grew, "Review on Paul Costello, World Historians and Their Goals: Twenties Century Answers to Modernism," *History and Theory*, 34:4 (1995), pp. 371-372.

36 D. Chakrabarty, "Postcoloniality and the Artifice of History: Who Speak for 'Indian Past' ?," in H. A. Veeser, ed., *The New Historicism: Reader* (London, 1994), pp. 342-344.

37 김택현, 〈제국주의, 역사주의, '차이의 역사(학)'〉, 《서양사론》90호 (2006), pp. 75-102.

38 마치 수필처럼 써 내려 간 그의 '논문'이 아닌 '수상'을 History and Theory가 게재했다는 점이 그 진의를 떠나 매우 흥미롭다. Greg Dening, "Performing on the Beaches of the Mind: An Essay," *History and Theory*, 41 (2002), pp. 1-24.

지구사 접근방법과 '문명화 사명'의 문제 / 위르겐 오스터함멜

1 Jürgen Osterhammel, *Britischer Imperialismus im Fernen osten. Strukturen der Durchdringung und einheimischer Widerstand auf dem chinesischen Markt 1932-1937* (Bochum 1983); idem, "Imperialism in Transition: British Business and the Chinese Authorities, 1931-1937," *China Quarterly*, 98 (1984), pp. 260-286 참조.

2 역사적 포스트모더니즘에 대한 깊이 있는 논의에 대해서는 Ernst Breisach, *On the Future of History: The Postmordernist Challenge and Its Aftermath* (Chicago, 2003).

3 "중심성"의 문제에 대해서는 Jürgen Osterhammel, " 'Weltgeschichte': Ein Propädeutikum," *Geschite in Wissenschaft und Unterricht*, 56 (2005), pp. 425-479 참

조. 이 주제에 대한 유용한 코멘트는 Arif Dirlik의 연구, 특히 "History without a Center? Reflections on Eurocentrism," in Eckhardt Fuchs and Benedikt Stuchtey, eds., *Across Cultural Borders: Historiography in Global Perspective* (Lanham, 2002), pp. 247-284 참조.

4 Patrick Manning, *Navigating World History: Historians Create a Global Past* (New York, 2003). 좀 더 포괄적인 연구로는 Benedikt Stuchtey and Eckhardt Fuchs, eds., *Writing World History* 1800-2000 (Oxford, 2003).

5 이 모든 의견을 포함한 책을 예로 들자면, Milo Kearney, *The Indian Ocean in World History* (New York, 2004).

6 좀 더 비판적인 연구가 필요하다. Lutz Raphael, "The Idea and Practice of World Historiography in France: The Annales Legacy," in Stuchtey and Fuchs, eds., *Writing World History*, pp. 155-171.

7 Akita Shigeru, "Introduction: From Imperial History to Global History," *Gentlemanly Capitalism, Imperialism and Global History* (Basingstoke, 2002), p. 2.

8 Jürgen Osterhammel and Niels P. Petersson, *Globalization: A Short History*, trans. Dona Geyer (Princeton, 2005).

9 Jürgen Osterhammel, *Geschichtswissenschaft jenseits des Nationalstaats. Studien zu Beizehungsgeschichte und Zivilisationsvergleich* (Göttingen, 2001). 이 책에 대한 논평은 Goerg G. Iggers의 *History and Theory* 2004 논문과 Hemut Walser Smith, "For a Differently Centered Central European History: Reflections on Jürgen Osterhammel," *Geschichtswissenschaft Jenseits des Nationalstaats, in Central European History*, 37 (2004), pp. 115-136.

10 Akita, "Introduction," p. 2.

11 이 입장에서 주장하는 사람이 있다면 바로 Mazlish일 것이다. Bruce Mazlish, "Comparing Global History to World History," *Journal of Interdisciplinary History*, 28 (1998), pp. 385-395.

12 C. A. Bayly, *The Birth of the Modern World 1780-1914* (Oxford, 2004).

13 Andreas Pigulla, *China in der deutschen Weltgeschichsschreibung vom 18. bis zum 20. Jahrhundert* (Wiesbaden, 1996).

14 Engelbert Kaempfer, *The History of Japan[...]*, trans. J.G. Scheuchzer, 2 vols. (London, 1727).

15 특히 August Ludwig Schloezer, *WeltGeschichte nach ihren HaputTheilen im Auszuge und Zusammenhang*, 2 vols, (Göttingen, 1785-1789).

16 Johann Gottfried Herder, *Ideen zur Philosophie der Geschichte der Menschheit*, 4 vols, (Riga, 1784-1791).

17 Jürgen Osterhammel, "Alexander von Humboldt: Historiker der Gesellschaft, Historiker der Natur," *Archiv fuer Kulturgeschichte*, 81(1999), pp. 105-131.

18 Leopold von Ranke, *Weltgeschichte*, 16 vols., (Leipzig, 1881-1888).

지구사의 도전

19 영어로 쓰여진 랑케 대한 최고의 책은 Leonard Krieger, *Ranke: The Meaning of History* (Chicago, 1977). Wolfgang J. Mommsen, "Universalgeschichte und nationalgeschichte bei Leopold von Ranke"; idem, *Leopold von Ranke und die moderne Geschichtswissenschaft* (Stuttgart, 1988), pp. 37-71.

20 Ernst Schulin, *Die weltgeschichtliche Erfassung des Orients bei Hegel und Ranke* (Göttingen, 1958).

21 좀 더 넓은 맥락에서 헤겔의 관점을 아시아에 접목시키려는 시도에 대해서는 Blachandra Rajan, *Under Western Eyes: India from Milton to Macaulay* (Durham, N.C., 1999); Reinhard Leuze, *Die ausserchristlichen Religionen bei Hegel* (Göttingen, 1975).

22 Carl Ritter, *Die Erdkunde im verhaeltniss zur Nature und Geschichte des mensche[..]*, 2nd ed. (Berlin, 1832-1847).

23 Jürgen Osterhammel, "Geschichte, Geographie, Geohistorie," in Wolfgang Kuettler, Joern Ruesen and Ernst Schulin, eds., *Geschichtsdiskurs*, vol. 3 of *Die Epoche der Historisierung* (Frunkfurt, 1997), pp. 257-271.

24 막스 베버의 원래 텍스트를 대체할 만한 연구서는 없다. 그렇지만 베버에 관한 거대한 연구물 중 특히 역사가에게 유용한 일부를 꼽자면, Richard Swedberg, *Max Weber and the Idea of Economic Sociology* (Princeton, 1998); Edith Hanke and Wolfgang J. Mommesen, eds., *Max Webers Herrschaftssoziolgie, Studien zu Entstehung und Wirkung* (Tuebingen, 2001); Fritz K. Ringer, *Max Weber's Methodology: The Unification of the Cultural and Social Sciences* (Cambridge, Mass., 1997); Wolfgang J. Mommsen and Wolfgang Schwenker, eds., *Max Weber und das moderne Japan* (Göttingen, 1999).

25 세계사 연구와 관련 Troeltsch의 가장 중요한 연구는 *Der Historismus und seine Probleme* (Tübingen, 1922).

26 한 예를 들자면 Paul Arndt, *Deutschlands Stellung in der Weltwirtschaft*, 2nd ed. (Leipzig, 1913).

27 가장 최근의 연구 모음집은 Margarethe Grandner, Dietmar Rothermund and Wolfgang Schwentker, eds., *Globalisierung und Globalgeschichte* (Vienna, 2005).

28 예를 들면 Hans-Heinrich Nolte, *Weltgeschichte: Imperien, Religionen und Systeme. 15-19. Jahrhundert* (Vienna, 2005). 이런 비판에서 제외되어야 할 연구는 Peter Feldbauer, Wolfgang Schwenker 등이 편집한 *Edition Weltregionen* 시리즈로 뛰어나고 아주 유용한 시리즈다.

29 Machael Mitterauer, *Warum Europa? Mittelalterliche Grundlagen eines Sonderwegs* (Munich, 2003).

30 David S. Landes, *The Wealth and Poverty of Nations: Why Some are So Rich and Some So Poor* (New York, 1998); Osterhammel, "'Weltgeschichte'" 중 본 연구자 비평 (op. cit.).

31 Wolfram Fischer, *Expansion, Integration, Globalisierung. Studien zur Geschichte der*

Weltwirtschaft (Göttingen, 1998).

32 Sebastian Conrad and Jürgen Osterhammel, eds., *Das Kaiserreich transnational. Deutschland in der Welt 1871-1914* (Göttingen, 2004); Dirk van Laak, *Ueber alles in der Welt. Deutscher Impeialismus im 19. und 20. Jahrhundert* (Munich, 2005).

33 Goetz Ally, *Hitlers Volkstaat. Rabu, Rasenkrieg und nationaler Sozialismus* (Frankfurt, 2005); Michael Wildt, "Voelkischer 'Lebensraum' -Imperialismus," *Zeithistorische Forschungen* 2006, no.1 (February).

34 Jürgen Osterhammel, "Aussereuropäische Geschichte: Eine historische Problemskizze," *Geschischte in Wessenschaft under Unterricht,* 46 (1995), pp. 253-276.

35 Peter Feldbauer, Michalel Mitterauer, and Wolfgang Schwentker, eds., *Die vormoderne Stadt. Aisen und Europa im Vergleich* (Munich, 2002).

36 Ute Frevert, "Europeanizing German History," in *Bulletin of the German Historical Institute Washington,* 36 (2005), pp. 9-24.

37 Jürgen Osterhammel, "Europamodelle und imperiale Kontexte," *Journal of Modern European History,* 2:2 (2004), pp. 157-181.

38 Giovanni Arrighi, Takeshi Hamashita, and Mark Seiden, eds., *The Resurgence of East Asia, 500, 150 and 50 Year Perspectives* (London, 2003).

39 실증적 연구가 갖는 정확성의 한계를 넘어 극단적으로 "주변화"(marginalizer)시키는 사람은 John. M. Hobson, *The Eastern Origins of Western Civilization* (Cambridge, 2004).

40 Bayly, *Birth,* p. 4

41 최근 하버드대에서 한 강의에서 베일리 교수는 "European Political Thought and the Wider World in the Nineteenth Century"라는 문제를 다루었다(미출간 논문, 2005).

42 S. N. Eisenstadt, "Multiple Modernities," *Daedalus* 129:1 (2000), pp. 1-30.

43 Jack Goody, *The East in the West* (Cambridge, 1996).

44 Joerg Fisch, "Zivilisation, Kultur," in Otto Brunner et al., eds., *Geschichtliche Grundbegriffe,* vol. 7 (Stuttgart, 1992), pp. 679-774; Charles A. Beard and Mary R. Beard, *The American Spirit: A Study of the Idea of Civilization in the United States* (First Publication, 1942; New York, 1982), pp. 19-93. 분석 범주로서의 "문명"에 대해서는 S. N. Eisenstadt, "Civilizations," *International Encyclopedia of the Social and Behavioral Sciences,* vol. 3 (Amsterdam, 2001), pp. 1915-1921. 또한 Johann P. Arnason, "Civilizational Patterns and Civilizing Process," *International Sociology* 16 (2001), pp. 386-405; Jeremy C. Smith, "Theories of State Formation and Civilisation in Johann P. Arnason and Shmuel Eisenstadt's Comparative Sociologies of Japan," *Critical Horizons,* (2002), pp. 225-251 참조.

45 일본에서의 유사한 전개에 대해서는 Carmen Blacker, *The Japanese Enlightenment: A Study of the Writings of Fukuzawa Yukichi* (Cambridge, 1964), p. 32. 일본에 대해서는 Douglas R. Howland, *Translating the West: Language and Political Reason in*

Nineteenth Century Japan (Honolulu, 2002), pp. 114 이하. 일본으로부터 이들 개념
은 중국으로 전파되었으며("enlightment=qimeng계몽啓蒙, "civilization"=wenming문
명文明), 중국에서 이들 개념은 논의는 1898 개혁운동의 실패 이후에야 비로소 시작
되었다. Vera Schwarcz, *The Chinese Enlightenment: Intellectuals and the Legacy of
the May Fourth Movement 1919* (Berkeley, 1986), pp. 30-31.

46 Reinhart Koselleck, "The Historical-Political Semantics of Asymmetric
Counterconcepts," in idem, *Futures Past: On the Semantics of Historical Time,* trans.
Keith Tribe (Cambridge, Mass., 1985), pp. 159-197.

47 Wang Gungwu, "The Chinese Urge to Civilize: Reflections on Change," *Journal of
Asian History,* 18 (1984), pp. 1-34 and 9.

48 Anthony Pagden, "The 'Defence of Civilization' in Eighteenth-Century Social
Theory," *History of the Human Sciences* 1 (1988), pp. 33-45; Peter J. Marshall,
"Taming the Exotic: The British and India in the Seventeenth and Eighteenth
Centuries," in G. S. Rousseau and Roy Porter, eds., *Exoticism in the Enlightenment*
(Manchester, 1990), pp. 46-65; Kathleen Wilson, ed., *A New Imperial History: Culture,
Identity and Modernity in Britain and the Empire, 1660-1840* (Cambridge, 2004).

49 Anthony Pagden, *Lords of All the World: Ideologies of Empire in Spain, Britain and
France c. 1500-c. 1800* (New Haven, 1995) pp. 79 이하.

50 Gareth Stedman Jones, *An End to Poverty? A Historical Debate* (London, 2004). 이 분
야의 고전적 연구는 Ronald L. Meek, *Social Science and the Ignoble Savage*
(Cambridge,1976).

51 Timothy C. W. Blanning, *The French Revolutionary Wars 1787-1802* (London, 1996),
p. 92 1792년 11월 19일 전국대회 선언문 인용.

52 Henry Laurens, *L' Expédition d' Égypte 1798-1801* (Paris, 1989); Yves Laisus, *L'
Égypte, une aventure savante: Avec Bonaparte, Kléber, Menou 1798-1801* (Paris,
1998).

53 C. A. Bayly, *Imperial Meridian: The British Empire and the World 1780-1830*
(London, 1989).

54 Michael Broers, *The Napoleonic Empire in Italy, 1796-1814* (Baingstoke, 2005), pp.
245 이하; idem, *Europe under Napoleon 1799-1815* (London, 1996), 특히 5장.

55 러시아에 대해서는 James Cracraft, *The Revolution of the Peter the Great* (Cambridge,
Mass., 2003).

56 Roger Owen, *Lord Cromer: Victorian Imperialist, Edwardian Proconsul* (Oxford,
2004); Timothy Mitchell, *Colonising Egypt* (Berkeley, 2003) 참조.

57 Lynn Zastoupil and Martin Moir, eds., *The Great Indian Education Debate:
Documents Relating to the Orientalist-Anglicist Controversy, 1781-1843* (Richmond,
1999)참조. 악명 높은 인도의 사티(sati)를 문명화 사명의 문제로 보는 것에 대해서는
Joerg Fisch, *Toedliche Rituale. Die indisiche Witwenverbrennung und andere*

Formen der Totenfolge (Frankfurt, 1998).

58 비교 연구로는 David Brion Davis, *Slavery and Human Progress* (New York, 1984); Robin Blackburn, *The Overthrow of Colonial Slavery, 1776-1848* (London, 1988); Nelly Schmidt, *L' abolition de l' esclavage: cinq sièctes de combats XVIe-XXe sièlce* (Paris, 2005).

59 Richard L.Bushman, *The Refinement of America: Persons, Houses, Cities*(New York, 1992). 인디언의 "문명화"에 관한 표준적인 서술로는 Francis Paul Prucha, *The Great Father: The United States Government and the American Indians*, 2 vols.(Lincoln, Nebr., 1984).

60 R. D. Hurt, *Indian Agriculture in America: Prehistory to the Present* (Lawrence, Kan., 1987), pp. 85-86.

61 Frederick E. Hoxie, *A Final Promise: The Campaign to Assimilate the Indians, 1880-1920* (Lincoln, Neb., 1984), p. x. and passim.

62 Eric Foner, *Reconstruction: America' s Unfinished Revolution, 1863-1877* (New York, 1988).

63 Jürgen Osterhammel, *Sklaverei und die Zivilisation des Westens* (Munich, 2000).

64 Gerrit W. Gong, *The Standard of "Civilization" in International Society* (Oxford, 1984).

65 Martti Koskenniemi, *The Gentle Civilizer of Nations: The Rise and Fall of International Law 1870-1960* (Cambridge, 2002).

66 Niels P. Petersson, "Markt, Zivilisierungsmission und Imperialismus," in Boris Barth and Jürgen Osterhammel, eds., *Zivilisierungsmission, Imperiale Weltverbesserung seit dem 18. Jahrhunder* (Kostanz, 2005), pp. 33-54.

67 Geofrrey R. Searle, *Morality and the Market in Victorian Britain* (Oxford, 1998).

68 Frederick Cooper and Randall Packard, eds., *International Development and the Social Science: Essays on the History and Politics of Knowledge* (Berkeley, 1997).

69 Andrew Lees, *Cities Perceived: Urban Society in European and American Thought, 1820-1940* (Manchester, 1985).

70 William G. Beasley, *Japan Encounters the Barbarian: Japanese Travellers in America and Europe* (New Haven, 1995); Jürgen Osterhammel, "Ex-zentrische Geschicht. Aussenansichten europäischer Modernität," *Jahrbuch des Wissenschaftskollegs zu Berlin 2000/2001* (Berlin, 2001), pp. 296-318.

71 Jürgen Osterhammel, *Liberalismus als kulturelle Revolution. Die widerspruechliche Weltwirkung einer europäischen Idee* (Stuttgart, 2004) 참조.

72 다수의 실증 연구 중 Birgit Schaebler, "Civilizing Others: Global Modernity and the Local Boundaries(French/German, Ottoman, and Arab) of Savagery," in Birgit Schaebler and Lief Stenberg, eds., *Globalization and the Muslim World: Culture, Religion, and Modernity* (Syracuse, 2004), pp. 3-29, 특히 pp. 17-22; Birgit Schaebler,

"Globale Moderne und die Geburt der Zivilisationsmission an der kulturellen Binnengrenze: Die 'mission civilisatrice ottmane', Peripus," *Jahrbuch für aussereuropäische Geschichte*, 12 (2003), pp. 9-29.

73 Mark Bassin, *Imperial Visions: Nationalist Imagination and Geographical Expansion in the Russian Far East 1840-1865* (Cambridge,1999), pp. 47, 52-57; Susan Layton, "Nineteenth-Century Russian Mythologies of Caucasian Savagery," in Daniel R. Brower, ed., *Russia's Orient: Imperial Borderlands and Peoples, 1700-1917* (Bloomington, 1997), pp. 80-99; Willard Sunderland, *Taming the Wild Field: Colonization and Empire on the Russian Steppe* (Ithaca, 2004).

74 Konrad Jarausch, *Die Umkehr, Deutsche Wandlugen 1945-1995* (Munich, 2004).

75 Thomas F. O'Brien, *The Revolutionary Mission: American Enterprise in Latin America, 1900-1945* (Cambridge, 1996), p. 314; Stefan Rinke, *Begegnungen mit dem Yankee: Nordamerikanisierung und soziokultureller Wandel in Chile (1898-1990)* (Cologne, 2004). 러시아를 "문명화" 시키고자하는 하는 미국의 초기 시도에 대해서는 David C. Engerman, *Modernization from the Other Shore: American Intellectuals and the Romance of Russian Development* (Cambridge, Mass., 2003).

76 이에 대한 다른 각도의 해석은 Claude Julien Rawson, *God, Gulliver and Genocide: Barbarism and the European Imagination 1492-1945* (Oxford, 2001) 참조.

77 Porter, *Religion versus Empire?*, p. 83.

78 David Cannadine, *Ornamentalism: How the British Saw Their Empire* (London, 2001). 버크에 대해서는 Frederick G. Whelan, *Edmund Burke and India: Political Morality and Empire* (Pittsburgh, 1996)와 P. J. Marshall의 다양한 연구 참조.

79 Daniel Rivet, *Le Taroc de Lyautey à Mohammed V: Le double visage du protectorat* (Paris, 1999), pp. 36-77; Lyuatey의 군주주의와 귀족주의에 대해서는 Daniel Rivet, *Lyautey et l'institution au protectorat français au Maroc: 1912-1925*, 3 vols. (Paris, 1985), vol. 1, pp. 152-154; vol. 2, pp. 121.

80 "자기 문명화" 패러다임은 중부 유럽에 사는 유대인 중 상당수가 사회적으로 신분상 승하기 위해 두, 세 세대 동안 추진한 것이다. 이것의 시작에 대해서는 Shmuel Feiner, *The Jewish Enlightenment* (Philadelphia, 2004), pp. 21 이하 참조.

81 Michael Adas, "Contested Hegemony: the Great War and the Afro-Asian Assault on the Civilizing Mission Ideology," *Journal of World History*, 15 (2004), pp. 31-63. 독일 지식 인들은 제1차 세계대전이 발발 하기 전과 또 발발할 때 자신들의 조국이 유럽적인 "Kultur"(문화)의 정점을 대표하며 프랑스가 주장하는 얄팍한 "Zivilisation"(문명)에 대항해 이 문화를 방어한다고 주장하였다. Kurt Flasch, *Die geistige Mobilmachung. die duetschen Intellektuellen und Der Erste Weltkrieg* (Berlin, 2000).

82 중국, 일본과 조약을 맺는 과정에서 잘 보여진다. "유럽 사람들은 국가간 관계를 정하는 원칙으로 평등을 주장했다. 한쪽이 문명화 되지 않은 경우를 제외하고" Michael Auslin, *Negotiating with Imperialism: The Unequal Treaties and the Culture of*

Japanese Democracy (Cambridge, 2004), p. 16.

83 Jürgen Osterhammel, *Die Entzauberung Asiens. Europaund die asiatischen Reiche im 18. Hahrhundert* (Munich, 1998), 특히 제13장 참조.

84 이 맥락에서는 Michael Adas, *Machines as the Measure of Men: Science, Technology, and Ideologies of Western Dominance* (Ithaca, 1989).

85 이것들이 문명화 사명의 담론에서 유추된 "중심 가치"이다. 물론 이런 독독의 특성과 타당성에 대해서는 끝없는 논의가 나올 수 있다. 목록 중 많은 항목은 근대 사회학, 특히 근대화 이론에 의해 제공된 것이다.

86 내가 알고 있는 최고의 논의는 David Kennedy, *The Dark Sides of Virtue: Reassessing International Humanitarianism* (Princeton, 2004).

87 이 논문을 완성한 뒤, *Journal of the History of Ideas,* 66:2 (2005) 특별호가 바로 이 주제를 다룬 것을 알게 되었다. 예를 들면 Donald R. Kelley, "Intellectual History in a Global Age," pp. 157-167를 참조. 여기가 바로 논의가 계속되어야 할 지점이다.

88 이미 좋은 선행연구가 몇 몇 나와 있다. 일본의 예만 들자면, Donald Keene, *The Japanese Discovery of Europe, 1720-1830* (Stanford, 1969); Tessa Morris-Suzuki, *A History of Japanese Economic Thought* (London, 1989); Wolfgang Schwentker, *Max Weber in Japan. Eine Untersuchung und Wirkungsgeschichte 1905-1995* (Tübingen. 1998). 좀 더 일반적인 연구는 Asa Briggs and Peter Burke, *A Social History of Media: From Gutenberg to the Internet* (Cambridge, 2002) 참조. 글로벌 미디어의 역사에 대해서는 Brian Winston, *Media Technology and Society: A History from the Telegraph to the Internet* (London, 1998).

한말 세계사 저·역술서에 나타난 세계 인식 / 백옥경

1 학부는 한말에 설립된 근대 교육 담당 관서였다. 학부에는 대신 大臣 관방과 학무국, 편집국의 2국을 설치하고 대신과 전임참사관 3인, 주사 11인을 두었다. 이중 편집국에서는 교과용 도서의 번역·편찬·검정에 관한 사항, 도서의 구입과 보존·관리에 관한 사항, 도서의 인쇄에 관한 사항 등을 담당하였다. 박걸순, 〈한말 학부의 편찬사서編纂史書와 그 역사인식〉, 《충북사학》 5 (1992), pp. 72-74.

2 1882년부터 1894년 사이에 한국에는 27명의 외국인이 초빙되었다. 국적별로는 독일인 4명, 영국인 4명, 미국인 18명, 프랑스인 1명이었다. 김현숙, 〈한국 근대 서양인 고문관 연구(1882-1904)〉 (이화여대 박사학위논문, 1999), p. 17.

3 이들 신문에서는 서구 열강의 새로운 문물과 제도, 사상을 적극적으로 소개하였다. 이러한 기사들은 한국 내에서 중화적 세계관을 넘어 새로운 세계에 대한 인식의 지평을 열어 주고 타민족 타국가의 존재에 대해 인식하는 계기가 되었다고 평가받는다. 채백, 〈근대 민족국가관의 형성과 개화기 한국 신문〉, 《언론과 사회》13권 4호 (2005), pp. 46-48.

4 길진숙, 〈문명의 재구성 그리고 동양 전통 담론의 재해석〉,《근대 계몽기 지식의 발견과 사유지평의 확대》(소명출판, 2006), p. 13.

5 《만국약사》권1, 제1편 총론, 제1장 역사 및 지리

6 《황성신문》1898년 1월 14일, 논설

7 학부에서는 1896년《만국지지》,《지구약론地球略論》,《태서신사람요》를, 1897년에는 《공법회통公法會通》,《사민필지士民必知》, 1899년에는 《중일약사中日略史》,《아국약사俄國略史》,《세계지도》등을 편찬하였다. 물론 이외에 한국의 역사와 지리에 관해서는 더욱 많은 서적이 편찬되었다. 박걸순, 〈한말 학부의 편찬사서와 그 역사인식〉, p. 78.

8 《만국약사》권2, 이경직 발문.

9 《만국약사》에 언급된 류헤 노노무라龍峯野野村의 류헤龍峯은 호이고 노노무라野野村은 성인 듯하다. 당시 학부에 와있던 노노무라野野村 성씨의 인물을 찾아본 결과, 노노무라 킨고로野野村金五郞를 확인할 수 있었다. 왕현종,《한국 근대국가의 형성과 갑오개혁》(역사비평사, 2003), p. 190, 〈표 12〉 참조. 당시 학부에는 총4인의 보좌관이 파견되었는데, 野野村은 그중 한 사람이었다. 《각사등록》근대편, 학부내거안學部來去案, 조회照會 제6호.

10 박종열·박준수, 〈한국근대 외국사 교육에 관한 연구〉, 《춘천교육대학논문집》 30(1990), pp. 3-5.

11 박걸순, 〈한말 학부의 편찬사서와 그 역사인식〉, p. 74.

12 《한성주보》, 1886년 2월 15일, 신래서적新來書籍. 이 기사에 의하면, "독일의 영사 卜德樂(부들러 H. Budler)은 평소 세무世務에 남다른 관심을 가진 사람이다. 스스로 비용을 들여 중국 상해에서 신역된 서양 서적을 구입하여 외아外衙에 송부하여 本局에 보내온 것이 모두 2백여 권이나 된다. 이 책은 모두 천문·지리·의약·산수·만국사기·각방화약各邦和約에서부터 조수鳥獸·금석金石·전광電礦·매야煤冶·창포鎗砲·기기·수륙·병정兵丁·항해·측후·화학·동물 및 열국의 세계歲計 증감과 오주五洲의 시국추이에 이르기까지 분명히 게재하지 않은 것이 없었다. 이는 실로 우리 나라로서는 처음 가지는 서적이고, 따라서 지금의 이용후생 방책이기도 한 것이다. 진실로 경제에 뜻이 있는 사람이면 일차 본국에 와서 한번 열람하여 보면 실용에 도움이 없지는 않을 것이다"라고 하고 있다. 기술에 관한 서적들이 다수를 차지하고 있지만, 《만국사기》등의 역사류도 눈에 뜬다.

13 김현숙, 〈한국 근대 서양인 고문관 연구(1882-1904)〉, p. 26 〈표4〉 참조. 원래 고문관의 파견은 갑오정권의 개혁관료인 김홍집과 유길준이 요청한 것이었다. 그러나 일본은 한국의 의도와는 달리 중앙행정 각사에 많은 수의 고문관을 파견하여 조선 내정을 실질적으로 장악하려고 하였다.

14 국제법 서적인《만국공법》은 1864년 청에서 번역된 뒤, 1876년 한국에서도 서구의 국제법 일반을 지칭하는 용어로 사용되고 있었다. 김현철, 〈개화기《만국공법》의 전래와 서구 근대주권국가의 인식〉, 《정신문화연구》제28권 제1호(통권 98호) (2005), pp. 133-134쪽. 그리고 주12에서와 같이 1880년대에 이미 《만국사기》등이 청나라를 통하

여 한국에 수입되어 있었다.

15 함동주, 〈메이지 초기 서양사 수용과 프랑스혁명관의 사회문화사〉, 《동양사학연구》 108 (2009), p. 196-200.

16 南塚信吾, "Teaching World History in the Meiji Era in Japan," 아시아세계사학회 (AAWH) 엮음, 《제1차 아시아세계사학회 국제학술대회 발표문》 (일본 오사카, 2008년 5월).

17 《만국약사》권1, 제1편 총론, 제1장 역사 및 지리 ; 《만국약사》 발문.

18 오영섭, 〈개항후 만국공법 인식의 추이〉, 《서구문화의 수용과 근대개혁》(태학사, 2004) 참조.

19 《만국약사》권1, 제2편 아세아주, 제11장 조선. 《만국약사》에서는 각국을 독립된 항목으로 설정하여 설명하는 방식을 취한다. '조선' 항목 역시 별도로 설정되어 있어서 청이나 일본과 동등한 독립국으로서의 위상을 드러내고 있다. 하지만 그 내용은 실제로 서술되어 있지는 않다. 그 이유에 대해서는 "우리나라 역사는 별도로 상세히 기술할 바가 있으매, 이에 편입치 아니하니라" 라고 했다.

20 《만국약사》는 청의 몰락 원인을 명시한 것은 아니지만, 아편전쟁에 패한 후로 청조의 기강이 해이하고 또 흉년이 심하며 인심이 흉흉하여 안정되어 있지 못하고 도둑무리가 일어났다고 한다. 그 뒤 태평천국의 난, 영국과 프랑스 양국의 북경 침공, 청일전쟁 등으로 점차 쇠약해가는 청의 모습을 기술하고 있다. 외환外患이 심하고, 국가의 행정관료가 혹심하고, 민심이 해이한 가운데, 청은 세계의 대국으로 그 세력을 떨치지 못하고 있다고 설명되고 있다. 그리고 그 이유에 대해서 인민이 오만하고 스스로 자존하여 상하 각각 자기의 이로움만을 알고 국가를 알지 못한 연고라고 하였다. 이에 청의 앞날은 매우 위태로운 것으로 전망하였다. 《만국약사》권1, 제2편 아세아주, 제9장 지나支那.

21 조일수호조규 제1조에서는 "조선국은 자주 국가로서 일본국과 동등한 권리를 보유한다"고 명시했으며, 청일강화조약의 제1조에서도 "청국은 조선국이 완전무결한 자주독립국임을 확인하고 자주독립을 해치는 조선국의 청국에 대한 조공, 헌상獻上, 전례典禮 등은 영원히 폐지한다"고 규정했다. 구선희, 〈청일전쟁의 의미-조ㆍ청 '속방' 관계를 중심으로〉, 《한국근현대사연구》 37 (2006) 참조.

22 《만국약사》권1, 제1편 총론, 제4장 인종개별급개화계급人種槪別及開化階級

23 《만국약사》권1, 제2편 아세아주, 제1장 개론.

24 《만국약사》권2, 제4편 구라파주, 제1장 개론.

25 《만국약사》권2, 제4편 구라파주, 제12장 영길리英吉利.

26 《만국약사》권2, 제5편 아미리가주 亞米利加洲, 제1장 개론.

27 《만국약사》의 각국 역사 설명에서 일본은 청 뿐 아니라 영국이나 프랑스에 비해서도 많은 분량을 차지하였다.

28 《만국약사》권1, 제2편 아세아주, 제10장 일본. 일본은 고래로 동양에서 독립하여 외국의 침략도 받지 않고 개국 3000여 년 동안 한 계통의 천황이 이어져 왔다는 사실을 강조하고 있다.

29 조금 다른 문제이기는 하지만,《만국약사》에서는 일본과 만주의 사이를 일본해라 칭하고 있다.《만국약사》권1, 제1편 총론 제2장 육해陸海. 현재의 동해 지역을 일본해로 서술한 것인데, 이는 1894년 일본이 청일전쟁에서 승리하여 대륙 진출의 교두보를 마련한 다음부터 나타난 변화였다. 이 역시 일본 중심의 세계 인식을 반영하고 있다고 여겨진다. 이상태, 〈일본해가 밀어낸 동해 명칭〉,《한국사연구》107 (1999), p. 143.

30 《만국약사》는 국가 주도로 이루어진데 비해 이 책들은 모두 개인 저자들에 의해 저술되었다. 그것은 1905년 을사조약 체결 이후 식민지 교육 정책이 추진되는 가운데 국가기관에서 역사서 편찬을 주도할 수 없게 된 현실도 크게 작용했을 것이다. 박종열 · 박준수, 〈한국근대 외국사 교육에 관한 연구〉, p. 5.

31 통감부에 의해 교과용도서검정규정이 생긴 이후,《정선 만국사精選萬國史》와《(중등)만국사》는 학부 인가 교과용 도서가 되었고,《만국사기》와《동서양역사》는 학부 불인가 교과용 도서였다. 박종렬 · 박준수, 〈한국근대 외국사 교육에 관한 연구〉, p. 11.

32 정은경, 〈개화기 현채가玄采家의 저 · 역술 및 발행서에 관한 연구〉,《서지학연구》14 (1997), pp. 306-309. 현채는 1895년에는 외국어학교의 부교관으로 위촉되었다가, 1896년부터는 학부에서 번역 및 저술 업무를 시작하였다. 그는 이 시기에《아국약사俄國略史》,《중동전기中東戰記》,《보통교과동국역사普通敎科東國歷史》,《청국무술정변기淸國戊戌政變記》,《동국사략東國史略》,《법란서신사法蘭西新史》,《월남망국사越南亡國史》 등의 역사서를 저 · 역술하였다.

33 인종묵, 〈황성신문 발행진의 정치사회사상에 관한 연구〉,《한국언론학보》46-4호 (2002), pp. 228-229 참조. 그는 1895년 일본에서 개최된 권업勸業박람회를 시찰하고 돌아왔으며, 1898년 일본으로 유학을 떠났다. 당시 그는 관비유학생으로서 1899년 동경 와세다 대학 경제정치과에 입학하였다가 1902년 졸업하였다. 1903년 귀국한 뒤부터는 제국신문 및 황성신문 등에서 언론생활을 하였다.

34 인용서 목록은《만국사기》(일, 岡本監輔),《태서신서泰西新史》(영, 매켄지),《중동전기中東電記》(미, 알렌),《일본유신사日本維新史》(일, 重野安繹),《만국통사전편萬國通史前篇》(영, 李恩倫白輯 譯),《애급신사埃及新史》(일, 紫西郞),《만국공보萬國公報》(미, 알렌),《보법전기普法戰記》(청, 王韜 譯),《로득개교기략路得改敎紀略》(미, 알렌),《파란말년전사波蘭末年戰史》(일, 澁江保),《아국정속통고俄國政俗通考》(미, 알렌),《일로위국십년사日露危局十年史》(일),《무술정변기戊戌政變記》(청, 양계초),《단비기사團匪紀史》(일)이다. 일본의 저서 6종, 청의 저서 2종, 영국 2종, 미국 4종으로, 일본 저술서의 비중이 가장 크다. 그러나《태서신사》,《중동전기》,《만국통사전편》,《아국정속통고》 등 청에서 역술된 서적도 다수를 차지하고 있다. 그 중, 현채는《무술정변기》(1900)와《보법전기》(1908)를 번역했다.

35 김상연,《정선만국사》, 서문.

36 오카모토 칸스케岡本監輔,《만국사기萬國史記》권1, 大日本記.

37 정구복 · 이영화, 〈현채 편역《만국사기》의 사학사적 성격〉,《청계사학》13 (1997), p. 491. 현채의《만국사기》는 총 29권과 속편으로 구성되어 있는데 비해, 오카모토 칸스

케의 《만국사기》는 모두 20권으로 되어 있다. 전체적으로 서술의 규모 면에서 현채의 《만국사기》가 훨씬 더 많다.

38 노수자, 〈백당현채연구〉, 《이대사원》 8 (1969) 참조.

39 인종묵, 〈황성신문 발행진의 정치사회사상에 관한 연구〉, pp. 228-229 참조.

40 신혜경, 〈대한제국기 국민교육회 연구〉, 《이화사학연구》 20·21합집 (1993), p. 155.

41 그는 《소년헌반도》1권 2호 및 2권 1호에 '경제학', 2권 2호에 '재화의 정의 및 종류', 《대동학회 월보》1권 3호에 '경제서를 독하다가 유자의 현황을 탄함', 《법학협회》1권에 '개인의 노력은 사회경제의 근본' 등 주로 경제에 관한 글을 발표했다.

42 유승겸은 국사의 집합체로서 만국사에 관심을 기울이고, 세계의 질서가 점차로 발달 변천하여 오늘에 이른 개요를 연구해야 할 필요가 있음을 강조했다. 유승겸, 《중등만 국사》, 서문.

43 현채, 《만국사기》 자서自敍;정구복·이영화, 〈현채 편역 《만국사기》의 사학사적 성격〉, p. 499

44 현채, 《만국사기》 자서.

45 유승겸, 《중등만국사》 서序.

46 앙드레 슈미드, 《제국 사이의 한국》(휴머니스트, 2007), pp. 109-110 참조.

47 현재 《만국사기》, 제1권-제4권까지는 아세아, 제5권 아프리카, 제6권-제26권은 구라파, 제27-제28권은 아메리카, 제29권은 오세아니아로 나누어 각국을 설명한다. 속편으로는 청국무술정변기와 청국단비 기사가 수록되었다.

48 현채, 《동서양역사》. 이 책의 권1은 동양부, 권2는 서양부로 구성되어 있다. 동서양부 모두 상고사, 중고사, 근고사, 근세사로 시대 구분되어 있다. 동양부에서는 중국의 역대 왕조 중심으로 역사가 기록되어 있고, 서양부에서는 그리스와 로마로부터 시작하여 지리상의 발견과 강국 발흥시대 등을 다루고 있다.

49 유승겸의 《중등만국사》와 김상연의 《정선만국사》는 모두 고대 부분에서 '동양'을 언급했다.

50 유승겸, 《중등 만국사》제1편 고대사, 제1부 고대동방제국. 그러나 중국, 일본, 한국 등 동아시아 국가들은 언급되지 않는다.

51 유럽의 국가로는 독일, 프랑스, 이태리, 영국, 러시아, 스페인, 포르투갈 등이 언급된다. 반면 남아메리카, 오세아니아는 동양, 서양의 구분 속에서 명확한 위치를 설정하지 못한 채 그곳을 점령한 유럽의 국가들을 서술할 때에만 등장한다.

52 《무오연행록》, 기미년(1799) 1월 19일.

53 《중종실록》 권41, 중종 16년(1521) 1월 정축. 이 기록에서 불랑기(프랑크)는 '서역 지방 서남쪽 사이에 있는 나라' 였다.

54 유승겸, 《중등만국사》제1편 고대사, 제2부 희랍, 제3절 희랍의 문명.

55 유승겸, 《중등만국사》제1편 고대사, 제1부 고대동방제국.

56 김상연, 《정선만국사》제1편 고대사 총론.

57 유승겸, 《중등만국사》제4편 최근세사, 제1장 총론.

58 김상연, 《정선만국사》는 고대에서만 동양의 국가들을 서술하고, 중세와 근세에서는

언급하지 않는다. 다만 마지막 부분에서 이집트, 인도, 청, 일본 등 동양의 여러 국가들의 현황을 간략하게 서술하고 있을 뿐이다.(제3편 근세사, 제9부 각국 통일, 제9장 동양제국경황景況)《중등만국사》역시 고대사의 고대 동방제국에서 이집트, 유태, 페니키아, 바빌로니아, 아시리아를 다루고 있다.(제1편 고대사, 제1부 고대동방제국) 그리고는 최근세사에서 서양세력의 동점東漸 속에서만 동양을 다루고 있다. 그리고 《만국사기》는 본문 29권 중에서 유럽사에 21권이 할애되어 있었다. 특히 가장 관심의 대상이 된 국가들은 영국과 프랑스로서, 유럽 중심적인 경향이 심하게 나타난다.

59 김상연,《정선만국사》목차. 김상연은 서언緖言에서 구분 기준을 따로 제시하지는 않고, '편의를 따라 사실의 이질과 시기의 특성으로 이를 분류' 하였다고 서술하였다. 이에 따르면 고대는 애급의 건국으로 서로마의 멸망에 이르기까지 기원전 2700년부터 기원후 476년, 중세는 서로마의 멸망으로 동로마의 멸망에 이르기까지 기원후 476년부터 1453년까지, 근세는 1453년 동로마의 멸망 이후의 시기로 획정된다.

60 현채,《동서양역사》목차. 상고사는 로마 웅비시대까지, 중고사는 지리상의 발견까지, 근고사는 프랑스 혁명 이전까지로 구분했다.

61 유승겸,《중등만국사》. 고대는 그리스·로마 중심이며, 중세는 기원후 476년 서로마제국의 멸망부터 1492년 아메리카 발견에 이르기까지의 역사를 가리키고 있다. 근세사는 15세기를 전후로 한 변천의 시기로, 종교개혁에서 프랑스 혁명까지 다루고 있다. 최근세사는 프랑스 혁명으로부터 시작하여 19세기말까지 약 100여 년간에 이른다.

62 유승겸,《중등만국사》제2편 중세사.

63 유승겸,《중등만국사》제1편 고대사 제2부 희랍, 제3절 희랍의 문명에서는 희랍이 구주 문명의 연원으로서, 제3부 로마에서는 그 문명이 근세 구주歐洲 여러 나라의 문화 기초가 되는 것으로 설명하고 있다.

64 유승겸,《중등만국사》제4편 근세사, 제11장 서세西勢의 동점東漸.

65 현채,《동서양역사》권2, 제5편 아토전쟁俄土戰爭, 제5장 근세의 문화, 총결.

66 유승겸,《중등만국사》제4편 최근세사, 제11장 서세의 동점.

67 정문상,〈19세기말-20세기초 '개화지식인' 의 동아시아 지역 연대론〉,《아세아문화연구》8 (2004), pp. 45-50.

68 유승겸,《중등만국사》제4편 최근세사, 제11장 서세의 동점.

69 유승겸,《중등만국사》제4편 최근세사, 제11장 서세의 동점.

70 현채,《만국사기》권26, 구라파사 21, 아라사신사俄羅史新史, 일로위국십년사日露危局十年史.

71 현채,《동서양역사》극동사건.

72 현채,《만국사기》권26, 구라파사 21, 아라사신사, 일로위국십년사 .

73 박종렬·박준수,〈한국근대 외국사 교육에 관한 연구〉, p. 30.

74 정환국,〈근대계몽기 역사전기물 번역에 대하여〉,《대동문화연구》48 (2004), pp. 8-14. 이에 의하면 1905년 을사조약이 체결된 전후에는 망국사와 건국사가 번역의 대상이 되었고, 그 이후에는 구국 영웅 전기가 다수 번역되고 있었다.

75 인종묵,〈황성신문 발행진의 정치사회사상에 관한 연구〉, pp. 223-227.

76 예를 들어 서유구의 《임원경제지》는 사대부가 향촌에서 살 때 필요한 지식들을 총망라한 백과사전적 성격의 서적이다. 총 분량 113권 54책으로, 《만국사물기원역사》가 따라가지 못할 만큼의 큰 규모이다.

77 홍영백, 〈한말 세계사 관계사서關係史書의 내용과 그 한계〉, 《소헌남도영박사 화갑기념사학논총》(태학사, 1984).

78 독립협회 관련 활동에 대해서는 당시의 사료를 통해 명확하게 확인할 수 없다는 의견도 제시되어 있다. 김도형, 〈장지연의 변법론과 그 변화〉, 《한국사연구》109 (2000), p. 84.

79 장현근, 〈유교근대화와 계몽주의적 한민족국가 구상: 박은식·장지연의 국가건설 사상〉, 《동양정치사상사》제3권 2호 (2003) 참조.

80 박선영, 〈장지연의 '변절'과 신채호의 '순국': 유교적 세계관의 지속과 단절〉, 《한국언론학보》53권 2호 (2009), p. 260.

81 신구학의 절충을 강조하던 장지연의 사상은 독립신문 중심의 문명개화론과는 그 사상적 뿌리가 달랐다고 한다. 문명개화론이 기독교를 비롯한 서양의 근대사상에 경사되었다면 그는 당시 사회문제를 해결하기 위한 논리적 근거를 실학에서 찾고 있었다. 김도형, 〈장지연의 변법론과 그 변화〉, 《한국사연구》 109 (2000), p. 91.

82 우남숙, 〈한국근대사에서의 사회진화론 수용양식〉, 《한국정치외교사논총》 21 (1999), p. 39.

83 장지연, 《만국사물기원역사》권1, 제1장 천문, 역법.

84 장지연, 《만국사물기원역사》권1, 제2장 지리.

85 《만국사물기원역사》의 목차를 보면, 제1장 천문, 제2장 지리, 제3장 인류, 제4장 문사, 제5장 과학으로 되어 있다.

86 장지연, 《만국사물기원역사》권2, 제22장 기계.

87 박선영, 〈장지연의 '변절'과 신채호의 '순국'〉, pp. 259-261.

88 장지연, 《만국사물기원역사》권1, 제5장 과학.

89 앙드레 슈미드, 《제국 사이의 한국》, p. 68.

90 현채 《만국사기》, 장지연 서문.

91 《장지연전서》8, 신구학新舊學 갑甲.

92 박선영, 〈장지연의 '변절'과 신채호의 '순국'〉, pp. 261.

제3부 지구사의 관점과 시선: 보다 길고 보다 넓게
새로운 상상의 공동체: 종족사에서 인류사로 / 데이비드 크리스천

1 Malachi, 2:10, cited from David Abulafia, *The Discovery of Mankind* (New Haven, 2008), p. 313.

2 Ernst Breisach, *Historiography: Ancient, Medieval, and Modern,* 3rd ed. (Chicago, 2007), pp. 411-12.

3 David Christian, *Maps of Time: An Introduction to Big History* (Berkeley, 2004).

4 혹은 "서구적!" 여기서 나는 지역으로서의 유럽을 말하는 것이 아니라 북대서양 지대를 포함해 통상 "서구"라고 불리는 지역의 정체성을 말한다.

5 Dipesh Chakrabarty, "The Climate of History: Four Theses," *Critical Inquiry,* 35 (2009), pp. 197-222; Dipesh Chakrabarty, *Provincializing Europe: Postcolonial Thought and Historical Difference* (Princeton, 2000).

6 "발전주의 기획"에 관해서는 다음을 보라. Kenneth Pomeranz, "Introduction: World History and Environmental History," in Edmund Burke III and Kenneth Pomeranz, eds., *The Environment and World History,* Ch.1; John Richards, *The Unending Frontier: An Environmental History of the Early Modern World* (Berkeley, 2003).

7 Victor Lieberman, ed., *Beyond Binary Histories: Re-Imagining Eurasia to c.1830* (Ann Arbor, 1999).

8 이 점에 관해서는 다음을 보라. Peter Perdue, *China Marches West: The Qing Conquest of Central Eurasia* (Cambridge, Mass., 2005).

9 이런 주장은 1960년대와 1970년대에는 유럽역사서술에서 근대성에 대한 논의의 지배적인 담론이었다. 영향력 있는 예는 다음을 보라. Robert S. Lopez, *The Commercial Revolution of the Middle Ages, 950-1350* (Englewood Cliffs, N.J., 1971).

10 이 논의에 관해서는 다음을 보라. Kenneth Pomeranz, *The Great Divergence: China, Europe, and the Making of the Modern World Economy* (Princeton, N.J., 2000). 주요 논점의 간결한 요약을 위해서는 다음을 보라. Robert B. Marks, *The Origins of the Modern World: A Global and Ecological Narrative From the Fifteenth to the Twenty-first Century,* 2nd ed. (Lanham, 2007).

11 Patrick Manning, ed., *Global Practice in World History: Advances Worldwide* (Princeton, 2008), pp. 20, 133-4.

12 Manning, ed., *Global Practice in World History,* pp. 17-19.

13 Janet Abu-Lughod, *Before European Hegemony: The World System, A. D. 1250-1350* (New York, 1989).

14 Christopher Chase-Dunn and Thomas D. Hall, *Rise and Demise: Comparing World Systems* (Boulder, 1997).

15 Benedict Anderson, *Imagined Communities: Reflections on the Origin and Spread of Nationalism,* rev. and ext. ed. (London, 1991).

16 Andrew Sherratt, "Reviving the Grand Narrative: Archaeology and Long-Term Change," *Journal of European Archaeology,* 3:1 (1995), pp. 1-32, from p. 25.

17 Norbert Elias, *Time: An Essay* (Oxford, 1987).

18 Tony Swain, *A Place for Strangers: Towards a History of Australian Aboriginal Being* (Cambridge, 1993), pp. 1-2.

19 Ibid., p. 129.

20 Ibid., p. 132.

21 Andrew Sherratt, "Reviving the Grand Narrative: Archaeology and Long-Term Change," *Journal of European Archaeology,* 3:1 (1995), p. 18.

22 유럽 사상가들이 지금까지 알려지지 않았던 사람들을 만났을 때 느꼈던 극도의 충격을 생생하게 서술한 책으로는 다음을 보라. David Abulafia, *The Discovery of Mankind* (New Haven, 2008).

23 Anthony Pagden, *European Encounters with the New World: From Renaissance to Romanticism* (New Haven, 1993), p. 93.

24 Steven Shapin, *The Scientific Revolution* (Chicago, 1996), p. 124.

25 Shapin, *The Scientific Revolution,* p. 66에서 재인용.

26 Bruce Mazlish, *The Idea of Humanity in a Global Era* (Palgrave/Macmillan, 2009), Ch. 1.

27 Emile Durkheim, *The Elementary Forms of the Religious Life,* Anthony Giddens, ed., *Emile Durkheim: Selected Writings* (Cambridge, 1972), p. 23에서 재인용.

28 Breisach, *Historiography,* p. 321에서 재인용.

29 이는 브루노 매즐리쉬가 최근에 쓴 책 *The Idea of Humanity*의 주요 논점이다.

30 Jan Zalasiewicz et. al., "Are We Now Living in the Anthropocene?," *Geological Society of America,* 18:2 (2009), pp. 4-8; Will Steffen, Paul J. Crutzen and John R. McNeill, "The Anthropocene: Are Humans Now Overwhelming the Great Forces of Nature?," *Ambio, Royal Swedish Academy of Sciences,* 36:8 (2007), pp. 614-621.

31 John Tosh, *Why History Matters* (Basingstoke, 2008), p. 125; Maxine Berg, A *Woman in History: Eileen Power, 1998-1940* (Cambridge, 1996), p. 223.

32 H. G. Wells, *Outline of History,* 3rd ed. (1st ed. 1920; 1921), p. vi.

33 william mcnell, "Mythistory, or Truth, Myth, History, and Historians," *American Historical Review,* 91:1 (1986), pp. 1-10, from p. 7.

34 나의 인류사 서술 시도에 대해서는 *This Fleeting World: A Short History of Humanity* (Great Barrington, Mass., 2008; 김서형/김용우 옮김, 《거대사: 세계사의 새로운 대안》, 서해문집, 2009) 참조.

35 Jerry Bentley, "Myths, Wagers, and Some Moral Implications of World History," *Journal of World History,* 16:1 (2005), p. 53.

36 William H. McNeill, *Mythistory and Other Essays* (Chicago, 1986), pp. 3-22.

역사의 기후: 네 가지 테제 / 디페시 차크라바르티

* 그렉 드닝Greg Dening을 추념하며 이 글을 삼가 바친다. Lauren Berlant, James Chandler, Carlo Ginzburg, Tom Mitchell, Sheldon Pollock, Bill Brown, Françoise Meltzer, Debjani Ganguly, Ian Hunter, Julia A. Thomas, Rochona Majumdar는 이 글의 초안에 대해 비판적 논평을 해 주었다. 이들에게 감사를 표한다. 처음에 나는 이 글을 캘커타에서

발행되는 한 학술지에 기고하기 위해 뱅갈어로 썼다. 이 주제를 계속 연구하도록 격려해
준 그 학술지의 편집자 Asok Sen에게 감사드린다.

1 Alan Weisman, *The World without Us* (New York, 2007), pp. 3-5.

2 C. A. Bayly, *The Birth of the Modern World, 1780-1914: Global Connections and Comparisons* (Malden, Mass., 2004).

3 조제프 푸리에[Joseph Fourier, 루이 아가시[Louis Agassiz, 아레니우스와 같은 19세기 유럽의 과학자들에게까지 소급되는 지구온난화에 대한 과학적 연구의 전사는 일반인을 위한 많은 저서에 언급되고 있다. 예컨대 유엔의 '기후변화 정부간 패널 (Intergovernmental Panel on Climate Change, 1988-1997)' 의 의장이었던 Bert Bolin의 다음 책을 볼 것. *A History of the Science and Politics of Climate Change: The Role of the Intergovernmental Panel on Climate Change* (Cambridge, 2007), pt. 1.

4 Mark Bowen, *Censoring Science: Inside the Political Attack on Dr. James Hansen and the Truth of Global Warming* (New York, 2008), p. 1에서 재인용.

5 Ibid., p. 228에서 재인용. 또한 "Too Hot to Handle: Recent Efforts to Censor Jim Hansen," *Boston Globe,* 5 (Feb. 2006), p. E1 참조.

6 예를 들어 Walter K. Dodds, *Humanity's Footprint: Momentum, Impact, and Our Global Environment* (New York, 2008), pp. 11-62 참조.

7 Giovanni Arrighi, *The Long Twenthieth Century: Money, Power, and the Origins of Our Times* (1994; London, 2006), p. 356; idem, *Adam Smith in Beijing: Lineages of the Twenty-First Century* (London, 2007), pp. 227-389.

8 이 주제의 인기가 높아지고 있음을 보여주는 지표는 지난 4년 동안 출판된 책의 수이다. 이 책들은 위기의 성격을 일반 독자들에게 교육하려는 목적에서 저술된 것들이다. 아래는 이 글이 참조한 가장 최근에 출판된 책들 가운데 일부를 임의로 정리한 것이다: Mark Maslin, *Global Warming: A Very Short Introduction* (Oxford, 2004); Tim Flannery, *The Weather Makers: The History and Future Impact of Climate Change* (Melbourne, 2005), David Archer, *Global Warming: Understanding the Forecast* (Malden, Mass., 2007); Kelly Knauer, ed., *Global Warming* (New York, 2007); Mark Lynas, *Six Degrees: Our Future on a Hotter Planet* (Washington, D.C., 2008); William H. Calvin, *Global Fever: How to Treat Climate Change* (Chicago, 2008); James Hansen, "Climate Catastrophe," *New Scientist,* 28 July-3 Aug. 2007, pp. 30-34; Hansen et al., "Dangerous Human-Made Interference with Climate: A GISS Model E Study," *Atmospheric Chemistry and Physics,* 7:9 (2007), pp. 2287-2312; Hansen et al., "Climate Change and Trace Gases," *Philosophical Transactions of the Royal Society,* 15 July 2007, pp. 1925-1954. 또한 Nicholas Stern, *The Economics of Climate Change: The "Stern Review"* (Cambridge, 2007).

9 Naomi Oreskes, "The Scientific Consensus on Climate Change: How Do We Know We're Not Wrong?" in Joseph F. C. Dimento and Pamela Doughman, eds., *Climate*

Change: What It Means for Us, Our Children, and Our Grandchildren (Cambridge, Mass., 2007), pp. 73, 74.

10 Paolo Rossi, *The Dark Abyss of Time: The History of the Earth and the History of Nations from Hooke to Vico*, trans. Lydia G. Cochrane (1979; Chicago, 1984)는 이러한 구분의 오랜 역사를 추적하고 있다.

11 Benedetto Croce, *The Philosophy of Giambattista Vico*, trans. R. G. Collingwood (1913; New Brunswick, N.J., 2002), p. 5. Carlo Ginzburg는 나에게 콜링우드 번역의 문제점들을 지적해주었다.

12 Perez Zagorin, "Vico's Theory of Knowledge: A Critique," *Philosophical Quarterly*, 34 (1984), pp. 15-30 참조.

13 Karl Marks, "The Eighteenth Brumaire of Louis Bonaparte," *Marx and Frederick Engels*, Selected Works, trans. pub., 3 vols. (Moscow, 1969), 1:398. V. Gordon Childe, *Man Makes Himself* (London, 1941) 참조. 사실, 마르크스의 휴머니즘에 대한 1960년대 Althusser의 저항은 부분적으로는 마르크스 저작에 남아 있는 비코의 흔적에 맞선 성전이었다. 이는 2007년 12월 1일 Etienne Balibar와의 개인적인 교신에 근거했다. 비코에 대한 마르크스의 복잡한 관계에 주목하도록 해준 Ian Bedford에 감사한다.

14 David Roberts는 콜링우드를 "옥스포드의 외로운 역사주의자..., 중요한 측면에서 크로체 역사주의의 추종자"라 묘사했다. David Roberts, *Benedetto Croce and the Uses of Historicism* (Berkeley, 1987), p. 325.

15 크로체의 비코 오독에 대해서는 다음과 같은 논의 전반을 보라. Cecilia Miller, *Giambattista Vico: Imagination and Historical Knowledge* (Basingstoke, 1993); James C. Morrison, "Vico's Principle of Verum is Factum and the Problem of Historicism," *Journal of the History of Ideas*, 39 (1978), pp. 579-595.

16 Collingwood, *The Idea of History* (1946; New York, 1976), pp. 214, 212, 213, 216.

17 Ibid., p. 193.

18 Roberts, *Benedetto Croce and the Uses of Historicism*, pp. 59, 60, 62.

19 Joseph Stalin, *Dialectical and Historical Materialism* (1938), www.marxists.org /reference/archive/stalin/works/1938/09.htm

20 Frenand Braudel, "Preface to the First Edition," *The Mediterranean and the Mediterranean World in the Age of Philip II*, trans. Siân Reynolds, 2 vols. (1949; London, 1972), 1:20. 또한 Peter Burke, *The French Historical Revolution: The "Annales" School, 1929-89* (Stanford, 1990), pp. 32-64 참조.

21 Hans-Georg Gadamer, *Truth and Method*, 2d ed., trans. Joel Weinsheimer and Donald G. Marshall (1975, 1979; London, 1988), pp. 214-218. 또한 Bonnie G. Smith, "Gender and the Practices of Scientific History: The Seminar and Archival Research in the Nineteenth Century," *American Historical Review*, 100 (1995), pp. 1150-1176 참조.

22 Braudel, "Preface to the First Edition," p. 20.

23 Alfred W. Crosby, Jr., *The Columbian Exchange: Biological and Cultural Consequences of 1492* (1972; London, 2003), p. xxv.

24 Daniel Lord Smail, *On Deep History and the Brain* (Berkeley, 2008), pp. 74-189 참조.

25 Oreskes, "The Scientific Consensus," p. 93.

26 Crosby, Jr., "The Past and Present of Environmental History," *American Historical Review* 100 (Oct. 1995), p. 1185.

27 "Humans Creating New 'Geological Age,'" *The Australian*, 31 Mar. 2008, www.theaustralian.news.com.au/story/o,,23458148-5006787,00.html에 인용된 오스트레일리아 국립대학교 자원 및 환경 연구 센터 소장 Will Steffen의 표현. Steffen의 근거는 2005년 '새천년생태계평가보고서(the Millenium Ecosystem Assessment Report' 이다. 또한 Neil Shubin, "The Disappearance of Species," *Bulletin of the American Academy of Arts and Sciences*, 61 (2008), pp. 17-19 참조.

28 "자연의 종말"에 대한 Bill McKibben의 논의는 "우리를 늘 더 작게 느끼게 하는 분리된 영역"으로서의 자연의 종말을 의미한다. Bill McKibben, *The End of Nature* (1989; New York, 2006), p. xxii.

29 Bruno Latour의 *Politics of Nature: How to Bring the Sciences into Democracy*, trans. Catherine Porter (1999; Cambridge, Mass., 2004)는 지구온난화 논란이 가열되기 전의 저술이지만, 자연을 독자 영역이라는 가정 하에 정치 이념을 구성하는 전통 전체를 의문시하며 이러한 가정이 민주주의를 둘러싼 오늘날의 현안에 대해 제기하는 논점들을 지적하고 있다.

30 Gadamer, *Truth and Method*, p. 206: 역사가는 "모든 것이 다를 수 있다는 사실, 그리고 모든 개인은 다르게 행동할 수 있다는 사실을 안다."

31 Paul J. Crutzen, Eugene F. Stoermer, "The Anthropocene," *IGBP[International Geosphere-Biosphere Programme] Newsletter*, 41 (2000), p. 17. 이하 "A"라 약기.

32 Crutzen, "Geology of Mankind," *Nature* (3 Jan. 2002), p. 23.

33 Mike Davis, "Living on the Ice Shelf: Humanity's Meltdown," 26 June 2008, tomdispatch.com/post/174949; 이하에서는 "LIS"로 약기. 이 글을 소개해준 Lauren Berlant에게 감사한다.

34 "A," p. 17.

35 "A," p. 17.

36 William F. Ruddiman, "The Anthropogenic Greenhouse Era Began Thousands of Years Ago," *Climate Change*, 61:3 (2003), pp. 261-293; Crutzen, Steffen, "How Long Have We Been in the Anthropocene Era?" *Climate Change*, 61:3 (2003), pp. 251-257; Jan Zalasiewicz et al., "Are We Now Living in the Anthropocene?" *GSA Today*, 18 (2008), pp. 4-8. 마지막 글을 소개해준 Neptune Srimal에게 감사한다.

37 Zalasiewicz et al., "Are We Now Living in the Anthropocene?" p. 7. 데이비스는 런던 학회를 "1807년에 창설된 세계에서 가장 오래된 지구과학자 학회"로 묘사한다

("LIS").

38 예컨대 Libby Robin and Steffen, "History for The Anthropocene," *History Compass,* 5:5 (2007), pp. 1694-1719; Jeffrey D. Sachs, "The Anthropocene," *Common Wealth: Economics for a Crowded Planet* (New York, 2008), pp. 57-82. Robin과 Steffen의 글을 소개한 Debjani Ganguly와 그 글을 함께 공유할 수 있게 해준 Robin에게 고마움을 전한다.

39 Edward O. Wilson, *The Future of Life* (New York, 2002), p. 102. 이하 FL로 약기.

40 FL, p. 102.

41 "A", p. 18.

42 "LIS".

43 Latour, *Politics of Nature* 참조.

44 FL, p. 102.

45 Flannery, *The Weather Makers,* p. xiv.

46 Maslin, *Global Warming,* p. 147. 화석 연료가 어떻게 20세기 민주주의의 가능성과 한계 모두를 만들었는가에 대한 논의는 《경제와 사회*Economy and Society*》에 곧 게재될 Timothy Mitchell, "Carbon Democracy" 참조. 미간행 원고를 인용할 수 있게 해준 Mitchell에게 감사한다.

47 "LIS"를 보라.

48 Edward O. Wilson, *In Search of Nature* (Washington, D.C., 1996), pp. ix-x. 이하 SN이라 약기.

49 Smail, *On Deep History and the Brain*을 볼 것.

50 SN, p. x.

51 Michael Geyer and Charles Bright, "World History in a Global Age," *American Historical Review,* 100 (1995), pp. 1058-1059. 이하 "WH"로 약기.

52 "WH", p. 1059.

53 Smail, *On Deep History and the Brain,* p. 124.

54 Ibid., pp. 124-5.

55 Jacques Derrida, "Cogito and the History of Madness," *Writing and Difference,* trans. Alan Bass (Chicago, 1978), p. 34.

56 Sachs, *Common Wealth,* pp. 57-82 참조.

57 Sachs, *Common Wealth*에 부친 Wilson의 서문, p. xii. 마르크스 연구자들은 이 대목에서 청년 마르크스가 "유적 존재"라는 범주를 사용했다는 사실을 상기할 수 있을 것이다.

58 Kenneth Pomeranz, *The Great Divergence: Europe, China, and the Making of the Modern World Economy* (Princeton, N.J., 2000).

59 Mitchell, "Carbon Democracy." 또한 Edwin Black, *Internal Combustion: How Corporations and Goverments Addicted the World to Oil and Derailed the Alternatives* (New York, 2006) 참조.

60 Arrighi의 *The Long Twentieth Century*는 자본주의의 부침을 잘 보여주는 안내서다.

61 Lawrence Guy Straus, "The World at the End of the Ice Age," Lawrence Guy Straus et. al., eds.,*Humans at the End of the Ice Age: The Archaeology of the Pleistocene-Holocene Transition* (New York, 1996), p. 5.

62 Flannery, *Weather Makers*, pp. 63, 64.

63 Ashish Kothari, "The Reality of Climate Injustice," *The Hindu*, 18 Nov. 2007, www.hinduonnet.com/thehindu/mag/2007/11/18/stories/2007111850020100.htm

64 " 회고적(retrospective)", "예기되는(prospective)" 과실의 개념은 2007년 시카고 인문학 축제(Chicago Humanities Festival) 때 Peter Singer가 주도한 프랑크 인문학 연구소 (The Franke Institute for the Humanities) 토론회에서 빌려 온 것들이다.

65 "A," p. 17.

66 Colin Tudge, *Neanderthals, Bandits, and the Farmers: How Agriculture Really Began* (New Haven, 1999), pp. 35-36.

67 SN, p. 199.

68 Gadamer, *Truth and Method*, pp. 232, 234. 또한 Michael Ermarth, *Wilhelm Dilthey: The Critique of Historical Reason* (Chicago, 1978), pp. 310-22 참조.

69 E. P. Thompson, *The Making of the English Working Class* (Harmondsworth, 1963) 참조.

70 "WH," p. 1060.

71 Michel Foucault, *The Order of Things: An Archaeology of Human Knowledge*, trans. pub. (1966; New York, 1973), p. 368.

72 "WH," p. 1060.

73 Weisman, *The World without Us*, pp. 25-28 참조.

74 미간행 논문, "Universal History Disavowed: On Critical Theory and Postcolonialism" 을 참조하게 해준 Antonio Y. Vásquez-Arroyo에게 감사한다. 이 글에서 그는 아도르노Theodor Adorno와 벤야민Walter Benjamin의 해석을 토대로 '부정적 보편사' 개념 을 발전시키려 하고 있다.

원전 출처 이 책에 실린 글은 원래 아래와 같은 전문학술지에 게재된 것으로 이 책의 체제와 목적에 맞게 수정과 보완을 거쳐 재서술된 것이다.

1부

동아시아의 유럽중심적 역사관의 극복

임상우, 〈동아시아에서의 유럽 중심적 역사관의 극복〉, 《서강인문논총》 제24집 (2008).

지구사의 미래와 역사의 재개념화

조지형, 〈지구사의 미래와 역사의 재개념화〉, 《역사학보》 제200호 (2008).

다양한 유럽중심의 역사와 해결책들

제리 벤틀리, 〈다양한 유럽중심의 역사와 해결책들〉, 《이화사학연구》 제40호 (2010).

탈중심화하기: 세계들과 역사들

아리프 딜릭, "De-Centerings: Worlds and Histories," 《이화여자대학교 지구사연구소 제2회 국제학술대회: 유럽중심주의를 넘어 지구사로》 (2010년 4월 23일-24일).

집단중심주의를 넘어 보편사로: 문제와 도전

외른 뤼젠, "Universal History beyond Ethnocentrism: Problems and Chances," 《이화여자대학교 지구사연구소 제2회 국제학술대회: 유럽중심주의를 넘어 지구사로》 (2010년 4월 23일-24일).

2부

지구사를 위한 '보편'의 모색

김용우, 〈지구사를 위한 '보편'의 모색〉, 《이화사학연구》 제40호 (2010).

유럽중심주의 논쟁과 세계화 시대의 새로운 역사인식

조승래, 〈서구중심주의 논쟁에 대한 검토 : 세계화 시대의 역사인식을 위한 예비 작업〉, 《역사와 담론》 제46집 (2007).

지구사 접근방법과 "문명화 사명" 문제

위르겐 오스터함멜, "Approaches to Global History and the Question of the 'Civilizing Mission'," Global History and Maritime Asia, Working Paper No. 3. (2006).

한말 세계사 저 · 역술서에 나타난 세계 인식

백옥경, 〈한말 세계사 저 · 역술서에 나타난 세계 인식〉, 《한국사상사학》 제35호, (2010).

제3부

새로운 상상의 공동체: 종족사에서 인류사로

데이비드 크리스천, 〈새로운 상상의 공동체: 종족사에서 인류사로〉, 《이화사학연구》 제40호 (2010).

역사의 기후: 네 가지 테제

디페시 차크라바르티, "The Climate of History: Four Theses," *Critical Inquiry*, 35 (2009).